高等教育"十三五"规划图书

铁道车辆

系统动力学及应用

罗仁　石怀龙／编著

Dynamics of Railway Vehicle
Systems and Application

西南交通大学出版社
·成都·

图书在版编目（CIP）数据

铁道车辆系统动力学及应用 / 罗仁，石怀龙编著.
—成都：西南交通大学出版社，2018.1
高等教育"十三五"规划图书
ISBN 978-7-5643-6015-3

Ⅰ. ①铁… Ⅱ. ①罗… ②石… Ⅲ. ①铁路车辆 – 系
统动力学 – 高等学校 – 教材 Ⅳ. ①U270.1

中国版本图书馆 CIP 数据核字（2018）第 008687 号

高等教育"十三五"规划图书

铁道车辆系统动力学及应用
TIEDAO CHELIANG XITONG DONGLIXUE JI YINGYONG

罗　仁　石怀龙 / 编　著

责任编辑 / 李　伟
封面设计 / 墨创文化

西南交通大学出版社出版发行
（四川省成都市二环路北一段 111 号西南交通大学创新大厦 21 楼　610031）
发行部电话：028-87600564　　028-87600533
网址：http://www.xnjdcbs.com
印刷：四川煤田地质制图印刷厂

成品尺寸　185 mm×260 mm
印张　26　字数　648 千
版次　2018 年 1 月第 1 版　　印次　2018 年 1 月第 1 次

书号　ISBN 978-7-5643-6015-3
定价　89.00 元

序

车辆是在地面快速移动的载运工具，其性能，如稳定性、安全性、平稳性、维修性等，以前只能靠简化或拆分成一两个自由度的模型，用解析法，进行动力学计算，由此构成传统的车辆动力学学科，能分析 5 或 7 个自由度模型，就是最高水平了。20 世纪 60 年代，计算机问世，用数值法分析，几十、几百甚至无穷多个自由度模型都不在话下，用到车辆动力学上面，就可以考虑任意复杂的整个车辆系统，得到更多、更准确的车辆动力学参数。这就使 20 世纪 70 年代形成的车辆系统动力学，很快从理论与应用力学联盟（IUTAM）中分离出来，成为独立的车辆系统动力学国际协会（IAVSD）。

西南交通大学牵引动力国家重点实验室前期从 20 世纪 70 年代末、80 年代初就完成了从车辆动力学向车辆系统动力学的过渡，并着手研制 450 km/h 的整车动力学性能模拟试验台，90 年代建成，参与了 25 种高速列车动力学参数优化并进行了所有研制产品的整车模拟试验，同时把系统动力学计算结果与试验结果相比较，验证试验结果，提出试验车辆的改进方向，起到了不可替代的作用。在理论结合实践的研究过程中，不断完善和发展了铁道车辆系统动力学，包括车线耦合、弓网耦合、流固耦合、机电耦合等大系统动力学。到了 21 世纪初，西南交通大学牵引动力国家重点实验室在我国跨越式发展高速铁路的高潮和研制复兴号的创新发展中，大显身手，不仅参与了所有动车组的动力学参数优化，进行了所有型号动车组的整车实验研究，而且进行了几百万千米的高速列车运营中的跟踪试验，获取了海量数据，为动车组再设计、再制造提供了宝贵的资料。如今高铁成网，技术冠全球。我们的复兴号以世界最高运营速度 350 km/h 运行时，安全指标脱轨系数只有 0.2~0.3，比国际标准低得多；平稳性指标 2.0，低于标准 2.5。有外国人用竖立外币来测试，在我国车速 300 km/h 的动车上，长时间不倒，在车速不超过 270 km/h 的日本东海道新干线上，根本立不起来。这些辉煌当然是整个国家高铁技术创新体系共同努力的成果，但在理论开路，试验兜底上，牵引动力国家重点实验室中车辆系统动力学研究的贡献是不可不提的。

罗仁副研究员全面总结了牵引动力国家重点实验室动力学课题组对我国铁道车辆系统动力学问题长期研究的成果，写成《铁道车辆系统动力学及应用》一书。这本书是我国近年来铁道车辆系统动力学研究的结晶，对动力学理论进行了深入浅出的阐述，系统总结了车辆系统动力学的边界条件、研究方法、评价体系、试验方法、典型动力学问题的解决方案和最新研究进展，是高速列车大系统耦合动力学中车辆系统动力学的核心内容。该书图文并茂、内容翔实、数据丰富、理论和工程紧密结合，是铁道车辆系统动力学研究不可多得的著作，可作为研究生教材和工程技术人员及科研工作者的参考书。相信该书的出版对提升和完善动车组系统动力学的研究具有重要的意义，也必将有利于我国高速铁路的发展。

沈志云

中国科学院院士，中国工程院院士

二〇一七年八月二十五日

我国铁路运输在 21 世纪取得了突飞猛进的发展。最近十年来，我国高速列车经历了一条从技术引进到消化吸收，最后自主创新的发展之路。最近具有自主知识产权的"复兴号"中国标准动车组投入运营，标志着我国高速列车技术进入了新阶段。近年来，城市轨道列车也取得了众多进展，开发出了各种城际列车、市域列车、地铁列车、低地板列车、跨座式列车和吊挂式列车。我国货车技术也在不断发展，包括各种稳定可靠的新型转向架、重载列车和提速快捷货车的深入研究和广泛运用。

车辆系统动力学是铁道车辆的重要基础理论，也是一门紧密结合工程实际的学科。我国在发展高速列车的过程中，车辆系统动力学发挥了重要作用，为高速列车悬挂参数优化、安全舒适地运行、减振降噪等相关动力学问题的解决提供了理论保障和研究平台，在车辆系统动力学的支撑下，我国高速动车组技术不断进步。不同形式的城轨列车补充了车辆系统动力学的研究内容，并且形成了具有特殊性的城轨车辆动力学评价体系、建模仿真方法和试验方法。我国货运列车除了向重载发展之外，近年来一直在研究高速快捷货运列车，这也离不开车辆系统动力学的支撑。在我国铁路运输不断发展的同时，车辆系统动力学也得到了大力发展，尤其是理论与工程结合，贯穿了每种车型的发展轨迹。我国铁道车辆在大量运营实践中发现了许多动力学现象和问题，为车辆系统动力学的研究提供了基础，大大丰富了车辆系统动力学的研究内容。

近年来，我国学者出版了多本关于轨道车辆系统动力学的书籍，包括很多专著和教材。在对我校研究生授课过程中，以及和工程技术人员交流过程中，发现大部分专著针对性太强，不太适合相关工程技术人员基础知识学习和解决车辆工程实际问题，也不适合用于研究生课程"车辆系统动力学"的讲授。现有的教材

11 车辆系统动力学仿真 ·· 340

    11.1 动力学仿真基本方法 ·· 340

        11.1.1 车辆动力学建模的基本方法 ···························· 340

        11.1.2 动力学仿真常用软件 ································· 349

    11.2 动力学现象分析 ·· 353

        11.2.1 常规动力学现象 ······································ 353

        11.2.2 车辆异常振动问题 ··································· 353

        11.2.3 车辆晃动 ·· 358

    11.3 动力学性能预测和参数优化 ···································· 364

        11.3.1 车辆动力学性能预测 ································· 364

        11.3.2 车辆系统参数优化 ··································· 377

12 车辆系统动力学控制技术 ·· 380

    12.1 铁道车辆半主动和主动控制 ···································· 380

        12.1.1 半主动控制 ·· 381

        12.1.2 主动控制 ·· 384

    12.2 摆式列车 ·· 386

        12.2.1 摆式列车的基本原理 ································· 386

        12.2.2 摆式列车类型 ······································· 388

        12.2.3 摆式列车工程应用 ··································· 393

    12.3 径向转向架 ·· 394

        12.3.1 径向转向架的机理 ··································· 394

        12.3.2 径向转向架的种类 ··································· 395

        12.3.3 应用及效果 ·· 398

参考文献 ··· 400

基础篇

　　本部分内容是铁道车辆系统动力学的基本概念、基础理论和框架体系，包含开展车辆系统动力学研究需要的相关学科理论基础和主要知识点。第 1 章对车辆系统动力学学科进行介绍，包括车辆系统动力学发展历程、主要研究领域、常用研究方法等。第 2 章是相关学科的理论基础简介，包括计算多体动力学、线性振动和非线性振动、减振理论等。第 3 章介绍轮轨接触和蠕滑理论，是车辆系统动力学的重要基础内容。第 4 章是铁道车辆动力学主要边界条件，包括铁道线路、轨道不平顺和气动载荷，是车辆动力学分析和仿真的必要条件。

　　本部分内容侧重于理论，适合车辆系统动力学基础知识学习和巩固，也可供工程技术人员参考。涉及的相关学科知识点都是经历了长期发展、比较成熟的理论，故本书仅作简单介绍，读者可参考相关文献进一步深入研究。

1 铁道车辆系统动力学概述

自铁路诞生后，铁道车辆系统动力学越来越受到重视[1]，已经发展成为一门独立学科，并且延伸发展了多个分支学科。近年来，随着科学技术的飞速发展，尤其是我国高速铁路从迅速崛起到技术引领、城市轨道交通的快速发展、机车货车的不断进步，铁道车辆系统动力学在我国蓬勃发展，在车辆设计、运营、维护中得到了越来越广泛的应用。铁道车辆系统动力学不仅是一门理论科学，更是指导工程实践的重要工具，其来源于工程、发展于工程、服务于工程。本书也将车辆系统动力学简称为车辆动力学。为什么要研究铁道车辆系统动力学？有哪些研究手段和方法？怎么运用理论研究指导解决工程实际问题？这是我们关注的重点。

1.1 铁道车辆的发展

1.1.1 铁路运输的发展

铁路运输是以机车或动车提供的动力牵引列车在轨道上运行，运输旅客或货物的陆地有轨运输方式。铁路运输工具包括货物列车、旅客列车、动车组、城市轨道列车、特种车辆等，广义来说还可以包括磁悬浮列车和新型轨道交通工具。轨道是铁路运输的支持基础，列车是铁路运输的载体和核心，而安全可靠地运送旅客和货物才是最终目的。铁路运输有众多优点，尤其是安全高效、节能环保适应了当今社会的发展需求。如图1.1所示，铁路运输具有独立、封闭、线路固定的特点，这一方面是其优势，另一方面也是其缺点。从火车发明以来，虽然铁路运输经历了诸多起伏波折，但一直是陆地交通的重要组成部分，在近年更是得到了快速发展。

图 1.1 铁路轨道和铁路运输

铁路运输在19世纪初被发明以后，在世界各国迅速发展。第二次世界大战以后，受到民航和汽车的冲击，铁路运输进入低谷。20世纪60年代起，日本新干线的成功开行，刺激多个国家开始研究和建设高速铁路。但20世纪80年代之后中国铁路一度发展缓慢，直到进入21世纪，中国的铁路建设又焕发了盎然生机，带动了整个产业链的发展壮大。现在全球200

多个国家和地区中，144 个有铁路运输，其中约 90 个国家提供客运服务。

我国铁路建设起步较晚，1876 年出现了第一条铁路——吴淞铁路，1881 年修建唐山至胥各庄铁路。1949 年中华人民共和国成立前，中国铁路里程为 2.18 万千米，到 2003 年年底中国铁路达到 7.3 万千米，到 2016 年年底全国铁路营业里程达到 12.4 万千米，高铁运营里程超过 2.2 万千米。预计到 2020 年，全国地铁总里程将达到 6 000 km。我国轨道交通正处于迅速发展时期，大量高速铁路、城际铁路、城市轨道线路正在建设或即将开通。

1.1.2 机车车辆的发展

19 世纪初蒸汽机车被发明后，火车成为重要的现代交通工具。1903 年，西门子与通用电气公司研制的电力机车投入使用。1924 年，德、美、法等国成功研制了柴油内燃机车。20 世纪 60 年代之后，随着日本新干线取得成功，各国相继研发了形式多样的铁道车辆，众多新技术也被不断采用（见图 1.2）。近年来，各国都大力发展高速列车，如法国巴黎至里昂的高速列车车速达 300 km/h，日本东京至大阪的高速列车车速达到 300 km/h 以上，我国也有多条高速铁路车速在 300 km/h 以上。

（a）蒸汽机车

（b）内燃机车

（c）电力机车

（d）TGV-V150 试验列车

（e）中国标准动车组

图 1.2 机车车辆的发展代表

我国的高速列车从 20 世纪末开始起步，但主要是试验列车和少量载客运营列车。2004 年以来，在"引进、消化、吸收、再创新"的思路下，我国发展了 CRH1、CRH2、CRH3、CRH5 系列车速 200 ~ 300 km/h 动车组，开发了 CRH380A、CRH380B 等车速 300 km/h 以上的动车组，以及城际动车组、高寒抗风沙动车组、双层动车组、卧铺动车组等多个系列动车组，近年来还研发了具有自主知识产权的中国标准动车组。

我国的重载铁路也在不断发展，国内货车轴重从 21 t 逐渐提高到 25 t 及以上，开通了大秦运煤专线等重载线路，开行了 2 万吨重载列车和 3 万吨试验列车（见图 1.3）。国内主机厂出口的重载货车轴重达到 30 t 以上，最大轴重 42 t。为了提高动力学性能，货车转向架也从传统的转 8A 转向架，通过引进技术和创新，发展了交叉支撑转向架、摆动式转向架、自导向转向架等多种形式[2]。货车的运行速度从 70 km/h 发展到了 120 km/h，并且研发了车速 160 km/h 和 200 km/h 以上的高速快捷货车。

图 1.3　我国重载货物列车及货车转向架

在城市轨道交通领域，形式各样的地铁车辆、轻轨列车发展迅速，并且新技术在城轨列车中的应用也最活跃（见图 1.4）。地铁列车运营速度从传统的 80 km/h 逐渐提高到 120 km/h，还有 140 km/h 的市郊列车。采用铰接结构的低地板轻轨列车、直线电机牵引列车、跨座式单轨列车、悬吊式列车、储能式列车等也得到了广泛应用和研究。这些新的车辆结构、导向形式、牵引制动方式，对车辆系统动力学提出了更高的要求。我国城轨列车处于快速发展阶段，由于运行速度较低，其动力学问题还未引起足够重视，动力学研究还有待深入开展。

图 1.4　我国形式多样的城市轨道交通车辆

从铁道车辆的发展历程来看，速度和载重是发展的两大主题，围绕它们有诸多的问题需要研究，例如运行安全性、乘坐舒适性、运行可靠性等，这促使了车辆系统动力学不断发展。

随着牵引方式由蒸汽机车、内燃机车、电力机车到动车组的发展，列车运行速度不断提高。从图 1.5 可见，在 20 世纪 60 年代之后，随着高速列车的商业运营，最高试验速度和最高运营速度都在不断地被刷新。

2010 年，我国高速列车在京沪客专创造了最高速度 486 km/h 的运营列车世界纪录。2016 年，中国标准动车组在郑徐客专实现了 840 km/h 相对速度会车试验。我国高速列车在机车车辆滚动振动试验台上，也多次进行了速度 600 km/h 的高速试验（见图 1.6）。

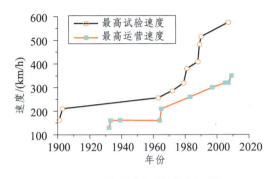

图 1.5 铁道车辆的速度记录

图 1.6 滚动振动试验台车辆高速试验

1.1.3 未来发展

1. 磁浮列车

磁浮列车与一般轮轨黏着式铁路不同，它借助无接触的磁浮技术使车体悬浮在轨道上，通过无接触的直线电机驱动运行。磁浮列车技术总体来说还不够成熟，限制了其大规模商业运用。铁道车辆动力学问题的耦合，尤其是轮轨耦合，是导致车辆动力学复杂化的重要原因，也是影响其发展空间的重要因素。而磁浮列车将导向、支撑、牵引解耦，这是值得传统轮轨列车参考和借鉴的。

2. 真空管道列车

受稠密大气层的条件所限，任何一种地面交通工具，不管是否悬浮，商业运营速度都不宜超过 400 km/h，否则将面临能耗大、噪声大等问题[3]。但"超高速"是人们对 21 世纪地面高速交通的需求，真空（或低压）管道式地面交通是可以达到超高速交通的重要途径。真空管道列车是一种高速度、能耗低于民航客机、噪声和污染很小、事故率低的新型交通工具。真空管道需要建造一条与外部空气隔绝的管道，将管内抽为接近真空后，在其中运行轨道列车等交通工具。由于空气阻碍减小，列车运行速度可以大幅提高。由于管道是密封的，因此可以在海底及气候恶劣地区运行而不受任何影响。

目前，真空管道列车仅处于起步阶段，可靠的技术研究还需要人们长时间努力和探索。采用真空管道运输的列车可能与现在的列车差异甚大。由于是全新的线路，改变现有的转向架承载方式，甚至使用柔性车体也是不错的选择，相关的动力学研究还没有系统开展。

3. 未来新型地面交通

我们正处于科技突飞猛进的时代，身边的事物日新月异。交通出行是人类社会重要的、必不可少的内容，但无论是汽车、火车还是飞机，其发展都有上百年的历史，之后就没有新型的地面交通方式发展到成熟商业运营。随着新能源、新材料和新技术的发展，新型地面交通工具在不久的将来必将大大方便绿色出行。未来的智能化和个性化交通工具也需要车辆系统动力学相关知识开展研究。

1.2 车辆系统动力学发展概述

1.2.1 车辆系统动力学理论

自从火车发明后不久，铁道车辆动力学现象就开始被关注[4]。车辆系统动力学是在振动力学、多体系统动力学等学科基础上，考虑到铁道机车车辆特殊的运行环境，尤其是轮轨接触关系和轮轨蠕滑发展形成的一门独立学科，如图 1.7 所示。车辆系统动力学随着一般力学、轮轨滚动接触理论、计算机技术、试验技术的发展，在众多工程问题强烈需求下正在迅速发展。

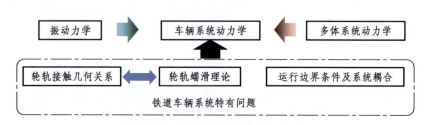

图 1.7 车辆系统动力学的基础

轮轨接触关系和轮轨蠕滑理论是铁道车辆系统动力学的核心。轮轨接触几何关系确定车轮和钢轨匹配状态，是维系轮对约束姿态和计算轮轨蠕滑力的基础，对车辆系统动力学性能影响显著，也是工程中初步判断车辆动力学性能的重要参数。在 20 世纪后半叶，蠕滑理论从线性发展到非线性、从 Hertz 接触发展到非 Hertz 接触、从一维发展到三维，已经基本能满足现在大部分工程需求。

车辆系统振动环境和振动特点与一般机械系统有显著差异，在轨道不平顺激扰下，车辆系统的振动既包括一般的线性或非线性振动，还有比较特殊的横向振动，这与轮轨蠕滑和轮轨约束有密切关系。车辆横向振动涉及蛇行运动，这是一种非线性自激振动，对车辆运行安全性、运行平稳性均有直接影响。当考虑列车系统或者车辆系统精确模型时，动力学仿真模型将是一个高维的非线性系统，为了准确快速模拟，还需要数值计算方法的支持。车辆悬挂元件非线性动态特性、轮轨磨耗等问题越来越受到重视，这些都与材料特性有关。车辆在侧风下的运行安全性、地震环境下的运行安全性、高寒条件下的动力学性能在高速运行条件下也尤为重要，这与空气动力学等自然环境学科有关。车辆系统动力学还与其他很多学科有关联，如电气系统的振动、电机瞬态特性、桥梁等结构振动等对车辆的影响。综上所述，车辆系统动力学是一门多学科交叉的学科，高速列车耦合大系统动力学就是针对这种多学科交叉耦合的研究。本书主要针对车辆系统本身的动力学问题，以上影响因素都可以作为运行边界条件。

1. 轮轨接触几何关系

铁道车辆一般都是由左右两个车轮、车轴和其他部件组成轮对，将轮对放置在钢轨上时，左右车轮和钢轨的接触区域与轮对横向位置、摇头角、车轮踏面外形、钢轨踏面外形等有关。由于车轮踏面轮廓和钢轨踏面廓形都是曲线，左右车轮的接触位置会相互影响，过去计算机处理速度不快，轮轨接触几何关系的计算十分复杂。

如图 1.8 所示，轮轨接触存在单点接触、多点接触和共形接触几种情况。所谓几点接触，实际上是几个接触区域，这些接触区域称为接触斑。在轮轨接触几何关系计算时，不考虑车轮和钢轨的弹性变形，寻找左右轮轨间最小间隙所处的位置，计算得到的是一个或者多个点的位置，简称为接触点。计算到接触点后，再根据 Hertz 或者非 Hertz 接触理论，计算接触斑大小和接触参数。轮轨接触几何关系的发展，在接触点类型方面是从单点接触向两点接触、多点接触和共形接触发展，在接触力计算方面是从 Hertz 接触向非 Hertz 接触发展。

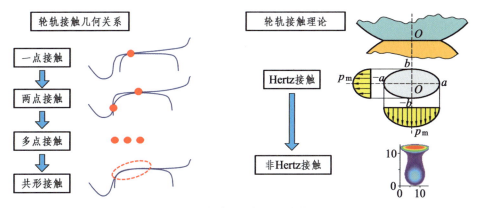

图 1.8　轮轨接触理论的发展

动力学仿真中，单点接触是最成熟和最常用的。近年来，多点接触也有所发展，但共形接触理论尚不成熟，而能用于车辆动力学分析的快速算法还有待研究。根据我国铁路车辆车轮踏面的大量实测数据，车轮踏面磨耗有向共形接触发展的趋势，这会对磨耗后的动力学性能产生较大影响，也给动力学仿真带来了困难。

工程中有时通过观察车轮和钢轨的光亮带来初步推测轮轨接触带，从而为轮轨状态的维护提供参考，但该方法未与车辆动力学性能挂钩，经常发生误判。更加精确的轮轨接触状态快速测量手段，尤其是运行时的动态测量技术，我国现在还不成熟。轮轨接触几何关系的计算主要是为了分析轮轨接触状态和提供动力学仿真输入条件。

2. 轮轨蠕滑理论[5]

1926 年 Carter 发表著名论文《论机车动轮行为》，将铁路钢轨看作弹性半空间，用弹性圆柱体模拟车轮，借助 Hertz 理论和弹性半空间理论求解二维弹性体滚动接触问题。用解析方法给出了接触斑中黏着区和滑动区划分、作用力的大小和分布、轮轨之间纵向力和蠕滑率的关系。他的理论没有考虑轮轨滚动接触表面之间的横向蠕滑和自旋效应，不适合车辆动力学仿真分析，也不适合用来分析轮轨作用问题。

Johnson K. L. 在 1958 年研究了弹性球在弹性平面上的滚动接触，将 Carter 的研究推广到三维滚动接触情形，首次将自旋蠕滑概念引入到轮轨滚动接触研究。1964 年，他和 Vermeulen

P. J. 将圆形接触区的滚动接触推广到椭圆接触区滚动接触，提出了关于纵横向蠕滑率/力定律三次渐近曲线。

荷兰学者 Kalker 研究了圆形接触区滚动接触问题的线性理论，在他的博士论文中用多项式级数分析和表达了具有椭圆接触斑滚动接触问题的解，给出了三维蠕滑率/力线性定律，至今在铁路工程仍得到普遍应用，是后来简化理论和多个近似理论建立的基础。该理论研究中没有考虑轮轨摩擦边界条件约束，故只适合小蠕滑和小自旋情形。从 1973 年至 1982 年，Kalker 致力于滚动接触简化理论的研究，假设接触区上任意点处沿某方向的弹性位移仅与作用在同一点且沿该位移方向上的力有关，接触斑上切向单位力与同向弹性位移的关系常数，借用 Kalker 的线性模型确定。这一理论概念直观简单，其配套程序 FASTSIM 运行速度快，对大自旋大蠕滑情形也能适用。数值结果能给出接触斑黏滑区的正确划分和切向分布情况，是目前车辆系统动力学仿真最常用的蠕滑理论之一。

1971 年，Kalker 用线性规划法求解二维弹性体滚动接触的稳态和非稳态情形，即求解在线性等式和不等式约束下线性目标函数的最小值。为了求解更普遍的滚动接触问题，Kalker 开发了 CONTACT 程序，考虑到了滚动接触物体接触边界几何形状不满足 Hertz 情形和黏弹性问题。CONTACT 可求解 Hertz 和非 Hertz 法向问题、增量形式的滑移接触问题、稳态和非稳态滚动接触，相互接触物体内部的弹性场也可以求解。CONTACT 基于的理论叫作"完全理论"，是目前研究三维弹性体非 Hertz 滚动接触问题最完善的理论。该理论在求解共形滚动接触问题时会产生一定误差。CONTACT 运行速度较慢，难以直接应用于机车车辆动力学仿真计算。

1983 年，沈志云等人结合 Kalker 线性理论和 Vermeulen-Johnson 模型，同时考虑轮轨之间纵、横向蠕滑率和自旋蠕滑率对纵、横向蠕滑力和自旋力偶影响发展了快速算法。1999 年，Polach 在 Kalker 线性理论基础上，提出一封闭形式的近似解，为了能够考虑由牵引力增加导致的黏着能力下降，他又对摩擦状态做出修改。这两种方法计算速度较快且满足工程精度，在车辆动力学仿真中得到了广泛应用。

经典的轮轨蠕滑理论均未能突破弹性半空间假设的束缚，已经无法对复杂的轮轨两点、共形接触问题进行进一步研究，对弹塑性接触问题更是无能为力。建立轮轨系统有限元仿真模型，采用有限元参数二次规划法等方法，考虑轮轨间的摩擦研究轮轨滚动摩擦弹塑性接触问题已有较多的应用。但有限元方法的求解规模比较大，并不适用于车辆动力学仿真。

滚动接触问题在理论和实验方面的研究尽管取得了较大进展，但还不能用来解决轮轨滚动接触过程产生的某些问题，如轮轨滚动接触过程中产生的两点接触和共形接触、弹塑性变形和残余变形累积过程、接触表面的剥离和龟裂、波浪形磨耗和高速列车车轮不圆、"第三介质"的影响等。要精确测量轮轨接触状态和受力，现有技术条件还不具备这个能力，这为轮轨滚动接触研究和车辆动力学仿真带来了困难。

3. 振动力学理论[6]

人类对振动现象的认识有悠久的历史，公元前就认识到了共振现象并且有详细记载。振动力学的物理基础在 17 世纪已经奠定。到了 18 世纪，振动力学已从物理学中独立出来，最主要成就是线性振动理论的形成。

非线性振动的系统研究是在 19 世纪后期为解决天体力学问题而开始的。到 20 世纪 20 年代又受无线电技术的刺激，在定性理论和解析解法方面都有大量成果。到 20 世纪 70 年代后期，非线性振动理论发展成为以混沌问题为核心的非线性动力学，成为非线性科学的重要组成部分。Poincaré为非线性问题的研究开辟了一个全新方向——定性理论，并提出了极限环的概念。振动系统定性理论的一个特殊而重要的方面是稳定性理论。1892年，李雅普洛夫奠定了稳定性理论的基础，他给出了稳定性的数学定义，提出了处理稳定性问题的两种方法。

非线性振动另一重要方面是近似解析方法的研究，包括摄动法、谐波平衡法、小参数法、KMB方法等。非线性振动的研究使得人们对振动机制有了新的认识，除自由振动、受迫振动和参数振动以外，还有一类广泛存在的振动，即自激振动。1926年，van der Pol建立了一类描述三极电子管振荡的方程，称为van der Pol方程，他用图解法证明孤立闭轨线的存在，又用慢变系数法得到闭轨线的近似方程。1929年，Андронов阐明了van der Pol的自激振动对应于Poincaré研究过的极限环。自激振动也在其他工程系统中出现，如干摩擦会诱发自激振动、轮轨系统的蛇行运动等。

非线性振动的研究促使人们发现了混沌振动。1945年，Cartwright和Little-wood对受迫van der Pol振子、Levinson对一类更简化的模型分析表明，存在一类奇异解，两个不同稳态解可有任意长时间相同的瞬态过程，这表明运动具有不可预测性。20世纪60年代，上田和林千博等在寻找Duffing方程谐波解时，得到一种貌似随机且对初值非常敏感的解。

随机振动的研究始于20世纪50年代中期，由于喷气技术和火箭技术的发展在航空和航天工程中提出一系列问题，如大气湍流引起的飞机颤振、喷气噪声导致的飞行器表面结构声疲劳、传动系统中滚动件不光滑而啮合不完善的损伤积累、火箭推进中运载工具有效负载可靠性等。这些需要促使人们用概率统计方法研究承受非确定性载荷系统的响应、稳定性和可靠性，形成随机振动学科。

振动力学是基础科学与技术科学的结合学科。工程问题的需要使振动力学成为必需，而测试和计算技术的进步又为振动力学的发展和应用提供了可能性。在数百年发展过程中，振动力学已形成以物理概念为基础，以数学理论、计算方法和测试技术为工具，以解决工程中振动问题为主要目标的力学分支。

4. 多体系统动力学的发展[7]

多体系统研究开始于20世纪60年代，整个理论体系的形成主要分为三个阶段。从20世纪60年代到80年代，主要研究多刚体系统的建模方法，形成了拉格朗日法和笛卡儿法两种建模方法，主要应用于航天和机械领域。20世纪80年代中期，发展出完全笛卡儿法，此时多刚体系统动力学建模理论基本成熟，研究热点放在寻求高效、稳定的多刚体系统方程的数值求解方法。20世纪80年代之后，多柔体系统动力学（也称之为刚柔耦合系统动力学）成为研究重点。

基于不同建模方法得到的多体系统动力学方程形式不尽相同，多数情况下可表示为微分/代数方程组、非线性微分方程组或关于系统边界状态矢量的总传递方程。不同形式的多体系统动力学方程尽管在理论上具有等价性，但其数值形态的优劣不尽相同。国内外针对多体系统不同的建模方法，产生了多种多样的数值求解手段。

以多体系统动力学为基础，采用计算机程式化的处理方法，利用计算机来解决复杂系统的运动学及动力学的自动建模和数值分析，在20世纪80年代发展了计算多体系统动力学。计算多体系统动力学是一门涉及多体系统动力学、计算方法和软件工程的交叉学科。通过编制通用仿真软件为工程技术领域提供强有力的计算机辅助分析工具，使工程技术人员可将主要精力用在对结果的分析与优化设计上，提高了动力学分析效率和精度。20 世纪 80 年代以来，国外开发出了许多著名的多体系统商业软件包，比较知名的有 ADAMS、DADS、MADYMO、SIMPACK、DYMAC、PLEXUS、SPACAR、LMS、RecurDyn、UM 等。

多体系统动力学实验研究始于 20 世纪 70 年代，其对检验多体系统理论模型的正确性、评价控制系统设计的合理性等具有重要作用。但与众多形形色色的多体系统动力学建模理论相比，多体系统动力学实验研究还是一个较为薄弱的环节，尚不完善。

5. 车辆系统动力学的发展

在 20 世纪之前，虽然也有一些动力学问题困扰着铁路运输，但由于铁路运行速度低，动力学问题并不突出。铁路初期的动力学研究更多是对问题和现象的描述，例如，Stephenson 对车辆运动振荡的描述，Klingel 对具有锥形踏面的轮对运动建立的数学模型，Mackenzie 对机车通过曲线问题的分析等。随着铁路运行速度的提高，乘坐舒适度变得越来越重要，尤其是横向振动问题。Carter 首先对轮轨之间的作用力展开研究，并第一次研究了横向稳定性。在 20 世纪 50 年代以前，工程经验的积累仍然能满足车辆振动性能和安全运行的需求。但随着列车运行速度的进一步提高，对车辆安全平稳运行的需求不断提高，促使了车辆动力学的发展[8]。20 世纪 60 年代之后，计算机技术、轮轨蠕滑理论、多体系统动力学的发展，使车辆系统动力学逐渐发展成为一门学科，并在工程实践中得到广泛应用。

近年来，伴随着铁道车辆行业及其他相关学科的发展，尤其是我国轨道交通的快速发展，国内外车辆系统动力学研究也在多个方向得到拓展，主要表现在对车辆系统动力学自身认识的提高和多学科交叉发展，如车辆-轨道耦合系统动力学理论[9]和高速列车耦合大系统动力学理论[10]的广泛应用，为我国轨道交通的进一步发展奠定了理论基础。

1.2.2　车辆系统动力学仿真

计算机技术是现代科学的重要工具，为各学科发展提供了坚强有力的手段，也使车辆系统动力学研究搭上了时代快车。随着车辆系统动力学理论的发展和仿真技术的进步，人们才有可能再现各种动力学现象并进行深入研究，使车辆系统动力学在车辆设计、性能预测、动力学问题分析、新技术应用等方方面面得到有效应用，极大地推动了铁道车辆的发展，如图 1.9 所示，车辆系统动力学仿真受到多个学科和大量试验的支撑。

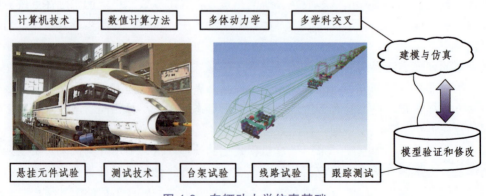

图 1.9　车辆动力学仿真基础

1. 数值计算方法

数值计算方法的发展，尤其是数值积分方法的进展，使得求解大型和复杂动力系统的响应成为可能，推动车辆系统动力学向复杂、非线性、大系统方向发展。这主要归功于两个方面：一是计算速度的提高，具有很多自由度的列车系统也能进行动力学仿真；二是计算精度的提高，能够更加准确地求解具有强非线性的常微分方程组，甚至是微分代数方程组。

传统的数值积分方法仅适用于线性系统或者纯微分方程系统，如最经典的龙格库塔法。常规的数值积分方法求解代数微分方程组均表现不佳，具有约束结构的复杂车辆系统动力学模型采用这些数值方法时，效率和精度均比较低。某些动力学仿真软件不考虑约束，用大刚度弹簧代替约束，通过组建矩阵的方式建立车辆系统动力学微分方程组，然后采用经典积分方法积分运算。随着一些求解代数微分方程组的高效积分方法的发展，结合计算多体系统动力学，车辆系统动力学模型中可以建立约束、考虑复杂的非线性关系、考虑更细化的结构和更多自由度，然后由计算机自动建立方程并求解。

2. 非线性车辆系统动力学仿真

铁道车辆系统一般具有两级悬挂，有许多一系和二系悬挂元件，需要在动力学模型中建立相应力元。现代车辆中广泛采用了橡胶件和液压减振器，而这两种元件都具有强非线性特性。例如橡胶节点，除了具有频率非线性外，其刚度和阻尼也随着激扰幅值而显著变化。

传统车辆动力学往往将悬挂力元线性化，复杂一点就采用分段线性模型。在某些特定条件下，如当车辆系统的振动幅值变化较小、主频单一时，这种简化方法能满足工程精度要求。但根据我们近年来对大量轨道车辆的动力学测试分析和研究，车辆系统的振动比较复杂且具有非线性，悬挂元件的动态刚度和动态阻尼特性不容忽视。

现在动力学仿真中，为了模拟悬挂元件的非线性特性，常用两种方法：一种是将力元设置为代理模型，如成形滤波器、多项式、神经网络模型等，通过调整模型参数让力元具有悬挂件的非线性特性；另一种是建立力元的物理模型或者等效物理模型，通过试验得到模型参数，如用气体热力学方程建立空簧模型、根据流体力学建立液压减振器模型。代理模型结构简单、计算速度快，但其应用域受到试验样本范围的限制；物理模型比较复杂，计算速度相对较慢，但适用范围更广泛。

3. 多维车辆系统动力学仿真

动力学仿真模型维数的增加将大大增加计算时间，甚至降低计算精度。但某些列车车间耦合比较强，或者有必要分析整列车的动力学性能，就需要建立具有较高维数的列车系统动力学模型。某些车辆由于分析问题的特殊性，需要考虑详细的车内外设备、各种弹性振动，模型自由度也比较多。

在长大列车系统动力学分析时，可以在传统的低维列车系统动力学基础上，考虑每节车的详细三维模型，分析列车中各车的动力学性能，能充分考虑列车中不同位置车辆的动力学性能差异，为单节车辆动力学研究和列车编组提供参考。

4. 车辆轨道耦合系统动力学仿真

随着列车运行速度的不断提高和货物列车轴重的不断增大，列车和线路的耦合作用加强。

钢轨波磨、车轮不圆、轨枕冲击、轮轨高频振动和噪声、车桥耦合振动、车线耦合振动等诸多动力学问题都还没有得到有效解决，对这些问题的分析都离不开车辆-轨道耦合系统动力学。有多种简单或者复杂的车辆-轨道耦合动力学模型，其中以翟-孙模型最为典型[9]。

5. 高速列车大系统动力学仿真

张卫华教授创立的高速列车大系统动力学，是包含车辆-轨道耦合、车辆-空气流固耦合、弓网耦合、机电耦合而建立的复杂大系统动力学模型[10]，如图1.10所示。其中车辆系统是核心和纽带，其余各个系统均是通过车辆而紧密组合在一起的。大系统动力学可拆可聚，根据分析问题的需要，可以主要在某一个系统下进行仿真分析，而将其余系统作为边界条件或者输入。高速列车大系统动力学需要强大的计算能力，目前还处于不断发展和完善中。

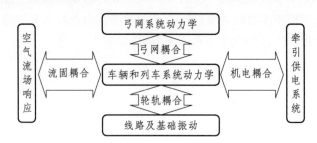

图 1.10　大系统耦合动力学基本框架

1.2.3　车辆系统动力学试验

现阶段的车辆动力学发展水平情况下，只有通过动力学试验或测试，才能准确地掌握车辆动力学性能。车辆动力学试验可以分为多种，包括小规模的机理试验、大规模的整车试验等。这里按照试验条件不同，简单地分为台架试验、线路试验、线路长期跟踪试验。

1. 台架试验

台架试验包括比例模型机理试验、车辆部件试验、整车试验。由于一般是在室内进行台架试验，所以边界条件和试验方案容易控制，试验工况也可以比线路试验更多。模型试验主要用于一些基础研究，如导向机理、控制方法、轮轨磨耗规律等。部件试验主要是对车辆系统某些组成部件的功能试验，如转向架参数测试、车体振动模态测试等。整车试验一般规模较大、成本较高，如整车滚动振动试验、悬挂模态试验、整车振动试验等。

台架试验也可以分为校核型试验和研究型试验。例如，柔度系数试验、悬挂参数测试、转向架转动系数测试、整车动力学性能型式试验等，都是校核试验。轮轨磨耗试验、悬挂参数优化试验（滚动振动试验台上）、主动控制方法试验等，都属于研究性试验。

随着我国铁路的发展，尤其是最近几年高速列车的发展，成立了多个国家重点实验室和工程研究中心，配置了大批先进试验设备。例如，生产高速列车的几家主机厂，都建立了整车振动试验台、滚动试验台、参数试验台等大型设备。西南交通大学轨道交通实验室也建立了小滚轮试验台（模拟车轮多边形等高频激励）、高速磨耗试验台、弓网试验台、真空管道试验台等多个研究型试验台。

牵引动力国家重点实验室的机车车辆滚动振动试验台是车辆系统动力学研究的重要台架之一，经过提速改造，最高试验速度已经达到 600 km/h 以上。在该试验台上，已经针对我国所有型号高速动车组开展了动力学试验。部分试验针对线路运营中的动力学问题，再现了动力学现象，并进行了大量的研究型试验。

2. 线路试验

线路试验组织起来比较困难，所以更多的是型式试验，即全面的列车动力学性能评估，主要包括运行平稳性和舒适度评估、运行安全性评估等。随着高速动车组的发展，运用考核试验也逐渐开展，试验周期往往持续一个或几个车轮镟修周期，进行多次或者跟踪考核，例如中国标准动车组就开展了 60 万千米运营考核试验。

在列车线路运营过程中，发现的一些动力学问题也需要及时解决，这就需要开展一些专项试验。在高速动车组上进行这种试验比较多，有时只是运营状态下的动力学测试和分析；有时要专门开行列车进行有针对性的试验。

3. 线路长期跟踪试验

近年来，随着测试技术、数据存储技术和数据处理能力的提高，动车组线路运营长期跟踪测试逐渐开展起来。现有的长期跟踪测试采用了多种先进技术，包括远程控制数据采集、无线数据传输、海量数据自动处理、测试数据远程实时监控等。

数据处理是列车线路长期跟踪测试的一大难题。例如，高速动车组的跟踪测试，需要监控的通道不能太少，高速运行下采样频率不能太低，每天每节车的测试数据可达几十 GB。如何从这些海量的数据中提取有效信息，甚至捕捉一些特殊的动力学现象，掌握长期的动力学演化规律，这些都存在技术难度。我国各大主机厂联合西南交通大学牵引动力国家重点实验室，已经针对 20 多列多种型号的高速动车组开展了长期跟踪试验，跟踪试验运营里程超过两百万千米，掌握了上百 TB 的海量试验数据，为我国车辆系统动力学的发展提供了基础。

1.3 车辆系统动力学研究概述

1.3.1 车辆系统动力学主要研究方法

铁道车辆系统动力学研究的主要对象是铁道车辆系统，由于越来越多的动力学问题与轮轨耦合、机电耦合、空气动力学、弓网耦合、材料性能等相关，所以近年来研究对象在不断发展扩大，但研究的焦点还是车辆系统本身。铁道车辆既和一般机械系统类似，也具有其独有特性，研究方法主要包括理论研究、试验研究和仿真研究。

1. 按照研究手段分类

（1）台架试验研究：既可以对车辆部件，也可以对整车开展试验，包括性能试验、参数测试、优化试验和研究性实验等。近年来，我国对车辆悬挂元件开展了大量动态特性试验，如对橡胶弹簧、空气弹簧和液压减振器，全面掌握了这些元件在常温和低温下的动态特性。同时，建立了多个整车滚动或振动试验台，开展了大量的悬挂参数测试、滚动和振动试验等。

台架试验边界条件容易控制，试验成本相对较低，故试验工况可以多一些。但试验台与真实运营环境存在差异，不能完全再现线路工况。

（2）线路试验研究：线路试验主要是针对整车进行，包括性能试验、型式试验、考核试验、具体运营问题试验、性能演变跟踪等。由于车辆状态、线路状态和不平顺、轮轨匹配状态都是随时间和空间变化的，所以线路试验具有随机性，某次试验结果仅能代表随机事件中的个别样本，试验成本较高。

（3）理论机理研究：采用动力学理论研究车辆动力学现象的机理，如蛇行运动稳定性机理研究。同时，可以通过理论公式推导、解析方法、数值仿真方法开展研究。一般较简单的简化系统，由于与实际车辆存在差异，应用时还需要结合具体情况具体分析。

（4）动力学仿真研究：主要采用数值计算方法，仿真分析车辆动力学问题。由于仿真分析成本较低，可以用于动力学参数优化、性能预测和校核、具体动力学问题分析、车辆设计和维护等方面。随着仿真技术的不断进步，车辆动力学仿真在工程应用中发挥着越来越大的作用。

（5）综合研究方法：针对比较复杂的问题，往往需要结合线路试验、台架试验、数值仿真，采用以上方法综合研究。

2．按照研究域分类

对动力学问题的研究往往都要通过数据处理实现，按照数据处理的域可以将车辆动力学研究分为时域、频域和时频域。车辆的诸多动力学问题均有频率特性，如蛇行运动频率、悬挂频率、弹性模态频率、设备有源振动频率、车轮不圆和钢轨波磨频率（波长）等，而一般测试得到的是时域信号，所以需要将时域和频域分析结合起来。

（1）时域研究：时域信号、时域统计、时域传递和响应等，一般要结合统计方法来处理数据，如车辆振动加速度最大值、均方根值，以及运行安全性指标中的轮轴横向力最大值、脱轨系数最大值等，如图 1.11（a）所示。

（2）频域研究：频谱、功率谱、频域传递和响应等，一般是对时域信号的后处理，也可以直接在频域内研究振动传递和响应。很多动力学指标都需要频域处理，包括滤波、加权等，如平稳性指标、舒适度指标、构架横向加速度带通滤波值等，如图 1.11（b）所示。

（3）时频域研究：包括短时快速傅里叶变换（FFT）、希尔伯特-黄变换（HHT）、短时最大熵谱等方法，可以直观地分析振动频率随时间或者车速的变化，如图 1.11（c）所示，但由于是三维问题，较难精确地显示量化幅值。

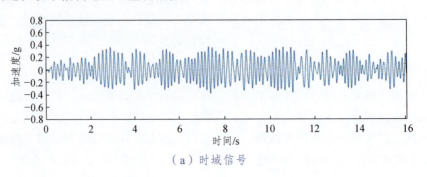

（a）时域信号

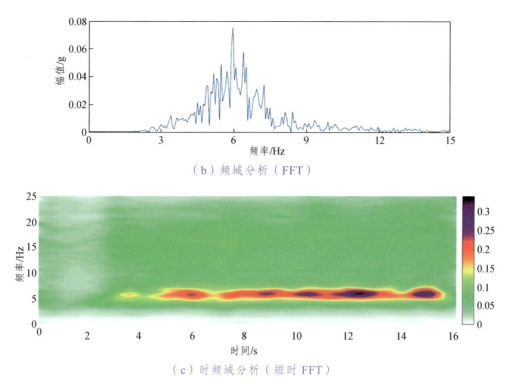

（b）频域分析（FFT）

（c）时频域分析（短时 FFT）

图 1.11 不同域下的数据处理

3. 统计方法的应用

轨道车辆运行环境具有众多不确定性和随机因素（见图 1.12），导致车辆动力学具有随机性，需要在车辆动力学研究中采用大量的统计处理方法，包括边界条件输入、车辆系统本身、动力学响应、动力学指标等。车辆动力学直接采用了随机过程的统计理论和方法，但在轨道谱描述、车辆动力学指标等方面形成了自己的特点。虽然铁道车辆具有众多随机因素，但不能简单地采用随机振动理论进行研究。车辆系统具有强非线性，随机因素的组合加剧了非线性复杂程度，这使得每一辆车在每个小的运行区段都不同。

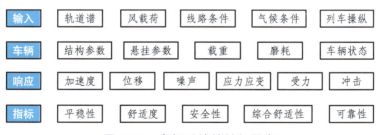

图 1.12 车辆系统的随机因素

但在实际操作时，有时很难采用统计方法进行分析。例如线路型式试验，往往只是针对一列车在新造状态（运行较短里程后）、在某条线路某个时间段进行试验，没有考虑到车辆参数的随机性和状态演变，也没有考虑到线路、气候等因素的随机性。动力学仿真分析也有同样的问题，轨道谱单一、边界条件比试验更固定。所以动力学仿真结果经常被认为过于理想，但需要注意线路试验也仅仅是随机过程中的一个样本。

1.3.2 车辆系统动力学的重要应用

车辆系统动力学是一门紧密结合工程实际的学科，很多研究内容都是来源于工程实际问题，且研究成果可以直接服务于工程应用。随着铁道车辆向高速、重载不断发展，以及新型轨道交通的崛起，车辆系统动力学的应用也在不断发展。我国高速列车技术已经逐渐成熟，但运营中的动力学问题还在不断被发现，有些问题甚至给车辆动力学带来挑战。同时，我国在轨道交通领域的大量投入，促使我国车辆系统动力学不断发展前进。

1. 动力学性能预测

车辆动力学性能预测和校核是车辆动力学的主要应用之一，也是整个车辆设计过程的前期工作。在车辆设计阶段结合动力学仿真，能提高设计效率，获得较优的车辆性能。由于数值仿真成本较低，可以在台架试验和线路试验之前进行大量优选分析，为试验提供较少的必须工况。动力学性能预测一般根据以往运营经验确定一些输入条件，通过数值仿真预测车辆振动性能和运行安全性，进一步可以预测噪声、可靠性等。随着动力学仿真技术的进步，很多试验工况可以通过动力学仿真来实现和代替。

如图 1.13 所示，车辆动力学性能预测和评价有多种手段，输入条件和评价指标也较多，需要根据具体情况选择合适的方法和参数。

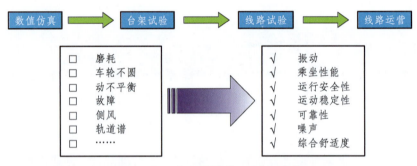

图 1.13　动力学性能预测和评价

2. 动力学性能优化

车辆动力学性能优化是动力学性能预测的扩展，优化不仅发生在数值仿真中，在台架试验、线路试验和运用阶段均需要不断地优化动力学性能，才能形成最终具有较优性能的定型车辆。完整的优化过程是一个闭环，需要很长的优化周期。同样要充分利用各种研究手段的优势，降低优化成本、提高优化效率。如图 1.14 所示，动力学仿真可以为后面三个过程提供优选方案，且优化方案越往右走越少。最终的优化方案需要经历线路运营考核。有时动力学问题只有在运营一定里程后，或者某些特殊条件下才发生，这时需要从运营到仿真形成闭环。

同样，优化边界条件也需要根据以前运营经验和将要运营的环境来确定，在某些有针对性的动力学问题优化中，还需要实测钢轨外形、线路不平顺、风载荷等边界条件。优化分析的内容较多，包括车辆结构、车辆参数、轮轨匹配等。评价指标一般是常规车辆动力学指标，也可以是有针对性的某个动力学现象。

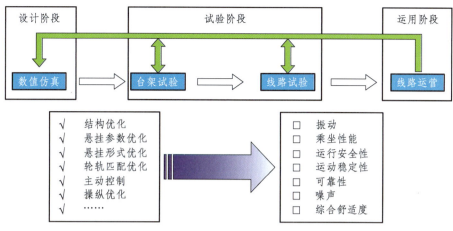

图 1.14　动力学性能优化框图

3. 动力学现象再现和解决

车辆在线路上运营过程中，会发生多种动力学问题，有的对车辆运营产生不利影响，需要研究解决。随着高速、重载的发展，原来可以忽略的一些动力学问题，对车辆的影响越来越大，也需要重视和关注。

（1）通过理论分析研究动力学问题。

例如，高速动车组蛇行运动稳定性不足、低频晃动现象，需要研究这些蛇行运动的机理、影响因素和解决措施。

（2）通过简化模型仿真研究。

例如，轮轨垂向冲击引起的振动和疲劳问题，可以根据车辆轨道垂向耦合动力学模型仿真得到冲击载荷和影响因素。

（3）通过多体动力学数值仿真研究。

例如，动车组在局部线路上不稳定现象、车辆的异常振动、列车中尾车晃动现象等，需要建立复杂的动力学仿真模型开展研究，进一步通过参数优化来解决这些问题。

（4）通过台架试验再现和优化。

可以在滚动台、振动台、滚振台上进行动力学试验，再现线路上发生的动力学现象，并优化悬挂参数。例如，近年来对高速列车车体异常振动、构架横向加速度报警等问题，在整车滚动振动试验台上开展了大量的试验研究。

（5）线路试验和跟踪测试。

例如，高速动车组在兰新线进行大风试验、在哈大线进行低温试验，这些动力学研究很难在台架上进行，只有结合动力学仿真和线路试验来开展。再如，高速动车组动力学性能随着轮轨磨耗、运营里程的变化规律，只有通过线路长期跟踪测试才能掌握。

对于很多动力学问题，通过以上单一方法往往不能彻底解决，需要结合多种方法共同解决。随着我国铁道车辆技术的发展成熟和车辆动力学研究的深入，很多动力学问题可以在设计阶段就充分考虑，逐渐精确的动力学仿真提供了可靠的研究平台，这样就节约了研究成本和产品开发周期，实现正向设计。

4. 新理论和新技术研究

铁道车辆需要严谨、周密的设计，同时为了确保高安全性和高可靠性，各种新技术的应用都需要经过漫长过程。每一个新产品的开发都要进行长期理论研究和试验，动力学仿真、动力学试验平台为这些研究提供了条件。

（1）新结构。

例如，低地板列车、新的铰接方式、新的定位结构等，需要开展大量的部件试验和整车仿真、试验研究。

（2）新悬挂。

例如，新的悬挂参数或悬挂特性、新的悬挂元件，需要结合仿真、试验和运营考核。

（3）新踏面。

针对城轨列车、高速列车有较多的新踏面，需要大量的仿真分析和长期运用考核。

（4）主动控制技术。

二系半主动控制、摆式列车、主动导向技术、抗蛇行减振器控制等，一般都要经过大量长期的理论和仿真研究，才能应用到实际车辆上进行试验。

（5）新的牵引驱动技术。

永磁电机、直线电机、轮毂电机等，这部分试验研究相对较多。

针对一些创新想法，首先要运用动力学理论进行研究，先确定可行的技术方案，再进入设计实施阶段。

1.3.3　车辆系统动力学的难点

车辆系统动力学虽然已经能够解决铁道车辆运用过程中的部分问题，发展成为一门比较完善的学科，但仍然有许多未解之题需要长期继续深入研究。铁道车辆系统特有的轮轨系统、运营环境具有随机性和不确定性，再加上机械系统常见的强非线性、高频振动等问题，使铁道车辆系统动力学研究具有一定难度。

1. 轮轨系统的复杂性

轮轨滚动接触是车辆系统动力学最大的难点，不仅在于接触几何关系、蠕滑力的求解，还因为实际运营车辆的轮轨关系具有随机性和不确定性。宏观轮轨力测量本身就很复杂，微观的轮轨接触和蠕滑力测量难度更大，且至今没有精确可靠的方法。虽然现有蠕滑理论能够解决工程中的一些动力学问题，但诸如轮轨磨耗、车轮不圆、钢轨波磨、车轮防滑、轮轨接触疲劳、轮轨噪声等问题都还亟待进一步研究。

轮轨系统还具有随时间演变和随空间变化的特性，主要是由于轮轨磨耗、轮轨边界条件和轨道几何参数具有变化特征，导致了车辆动力学具有随机性。但有时同一车辆连续反复通过同一地点的多次试验，动力学性能也可能存在很大差异，这就具有了不确定性。

2. 运营边界条件的复杂性

运行边界条件包含内容比较广，一般来说包括线路条件、轮轨匹配、轮轨界面、气候环境、载荷、车辆状态等。这些边界条件具有随机性，甚至还是多场耦合问题。单就气候环境而言，气温会导致车辆悬挂参数变化，环境会导致轮轨界面变化，侧风会导致车辆运行姿态变化，低温和降雪还会导致车辆结冰等诸多问题。

我国地域辽阔，很多列车运营的地域范围很广，尤其是高速列车，可能在较短时间内经历多种运营环境。例如，在纵向客运专线的列车可能经历气温的剧烈变化，在横向客运专线的列车可能经历从干燥到潮湿的环境变化。

3. 强非线性

轮轨系统和部分车辆悬挂部件具有强非线性。车辆的悬挂元件如液压减振器、橡胶弹簧和节点、空气弹簧等，一般同时具有频域非线性和幅值非线性，现在车辆动力学仿真还很难精确地模拟这些力元。例如空气弹簧，虽然通过建立气体热力学物理模型可以近似模拟低频垂向特性，但高频特性、横向特性还很难准确模拟。再如液压减振器，其物理模型过于复杂且精度不高，简化模型很难同时模拟幅值非线性和频域非线性，就连最基本的动态刚度和动态阻尼特性，也是最近几年才在工程应用中得到重视。

4. 高频振动

车辆系统具有很多高频振动源，如轮轨高频振动、牵引传动系统高频振动、电器元件高频振动。这些高频振动对噪声、结构可靠性、车轮不圆和钢轨波磨具有重要贡献。这些研究往往只能借助线路试验，台架试验，否则很难施加准确的高频激扰，仿真模型中力元的高频特性很难模拟，所以数值仿真在这方面也具有很大的局限性。

5. 高可靠性和高安全性

铁道车辆尤其是高速列车，需要具有高可靠性和高安全性，设计时要留有较大的安全裕量。例如，蛇行运动临界速度是车辆动力学最重要的性能之一，线路最高试验速度一般比运营速度高 10%，台架试验速度比线路试验速度至少再高 10%，动力学仿真比台架试验至少再高 10%。某些部件还采用冗余设计，如速度 300 km/h 以上高速动车组每台转向架每侧安装两根抗蛇行减振器。虽然留有较大的安全裕量，但实际上很多车辆在运营中还是出现了各种动力学和疲劳可靠性问题，铁道车辆的动力学可靠性研究还有很多路要走。

6. 模型验证问题

对前面提到的各种难点，现在的台架试验和动力学仿真还只能近似处理。由于线路试验成本高昂，每次试验只是众多随机样本中的一个，而台架试验、动力学仿真和理论分析具有明确的边界条件，所以模型验证很难。以动力学仿真计算车辆动态包络线为例，由于包络线计算需要考虑极端恶劣的运动状态，而试验很难设置这些恶劣条件，且很难测量车辆的绝对位置和姿态，所以直接的模型验证基本不可能，只能通过一些简单的间接试验验证模型，如车辆模态频率、柔度系数试验。

如图 1.15 所示，虽然数值仿真、台架试验和线路运行之间不能完全等效，但在我们研究的特定条件下是可以近似等效的，且它们都服从基本力学规律。在车辆系统动力学研究中，既要充分利用研究手段的功能，也要注意研究手段的差异，避免错误的结论。

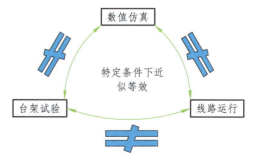

图 1.15　车辆动力学研究手段的关系

2 车辆系统动力学理论基础

　　铁道车辆系统动力学建立在多个力学学科基础之上，学习和研究车辆系统动力学，需要先掌握一定的力学和数学基础知识。本章介绍了车辆系统动力学常用到的计算多体系统动力学、振动力学和减振理论相关知识，然后描述了铁道车辆坐标系和车体姿态。由于涉及的相关学科知识点众多，不可能全面详细地叙述，本章仅对与车辆系统动力学有关的知识点进行简单介绍，更加深入的学习请参考相关教材和文献[11-16]。

2.1　多体系统动力学理论简介

　　车辆系统动力学是以多体系统动力学为基础发展起来的一门学科，尤其是计算多体系统动力学，更是车辆系统动力学数值仿真的基础。多体系统是由若干刚体或柔体通过力元或铰接连接而成的一个完整系统。多体系统的基本元素包括惯性体、力元、约束和外力（偶）。多体系统动力学主要应用在机构的静力学分析、特征模态分析、线性响应分析、运动学分析和动力学分析等分析中。计算多体系统动力学主要是应用计算机技术进行复杂机械系统的动态仿真分析[11]，目前已广泛地应用到航天器、地面车辆、机器人、精密仪器加工等领域。

　　对于由多个惯性体组成的复杂系统，如车辆系统、机器人和加工机床等，可以采用经典力学的方法，如牛顿-欧拉方程（Newton-Euler）、矢量力学、分析力学方法建立其数学模型。但对于复杂系统而言，惯性体数目巨大，系统方程复杂度成倍增加，手工推导方程几乎不可能。计算机技术的发展，促使学者们寻找一种可以采用程序化方式来实现数学建模的方法，即计算多体系统动力学。

2.1.1　多体系统简介

　　多体系统动力学包括多刚体系统动力学和多柔性体系统动力学，后者以前者为基础。虽然各部件均具有柔性，但为了简化模型提高计算效率，车辆系统动力学常规研究一般采用多刚体动力学建模，仅在需要的时候将部分刚体用柔性体代替，建立刚柔耦合动力学模型。所以本章主要介绍多刚体系统动力学。

　　1. 多体动力学基本元素

　　应用计算多体系统动力学方法，在用户定义系统结构、力元、约束等基本信息之后，可以由计算机自动建立系统动力学方程并进行数值计算，大大减轻了动力学分析的工作量。现有的车辆动力学仿真软件，大多数是基于多体系统动力学编写的，如 SIMPACK、ADAMS 等。当然，轨道车辆系统动力学由于存在特殊的轮轨关系、轨道线路，需要建立轨道坐标系、轮轨约束或轮轨力元，显得比一般多体系统动力学更复杂。

一般多体系统包括若干刚体或柔体，通过力元或铰接连接成一个系统。车辆系统是典型的多体系统，是由车体、构架、轮对等惯性体，通过弹簧、减振器、铰接等连接而成的机械系统。图 2.1 是多体系统所包含元素的示意图[17]，多体系统基本元素包括[11]：

（1）惯性体：具有质量、转动惯量等特性。

（2）力元：连接各惯性体或地基，提供力或力偶，一般不考虑力元的质量特性。主动和半主动控制器也可以作为力元处理。

（3）约束（铰）：连接各惯性体或地基，限制惯性体运动，一般不考虑铰接的质量特性。由于约束方程增加了求解难度，有些动力学软件将约束用大刚度力元代替。铁道车辆具有特殊的轮轨约束关系。

（4）外力（矩）：系统外部提供的力或力偶。

对复杂机械系统关心的问题主要包括静力学、运动学和动力学。多体系统动力学由于建立了详细的系统动力学方程，在一定简化条件下同样可以研究多体系统的静力学和运动学问题。在多体系统动力学研究中，主要包括：

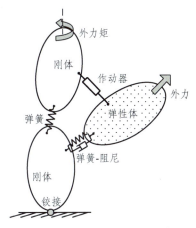

图 2.1　多体系统基本要素

（1）静力学：系统受到静载荷，确定在运动副制约下的系统平衡位置及运动副静反力。方法是建立并求解线性或者非线性代数方程组。

（2）运动学：不考虑运动起因的位置姿态、速度、加速度分析。方法是建立并求解线性或者非线性代数方程组、微分方程组。

（3）动力学：研究载荷与系统运动的关系。方法是建立并求解微分方程组、代数微分方程组，一般用数值积分方法。

多刚体系统动力学不关心物体的具体外形，在建立动力学方程时只需要惯性体的质量特性（如质量、转动惯量、质心位置等）、铰接和力元的位置参数、力元的力学特性、铰接的约束特性等参数。所以在建立动力学方程时，都要对实际物理模型简化，忽略不必要的几何参数，仅提取动力学参数即可。在建立柔性体动力学模型时，需要柔性体的几何结构，但现在多体动力学中一般用模态叠加法来模拟柔性体，故其几何结构仅在建立有限元模型时需要，在建立多体动力学模型阶段不重要。

2. 牛顿-欧拉方法

虽然计算多体系统动力学方法具有自动建立动力学方程的优点，但其理论体系比较复杂，不能建立直观的动力学微分方程组符号表达式。对理论研究来说，很多时候并不通过数值计算开展工作，建立动力学微分方程组是必不可少的，对初学者来说也更便于理解。牛顿-欧拉方法比较简单直观，适合于建立车辆系统这样的多体动力学微分方程组，在本书后面章节主要采用这种方法建模。

牛顿方程描述了刚体在坐标系中的平动，欧拉方程描述了刚体绕定点或定轴的转动，均可用牛顿第二定律推导得到。设刚体质量为 m，加速度为 $\boldsymbol{a}$，受到外力 $\boldsymbol{F}_i$；绕笛卡儿坐标轴的转动惯量为 I，受到外力矩 $\boldsymbol{M}_i$，角加速度为 $\boldsymbol{\alpha}$，角速度为 $\boldsymbol{\omega}$。为了使动力学方程简单，需要

采用与刚体固接的主惯性轴坐标系。由牛顿-欧拉方法得到系统的动力学方程为

$$\begin{cases} m\boldsymbol{a} = \sum_i \boldsymbol{F}_i \\ I\boldsymbol{\alpha} + \boldsymbol{\omega} \times I\boldsymbol{\omega} = \sum_j \boldsymbol{M}_j \end{cases} \tag{2-1}$$

设刚体的主转动惯量分别为 I_x、I_y、I_z。按照笛卡儿坐标系，将以上矢量方程转换到每个坐标轴得到方程组：

$$\begin{cases} m\boldsymbol{a}_x = \sum \boldsymbol{F}_x \\ m\boldsymbol{a}_y = \sum \boldsymbol{F}_y \\ m\boldsymbol{a}_z = \sum \boldsymbol{F}_z \\ I_x\boldsymbol{\alpha}_x + (I_z - I_y)\omega_z\omega_y = \sum \boldsymbol{M}_x \\ I_y\boldsymbol{\alpha}_y + (I_x - I_z)\omega_x\omega_z = \sum \boldsymbol{M}_y \\ I_z\boldsymbol{\alpha}_z + (I_y - I_x)\omega_y\omega_x = \sum \boldsymbol{M}_z \end{cases} \tag{2-2}$$

式（2-2）后三项在一定条件下可以简化，例如当转动角速度数值较小、某个转动惯量数值较小时，导致左边第二项远小于刚体受到的外力矩，从而可以忽略掉这一项，故转动方程简化为

$$\begin{cases} I_x\boldsymbol{\alpha}_x = \sum \boldsymbol{M}_x \\ I_y\boldsymbol{\alpha}_y = \sum \boldsymbol{M}_y \\ I_z\boldsymbol{\alpha}_z = \sum \boldsymbol{M}_z \end{cases} \tag{2-3}$$

针对高速旋转的轮对，其侧滚运动和摇头运动都要受到旋转运动的影响，所以一般不忽略轮对旋转运动对摇头和侧滚动力学方程的影响项。本书后面各章节为了列写方程简单，均采用公式（2-3）的形式。

2.1.2　坐标系及姿态变换

在多体系统动力学中，需要确定物体的位置和姿态，还需要计算力元和约束的位移和速度矢量等，最后转换到统一坐标系（基坐标系）中建立动力学方程。这就需要在多体系统中建立坐标系来描述这些矢量，并进行矢量转换。

1. 坐标系

基坐标系：整个多体系统建立的基础坐标系，也叫绝对坐标系。

连体坐标系：与惯性体固接的坐标系，称为该惯性体的体坐标系或连体基。

位置矢量：由笛卡儿坐标系（x^i，y^j，z^k）矢量表示某个位置。

姿态矢量：由姿态坐标矢量表示的角度关系。

惯性体在多体系统中的运动可以分解为平动和转动，对平动和转动有不同的描述方法。平动可以通过位置矢量、速度矢量、加速度矢量描述。转动的描述更加复杂，需要借助坐标转换和空间姿态坐标。

惯性体一般分为刚体和柔性体，刚体指在运动过程中惯性体上任意两点的距离保持不变的惯性体，如图 2.2 所示。设刚体的连体坐标系为 $O^iX^iY^iZ^i$，绝对坐标系为 $OXYZ$，刚体上任意点 P 在连体坐标系中的位置矢量为 $\overline{\boldsymbol{u}}^p$，连体坐标系在绝对坐标系中的位置矢量为 $\boldsymbol{R}^i$，则 P 点在绝对坐标系中的位置矢量和速度矢量为

$$\boldsymbol{r}^p = \boldsymbol{R}^i + \boldsymbol{u}^p = \boldsymbol{R}^i + \boldsymbol{A}^i\overline{\boldsymbol{u}}^p \tag{2-4}$$

$$\dot{\boldsymbol{r}}^p = \dot{\boldsymbol{R}}^i + \dot{\boldsymbol{A}}^i\overline{\boldsymbol{u}}^p = \dot{\boldsymbol{R}}^i + \boldsymbol{\omega}\times\boldsymbol{u}^p = \dot{\boldsymbol{R}}^i + \boldsymbol{A}^i(\overline{\boldsymbol{u}}^p\times\overline{\boldsymbol{\omega}}) \tag{2-5}$$

柔性体本身会发生变形，故柔性体上的任意两个点的距离和姿态可能发生变化。如图 2.3 所示，点 P 的柔性位移为 $\overline{\boldsymbol{u}}_f^p$，则 P 点在绝对坐标系中的位置矢量和速度矢量为

$$\boldsymbol{r}^p = \boldsymbol{R}^i + \boldsymbol{A}^i\overline{\boldsymbol{u}}^p = \boldsymbol{R}^i + \boldsymbol{A}^i(\overline{\boldsymbol{u}}_o^p + \overline{\boldsymbol{u}}_f^p) \tag{2-6}$$

$$\dot{\boldsymbol{r}}^p = \dot{\boldsymbol{R}}^i + \dot{\boldsymbol{A}}^i\overline{\boldsymbol{u}}^p + \boldsymbol{A}^i\dot{\overline{\boldsymbol{u}}}^p = \dot{\boldsymbol{R}}^i - \boldsymbol{A}^i\tilde{\overline{\boldsymbol{u}}}^p\overline{\boldsymbol{G}}\dot{\boldsymbol{\theta}} + \boldsymbol{A}^i\boldsymbol{\Phi}_t^p\dot{\boldsymbol{q}}_f \tag{2-7}$$

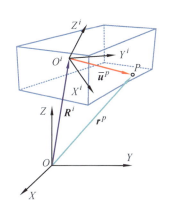

图 2.2　刚体位置矢量关系

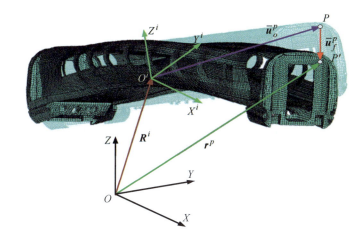

图 2.3　柔体位置矢量关系

2. 方向余弦阵

方向余弦矩阵通过两个坐标系的矢量基运算得到，描述两个坐标系的相对姿态关系，用于计算矢量在不同坐标系之间的姿态转换。

对于任意两个不同的矢量基 $\boldsymbol{e}^r = (e_1^r, e_2^r, e_3^r)^{\mathrm{T}}$ 和 $\boldsymbol{e}^b = (e_1^b, e_2^b, e_3^b)^{\mathrm{T}}$，定义如下的三阶方阵为基 $\boldsymbol{e}^b$ 关于基 $\boldsymbol{e}^r$ 的方向余弦阵：

$$\boldsymbol{A}^{rb} = \boldsymbol{e}^{rr}\cdot\boldsymbol{e}^{b\mathrm{T}} \tag{2-8}$$

展开上式得到

$$\boldsymbol{A}^{rb} = \begin{bmatrix} A_{11} & A_{12} & A_{13} \\ A_{21} & A_{22} & A_{23} \\ A_{31} & A_{32} & A_{33} \end{bmatrix} = \begin{bmatrix} e_1^r\cdot e_1^b & e_1^r\cdot e_2^b & e_1^r\cdot e_3^b \\ e_2^r\cdot e_1^b & e_2^r\cdot e_2^b & e_2^r\cdot e_3^b \\ e_3^r\cdot e_1^b & e_3^r\cdot e_2^b & e_3^r\cdot e_3^b \end{bmatrix} \tag{2-9}$$

这样就可以通过方向余弦阵来描述两个坐标系之间的姿态变换了。从矢量基 e^b 描述的坐标系到矢量基 e^r 描述的坐标系，姿态变化方程为

$$e^r = A^{rb} e^b \tag{2-10}$$

从矢量基 e^r 描述的坐标系到矢量基 e^b 描述的坐标系，姿态变化方程为

$$e^b = A^{br} e^r = (A^{rb})^\mathrm{T} e^r \tag{2-11}$$

对坐标系中的任意矢量进行姿态变换，仅需将以上的 e^b 和 e^r 换成具体的矢量即可。

3. 空间姿态

在进行多刚体动力学和运动学分析时，需要引入广义坐标来描述刚体的空间姿态，这些广义坐标被称为姿态坐标。姿态坐标有多种，如方向余弦坐标、欧拉角坐标、卡尔丹角坐标或欧拉参数等。下面简单介绍常用的几种姿态坐标。

1）欧拉四元数坐标

欧拉四元数在多体系统动力学中常被用来描述矢量姿态，主要特点是没有奇异点，但会增加约束方程数量。定义如下四个标量的集合：

$$\boldsymbol{\Lambda} = (\lambda_0, \boldsymbol{\lambda}^\mathrm{T})^\mathrm{T} = (\lambda_0, \lambda_1, \lambda_2, \lambda_3)^\mathrm{T} \tag{2-12}$$

如果满足以下条件，则称其为欧拉四元数：

$$\boldsymbol{\Lambda}^\mathrm{T} \boldsymbol{\Lambda} = \lambda_0^2 + \boldsymbol{\lambda}^\mathrm{T} \boldsymbol{\lambda} = \lambda_0^2 + \lambda_1^2 + \lambda_2^2 + \lambda_3^2 = 1 \tag{2-13}$$

针对刚体转动有著名的欧拉定理：刚体绕定点的任意有限转动可由绕过该点某根轴的一次有限转动实现。这样，刚体的姿态就可以通过转动轴和转动角度来描述。设刚体绕着转动的轴为 p_i，转动的角度为 θ，则定义欧拉四元数如下：

$$\lambda_0 = \cos\theta/2, \quad \lambda_i = p_i \sin\theta/2 \quad (i = 1, 2, 3) \tag{2-14}$$

2）欧拉角坐标

根据欧拉定理，将刚体的姿态分解为依次绕连体坐标系 e^b 的基矢量 e_3^b、e_1^b、e_3^b 转动有限角度 ψ、θ、ϕ 来实现，如图 2.4 所示。这三次有限转动相当于作了三次基的过渡。三个角坐标 ψ、θ、ϕ 可以用来描述刚体的姿态，称为欧拉角坐标，即

$$\boldsymbol{q} = (\psi \quad \theta \quad \phi)^\mathrm{T} \tag{2-15}$$

其中，ψ 称为进动角；θ 称为章动角；ϕ 称为自转角。当章动角 θ 等于 0 时，进动角和自转角将混淆，此时称为欧拉角的奇异点。

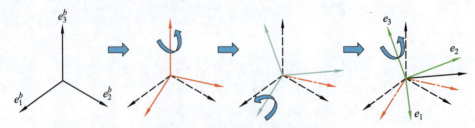

图 2.4　欧拉角坐标转动关系

3）卡尔丹角坐标

与欧拉角坐标类似，改变三次连续有限转动的轴和顺序，可以构成另一种描述姿态的坐标——卡尔丹角坐标。将刚体的姿态分解为依次绕连体坐标系 $\boldsymbol{e}^b$ 的基矢量 $\boldsymbol{e}_1^b$、$\boldsymbol{e}_2^b$、$\boldsymbol{e}_3^b$ 转动有限角度 α、β、γ 来实现，如图 2.5 所示。三个角坐标 α、β、γ 可以用来描述刚体的姿态，称为卡尔丹角坐标：

$$\boldsymbol{q} = (\alpha \quad \beta \quad \gamma)^{\mathrm{T}} \tag{2-16}$$

当角 β 等于 $\pm\pi/2$ 时，角 α 和角 γ 将混淆，此时称为卡尔丹角的奇异点。

图 2.5　卡尔丹角坐标转动关系

欧拉角坐标和卡尔丹角坐标是常用的姿态坐标，两者的差异是：欧拉角坐标仅绕 x 和 z 轴转动，卡尔丹角坐标绕三个坐标轴依次转动。

将位置坐标和姿态坐标结合，就得到刚体的广义坐标。采用卡尔丹角描述刚体的空间姿态，则图 2.2 中刚体的广义坐标为

$$\boldsymbol{q} = [\boldsymbol{R}^{\mathrm{T}} \quad \boldsymbol{\theta}^{\mathrm{T}}]^{\mathrm{T}} = [R_x \quad R_y \quad R_z \quad \alpha \quad \beta \quad \gamma]^{\mathrm{T}} \tag{2-17}$$

4）刚体的角速度与姿态坐标

刚体的角速度矢量 $\boldsymbol{\omega}$ 可以在参考坐标系 $\boldsymbol{e}^r$ 与连体坐标系 $\boldsymbol{e}^b$ 中表示，它们与姿态坐标导数的关系比较复杂，对于不同的姿态坐标有不同的关系式[11]。在刚体运动学与动力学分析时，需要根据角速度的变化规律寻找姿态坐标时间历程，求导得到以角速度坐标阵为参量的姿态坐标微分方程，即运动学方程。

在动力学求解过程中，有一个重要的步骤就是将以上姿态坐标转换为我们熟悉的绕笛卡儿坐标系三个坐标轴的转动角度，如卡尔丹角。对车辆系统而言，一般需要在轨道坐标系中描述角度。

2.1.3　动力学模型

1. 刚体的质量几何

1）质量矩阵

刚性惯性体的动能可以表示为

$$T = \frac{1}{2}\int_V \rho \dot{\boldsymbol{r}}^{\mathrm{T}}\dot{\boldsymbol{r}}\mathrm{d}V = \frac{1}{2}\dot{\boldsymbol{q}}^{\mathrm{T}}\left(\int_V \rho \boldsymbol{L}^{\mathrm{T}}\boldsymbol{L}\mathrm{d}V\right)\dot{\boldsymbol{q}} = \frac{1}{2}\dot{\boldsymbol{q}}^{\mathrm{T}}\boldsymbol{M}\dot{\boldsymbol{q}} \tag{2-18}$$

式中，M 为惯性体的质量矩阵。当惯性体为刚体、且体坐标系选择在惯性体质心位置时，其质量矩阵为

$$M = \begin{bmatrix} M_{RR} & 0 \\ 0 & M_{\theta\theta} \end{bmatrix} \qquad (2\text{-}19)$$

式中，$M_{RR} = mI_3$，m 为刚体质量；$M_\theta = \overline{G}^{\mathrm{T}} \overline{I}_\theta \overline{G}$，$\overline{I}_\theta$ 为刚体相对自身体坐标系的惯性张量，主对角元素为沿三个基矢量的转动惯量。G 为角速度转换矩阵。当姿态角为卡尔丹角时，转换矩阵 $\overline{G}$ 为

$$\overline{G} = \begin{bmatrix} 1 & 0 & \sin\beta \\ 0 & \cos\alpha & -\cos\beta\sin\alpha \\ 0 & \sin\alpha & \cos\beta\cos\alpha \end{bmatrix} \qquad (2\text{-}20)$$

2）惯量矩阵

一般，刚体相对于定点的惯量阵为

$$\overline{I}_\theta = \begin{vmatrix} I_{11} & -I_{12} & -I_{13} \\ -I_{21} & I_{22} & -I_{23} \\ -I_{31} & -I_{32} & I_{33} \end{vmatrix} \qquad (2\text{-}21)$$

其中各元素定义为

$$I_{ij} = I_{ji} = \sum_k m_k \rho'_{ki} \rho'_{kj} \quad (i, j = 1, 2, 3; \ i \neq j) \qquad (2\text{-}22)$$

式中，ρ'_{kj} 和 ρ'_{ki} 分别为质点 m_k 到基矢量 e_j 和 e_i 的距离。对角元素 I_{11}、I_{22}、I_{33} 称为刚体相对基矢量 e_1、e_2、e_3 的三个惯量矩，其余非对角元素的负值称为刚体的惯量积。

3）惯量矩阵的变换

对于基点相同的两个连体坐标系 e^b 和 e^r，e^r 相对 e^b 的方向余弦阵为 A^{br}。设 I^b 和 I^r 分别为相对于 D 点惯性张量 I 在两个连体坐标系中的坐标阵，则

$$I^r = (A^{br})^{\mathrm{T}} I^b A^{br} \qquad (2\text{-}23)$$

如果能选择合适的基 e^r，使变换后的 I^r 总的惯性积都等于 0，则连体坐标系 e^r 的轴 e_i^r 称为刚体相对点 D 的惯性主轴，I_{ii} 为刚体相对轴 e_i^r 的主惯量矩。如果 e_1^r、e_2^r、e_3^r 均为惯量主轴，则变换后的惯量阵成为三个主惯量矩 I_{11}、I_{22}、I_{33} 组成的对角阵。

对于有对称平面的匀质刚体，凡与对称面垂直的任意轴都是惯量主轴。对于有对称轴的匀质刚体，此对称轴以及与对称轴垂直的任意轴均为惯量主轴。

2. 力元描述

在多体系统中物体之间产生相互力作用的部件定义为力元，力元是对多体系统中弹簧、阻尼器、作动器等物理器件的抽象。对于车辆系统，钢弹簧、橡胶节点、橡胶堆、液压减振器、空气弹簧、抗侧滚扭杆和牵引拉杆等都可以用不同类型的力元描述。外载荷可看作是总体坐标系与物体之间的一种力元，如车辆系统中车体所受到的气动载荷。

以弹簧阻尼并联力元为例，力的大小是由力元连接点的平动位移和平动速度确定的。设惯性体 i 上 P^i 和惯性体 j 上 P^j 点之间存在力元，如图 2.6 所示。若惯性体为刚体，则 $\mathbf{r}^{ij}$ 和 $\dot{\mathbf{r}}^{ij}$ 分别为 P^i 和 P^j 的距离矢量和速度矢量：

$$\mathbf{r}^{ij} = \mathbf{r}^{jp} - \mathbf{r}^{ip} = \mathbf{R}^j + \mathbf{A}^j \bar{\mathbf{u}}^{jp} - \mathbf{R}^i - \mathbf{A}^i \bar{\mathbf{u}}^{ip} \tag{2-24}$$

$$\dot{\mathbf{r}}^{ij} = \dot{\mathbf{R}}^j + \mathbf{B}^j \dot{\boldsymbol{\theta}}^j - \dot{\mathbf{R}}^i - \mathbf{B}^i \dot{\boldsymbol{\theta}}^i \tag{2-25}$$

则该力元产生的力可表示为

$$\mathbf{F}_s = f(\mathbf{r}^{ij} - \mathbf{r}_0^{ij}) + g(\dot{\mathbf{r}}^{ij}) + \mathbf{f}_0 \tag{2-26}$$

式中，$f(x)$ 为刚度函数，可以为线性、非线性或矩阵；$g(x)$ 为阻尼函数；$\mathbf{r}_0^{ij}$ 为力元初始长度矢量；$\mathbf{f}_0$ 为初始力矢量。

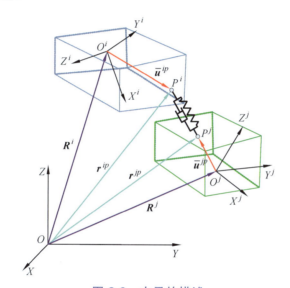

图 2.6　力元的描述

对于力元作用的刚体，该力元对应的广义力向量为

$$\mathbf{Q}^{ip} = \begin{bmatrix} \mathbf{F}_s \hat{\boldsymbol{l}}_s \\ \mathbf{B}^{iT} \mathbf{F}_s \hat{\boldsymbol{l}}_s \end{bmatrix}, \ \mathbf{Q}^{jp} = \begin{bmatrix} -\mathbf{F}_s \hat{\boldsymbol{l}}_s \\ -\mathbf{B}^{jT} \mathbf{F}_s \hat{\boldsymbol{l}}_s \end{bmatrix} \tag{2-27}$$

3. 运动约束描述

多体系统包含各种类型的运动副约束，如转动铰、圆柱铰、平动铰、接触约束、轨道约束等，运动副约束通过代数方程组实现，不同类型运动副的代数约束方程数目不同。设刚体 i 和刚体 j 之间存在约束关系，该系统需要满足以下约束方程：

$$\mathbf{C}(\mathbf{q}^i, \mathbf{q}^j) = \mathbf{0} \tag{2-28}$$

以旋转铰为例，假设刚体 i 和刚体 j 在 P 点用旋转铰铰接，如图 2.7 所示。旋转轴 $\bar{\mathbf{v}}^i$ 为刚体 i 上的矢量，$\bar{\mathbf{v}}^j$ 为刚体 j 上的矢量，$\bar{\mathbf{v}}_1^j$ 和 $\bar{\mathbf{v}}_2^j$ 是刚体 j 上与 $\bar{\mathbf{v}}^j$ 正交的两个正交矢量。在总

体坐标系中这些矢量分别为 $\boldsymbol{v}^i$、$\boldsymbol{v}^j$、$\boldsymbol{v}_1^j$ 和 $\boldsymbol{v}_2^j$。旋转铰的约束条件为两个物体的铰接点与 P 点重合，且旋转轴矢量平行，由此可得到旋转铰的约束方程为

$$C(\boldsymbol{q}^i,\boldsymbol{q}^j)=\begin{Bmatrix} \boldsymbol{r}^{ip}-\boldsymbol{r}^{jp} \\ \boldsymbol{v}^i\cdot\boldsymbol{v}_1^j \\ \boldsymbol{v}^i\cdot\boldsymbol{v}_2^j \end{Bmatrix}=\begin{Bmatrix} \boldsymbol{R}^i+\boldsymbol{A}^i\bar{\boldsymbol{u}}^{ip}-(\boldsymbol{R}^j+\boldsymbol{A}^j\bar{\boldsymbol{u}}^{jp}) \\ \boldsymbol{A}^i\bar{\boldsymbol{v}}^i\cdot\boldsymbol{A}^j\bar{\boldsymbol{v}}_1^j \\ \boldsymbol{A}^i\bar{\boldsymbol{v}}^i\cdot\boldsymbol{A}^j\bar{\boldsymbol{v}}_2^j \end{Bmatrix}=\boldsymbol{0} \tag{2-29}$$

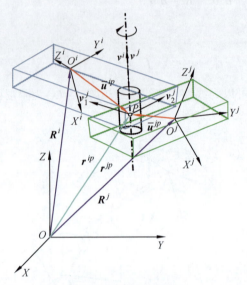

图 2.7　旋转铰的描述

约束方程 $\boldsymbol{C}(\boldsymbol{q}^i,\boldsymbol{q}^j)=\boldsymbol{0}$ 由 5 个代数方程组成，其雅克比矩阵为

$$\boldsymbol{C}_q(\boldsymbol{q}^i,\boldsymbol{q}^j)=\frac{\partial\boldsymbol{C}}{\partial\boldsymbol{q}}=\begin{bmatrix} \boldsymbol{I} & -\boldsymbol{A}^i\tilde{\bar{\boldsymbol{u}}}^{ip}\bar{\boldsymbol{G}}^i & -\boldsymbol{I} & \boldsymbol{A}^j\tilde{\bar{\boldsymbol{u}}}^{jp}\bar{\boldsymbol{G}}^j \\ \boldsymbol{0} & -\boldsymbol{A}^i\tilde{\bar{\boldsymbol{v}}}^i\bar{\boldsymbol{G}}^i\cdot\boldsymbol{A}^j\bar{\boldsymbol{v}}_1^j & \boldsymbol{0} & -\boldsymbol{A}^i\bar{\boldsymbol{v}}^i\cdot\boldsymbol{A}^j\tilde{\bar{\boldsymbol{v}}}_1^j\bar{\boldsymbol{G}}^j \\ \boldsymbol{0} & -\boldsymbol{A}^i\tilde{\bar{\boldsymbol{v}}}^i\bar{\boldsymbol{G}}^i\cdot\boldsymbol{A}^j\bar{\boldsymbol{v}}_2^j & \boldsymbol{0} & -\boldsymbol{A}^i\bar{\boldsymbol{v}}^i\cdot\boldsymbol{A}^j\tilde{\bar{\boldsymbol{v}}}_2^j\bar{\boldsymbol{G}}^j \end{bmatrix}$$

$$=[\boldsymbol{C}_{q^i} \quad \boldsymbol{C}_{q^j}] \tag{2-30}$$

更加普遍的约束方程为

$$\boldsymbol{C}(\boldsymbol{q},t)=\boldsymbol{0} \tag{2-31}$$

将约束方程两边求导，得到系统的速度约束方程：

$$\boldsymbol{C}_q\dot{\boldsymbol{q}}+\boldsymbol{C}_t=\boldsymbol{0} \tag{2-32}$$

4. 动力学方程

多体系统最后形成的系统方程主要为两类，一类为纯微分方程组：

$$\boldsymbol{M}\ddot{\boldsymbol{q}}=\boldsymbol{Q} \tag{2-33}$$

另一类为微分代数方程组（DAEs）：

$$\begin{cases} \boldsymbol{M}\ddot{\boldsymbol{q}}+\boldsymbol{C}_q^{\mathrm{T}}\lambda=\boldsymbol{Q} \\ \boldsymbol{C}(\boldsymbol{q},t)=\boldsymbol{0} \end{cases} \tag{2-34}$$

式中，q 为广义坐标列向量；M 为广义质量矩阵；Q 为广义力向量；C 为约束代数方程；C_q 为约束方程对应的雅克比矩阵。

根据达郎贝尔原理和虚功原理，并假设所有约束为理想约束，整个刚柔耦合系统包括刚性体和柔性体，通过约束和力元连接，系统的动力学方程为

$$\begin{cases} M\ddot{q} + D\dot{q} + Kq + C_q^{\mathrm{T}}\lambda = Q \\ C(q,t) = 0 \end{cases} \tag{2-35}$$

式中，质量矩阵 $M = \mathrm{diag}(M^1, M^2, \cdots, M^{N_b})$；刚度矩阵 $K = \mathrm{diag}(K^1, K^2, \cdots, K^{N_b})$；阻尼矩阵 $D = \mathrm{diag}(D^1, D^2, \cdots, D^{N_b})$。若体 j 为刚体，则其质量矩阵 M^j 如公式（2-19）所示，对应的 K^j 和 D^j 均为零矩阵。$Q = [Q^{1\mathrm{T}}, Q^{2\mathrm{T}}, \cdots, Q^{N_b\mathrm{T}}]^{\mathrm{T}}$ 为总广义力向量，$Q^i = Q_e^i + Q_g^i + Q_v^i$ 包括力元作用力、重力、外载荷和与速度二次方有关的广义惯性力。

5. 两类动力学建模方法

根据多体系统动力学的坐标系建立方法，多体系统动力学建模方法可以分为两类：

（1）以相对坐标系建模的拉格朗日方法，用相对不同的动参考系来定义刚体的位形。

（2）以绝对坐标系建模的笛卡儿方法，以同一个总体坐标系来定义刚体的位形。

拉格朗日方法需要描述系统的拓扑结构，一般用数学中的树系统来描述，包括关联数组、关联矩阵、通路矩阵、内接物体数组等。如图 2.8 所示，图中 B 代表惯性体，H 代表铰接。建模时首先将机械物理系统简化为力学拓扑结构，计算机自动生成相关矩阵和动力学方程。商业软件一般提供了容易操作的三维视图界面，用户可以方便地建立惯性体、力元、约束、外力和外力矩等多体动力学元素，避免了绘制复杂的拓扑结构图，计算机则自动完成后续工作。

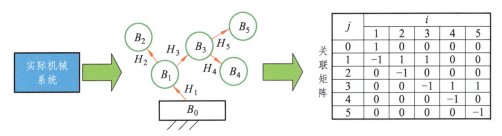

图 2.8　拉格朗日方法对多体系统的描述

拉格朗日方法建立的动力学方程组，由于采用了相对坐标系，系统自由度和约束方程较少，计算机建模相对复杂，各体的位置和姿态、约束力等还需要后处理计算。这种建模方法对链式系统非常高效，每个惯性体相对于前一个惯性体只有一个独立的旋转自由度，整个系统自由度非常少，且基本没有约束。

笛卡儿方法是在绝对坐标系中建立动力学方程，每个惯性体均具有完全自由度，所有铰接均需要用约束方程来描述。这样编写程序相对简单，计算结果需要较少的后处理，但增加了计算的复杂程度，尤其是引入大量约束方程导致对代数微分方程组的求解难度增加。

如图 2.9 所示，以平面运动的曲柄滑块机构为例，共有两根连杆 B_1 和 B_2 分别绕着旋转铰 H_1 和 H_2 转动，H_1^c 为滑块垂向约束。如果采用拉格朗日方法建模，第一个连杆相对于地基、

第二个连杆相对于第一个连杆各只有一个旋转自由度，再加上滑块位置的一个垂向约束，整个系统共 2 个微分方程、1 个约束方程。如果采用笛卡儿方法建模，每个连杆有 6 个自由度，每个旋转铰有 5 个约束，滑块有一个垂向约束，整个系统共 12 个微分方程、11 个约束方程。

对车辆系统而言，由于车辆主要惯性体之间一般不是用铰连接的，如车体、构架、轮对等都具有 6 个独立自由度，所以采用两种方法建模的差异不大。但如果建立更加复杂的模型，如考虑轴箱、各种连杆，则采用拉格朗日方法建模仍然具有优势。

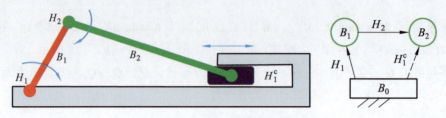

图 2.9　曲柄滑块机构模型和拓扑结构

2.1.4　数值积分

数值积分是计算机数值分析中的重要手段，虽然数值积分的精度和速度还在不断提高，但数值计算均存在误差。数值积分由于将现实的时间连续系统变成时间离散系统，其误差主要包括两个方面：截断误差和累积误差。这两种误差与数值积分步长、积分时间、计算方法均有关。具有不同特征的系统，对应有最合适的计算方法，但没有无误差的方法。

另外，动力学系统还存在病态问题，这就涉及数值稳定性，如果系统严重病态，积分将发散或者完全错误。在建立动力学仿真模型时，需要注意对模型进行合理设计，避免病态，并尽量使动力学模型具有稳健的数值稳定性。此外，还需要选择合适的数值计算方法，设置合适的积分参数。

计算多体系统动力学建立的模型一般是微分-代数方程组，采用传统的常微分方程数值积分方法（如龙格库塔法）不能求解，需要采用特殊的数值积分方法。微分-代数方程组的求解方法主要分为缩并法和增广法两大类。

缩并法，就是采用适当的算法将系统中的独立变量和非独立变量分开，将系统方程转化为纯微分方程。缩并法按照坐标分解的方法可以分为 LU 分解法、QR 分解法、SVD 分解法以及零空间方法等。

增广法是把拉格朗日乘子和广义坐标加速度作为未知量同时求解，然后根据加速度积分求解广义坐标和广义速度。增广法主要有直接积分法和约束稳定法。直接积分法是对增广法形成的微分方程组进行积分求解，但积分过程中会产生误差积累，容易引起数值发散，因此数值计算时一般不采用该方法。

约束稳定法是比较常用的算法，这种方法引入控制反馈理论，控制数值违约，增加算法稳定性。该方法可以有效地控制位置和速度约束的违约现象，保证数值积分的稳定性和快速响应。而违约系数的选择至关重要，并且与系统特性密切相关。

超定微分-代数方程组（Overdetermined Differential-Algebraic Equations，ODAEs）方法是在传统增广法的基础上发展出的一类新算法。这种算法引入速度变量，将原二阶微分代数方程组化为超定的一阶微分代数方程组，然后通过引入位置参数消除超定性，此时系统位置、速度和拉格朗日乘子向量称为系统广义坐标，方程组数量比原来多出 N 个。在 ODAEs 基础上发展出很多新的算法，如解耦 ODAEs 算法等。

不论是增广法还是缩并法，最终都会归结为求解常微分方程组初值问题。刚柔耦合系统方程一个突出的特点就是大范围刚体运动与小弹性变形之间的耦合，导致系统动力学方程为刚性方程，求解刚性方程主要的方法有向后差分（BDF）方法为代表的线性多步法和隐式龙格-库塔方法等。线性多步法充分利用前步的计算结果，比龙格库塔法计算量小，计算速度快。在现行多步法的基础上发展出一种变阶变步长线性多步法，并开发了一系列求解器，如经典的 DASSL 求解器，适合中等规模非线性刚性方程，被广泛应用到多体动力学商业软件中。在求解多体系统动力学过程中，一般需要求解非线性方程组，主要采用牛顿-拉夫逊迭代法求解。

2.2 振动理论简介

本书将线性振动、非线性振动、运动稳定性、常微分方程几何分岔理论均放入本节。这几部分内容都是独立的学科，本书仅介绍一些车辆系统动力学中常用的概念，如想深入学习请参考相关教材和文献[12-16]。

2.2.1 线性振动

1. 基本概念

广义来讲，振动就是表征一种运动的物理量做时而增大、时而减小的反复变化的运动。机械振动中变化的物理量是机械量或力学量，如物体的位移、速度、加速度、力、应变等[12]。振动力学研究机械振动的运动学和动力学。

共振是一种典型的振动现象，有时具有很大破坏力。我国古代对"共振"已有深刻认识，公元 5 世纪《天中记》记载：蜀人有铜盘，早、晚鸣如人扣，问张华。张华曰：此盘与宫中钟相谐，故声相应，可改变其薄厚。共振的例子如图 2.10 所示。1940 年，华盛顿的塔科曼大桥建成，同年 11 月的一场大风引起桥的颤振把桥摧毁，这是共振引起的典型灾害。小号发出的声波足以把玻璃杯振碎，电视节目中的嘉宾甚至可以吼碎玻璃杯。有人对振碎玻璃杯的吼声进行分析，并与主持人的声音进行对比，如图 2.10（c）所示。可见，吼声的频率单一、幅值较大，主持人的声音不是单一谐波、幅值时大时小。

（a）小号振碎玻璃杯　　　（b）大桥被风摧毁　　　（c）吼声与说话声音对比

图 2.10　共振示例

这种单一谐波的振动在车辆系统动力学中也经常见到，如车辆发生周期性的蛇行运动、车轮不圆和钢轨波磨引起车辆周期振动。在某些条件下有些会引起共振，如高频蛇行运动（7 Hz 以上）引起车体弹性抖动、车轮不圆引起轴箱振动显著放大。车辆系统共振会引起极大危害，轻者异常振动，重则疲劳破坏，甚至发生安全事故。例如车辆发生周期性蛇行运动，如果引起车体低频共振，将显著降低乘坐舒适性；如果引起桥梁等结构共振，则易发生脱轨。

车辆系统动力学主要是研究车辆系统振动问题，车辆系统常见的振动现象很多，既包括一般机械系统振动现象，还有车辆系统独有的一些振动问题，例如：

（1）蛇行运动——频率较低，属于非线性自激振动。

（2）轮轨振动——频率较高，如钢轨波磨和车轮不圆引起的振动、轨缝冲击。

（3）车辆部件振动——强迫振动或者冲击后自由振动、共振。

这些振动的振源主要来自轮轨系统，如道岔、轨缝、轨道不平顺、车轮不圆等，另外还有风载荷、牵引制动、车辆设备有源振动等其他因素。图 2.11 是典型的道岔心轨和明显的轨道不平顺激扰源。这些振动现象带来了众多问题，严重影响了车辆的运行性能，也是车辆系统动力学需要着重解决的基本问题，主要包括：

（1）运行安全性问题：如脱轨。

（2）运行可靠性问题：如疲劳断裂、悬挂失效。

（3）运行舒适性问题：如车厢内噪声、平稳性、地板局部振动。

（4）环境问题：噪声、振动。

图 2.11　道岔和轨道不平顺振动源

振动的分类方法比较多，对振动系统分类后，可以更加深入研究各类振动系统的特性。

1）按求解对象分类

（1）已知激励和系统，求响应（见图 2.12）。例如车辆系统动力学性能预测，就是已知轨道激扰等边界条件、车辆动力学模型，求系统振动响应。

（2）已知激励和响应，求系统。例如车辆系统中的模型辨识、车辆系统模态测试，悬挂元件动态特性测试也可以认为是这种情况。

（3）已知系统和响应，求激励。例如车辆载荷识别、轨道不平顺测量等。

图 2.12　振动系统分析对象

2）按自由度分类

按照振动系统自由度分类是指，完全描述系统一切部位在任何瞬时位置所需要的独立坐标数目。

（1）单自由度系统，如车辆单自由度简化模型，其振动传递基本规律非常有用。

（2）多自由度系统，如车辆两自由度简化模型、垂向动力学模型。

（3）连续系统，如考虑车体弹性的动力学模型。

3）按运动微分方程形式分类

（1）线性系统：采用线性微分方程组描述，满足叠加原理。车辆系统简化模型一般是线性的，车辆系统线性分析也是动力学研究的重要内容。

（2）非线性系统：采用非线性微分方程组描述，不满足线性叠加原理。车辆系统严格来说都是非线性的，尤其是轮轨关系、液压减振器、橡胶元件等具有强非线性。

4）按激励的有无和性质分类

（1）固有振动：无激励时系统所有可能运动的集合，不是现实振动，仅反映系统关于振动的固有属性。

（2）自由振动：激励消失后系统所做的振动。

（3）强迫振动：系统在外界激励下所做的振动。

（4）随机振动：系统在非确定性随机激励下所做的振动。

（5）自激振动：系统受到由其自身运动诱发出来的激励作用而产生和维持的振动，一般包含补充能量的能源。

（6）参数振动：系统本身的参数随时间变化，以此为激励因素的振动。

2．各类振动规律

1）简谐振动

物体的运动参量随时间按正弦或余弦规律变化的振动称为简谐振动。简谐振动是一种线性振动。由于满足叠加原理，多个简谐振动可以合成为一个振动，如图 2.13 所示。当两个简谐振动具有不同频率关系时，合成的振动具有不同特征。

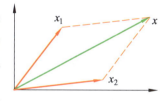

图 2.13　简谐振动叠加

（1）两个简谐振动具有相同频率，合成后仍然是原频率的简谐振动。

$$\begin{cases} x_1 = A_1 \cos(\omega t + \varphi_1) \\ x_2 = A_2 \cos(\omega t + \varphi_2) \end{cases} \tag{2-36}$$

两者叠加后的振动为

$$x = x_1 + x_2 = A \cos(\omega t + \varphi) \tag{2-37}$$

其中：

$$\begin{cases} A = \sqrt{A_1^2 + A_2^2 + 2A_1 A_2 \cos(\varphi_2 - \varphi_1)} \\ \varphi = \arctan \dfrac{A_1 \sin \varphi_1 + A_2 \sin \varphi_2}{A_1 \cos \varphi_1 + A_2 \cos \varphi_2} \end{cases} \tag{2-38}$$

（2）两个简谐振动具有不同频率：频率比为有理数，合成后为周期振动；频率比为无理数，合成为非周期振动。

设 $x_1 = \sin(2\pi f_1 + \varphi_1)$、$x_2 = \sin(2\pi f_2)$，其中 $f_1 = 5.0\ \mathrm{Hz}$，$\varphi_1 = \pi/3$。在不同的频率 f_2 下，x_1 和 x_2 的叠加信号如图 2.14 所示。

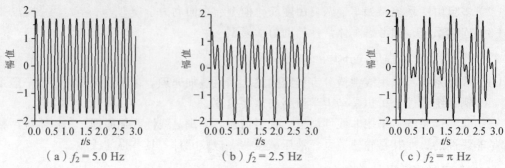

图 2.14　不同频率比的简谐振动叠加

（3）两个简谐振动频率相近，合成后得到一种称为"拍"的振动。

当频率分别为 f_1 和 f_2 的两个简谐振动合成后，从时域图来看，得到了一种频率为 $|f_1 - f_2|$ 的低频谐波，以及 $(f_1 + f_2)/2$ 的高频振动，其中低频振动称之为拍振。但从频谱图来看，仍然是频率分别为 f_1 和 f_2 的两个简谐振动。

例如，设 $x_1 = \sin(2\pi f_1)$、$x_2 = \sin(2\pi f_2)$，其中 $f_1 = 3.0\ \mathrm{Hz}$ 和 $f_2 = 3.2\ \mathrm{Hz}$。令 $x = x_1 + x_2$。从 x 的时域图 2.15 来看，其具有 0.2 Hz 和 3.1 Hz 两种谐波，但从频谱图来看，仍然是 3.0 Hz 和 3.2 Hz 两种主频。

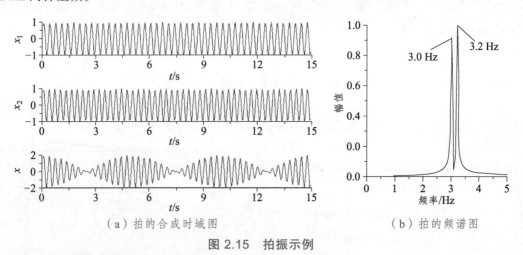

（a）拍的合成时域图　　　　　　　　（b）拍的频谱图

图 2.15　拍振示例

如果两个频率差比较小，那么就需要多个波形才能看出拍振现象。假设 n 个波形才能体现拍振现象，那么需要满足如下关系式：

$$\frac{(f_1 + f_2)/2}{f_1 - f_2} \geqslant n，且 f_1 > f_2，也即$$

$$f_1 > f_2 \geqslant \frac{2n-1}{2n+1} f_1 \qquad\qquad (2\text{-}39)$$

2）单自由度系统

单自由度系统是最简单的振动系统，研究它可以了解振动力学的基本理论。振动力学中一般选择平衡位置作为广义坐标系的原点。在研究振动规律时，一般不考虑悬挂元件的质量；但需要注意有时悬挂元件的振动不容忽视，会影响系统特性。瑞利法考虑了悬挂元件质量的影响，利用动能计算将弹性元件的分布质量等效为集中质量，加在原来惯性元件的集中质量上，得到更加精确的固有频率近似值。

单自由度系统包括无阻尼系统、有阻尼系统、强迫振动系统等，如图 2.16 所示。

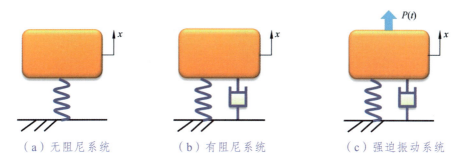

（a）无阻尼系统　　　　　（b）有阻尼系统　　　　　（c）强迫振动系统

图 2.16　单自由度系统

（1）无阻尼系统。

设单自由度惯性体质量为 m，弹簧刚度为 k，系统已经处于静力平衡状态。单自由度无阻尼系统的动力学微分方程为

$$m\ddot{x} + kx = 0 \tag{2-40}$$

微分方程的解为

$$x = A\sin(\omega_n t + \varphi) \tag{2-41}$$

系统固有频率为

$$\omega_n = \sqrt{\frac{k}{m}}, \ f_n = \frac{\omega_n}{2\pi} = \frac{1}{2\pi}\sqrt{\frac{k}{m}} \tag{2-42}$$

如果采用瑞利法考虑了悬挂元件等效质量 m_e 的影响，系统固有频率为

$$\omega_n = \sqrt{\frac{k}{m + m_e}} \tag{2-43}$$

（2）有阻尼系统。

系统的阻尼可来自多个方面，包括摩擦阻尼、电磁阻尼、介质阻尼、结构阻尼、黏性阻尼等。传统车辆系统采用了很多摩擦阻尼，如心盘旁承系统、变摩擦楔块式减振器；现代车辆系统更多采用了黏性阻尼，包括大量采用液压减振器。一般的振动系统均有阻尼，无阻尼系统是一种近似简化。有阻尼系统的动力学微分方程为

$$m\ddot{x} + c\dot{x} + kx = 0 \tag{2-44}$$

方程两边同时除以 m，得到

$$\ddot{x} + 2\xi\omega_n\dot{x} + \omega_n^2 x = 0 \tag{2-45}$$

其中，ω_n 为系统固有频率，$\xi = c/(2\sqrt{km})$ 为系统阻尼比。当 $\xi > 1$ 时为过阻尼，$\xi = 1$ 时为临界阻尼，$0 < \xi < 1$ 时为欠阻尼，各种阻尼状态下系统有不同的解析解[12]。各种阻尼比下系统的振动衰减如图 2.17 所示。

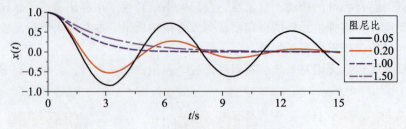

图 2.17　阻尼比与自由振动的衰减

对欠阻尼状态，系统的有阻尼自由振动频率为

$$\omega_d = \omega_n \sqrt{1 - \xi^2} \qquad (2-46)$$

对车辆系统经常通过试验测试悬挂阻尼比。设系统的无阻尼振动周期为 T_d，相邻两个周期的幅值分别为 A_i 和 A_{i+1}，则相邻两个周期的幅值比为

$$\eta = \frac{A_i}{A_{i+1}} = \frac{A e^{-\xi \omega_n t_i}}{A e^{-\xi \omega_n (t_i + T_d)}} = e^{\xi \omega_n T_d} \qquad (2-47)$$

相隔 n 个周期的振幅比为

$$\frac{A_i}{A_{i+n}} = \frac{A_i}{A_{i+1}} \frac{A_{i+1}}{A_{i+2}} \cdots \frac{A_{i+n-1}}{A_{i+n}} = \eta^n \qquad (2-48)$$

实际中常用对数衰减系数：

$$\delta = \ln \frac{A_i}{A_{i+1}} = \xi \omega_n T_d \qquad (2-49)$$

对相邻 n 个周期有

$$\delta = \frac{1}{n} \ln \frac{A_i}{A_{i+n}} = \xi \omega_n T_d \qquad (2-50)$$

由于系统有阻尼振动周期为

$$T_d = \frac{2\pi}{\omega_d} = \frac{2\pi}{\omega_n \sqrt{1 - \xi^2}} \qquad (2-51)$$

所以有

$$\delta = \frac{2\pi \xi}{\sqrt{1 - \xi^2}}, \quad \varepsilon = \frac{\delta}{\sqrt{4\pi^2 + \delta^2}} \qquad (2-52)$$

当系统阻尼比较小时（$\xi < 0.2$），可以近似得到

$$\xi = \frac{\delta}{2\pi} \qquad (2-53)$$

（3）强迫振动系统。

强迫振动在车辆系统动力学中常见，例如轨道激扰引起的车辆振动，是车辆系统的主要振动形式。强迫振动系统是在一般振动系统基础上，惯性体受到一个外力 $P(t)$ 的作用而发生振动，外力的幅值为 P_0，频率为 ω。其动力学微分方程为

$$m\ddot{x} + c\dot{x} + kx = P_0 \sin(\omega t) \tag{2-54}$$

强迫振动系统求解比较复杂，车辆动力学中一般通过数值计算来分析车辆在轨道随机不平顺激励下的强迫振动。以阻尼比 0.2、固有频率 1 Hz 的强迫振动系统为例求解系统的响应，如图 2.18 所示。可见，在频率比等于 1 时，惯性体的位移最大，之后位移随着激扰频率增加而减小。系统响应的频率和激扰频率相同。

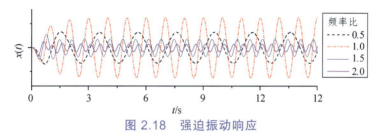

图 2.18　强迫振动响应

将不同阻尼比、不同激扰频率的振动关系绘于图 2.19，其中响应单位"1"表示恒定力 P_0 引起的惯性体静态位移。

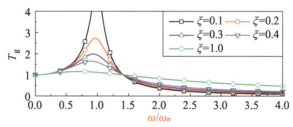

图 2.19　强迫振动传递率

（4）偏心质量引起的强迫振动。

偏心质量引起的强迫振动在旋转系统中经常存在，主要是由于动不平衡引起的。车辆系统中也常见该类激扰，如轮对动不平衡、电机转子系统动不平衡、风机动不平衡等。系统模型和动力学模型如图 2.20 所示。

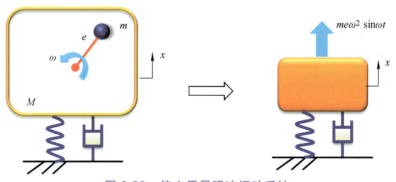

图 2.20　偏心质量强迫振动系统

设系统质量为 M，偏心质量为 m，偏心质量转动半径为 e，转动频率为 ω，则系统的动力学微分方程为

$$M\ddot{x} + c\dot{x} + kx = me\omega^2 \sin(\omega t)$$ （2-55）

整个系统的固有频率、阻尼比分别为

$$\omega_n = \sqrt{\frac{k}{M}}, \quad \xi = c/(2\omega_n M)$$

设 $\lambda = \omega/\omega_n$，则系统的传递率为

$$B = \frac{me}{M} \frac{\lambda^2}{\sqrt{(1-\lambda^2)^2 + (2\xi\lambda)^2}}$$ （2-56）

（5）响应。

线性系统满足叠加原理，可以根据系统的单位脉冲响应，由 Duhamel 积分得到系统在连续外加激扰下的响应，如图 2.21 所示。

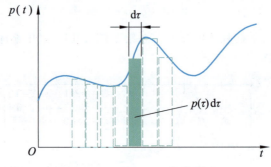

图 2.21　Duhamel 积分原理

对有阻尼系统：

$$\begin{cases} m\ddot{x} + c\dot{x} + kx = \delta(t) \\ x(0^-) = 0, \quad \dot{x}(0^-) = 0 \\ x(0^+) = 0, \quad \dot{x}(0^+) = 1/m \end{cases}$$ （2-57）

受到单位脉冲激扰下的响应函数为

$$h(t) = \frac{1}{m\omega_d} e^{-\xi\omega_n t} \sin(\omega_d t)$$ （2-58）

其中，$\omega_n = \sqrt{\dfrac{k}{m}}$；$\xi = c/(2\omega_n m)$；$\omega_d = \omega_n \sqrt{1-\xi^2}$。

推广到任意时刻 τ 时，系统受到冲击载荷作用的脉冲响应为

$$h(t-\tau) = \frac{1}{m\omega_d} e^{-\xi\omega_n(t-\tau)} \sin[\omega_d(t-\tau)]$$ （2-59）

将任意载荷 $p(t)$ 视为一系列脉冲激励的叠加：

$$p(t) = \sum p(\tau) \cdot \Delta\tau \cdot \delta(t-\tau) \tag{2-60}$$

根据线性系统性质，系统的响应也可以表示为这一系列脉冲激励响应函数的叠加：

$$x(t) = \sum p(\tau) \cdot \Delta\tau \cdot h(t-\tau) \tag{2-61}$$

当 $\Delta\tau \to 0$ 时，由 Duhamel 积分得到系统在连续外加激扰下的响应为

$$x(t) = \int_0^t p(\tau)h(t-\tau)\,\mathrm{d}\tau = \frac{1}{m\omega_d}\int_0^t p(\tau)\mathrm{e}^{-\xi\omega_n(t-\tau)}\sin[\omega_d(t-\tau)]\mathrm{d}\tau \tag{2-62}$$

单自由度系统在单位阶跃激扰下的响应称为阶跃响应。由于系统突然受到激扰作用，响应呈现振动，且系统阻尼比越小，振动幅值越大、收敛越慢。车辆系统中也有阶跃响应的应用，如测试车辆悬挂系统的阻尼比、仿真中施加阶跃激扰求蛇行运动临界速度等。

（6）传递函数。

系统的传递函数定义为：系统输出的拉氏变换与输入的拉氏变换之比。它表达了系统本身的特性，而与激励及系统的初始状态无关。传递函数不表明系统的物理性质，许多性质不同的物理系统，可以有相同的传递函数。而传递函数不同的物理系统，即使系统的激励相同，其响应也是不同的。因此对传递函数分析研究，就能统一处理各种物理性质不同的线性系统。

对于有阻尼单自由度系数，根据其微分方程可以得到传递函数的表达式：

$$\begin{cases} m\ddot{x} + c\dot{x} + kx = P(t) \\ x(0) = 0, \ \dot{x}(0) = 0 \end{cases} \tag{2-63}$$

$$G(s) = \frac{x(s)}{P(s)} = \frac{1}{ms^2 + cs + k} \tag{2-64}$$

传递函数的自变量 s 是针对整个复平面定义的，因此传递函数是一个曲面。传递函数表示的是输出输入之比，不仅用于振动系统，还可以用于很多领域。

将传递函数中的自变量 s 用 $j\omega$ 替代，即仅考虑传递函数在沿虚轴（频率轴）的切平面上的投影，就得到了频响函数。所以，频响函数是传递函数的子集，频响函数是响应与激励之比，其自变量为频率。

3）多自由度系统

多自由度系统是单自由度系统的扩展，系统具有多个惯性体，惯性体之间由弹簧阻尼连接，最典型的是二自由度系统。此时，系统的动力学方程需要用矩阵形式表达为

$$M\ddot{x} + Kx = P \tag{2-65}$$

求解系统固有频率时，令 $P = 0$，由矩阵的特征值求解得到

$$FM\ddot{x} + x = 0 \Rightarrow (FM - \lambda I)\phi = 0 \Rightarrow |FM - \lambda I| = 0 \tag{2-66}$$

将特征值按照从小到大的顺序排列，就得到系统的从低阶到高阶模态。式（2-66）对应的特征向量就是系统的振型。根据第 i 阶特征值 λ_i 的实部和虚部，可以得到以下模态特征量。

有阻尼固有频率：

$$f_{d,i} = \left| \mathrm{Im}(\lambda_i) \right| / 2\pi \qquad (2\text{-}67)$$

无阻尼固有频率：

$$f_{o,i} = \sqrt{\mathrm{Im}(\lambda_i)^2 + \mathrm{Re}(\lambda_i)^2} / 2\pi \qquad (2\text{-}68)$$

自然阻尼比：

$$D_i = -\mathrm{Re}(\lambda_i) / \sqrt{\mathrm{Im}(\lambda_i)^2 + \mathrm{Re}(\lambda_i)^2} \qquad (2\text{-}69)$$

这种方法计算得到的阻尼比和单自由度系统阻尼比公式有差异：单自由度阻尼比公式可以得到大于 1 的过阻尼，而自然阻尼比的取值范围为 [− 1, 1]。

主振型正交性是多自由度系统的重要特性。对应不同固有频率的主振型 ϕ_i 和 ϕ_j 之间，既关于质量矩阵相互正交，又关于刚度矩阵相互正交。

$$\begin{cases} \phi_i^{\mathrm{T}} M \phi_j = 0 \\ \phi_i^{\mathrm{T}} K \phi_j = 0 \end{cases} (i \neq j) \qquad (2\text{-}70)$$

4）连续体

连续体的振动需要采用偏微分方程描述，最典型的是欧拉梁连续振动模型。通过对连续梁动力学方程的求解，可以得到梁的主振动，即梁的弹性模态。由弹性体振动理论，欧拉梁振动偏微分方程为

$$EI \frac{\partial^4 z(x,t)}{\partial x^4} + \mu I \frac{\partial^5 z(x,t)}{\partial t \partial x^4} + \rho A \frac{\partial^2 z(x,t)}{\partial t^2} = 0 \qquad (2\text{-}71)$$

式中，E 为梁的弹性模量；I 为截面惯性矩；μ 为内滞阻尼系数；ρ 为材料密度；A 为截面面积；$\delta(x)$ 为狄拉克函数。

对于具有自由边界条件的欧拉梁，其固有（自振）频率为

$$\omega_i \approx \frac{(2i+1)^2 \pi^2}{4L^2} \sqrt{\frac{EI}{\rho A}} \qquad (2\text{-}72)$$

通常应用分离变量法为求解式（2-71），设梁的第 i 阶振型函数和模态坐标分别为 $Y_i(x)$ 和 $q_i(t)$。如果梁的位移 $z(x,t)$ 考虑了刚体运动模态，则第一阶模态应为浮沉模态，对应的振型函数为 $Y_1(x) = 1$；第二阶模态为点头模态，对应的振型函数为 $Y_2(x) = x - L / 2$，而其他模态的振型函数表示为

$$Y_i(x) = A_i U_i(x) = A_i \left[\mathrm{ch}\beta_i x + \cos \beta_i x - \frac{\mathrm{ch}\beta_i L - \cos \beta_i L}{\mathrm{sh}\beta_i L - \sin \beta_i L} (\mathrm{sh}\beta_i x + \sin \beta_i x) \right] \qquad (2\text{-}73)$$

其中，系数 $A_i = 1 / \sqrt{\rho A \int_0^L U_i^2(x)\mathrm{d}x}$；$L$ 为梁的长度。λ_i 和 β_i 需要满足下列条件：

$$1 - \mathrm{ch}\lambda_i \cos \lambda_i = 0, \ \beta_i = \lambda_i / L \approx \frac{(2i+1)\pi}{2L} \qquad (2\text{-}74)$$

当 $i = 3, 4, 5, \cdots, n$ 时，$\lambda_i \approx (2n+1)\pi/2, n = 1, 2, 3, 4, \cdots$。

两端自由梁的前 5 阶模态振型如图 2.22 所示。

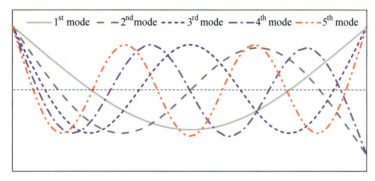

图 2.22　自由梁模态振型

2.2.2　非线性振动

1. 非线性振动系统

1）非线性振动简介

线性系统即质量不变、弹性力和阻尼力与运动参数呈线性关系的系统，不属于线性系统的系统为非线性系统。常见的非线性关系包括：

（1）作用力非线性，如磁场力、液压减振器力非线性；

（2）运动学非线性；

（3）材料非线性，如非线性本构关系；

（4）几何非线性，如弹性大变形。

车辆系统中的非线性因素较多，如现代车辆大量采用的橡胶元件、轮轨关系、蠕滑力等都具有较强的非线性。车辆系统在某些情况下可以简化为线性系统考虑，但从全局来看非线性因素不可忽视。

车辆系统蛇行运动是一种强非线性自激振动，其中用到的一些概念，如极限环、hopf 分岔、鞍结分岔、稳定性、临界速度等，都主要与轮轨非线性有关，本节先简要介绍一些非线性振动的基本概念。

2）非线性系统的描述

非线性系统动力学微分方程组一般形式如下：

$$\ddot{x} = f(\dot{x}, x, t) \tag{2-75}$$

对其降阶处理，得到一阶微分方程组：

$$\dot{y} = f(y, t) \tag{2-76}$$

$f(\dot{x}, x, t)$ 表示非线性作用力，与位移、速度、时间有关。车辆系统中的非线性力一般与时间无关，仅是位移和速度的函数，常见的位移非线性力元如图 2.23 所示，图 2.23（i）的频率非线性和图（j）的幅值非线性是某液压减振器动态特性试验结果。

41

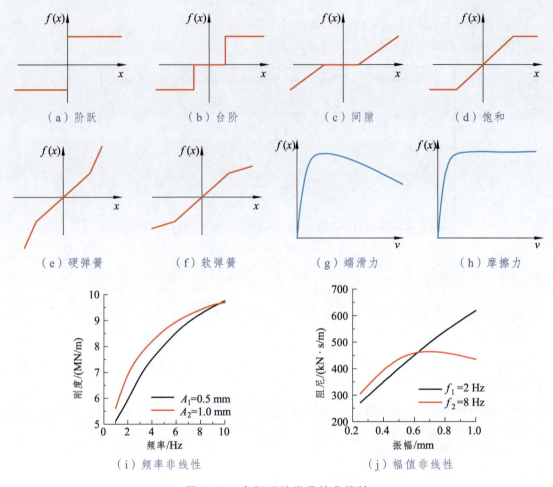

（a）阶跃　　　　　（b）台阶　　　　　（c）间隙　　　　　（d）饱和

（e）硬弹簧　　　　（f）软弹簧　　　　（g）蠕滑力　　　　（h）摩擦力

（i）频率非线性　　　　　　　　　　（j）幅值非线性

图 2.23　车辆系统常见的非线性

3）非线性振动的分析方法

由于非线性系统方程一般不能求得解析解，所以发展了多种近似分析方法和数值计算方法[13]。其中几何方法和解析方法仅能对低阶非线性系统进行分析，如车辆系统中的轮对和转向架模型。对整车系统这样的高维非线性系统，常用数值方法研究。

（1）几何方法。

几何方法是一种定性分析方法，利用相平面内的相轨迹作为对运动过程的直观描述，利用相轨迹的几何性质判断微分方程解的性质。几何方法不能得到定量规律，只适用于低维系统，很难推广到高维系统。

（2）解析方法。

通过精确地或者近似地寻求非线性微分方程组的解析解，得到非线性系统运动规律，以及对系统参数和初始条件的依赖关系。更常用的是近似解析方法。对于弱非线性系统，以线性振动理论中得到的精确解为基础，将非线性因素作为一种振动，求出近似解析解，如小参数法、谐波平衡法、平均法、多尺度法、渐进法等。

（3）数值方法。

通过数值积分计算求解非线性微分方程组，得到非线性系统在特定参数条件和初始条件下的运动规律。理论基础是常微分方程组初值问题的数值解法。数值研究只能在有限精度下进行，截断误差和累积误差不可避免，较难获得非线性系统的全局特性。

2．非线性系统的特征

1）固有频率特性

线性系统固有频率只与系统参数有关，且系统参数确定后固有频率是恒定值。非线性系统固有频率还与初始状态等因素有关。以软弹簧和硬弹簧为例，可以简单地认为系统处于不同振动幅值时等效刚度不同，所以固有频率也不同。针对带有阻尼的达芬系统方程：

$$\ddot{x} + 2\zeta\omega_0\dot{x} + \omega_0^2(x + \varepsilon x^3) = B\omega_0^2 \cos(\omega t + \theta) \qquad (2\text{-}77)$$

设频率比 $s = \omega/\omega_0$，文献[13]导出了达芬系统受迫振动的振幅与频率关系：

$$\frac{A}{B} = \frac{1}{\sqrt{(1 - s^2 + 3\varepsilon A^2/4)^2 + (2\zeta s)^2}} \qquad (2\text{-}78)$$

该非线性系统具有图 2.24 所示的幅频特性，可见共振频率随着振动幅值而变化。当 $\varepsilon = +0.04$ 时相当于系统具有硬特性，当 $\varepsilon = -0.04$ 时相当于系统具有软特性。

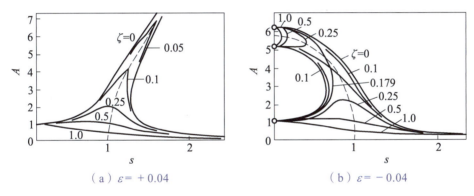

（a）$\varepsilon = +0.04$ （b）$\varepsilon = -0.04$

图 2.24　达芬系统的幅频特性曲线[13]

对刚度具有分段线性的非线性系统，同样可能具有类似的幅频特性曲线。这种系统在相同频率的激扰下，可能对应多种幅值的振动响应，这取决于系统的初始状态。

车辆系统很多悬挂元件由于具有硬刚度特性，所以也具有非线性固有频率特性，但在一般的研究范围内，当非线性不强时一般认为其频率是固定的。

2）亚谐共振、超谐波共振

派生系统的固有频率接近激励频率时产生的共振现象称为主共振。实践中还可观察到某些非线性系统在接近激励频率的整数倍或分数倍时出现的共振现象，分别称为超谐波共振和亚谐波共振，或统称为次共振。在车辆系统一些非线性较强的高频振动领域，也发现过谐波共振，但常规车辆动力学分析中还很难发生。

3）跳跃现象

线性系统幅频特性随着频率的增加和降低是沿着同一条曲线变化的，而非线性系统可能发生跳跃。如图 2.25 所示，非线性系统的振幅 A 对外扰频率 ω 的曲线可有几个分支，缓慢地变动扰动频率，可在某些频率出现振幅的突变现象。如图 2.25 中降低频率导致响应振幅从 E 跳跃到 F 点，增加频率导致响应振幅从 B 跳跃到 C 点。

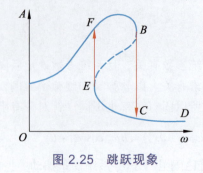

图 2.25　跳跃现象

4）自激振动

除自由振动和受迫振动之外，自激振动是工程中大量存在的另一种非线性振动形式。自激振动靠系统外部提供的能量维持，但这种外部能源是恒定的，因而不同于受迫振动。系统依靠自身运动状态的反馈作用调节能量输入，以维持不衰减的持续振动。振动频率和幅值均由系统物理参数确定，与初始条件无关。当输入能量与耗散能量达到平衡时，系统即可维持等幅振动，称为自激振动。

线性系统不可能产生自激振动，能产生自激振动的必为非线性系统。如图 2.26 所示，能发生等幅振动的系统较多，某些线性系统在特定条件下也可能发生等幅周期振动，但与非线性系统的自激振动存在本质区别。非线性系统除自激等幅周期振动外，也可以发生线性系统那两种等幅周期振动。

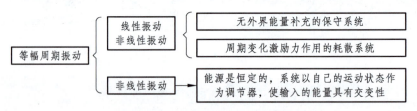

图 2.26　等幅周期振动的类型

如图 2.27 所示，自激振动系统由耗散的振动系统、恒定的能源、受系统运动状态反馈的调节器三部分构成，只有这三部分共同作用，才能使耗散的非线性系统在恒定能源输入下发生周期振动。

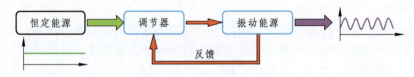

图 2.27　自激振动系统组成

自激振动有以下特征：

（1）非保守系统。振动过程中，存在能量的输入与耗散，因此自振系统为非保守系统。

（2）能源恒定。能量的输入仅受运动状态，即振动系统的位移和速度的调节，因此自振

44

系统不显含时间变量，为自治系统。

（3）振动的特征量，如频率和振幅，由系统的物理参数确定，与初始条件无关。

（4）必为非线性系统。

（5）自激振动的稳定性取决于能量输入与耗散的相互关系，如图 2.28 所示。

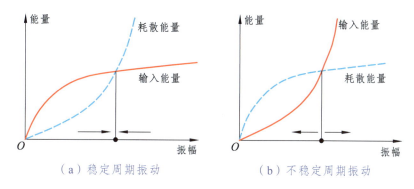

图 2.28　自激振动系统周期解的稳定性

5）其余特征

（1）同步现象：干扰力频率接近非线性系统固有频率到一定程度时，所激起的振动中只包含干扰力频率而自振频率被俘获的现象。17 世纪，惠更斯已观察到：快慢稍微不同的两只时钟，挂在同一壁板上会保持同步计时。车辆系统发生一次蛇行运动时，车体的悬挂频率与转向架蛇行频率接近，在一定速度范围内两者频率可能基本相同，发生典型的同步运动，严重影响车体内的乘坐舒适性。

（2）参变激发：指周期地改变非线性系统的某个参量，而激起系统振动的现象。

（3）参变镇定：指参量的周期变化使非线性系统稳定的现象。

2.2.3　运动稳定性基本概念

系统受扰动后能否恢复原来的状态？能否达到一个稳定的周期运动状态？或者系统崩溃？机械系统在一定范围内稳定运动，才能保证运动的安全性和可靠性。例如，单摆的平衡位置是典型的稳定解，系统受到扰动后能回到平衡位置，或者在平衡位置附近做周期振动；而倒立摆的 0 点位置不稳定，受到微小扰动后将远离该位置。

在工程实际问题中常需要判断系统的某种运动状态是否稳定，即当状态变量受到微小的初扰动后，其受扰运动规律是否仍接近未受扰运动规律。例如车辆系统受到扰动后，是发生周期的蛇行运动，还是恢复到 0 位置平衡状态。对车辆系统而言，稳定性问题可以转化为 0 解的稳定性问题。李雅普诺夫稳定性理论是研究运动稳定性的理论基础。

1. 运动稳定性定义

1）稳态运动和扰动方程

对有 N 个自由度的系统，选择广义坐标 $q_j(j=1,2,\cdots,N)$ 确定系统的位形，对应的广义速度为 $\dot{q}_j(j=1,2,\cdots,N)$，以上两者共同组成 $2N$ 个状态变量 $y_j(j=1,2,\cdots,2N)$。系统的动力学方程，即状态方程，可以表达为一阶常微分方程组：

$$\dot{y}_j = Y_j(y_1 \quad y_2 \cdots y_{2N} \quad t) \quad (j=1,2,\cdots,2N) \tag{2-79}$$

以状态变量为基础，建立 $n = 2N$ 维空间 $\mathbb{R}_1^n$，称为状态空间或者相空间。相空间的每个点（相点）对应状态变量的每一组数值。根据状态方程的解，相点随着时间的变化在相空间中不断移动，所描绘出的空间曲线称为相轨迹。对于单自由度系统，相空间退化为二维相平面，相轨迹成为平面曲线。

引入 n 维列阵 $y = (y_j)$ 和 $Y = (Y_j)$，则方程（2-79）可以写成矩阵形式：

$$\dot{y} = Y(y \quad t) \tag{2-80}$$

此方程满足解的存在与唯一性条件，设存在特解 $y = y_s(t)$，满足：

$$\dot{y}_s = Y(y_s \quad t) \tag{2-81}$$

此特解描述系统的正常状态，例如平衡状态或者周期运动，称为未扰运动或者稳态运动。只要状态变量初始值满足稳态运动的要求，$y(t_0) = y_s(t_0)$，则此稳态运动必能成为系统实际运动。若状态变量 $y(t_0)$ 偏离 $y_s(t_0)$，则系统的运动将偏离稳态运动，称为该稳态运动的受扰运动。受扰运动 $y(t)$ 与未扰运动 $y_s(t)$ 是同一动力方程（2-79）在不同初始条件下的解，引入受扰运动与未扰运动的差值作为新的变量：

$$x(t) = y(t) - y_s(t) \tag{2-82}$$

扰动 $x(t)$ 的初始值 $x(0)$ 称为初扰动。将式（2-80）和式（2-81）相减，得到确定扰动规律的微分方程，即扰动方程：

$$\dot{x} = X(x,t) = Y(y_s + x, t) - Y(y_s, t) \tag{2-83}$$

于是系统的未扰运动与扰动方程的零解完全等价，相空间中与零解相对应的点称为平衡点[13]。

2）运动稳定性定义

1892 年，李雅普诺夫首先给出稳定性概念的严格定义[14, 15]。

（1）定义 1。

若给定任意小的正数 ε，存在正数 δ，对于一切受扰运动，只要其初扰动满足 $\|x(t_0)\| \leqslant \delta$，对于所有的 $t > t_0$ 均有 $\|x(t)\| \leqslant \varepsilon$，则称未扰运动 $y_s(t)$ 是稳定的。

此稳定性定义的几何解释是：在相空间内以零点为中心，作 $\|x\| = \varepsilon$ 的球面 S_ε 和 $\|x\| = \delta$ 的球面 S_δ，从 S_δ 内出发的每一条相轨迹将永远限制在 S_ε 以内，且 S_ε 是任意小的，此时系统稳定。

（2）定义 2。

若未扰运动稳定，且当 $t \to \infty$ 时均有 $\|x(t)\| \to 0$，则称未扰运动 $y_s(t)$ 是渐进稳定的。

渐进稳定的几何解释是：相空间从 S_δ 内出发的每一条相轨迹都渐近地趋近 0 点。

（3）定义 3。

若存在正数 ε_0，对任意的 δ，存在受扰运动 $y(t)$，只要其初扰动满足 $\|x(t_0)\| \leqslant \delta$ 时，存在时刻 $t > t_0$，满足 $\|x(t)\| = \varepsilon_0$，则称未扰运动 $y_s(t)$ 是不稳定的。

不稳定的几何解释是：不论相空间内的 S_δ 选择如何小，总有一条从 S_δ 内出发的相轨迹最终达到 S_ε 的边界。

李雅普诺夫直接方法是研究运动稳定性的重要方法，它不用对扰动方程求解，而是构造具有某种性质的李雅普诺夫函数，使该函数与扰动方程相联系以估计受扰运动的趋向，从而判断未扰运动的稳定性。具体的方法可参阅文献[13，14]。

2. 线性系统稳定性

1）线性系统的稳定性准则

由于线性常微分方程组的数学理论已发展得十分完善，因此将复杂的非线性系统简化为近似的线性系统来分析，是工程中常用处理方法。包含 n 个状态变量的自治系统的动力学方程有以下普遍形式：

$$\dot{x}_j = X_j(x_1 \quad x_2 \quad \cdots \quad x_n) \quad (j=1,2,\cdots,n) \tag{2-84}$$

或写为矩阵形式：

$$\dot{x} = X(x) \tag{2-85}$$

其中，n 维列阵 $x = (x_j)$ 为稳态运动的扰动，函数列阵 $X = (X_j)$ 不显含时间 t。当扰动足够微小时，将扰动方程（2-85）的右边按泰勒级数展开，略去二次以上的高阶项，得到线性方程组，即原系统的一次近似方程组：

$$\dot{x} = Ax \tag{2-86}$$

其中，$n \times n$ 系数矩阵 $A = (a_{ij})$ 为在 $x = 0$ 处函数 X 相对变量 x 的雅克比矩阵：

$$a_{ij} = \left.\frac{\partial X_i}{\partial x_j}\right|_{x=0} \quad (i,j=1,2,\cdots,n) \tag{2-87}$$

设方程（2-86）的解为

$$x = Be^{\lambda t} \tag{2-88}$$

其中，$B = (B_j)$ 为 n 维常值列阵，代入方程（2-86）得到

$$(A - \lambda E)B = 0$$

B 有非零解的充要条件是系数行列式等于零：

$$|A - \lambda E| = 0 \tag{2-89}$$

展开后得到 λ 的 n 次代数方程组（系统的特征方程），λ 为方程组的根，即矩阵 A 的特征值，一般为复数。线性方程组（2-86）的零解稳定性取决于特征值实部的符号，存在以下定理：

（1）定理一：若所有特征值的实部均为负，则线性方程的零解渐近稳定。

（2）定理二：若至少有一个特征值的实部为正，则线性方程的零解不稳定。具有正实部特征值的数目称为不稳定度。

（3）定理三：若存在零实部的特征值，其余根的实部为负，且零实部根为单根，则线性方程的零解稳定，但非渐近稳定。若为重根，则零解不稳定。

李雅普诺夫证明，一定条件下可根据一次近似方程的稳定性推断原方程的稳定性，即为李雅普诺夫一次近似理论：

（1）定理一：若一次近似方程的所有特征值实部均为负，则原方程的零解渐近稳定。

（2）定理二：若一次近似方程至少有一个特征值实部为正，则原方程的零解不稳定。

（3）定理三：若一次近似方程存在零实部的特征值，其余根的实部为负，则不能判断原方程的零解的稳定性。

2）线性系统常用的稳定性判据

对动力学系统进行简化和线性化，进一步计算系统一次近似方程系数矩阵的特征值和特征向量，是对动力学系统常用的初步分析方法。对特征值和特征向量进一步处理，可以得到系统的模态振型、模态频率和模态阻尼比。在以上过程中，可以通过多种方法判断近似线性系统的稳定性。

（1）特征值稳定性判据。

根据线性系统系数矩阵的特征值实部判断系统稳定性：若所有特征值实部均小于 0，则系统稳定；若有特征值的实部大于 0，则系统不稳定；若只有一个或者一对（不能是重根）特征值实部为 0，其余均小于 0，则系统在李雅普诺夫意义下是稳定的。

其实，系数矩阵的特征值与系统的模态频率、模态阻尼比直接相关。根据本章多自由度系数模态的计算公式，在复平面中，设某一对特征值为 $\lambda = a \pm bi$：特征值到原点的距离 $\sqrt{a^2 + b^2}$ 表示系统无阻尼固有频率；特征值虚部的绝对值 b 为有阻尼固有频率；特征值矢量与虚轴之间夹角的正弦 $-a/\sqrt{a^2 + b^2}$ 为阻尼比，如图 2.29 所示，这里的频率单位为 rad/s。

由于线性系统系数矩阵的特征值实部符号决定了阻尼比的符号，通过特征值实部判断系统稳定性和通过系统模态阻尼比判断稳定性是等效的。下面几种方法常用于控制系统的稳定性判断，在车辆系统应用不广泛，可以具体参考文献[18]。

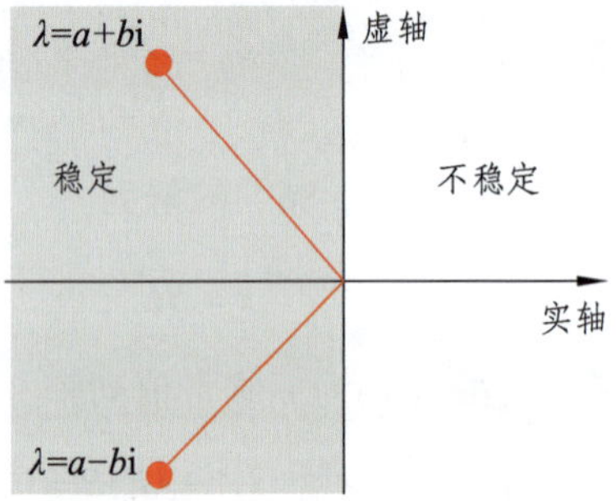

图 2.29　特征值判断稳定性

（2）Routh（劳斯）稳定性判据。

Routh 判据又称为代数稳定判据，通过对线性系统特征方程的系数进行分析，能够判定方程是否存在位于复平面右半部的正根，而不必求解方程。以特征方程系数矩阵构建劳斯阵，通过劳斯阵第一列的元素符号判断系统稳定性。

（3）Hurwitz（赫尔维茨）稳定性判据。

和劳斯判据类似，Hurwitz 判据也是将线性系统特征方程的系数组成矩阵，计算该矩阵主行列式和主对角线上的各子行列式，如果各行列式均大于 0，则系统稳定。该方法很少用到大于 6 阶的系统。

（4）Nyquist（奈奎斯特）稳定判据。

控制系统在断开反馈作用后所定出的频率响应称为开环频率响应，Nyquist 判据是根据闭环控制系统的开环频率响应判断闭环系统稳定性的准则。Nyquist 稳定判据本质上是一种图解分析方法，Nyquist 图是对于一个连续时间的线性非时变系统，将其频率响应的增益及相位以极坐标的方式绘出。Nyquist 稳定判据只能用于线性定常系统。

（5）Bode（伯德）稳定性判据。

Bode 图是系统频率响应的一种图示方法。Bode 图由幅值图和相位图组成，两者都按频率的对数分度绘制。利用伯德图可以看出在不同频率下系统增益的大小及相位，也可以看出增益大小及相位随频率变化的趋势。Bode 图可用来计算负反馈系统的增益裕度及相位裕度，进而确认系统的稳定性。

2.2.4　常微分方程几何分岔理论

非线性振动的定性分析方法是由运动微分方程出发，直接研究解的性质以判断运动形态。定性分析方法主要用于研究振动系统可能发生的稳态运动，如平衡状态或周期运动，以及稳态运动在初始扰动作用下的稳定性问题[15]。

相平面法是最直观的定性分析方法，它只适用于单自由度系统。相平面法利用相轨迹描绘系统的运动形态。相轨迹的奇点和极限环分别对应于系统的平衡状态和周期运动。分析奇点和极限环的类型可以判断平衡状态和周期运动的稳定性，以及受扰动后可能具有的振动特性。平衡状态或周期运动的数目和稳定性可随系统参数的变动而突然变化，称为分岔现象。

1. 基本概念定义

1）相平面

在本章第 2.3 节已经对相空间进行了介绍，这里以单自由度系统为例，给出相平面的示例。单自由度振动系统动力学方程的一般形式为[13, 15]

$$\ddot{x} + f(x, \dot{x}) = 0 \tag{2-90}$$

可以降阶为一阶微分方程组：

$$\begin{cases} \dot{x} = y \\ \dot{y} = -f(x, y) \end{cases} \tag{2-91}$$

设状态变量的初始条件为

$$t = 0: \quad x(0) = x_0, \quad y(0) = y_0 \tag{2-92}$$

方程（2-90）满足以上初始条件的解 x（t）和 y（t）完全确定系统的运动过程。以 x 和 y 为直角坐标系建立（x, y）平面，称为系统的相平面。系统的运动过程可以用相点在相平面上的移动过程来描述，相点移动的轨迹称为相轨迹，不同初始条件下的相轨迹组成相轨迹族。相轨迹图可以在平面坐标系中描述，此时只能显示局部相轨迹；也可以在球坐标系中描述，此时可以显示全局相轨迹，如图 2.30 所示。

对方程组（2-91）两式相除，消去 dt 后即得到确定相轨迹族的一阶微分方程：

$$\frac{\mathrm{d}y}{\mathrm{d}x} = -\frac{f(x, y)}{y} \tag{2-93}$$

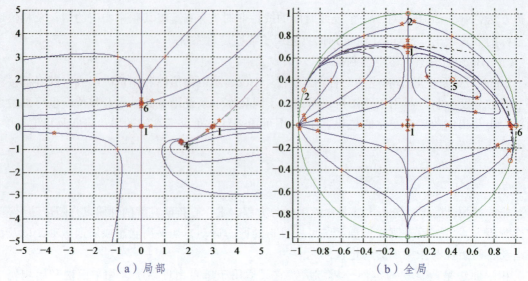

（a）局部　　　　　　　　　（b）全局

图 2.30　相轨迹图示例

1—鞍点；2—稳定结点；3—稳定退化结点；4—稳定焦点；5—中心（有待判断）；
6—不稳定结点；7—不稳定退化结点；8—不稳定焦点；9—高阶奇点

2）奇点分类

相平面内使方程（2-93）分子和分母均等于 0 的特殊点称为相轨迹的奇点，在奇点处 dy/dx 不存在或者为不定值。相平面内每条曲线都对应微分方程在一个初值下的解，曲线的箭头方向表示随着 t 的增加某条解曲线的方向。奇点表示系统的速度和加速度均等于 0，其物理意义即系统的平衡状态，所以奇点也称为平衡点。奇点可以是稳定的，也可以是不稳定的，奇点的稳定性也就是系统平衡点的稳定性。根据李雅普诺夫稳定性定义，若对任意的 $\varepsilon > 0$，能够找到确定的 $\delta(e) > 0$，使得在 $t = t_0$ 时从以奇点为中心、半径为 δ 的圆内任意点出发的相轨迹在 $t > t_0$ 时保持在以该奇点为中心、以 ε 为半径的圆内，则该奇点是稳定的，否则为不稳定。

根据相平面内解曲线的趋势，可以将奇点分为多种类型，以下是常见的几种。奇点的类型有严格的数学定义[13, 15]，这里仅给出直观的理解说明。

（1）鞍点。

如图 2.31（a）所示，t 趋于无穷时只有两条曲线趋于奇点，两条曲线从奇点出发趋于无穷，其余曲线都沿后两条曲线的方向趋于无穷。鞍点是不稳定的。

（2）结点。

如图 2.31（b）所示，所有解曲线都趋于或者远离奇点，除 u_1 轴两条曲线外，其余解曲线都沿 u_2 轴相切方向趋于奇点。结点可以是稳定的，也可以是不稳定的。

（3）焦点。

如图 2.31（c）所示，相轨迹为围绕奇点的螺线，奇点为焦点。焦点可以是渐近稳定的，也可以是不稳定的。

（4）中心。

如图 2.31（d）所示，解曲线为绕奇点的封闭曲线，奇点称为中心。

奇点的类型可以通过系统一次近似方程组的系数矩阵 A 的特征值 λ 来判断。对方程（2-91）线性化可以得到

$$|A - \lambda E| = \lambda^2 - p\lambda + q = 0 \qquad\qquad\qquad (2\text{-}94)$$

设 $\Delta = p^2 - 4q$，奇点的类型可以由参数 p 和 Δ 的符号完全确定，如图 2.32 所示。

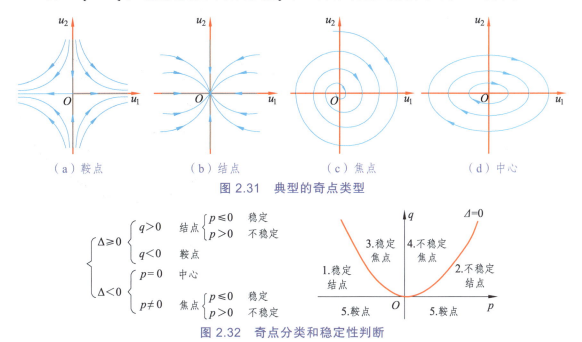

（a）鞍点　　　（b）结点　　　（c）焦点　　　（d）中心

图 2.31　典型的奇点类型

$$\begin{cases} \Delta \geqslant 0 \begin{cases} q > 0 & \text{结点} \begin{cases} p \leqslant 0 & \text{稳定} \\ p > 0 & \text{不稳定} \end{cases} \\ q < 0 & \text{鞍点} \end{cases} \\ \Delta < 0 \begin{cases} p = 0 & \text{中心} \\ p \neq 0 & \text{焦点} \begin{cases} p \leqslant 0 & \text{稳定} \\ p > 0 & \text{不稳定} \end{cases} \end{cases} \end{cases}$$

图 2.32　奇点分类和稳定性判断

3）极限环

存在一类特殊的振动系统，其运动微分方程的解在相平面上所确定的相轨迹是一条孤立的封闭曲线，它所对应的周期运动由系统的物理参数唯一确定，与初始运动状态无关。这种孤立的封闭相轨迹称为极限环。自激振动是一种与极限环相对应的周期运动。

根据李雅普诺夫稳定性理论：若对任意的 $\varepsilon > 0$，存在 $\delta > 0$，使得在 $t = t_0$ 时，从闭轨迹 $\varGamma$ 的任意一侧距离为 δ 处出发的受扰相轨迹上的点，在 $t > t_0$ 时保持在闭轨迹 $\varGamma$ 的 ε 距离内，则称未扰闭轨迹稳定，否则不稳定。若未扰闭轨迹稳定，且受扰轨迹与未扰闭轨迹的距离当时间趋于无穷时趋近于 0，则称无扰闭轨迹为渐近稳定。如果从极限环的 $\varGamma$ 某一侧出发的相轨迹渐近地接近 $\varGamma$，而从另一侧出发的相轨迹都离开 $\varGamma$，则称极限环 $\varGamma$ 是半稳定极限环，显然这是不稳定极限环的一种。车辆动力学蛇行运动常见的极限环如图 2.33 的前两种。

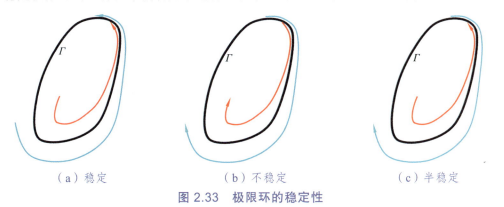

（a）稳定　　　　　（b）不稳定　　　　　（c）半稳定

图 2.33　极限环的稳定性

51

判断极限环的存在和稳定性有多种方法，详见文献[15]。

4）Poincare（庞加莱）映射

Poincare 引入的首次返回映射，是研究闭轨迹即周期运动的稳定性及其分岔的几何方法。它可以将微分方程描述的非线性系统转化为用差分方程描述的映射。

设 Γ 是非线性系统在 n 维空间中的解 $x = \phi_t(x_0)$ 对应的周期轨道，周期为 T。选择 $n-1$ 维超曲面 Σ 为局部截面，该截面不一定是超平面，但必须与 Γ 处处横截，即不相切的相交。适当选择截面 Σ 的大小，可以使 Γ 与 Σ 仅相交于一点。以 p 记为轨道 Γ 与截面 Σ 的相交点，则从 p 出发的轨道 Γ 经过时间 T 后首次返回截面 Σ，即 $\phi_T(p) = p \in \Sigma$。取 $U \in \Sigma$ 为 p 的一个领域，如图 2.34 所示。当 U 足够小时，任意 $q \in U$ 充分靠近 p，因而从 p 出发的轨道都可以再次返回截面 Σ，故可以定义映射 $P : U \to \Sigma$ 为

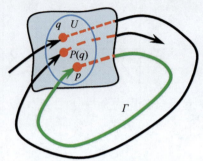

图 2.34　庞加莱映射示意图

$$P(q) = \phi_\tau(q) \tag{2-95}$$

映射 P 称为庞加莱映射，又称为截面映射或者首次返回映射。时间间隔 $\tau = \tau(q)$ 是由 q 出发的轨道首次返回 Σ 所需要的时间，当 q 趋于 p 时，τ 趋于 T。

一般情形下，庞加莱映射是在周期轨道的局部定义的。非线性系统与映射之间往往存在相互对应的现象。与非线性微分方程相比，映射更为直观和简单，因此人们通常先在映射的研究中发现有关结论，然后再对非线性系统进行相应研究。对于映射，可以定义轨道、不动点等概念。映射不动点的分岔与非线性系统平衡点的分岔有许多相似之处，也存在差别。在讨论非线性振动周期运动分岔时，可以研究相应的庞加莱映射的分岔。关于庞加莱映射的详细论述可参考文献[13，15]。

2. 分　岔

1）分岔现象

分岔现象是指振动系统的定性行为随着系统参数的改变而发生质的变化。分岔现象的研究起源于 18 世纪以来弹性力学、天体力学、流体力学和非线性振动中的失稳问题。然而，长期以来分岔现象的研究是在各个具体应用领域中进行的。直到 18 世纪 70 年代，分岔理论才成为研究各种具体分岔现象中共性问题的分支学科。分岔理论的研究不仅揭示了系统的各种运动状态之间的相互联系和转化，而且与混沌密切相关，成为非线性动力学的重要组成部分。除上述几种学科以外，分岔问题也存在于机器人动力学、飞行器动力学、结构动力学、控制理论、电子学、化学反应动力学、神经网络动力学，甚至生态学和经济学等学科领域。因此分岔理论有着广泛的应用背景[13，15]。

如果一个系统受到小扰动后产生的新系统与原系统拓扑轨道等价，则称此系统结构稳定。对实际系统建立的动力学模型必须具有结构稳定性。因为建立模型过程中总要进行理想化处理，如果数学模型对于建模误差极为敏感，便不能反映现实系统的动力学形态。

分岔问题起源于力学失稳现象的研究。若任意小的参数变化，会使结构不稳定系统的相

轨迹拓扑结构发生突然变化，则称这种变化为分岔。对于含参数的系统：

$$\dot{x} = f(x, u) \tag{2-96}$$

其中，$x \in \mathbb{R}^n$ 为状态变量，$\mu \in \mathbb{R}^m$ 为分岔参数。当参数 μ 连续变化时，若系统（2-96）的相轨迹的拓扑结构在 $\mu = \mu_0$ 处突然发生变化，则称该系统在 $\mu = \mu_0$ 处出现分岔，μ_0 为分岔值或者临界值。(x, μ_0) 称为分岔点。在参量 μ 的空间 $\mathbb{R}^m$ 中，由分岔值构成的集合称为分岔集。在 (x, μ) 的空间 $\mathbb{R}^n \times \mathbb{R}^m$ 中，平衡点和极限环随参数 μ 变化的图形称为分岔图。

在一些应用问题中，有时只需要研究平衡点和闭轨迹附近相轨迹的变化，即在平衡点或闭轨迹某个邻域中的分岔，这类分岔问题为局部分岔。如果要考虑整个相空间中大范围的分岔形态，则为全局分岔。

分岔现象可以分为静态分岔和动态分岔。静态分岔相当于奇异点之间的分岔，由于奇异点的运动没有速度，所以静态分岔点的运动也没有速度。动态分岔对应的状态存在速度不为 0 的运动，如由奇异点分岔出极限环。

2）超临界与亚临界分岔

如图 2.35 所示的相轨迹图，当参数 μ 小于等于 0 时，系统的相图只有一个稳定结点；当 μ 大于 0 时，系统相图具有一个不稳定鞍点和两个稳定结点。可见，系统在 $\mu = 0$ 时发生了分岔。将系统的奇点绘制在最右边图形中，粗实线表示稳定平衡点，粗虚线表示不稳定平衡点。从分岔图可见，系统由一个稳定平衡点变化到三个平衡点，其中两个稳定、一个不稳定，分岔点在 $\mu = 0$。这种分岔称为叉式分岔，是一种静态分岔。

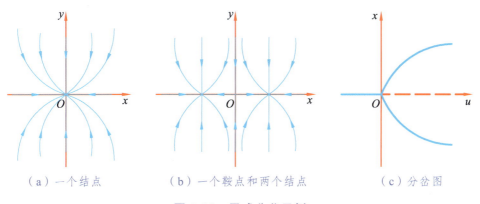

（a）一个结点　　　　　（b）一个鞍点和两个结点　　　　　（c）分岔图

图 2.35　叉式分岔示例

当新增加的平衡点在参数 μ 大于分岔值的范围内（例中为 $\mu > 0$）出现时，称为超临界分岔，否则称为亚临界分岔。图 2.35 为超临界分岔形式，分岔图中粗实线为稳定解（结点），虚线为不稳定解（中间的鞍点）。

3）Hopf（霍普夫）分岔

霍普夫分岔是指系统某个参数变化经过临界值时，平衡点的稳定性发生变化，并从中生长出极限环。它是一种简单而又重要的动态分岔现象，不仅在动态分岔研究和极限环研究中有理论价值，而且与工程中自激振动的产生有着密切联系，是工程中常见的现象。伴随 Hopf 分岔的自激振动可能导致燃气轮机转子、飞机旋翼等系统失稳而引发严重后果。振荡器设计时则需要人为产生 Hopf 分岔。

图 2.36 是车辆系统典型的 Hopf 分岔图，这里以车辆运行速度 v 为参数，以第一位轮对横向位移和速度绘制相图。当参数 $v = 225$ km/h 时，系统具有一个稳定焦点，且从激扰收敛到平衡点的速度很快。当参数 $v = 250$ km/h 时，系统也具有一个稳定焦点，且从激扰收敛到平衡点的速度比较慢。当参数 $v = 275$ km/h 和 300 km/h 时，系统具有一个不稳定焦点和一个稳定极限环。可见，随着参数车速 v 的增加，车辆系统的平衡点从稳定变为不稳定，并从中生长出极限环，即在车速增加的过程中车辆系统发生了 Hopf 分岔。当然，由于结构比较复杂，车辆系统的 Hopf 分岔情况也比较复杂，有亚临界 Hopf 分岔和超临界 Hopf 分岔。

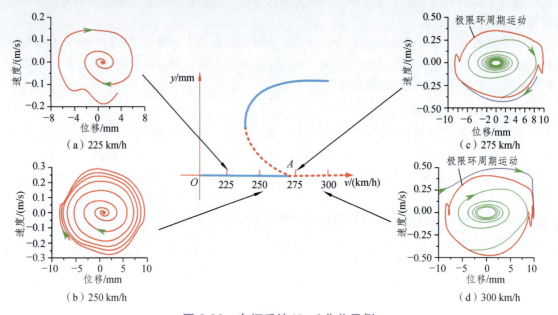

图 2.36　车辆系统 Hopf 分岔示例

如果要准确求得 Hopf 分岔点 A 对应的车速，可以采用多种数值算法，如用线性系统稳定性理论可以求出 Hopf 分岔速度。如果要准确求出整个蛇行运动分岔图，即包含 A 点和所有极限环的幅值图，则需要比较复杂的数值算法，如打靶法等。蛇行运动 Hopf 分岔点对车辆系统稳定性研究非常重要，但工程应用中更关注非线性临界速度，一般情况下非线性临界速度小于 Hopf 分岔速度。

霍普夫分岔的控制：设计一种控制器以改变给定非线性系统的分岔特性，并实现所期望的动力学行为称为分岔的控制。控制分岔的研究，对于有效地避免、延缓和消除分岔所导致的不良后果，提高系统的稳定性和可靠性具有理论指导意义，成为非线性振动的一个新的发展方向。

早期对霍普夫分岔的驾驭，通常是进行系统优化设计以避免霍普夫分岔，有时可能需要高昂的成本。近年来，随着主动控制技术的发展，人们开始探索霍普夫分岔的主动控制。霍普夫分岔的控制主要包括三方面的内容：

（1）抑制霍普夫分岔，以完全避免分岔的产生。

（2）改变霍普夫分岔的定性特性，如分岔方向、分岔解的稳定性等。

（3）改变霍普夫分岔解的定量特性，如改变周期解的幅值、频率。

虽然分岔控制尤其是霍普夫分岔的控制具有重要的工程应用前景，但总体上仍处于起步阶段，有大量问题需要进一步研究

4）鞍结分岔

如图 2.37 所示，系统随着参数 μ 变化而发生分岔。当参数 μ 小于 0 时，O 点不是系统的平衡点，O 点附近也没有平衡点；当参数 μ 等于 0 时，O 点成为系统的鞍结点，即对 y 轴左侧是鞍点，对 y 轴右侧是结点；当参数 μ 大于 0 时，系统在 O 点附件具有两个平衡点，左侧为鞍点，右侧为结点。这种分岔称为鞍结分岔，并由此得到最右侧的分岔图。

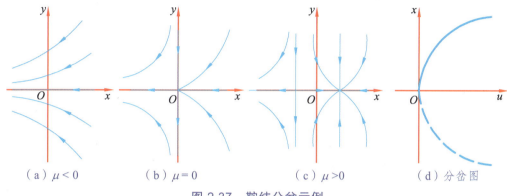

（a）$\mu < 0$　　　　（b）$\mu = 0$　　　　（c）$\mu > 0$　　　　（d）分岔图

图 2.37　鞍结分岔示例

2.3　减振理论简介

车辆系统有多个振动源，为了提高乘坐舒适性和系统可靠性，需要减小车体和关键部件的振动，这就需要应用减振理论减小系统的振动传递和响应。以减小车体振动为例，一般车辆系统采用了两级悬挂系统来减小轨道激扰向车体的传递，采用橡胶减振器等悬挂元件减小车下设备有源振动向车体的传递，在车体地板下方、车体与内装之间还有阻尼层减振。车辆系统中具体的减振结构都比较复杂，且必然存在大量的非线性因素，但仍然满足减振理论的基本原理，很多时候采用线性理论或低自由度系统来分析，也能满足一定的工程精度要求。

2.3.1　基本概念和分类

将产生激振力的物体称为振源体，将要降低振动强度的物体称为减振体。减振系统示意图如图 2.38 所示，其核心是减小减振体的振动。

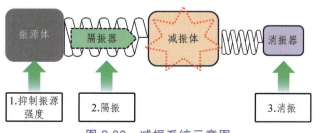

图 2.38　减振系统示意图

减振的目标有很多，有的需要减小基础向减振体的振动传递，有的需要减小振动体向基础的振动传递，有的需要减小减振体本身的振动。通常采用的减振措施有三种[16]：

（1）抑制振源强度。即尽量减小振源的振动，从根源上减小系统振动。对车辆系统而言，最主要的振源是轨道不平顺，所以轨道既是振源体又是车辆运行的基础环境。

（2）隔振。在振源和减振体之间安装隔振元件，依靠隔振元件的变形来减轻振动源对减振体的激励，隔振元件称为隔振器。

（3）消振。在减振体上附加特殊装置，依靠它与减振体相互作用，吸收振动系统的能量，从而降低减振体的振动强度，用于消振的装置叫消振器。

为了降低车辆系统振动，以上三种措施均被广泛应用。例如，尽量减小轨道不平顺和冲击、减小车辆设备的有源振动；车辆采用两级悬挂隔振，车下设备弹性吊挂；轮辋上安装消振器、车下大质量设备充当质量减振器等。

1）减振分类

减振方式可以分为多种类型，如图2.39所示。车辆系统和一般机械系统一样，采用了多种减振方式降低车体的振动，其中被动减振器和消极隔振是常规车辆系统应用最广泛的方式。

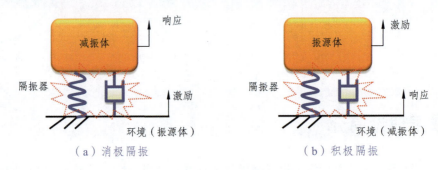

（a）消极隔振 　　　　　　　　（b）积极隔振

图2.39　消极隔振和积极隔振

（1）根据是否要求振动系统以外的设备提供能量，振源可分为：

① 被动减振：也叫无源减振，不需要振动系统以外的设备提供能量用于减振。

② 主动减振：也叫有源减振，需要外部设备提供能量支持减振。

（2）根据减振体是否属于被分析的振动系统，隔振可分为：

① 消极隔振：减小环境向减振体的振动传递，如减小轨道向车体的振动传递。

② 积极隔振：减小振源体向环境的振动传递，如减小轮轨振动向大地环境的传递。

（3）消振器的分类。

① 阻尼消振：单纯依靠阻尼力耗散振动能量，如车体上贴阻尼浆。

② 动力调谐消振：依靠消振器质量的惯性力和指向平衡位置的恢复力实现消振。

③ 阻尼动力消振：依靠消振器活动质量的惯性力和运动的阻尼力消振。

④ 主动控制消振：控制系统施加控制力实现消振。

⑤ 冲击消振、陀螺消振等，铁道车辆系统基本没有应用。

2）隔振传递率

系统频响函数是复数形式，既包含幅频特性，也体现相频特性。线性振动系统受到简谐激励作用，稳态响应振幅与激励振幅的比值就是该系统的幅频特性；稳态响应与激励间的相位差就是该系统的相频特性。一般用隔振系统某振动量的幅频特性作为隔振系统性能的品质指标。例如，消极隔振系统可以用隔振对象位移对基座位移的幅频特性作为品质指标；积极隔振系统可以用它对基础的扰动力与激振力的幅频特性作为品质指标；有时还需要用相对位移对基座位移的幅频特性作为品质指标。

对于图 2.40（a）所示的隔振系统，其动力学方程如下：

$$m\ddot{x} + c\dot{x} + kx = c\dot{u} + ku \qquad (2\text{-}97)$$

其 x 对 u 的传递函数为

$$G(s) = \frac{cs + k}{ms^2 + cs + k} \qquad (2\text{-}98)$$

用 $j\omega$ 代替 s，得到系统的频响函数表达式：

$$G(\omega) = \frac{jc\omega + k}{-m\omega^2 + jc\omega + k} \qquad (2\text{-}99)$$

传递函数 $G（\omega）$ 可表示为下列形式：

$$G(\omega) = \frac{A(\omega) + jB(\omega)}{C(\omega) + jD(\omega)} \qquad (2\text{-}100)$$

显然，$A(\omega)$ 和 $C(\omega)$ 是 ω 的偶函数，$B(\omega)$ 和 $D(\omega)$ 是 ω 的奇函数，而且 $B(0) = D(0) = 0$。用因式 $C(\omega) - jD(\omega)$ 乘以式（2-100）的分子分母，并将 $G(\omega)$ 的实部和虚部分开，得到

$$G(\omega) = U(\omega) + jV(\omega) \qquad (2\text{-}101)$$

式中：

$$\begin{cases} U(\omega) = \dfrac{A(\omega)C(\omega) + B(\omega)D(\omega)}{C^2(\omega) + D^2(\omega)} \\[4mm] V(\omega) = \dfrac{B(\omega)C(\omega) - A(\omega)D(\omega)}{C^2(\omega) + D^2(\omega)} \end{cases} \qquad (2\text{-}102)$$

实部 $U（\omega）$ 是 ω 的偶函数，称为实频特性；虚部 $V（\omega）$ 是 ω 的奇函数，称为虚频特性。$G（\omega）$ 的极坐标形式为

$$G(\omega) = R(\omega)e^{j\theta\omega} \qquad (2\text{-}103)$$

其中：

$$\begin{cases} R(\omega) = [U^2(\omega) + V^2(\omega)]^{1/2} \\[4mm] \theta(\omega) = \tan^{-1}\left[\dfrac{V(\omega)}{U(\omega)}\right] \end{cases} \qquad (2\text{-}104)$$

$R（\omega）$ 是传递函数 $G（\omega）$ 在极坐标中的幅值，称为幅频特性，是 ω 的偶函数。$\theta（\omega）$ 是传递函数 $G（\omega）$ 在极坐标中的相角，称为相频特性，是 ω 的奇函数。

令 $\omega_n = \sqrt{k/m}$ 为系统固有频率、$\xi = c/(2\omega_n m)$ 为系统阻尼比，对式（2-104）取绝对值，得到 x 对 u 的幅频特性：

$$R(\omega) = \left[\frac{\omega_n^2(1+4\xi^2\omega^2)}{(\omega_n^2-\omega^2)^2+4\xi^2\omega_n^2\omega^2}\right]^{1/2} \tag{2-105}$$

令频率比 $g = \omega/\omega_n$，则得到 x 对 u 的绝对传递率为

$$T(g) = \left[\frac{1+4\xi^2 g^2}{(1-g^2)^2+4\xi^2 g^2}\right]^{1/2} \tag{2-106}$$

考虑不同的阻尼比，根据式（2-106）绘制得到隔振绝对传递率曲线，如图 2.40（b）所示。可见，只有当 $g > \sqrt{2}$ 时，隔振系统才能减小基础向减振体的位移传递。在 $g = 1$ 附近，振动得到放大，此为共振区。频率比 g 越大，隔振效果越明显。为了起到良好的隔振效果，应保证弹性连接元件足够软。弹性元件的阻尼增大可减小共振区的振动幅值，但会增加高频振动的传递率。当基础激扰为广谱时，合适的阻尼比既可以抑制共振响应幅值，也不至于使高频振动过大，因此应综合考虑选取阻尼比。

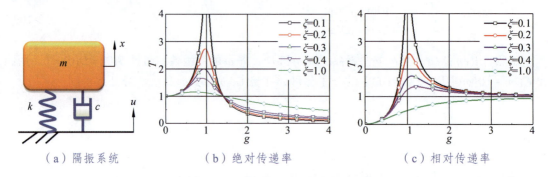

（a）隔振系统　　　　　（b）绝对传递率　　　　　（c）相对传递率

图 2.40　隔振系统及隔振传递率

单级消极隔振系统中，减振体与基座之间相对位移对基座位移的频率特性，称为相对传递率。同绝对位移传递率的推导类似，可以推导出相对位移传递率公式：

$$T_g = \sqrt{g^4/[(1-g^2)^2+4\xi^2 g^2]} \tag{2-107}$$

相对传递率如图 2.40（c）所示，可见，当频率比很大时相对传递率趋近于 1.0，意味着减振体与基座之间的相对位移与基座位移相当，此时隔振对象几乎保持不动。

考虑隔振对象自身激振向基座传递时，隔振系统属于积极隔振范畴，用它给基座的扰动力对激振力的幅频特性作为品质指标。单自由度积极隔振系统的绝对传递率与消极隔振系统的绝对传递率表达式（2-106）相同，传递率图形如图 2.40（b）所示。

除了位移传递率之外，还可以用速度传递率、加速度传递率来表示系统的隔振性能。将传递率定义为相同物理量的比值，如加速度传递率就是响应加速度与输入加速度的比值，则系统的隔振传递率与位移传递率相同。

这里特别需要注意，有些文献给出的是响应的幅频特性图，这与隔振传递率是不同的，

主要区别在于表达式的分子不同，所以曲线会有差异。另外，有时还采用加速度振幅放大因子（刚体加速度幅值与基座位移之间的频率传递特性），其表达式和相对位移传递率式（2-107）相同，如果考虑到作用力和加速度等效，那么物理意义也是相同的。

3）隔振软垫

通过降低系统固有频率，可以在激扰频率不变的情况下增大频率比（前提是激扰频率大于系统固有频率），从而显著减小振动传递率。一般在减振体和振源间安装具有合适刚度的隔振器，可以称为隔振软垫。常用的隔振软垫如下，这些在车辆系统中都有所应用。

（1）金属弹簧，包括金属橡胶弹簧。

其优点是性能稳定，相对位移大，能隔离低频振动，故应用广泛；缺点是阻尼比很小（如钢弹簧约 0.005），一般需并联阻尼器。金属弹簧主要应用于车辆一系悬挂、二系悬挂、部分车下悬挂件的吊挂。

（2）黏弹性支撑，主要材料是橡胶。

其优点是适合隔离较高频率的振动，阻尼比相对较大（约 0.05）；缺点是易受环境因素的影响，动态刚度和阻尼受温度、湿度、老化的影响而变化，且具有较强的频率和幅值非线性。橡胶件大量应用于转向架一系悬挂、二系悬挂、传动系统、车下吊挂、车内隔振。

（3）隔振垫，主要包括软木、毛毡和玻璃纤维等。

其优点是比较容易安装，有一定的阻尼和环境适应能力；缺点是阻尼较小，材料各向异性，不易优化。隔振垫有时用于车内隔振，如支撑地板的软木。

4）阻尼消振

在主体结构的表面固定阻尼层，可以实现对主体结构弹性振动的阻尼消振。如果阻尼层表面没有物体，就是自由阻尼消振，仅靠阻尼层消耗能量；如果在阻尼层表面再固定刚性的约束层，就是约束阻尼消振，依靠阻尼层耗能和约束层的振动来减振，如图 2.41 所示。

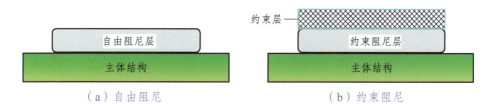

（a）自由阻尼　　　　　　　　（b）约束阻尼

图 2.41　阻尼消振结构

车辆系统中有很多地方用到了阻尼消振。例如在车轮上涂阻尼层，或者安装约束阻尼层（一般是由阻尼层和约束层串联的多层结构），如图 2.42 所示，来降低车轮的弹性振动，从而降低轮轨噪声。在钢轨上也有阻尼消振的应用，但比较少。在车体钢结构内部铺设阻尼浆，降低车体结构弹性振动和隔离噪声。

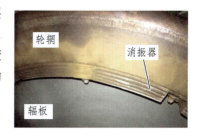

图 2.42　车轮消振结构

2.3.2　两自由度系统

单自由度系统已经在前面介绍了。如果单级隔振系统不能达到隔振要求，就要采用两级或多级隔振系统。最常见两自由度隔振系统结构如图 2.43 所示。影响两级系统隔振性能的因素较多，与一系、二系悬挂的质量比、频率比和阻尼比等参数直接相关。

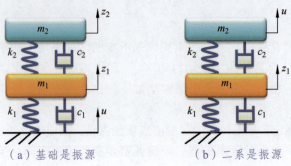

（a）基础是振源　　　　　　　（b）二系是振源

图 2.43　两自由度系统模型

1）基础是振源的隔振分析

对图 2.43（a）所示的两级隔振系统，动力学微分方程为

$$\begin{cases} m_1\ddot{z}_1 + (c_1 + c_2)\dot{z}_1 - c_2\dot{z}_2 + (k_1 + k_2)z_1 - k_2 z_2 = c_1\dot{u} + k_1 u \\ m_2\ddot{z}_2 + c_2\dot{z}_2 - c_2\dot{z}_1 + k_2 z_2 - k_2 z_1 = 0 \end{cases} \tag{2-108}$$

通过零初始条件下的拉氏变换，得到复数域方程组：

$$\begin{cases} [m_1 s^2 + (c_1 + c_2)s + (k_1 + k_2)]Z_1(s) - (c_2 s + k_2)Z_2(s) = (c_1 s + k_1)U(s) \\ (m_2 s^2 + c_2 s + k_2)Z_2(s) - (c_2 s + k_2)Z_1(s) = 0 \end{cases} \tag{2-109}$$

于是，可导出位移 z_1 对输入 u 的传递函数为

$$G_1(s) = \frac{m_2 c_1 s^3 + (m_2 k_1 + c_1 c_2)s^2 + (k_1 c_2 + k_2 c_1)s + k_1 k_2}{m_1 m_2 s^4 + [m_1 c_2 + m_2(c_1 + c_2)]s^3 + [m_1 k_2 + m_2(k_1 + k_2) + c_1 c_2]s^2 + (k_1 c_2 + k_2 c_1)s + k_1 k_2} \tag{2-110}$$

位移 z_2 对输入 u 的传递函数为

$$G_2(s) = \frac{c_1 c_2 s^2 + (k_1 c_2 + k_2 c_1)s + k_1 k_2}{m_1 m_2 s^4 + [m_1 c_2 + m_2(c_1 + c_2)]s^3 + [m_1 k_2 + m_2(k_1 + k_2) + c_1 c_2]s^2 + (k_1 c_2 + k_2 c_1)s + k_1 k_2} \tag{2-111}$$

当用虚宗量 $j\omega$ 代替复宗量 s，则传递函数变为频响函数：

$$G_1(\omega) = \frac{-(m_2 k_1 + c_1 c_2)\omega^2 + k_1 k_2 + j[-m_2 c_1 \omega^3 + (k_1 c_2 + k_2 c_1)\omega]}{m_1 m_2 \omega^4 - [m_1 k_2 + m_2(k_1 + k_2) + c_1 c_2]\omega^2 + k_1 k_2 + j\{-[m_1 c_2 + m_2(c_1 + c_2)]\omega^3 + (k_1 c_2 + k_2 c_1)\omega\}} \tag{2-112}$$

$$G_2(\omega) = \frac{-c_1 c_2 \omega^2 + k_1 k_2 + j(k_1 c_2 + k_2 c_1)\omega}{m_1 m_2 \omega^4 - [m_1 k_2 + m_2(k_1 + k_2) + c_1 c_2]\omega^2 + k_1 k_2 + j\{-[m_1 c_2 + m_2(c_1 + c_2)]\omega^3 + (k_1 c_2 + k_2 c_1)\omega\}} \tag{2-113}$$

可以得到从基础振源到二系减振体的绝对传递率表达式：

$$T(g,\xi,\mu,f)=\sqrt{\dfrac{\mu^2 f^4+4\xi^2\mu^2 f^4 g^2}{[\mu f^2-(1+\mu+\mu f^2)g^2+\mu g^4]^2+4\xi^2 g^2[\mu f^2-(1+\mu)g^2]^2}}} \qquad (2\text{-}114)$$

从式（2-114）可见，对两级隔振系统产生影响的参数比较多，主要包括一系和二系频率比、质量比，以及一系和二系的阻尼比。当两级之间的阻尼比不大、质量比不小时，两级悬挂系统出现两个比较明显的共振峰。当阻尼比很大且质量比很小时，二系振动对一系的影响不大，两级悬挂的振动特性也可能像单自由度系统那样，仅表现出一个明显的共振峰。

对于铁道车辆系统而言，以车体作为减振目标，由构架、车体和一系、二系悬挂组成两级隔振系统。首先分析基础激振的两级隔振系统，振动传递关系如图 2.44（a）、（b）所示，第二级悬挂相比于第一级悬挂，可显著降低基础的高频激扰向车体的传递；当系统阻尼比很小时，共振峰值较大，而大阻尼比则会增加高频振动传递。

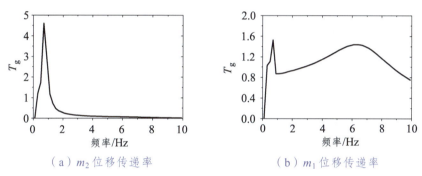

（a）m_2 位移传递率　　　　　　（b）m_1 位移传递率

图 2.44　两级隔振系统振动传递率（基础激振）

2）二系是振源

针对车体和车下吊挂设备组成的两自由度系统，有源车下吊挂设备可以看作是二系振源体，如图 2.43（b）所示。当振源施加在二系上时，假设是频率为 ω 的正弦激扰力。分别考虑二系/一系质量比为 0.01 和 0.15 的情况，一系阻尼比为 0.04，二系阻尼比为 0.05。在不同的二系/一系频率比时，分析一系和二系位移幅值传递规律，如图 2.45 所示，图中的横坐标表示激扰频率与一系固有频率的比值，也就是说激扰频率是变化的，这与车下吊挂的振源有所区别。

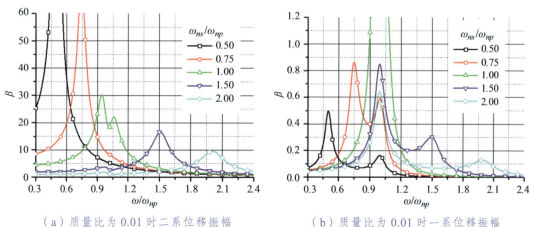

（a）质量比为 0.01 时二系位移振幅　　　（b）质量比为 0.01 时一系位移振幅

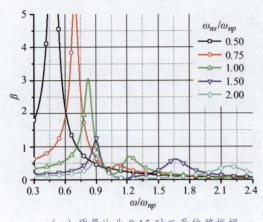

（c）质量比为 0.15 时二系位移振幅

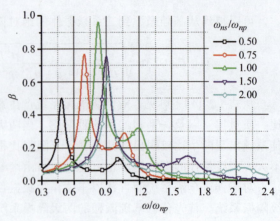

（d）质量比为 0.15 时一系位移振幅

图 2.45　m_2 为振源体时的振动传递关系

如图 2.45 所示，从计算结果可见，当二系固有频率较低时，二系位移传递率较大，但此时对高频力激扰的减振效果比较好。二系质量增大时，振动传递率降低。当一系和二系的频率相同时，容易引起一系和二系的共振。对于激扰频率比较高且变化范围不大的情况，应该力图减小高频振动的传递，为此需要设置较小的二系固有频率。

车辆系统动力学中，一般两级悬挂的质量（车体质量和构架质量）都是设计好的，只能调整一系、二系悬挂的阻尼和刚度，即寻找最优阻尼比和最优两级固有频率比。但车辆系统由于结构等原因，参数的可变范围有限，最优参数只能在可变范围内选取，不一定能达到最优的减振效果。

2.3.3　动力吸振器理论

两级悬挂系统的振动会相互影响，当以一系隔振体（主质量）为减振目标时，可以充分利用二系隔振体（吸振器）的振动来减轻一系的共振幅值，此时二系隔振体振动加剧，从而实现动力吸振。无阻尼动力吸振器能够完全抑制主质量共振峰，但要求激振频率高度稳定，一旦激振频率偏离吸振器的固有频率，主质量振幅会急剧增大，这使无阻尼动力吸振器的应用受到限制。同时，相对于单自由度系统，引入无阻尼动力吸振器后的新系统存在两个共振峰，且幅值接近原来系统单峰值的幅值大小，如果施加广谱激扰，则新系统的振动依然剧烈。所以对车辆系统而言，采用有阻尼动力吸振器更加合理。根据不同激励方式和不同优化目标，可以得到动力吸振器最优结构参数，如最优固有频率比和最优阻尼比的解析式，但仅限于线性系统且不考虑阻尼作用。

铁道车辆为有阻尼系统，因此本小节重点介绍有阻尼动力吸振器，有阻尼动力吸振器可有效抑制主质量共振峰值，系统的两个共振峰大小会随着吸振器参数的变化而改变，通过合理选择吸振器参数可有效降低系统振动水平。

当主质量系统安装单个吸振器时，可抑制主质量单个模态频率下的共振峰值，而当安装有多个吸振器时，则可以抑制其在多个模态频率下的振动幅值。本小节采用数值计算方法，分析仅一个吸振器时，吸振器参数对主质量振动特性的影响，这和车辆系统在转向架激励作用下的车体和车下设备耦合振动情况类似。

1）阻尼比的影响

参考车辆系统悬挂参数，主质量阻尼比分别取 0.04（近似车体低阶弹性模态阻尼比）和 0.30（模拟大阻尼比），吸振器和主质量的质量比取为 1/4（近似车下大质量设备和车体质量关系），固有频率比设为 1.0。仿真计算吸振器阻尼比对系统振动的影响，结果分别如图 2.46 和图 2.47[44]所示，横轴为激扰频率和主质量固有频率比（用 g 表示），纵轴为传递率。

图 2.46（a）表明当吸振器无阻尼时，主质量在固有频率附近的位移几乎为零，即可以完全抑制住主质量的固有模态振动，但此时主质量却在原固有频率两侧各产生一个新固有频率的振动。相对于其他阻尼比条件，此时新产生的两个主频率幅值最大。随着吸振器阻尼比增加，这两个新主频幅值逐渐降低，原固有频率附近的传递率逐渐提高。当阻尼比为 1.0 时，此时相当于吸振器和主质量固接，系统将以一个主频形式振动。此时的主频频率约为原主质量固有频率的 0.9 倍，主要是由于总质量变为原来的 1 + 1/4 = 1.25 倍。图 2.46（b）表明吸振器位移随着阻尼比的提高而减小，即主质量振动最小时吸振器振动最大。图 2.46（c）、（d）所示的悬挂力传递规律和图 2.46（a）、（b）所示的位移传递率规律基本一致。

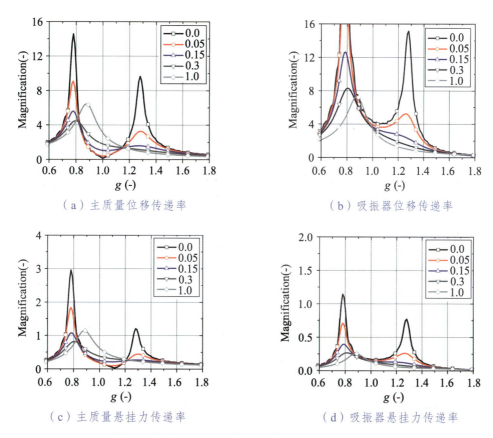

（a）主质量位移传递率　　　　　　　　　（b）吸振器位移传递率

（c）主质量悬挂力传递率　　　　　　　　　（d）吸振器悬挂力传递率

图 2.46　不同吸振器阻尼比时的振动传递率（主质量阻尼比 0.04）

对比图 2.46 和图 2.47 可见，增加阻尼比可显著降低位移传递率绝对值，但对抑制主质量振动的效果已经大大减弱，而且新产生的主频带宽反而变宽，即减振频带变窄。调整吸振器阻尼比主要影响吸振器本身的振动大小，即阻尼比越大其本身振动越小。

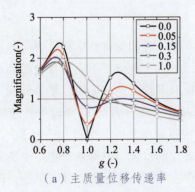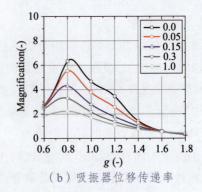

（a）主质量位移传递率　　　　　　　　　　（b）吸振器位移传递率

图 2.47　不同吸振器阻尼比时的振动传递率（主质量阻尼比 0.30）

综上所述，在主质量悬挂阻尼比不大的情况下，动力吸振器能发挥明显的作用。对于铁道车辆系统而言，由于二系悬挂系统的阻尼比一般较大，所以动力吸振器对抑制车体刚体振动的效果不会太显著，而对抑制结构阻尼比很小的车体弹性模态振动适用，通过选择合适的吊挂参数，理论上能够显著减小车体的弹性振动。

2）质量比的影响

吸振器和主质量的质量比变化时，分析系统的振动传递率，根据高速车辆车体和设备质量分布情况，考虑了质量比为 1/200，1/100，1/50，1/25 和 1/12.5 等情况，主质量阻尼比取0.04，吸振器阻尼比取 0.05，两者固有频率相同，计算结果如图 2.48 所示。吸振器质量越大，对抑制主质量的振动效果越显著，同时主质量的位移也越小；而吸振器悬挂力越来越大，即作用在主质量上的力逐渐增大，从而对主质量振动的抑制能力增强。

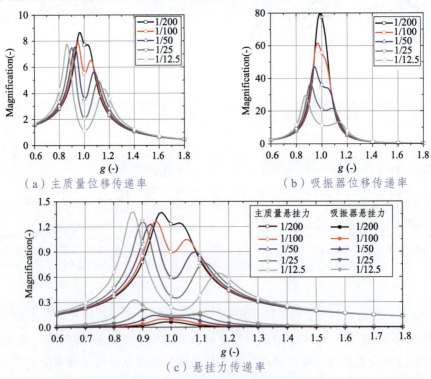

（a）主质量位移传递率　　　　　　　　　　（b）吸振器位移传递率

（c）悬挂力传递率

图 2.48　不同质量比下的振动传递率

64

3）频率比的影响

吸振器和主质量的固有频率比变化时，分析系统的振动传递率。考虑吸振器和主质量的固有频率接近（频率比从 0.7 到 1.2）和较大（频率比为 20）的情况，主质量阻尼比为 0.04，吸振器阻尼比为 0.05，质量比为 1/4，结果如图 2.49 所示。

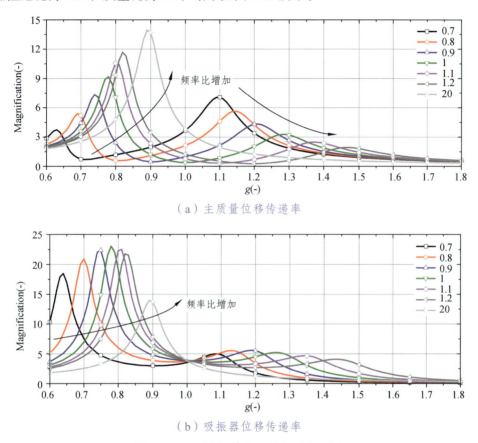

（a）主质量位移传递率

（b）吸振器位移传递率

图 2.49　不同频率比下的振动传递率

当固有频率比为 20/1 时，可以认为吸振器和主质量固接（图中图标为向右三角形的实线），此时系统表现为单峰主频，其频率约为主质量原固有频率的 0.9 倍（可通过总质量算出）。其他固有频率比时，系统会存在两个主频。频率较低主频的频率和幅值随着频率比的增加都逐渐提高，即逐渐靠近固接时的频率和幅值大小；而频率较高主频的频率逐渐增大，但幅值逐渐减小，最后趋于消失。从吸振器的位移传递率可以看出，当固有频率接近时的吸振器位移最大，能较好地抑制主质量振动。由此可见，要实现较好的动力吸振效果，主质量和吸振器的固有频率必须接近。

4）弹性系统动力吸振理论

弹性系统动力吸振问题需考虑由弹性体和离散质量构成的刚柔耦合动力学系统，需要联立求解偏微分方程和常微分方程组。首先计算弹性体的模态信息，采用模态叠加法得到弹性振动微分方程，组装系统微分方程组并推导出传递函数。然后进行传递率分析，获得吸振器的最优悬挂参数，如最优固有频率比和最优阻尼比。

对于均直弹性梁的动力吸振问题，若只考虑第一阶模态，则相当于求解主质量受到简谐激扰力时的动力吸振问题，模型如图2.50所示。假设梁长度为l，材料密度为ρ，截面面积为A，第一阶模态振型函数表示为$Y_1(x)$，其中x为位置坐标，则对应的主质量为

$$M = \rho Al / Y_1^2(x) \tag{2-115}$$

若将吸振器安装在弹性梁振幅最大的位置，相对于确定的吸振器质量m，可获得最大的吸振器和主质量的质量比$u = m/M$，从而可得最佳吸振效果。均直弹性梁动力吸振器的最优固有频率比和阻尼比解析表达式分别为

$$f_{opt} = \frac{1}{1 + uY_1^2(x)} \tag{2-116}$$

$$\xi_{opt} = \frac{3uY_1^2(x)}{\sqrt{\gamma[1 + uY_1^2(x)]}} \tag{2-117}$$

其中，γ为主质量的结构阻尼比。

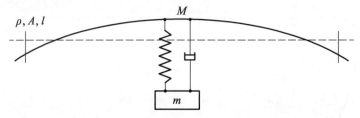

图2.50   弹性梁的动力吸振器模型

5）随机振动的动力吸振理论

上述理论分析和仿真计算均是基于简谐激励情况的结果，动力吸振器也可用于抑制主系统的随机振动。随机激励具有连续分布的频谱，包含各种频率分量，当然也包含接近主质量某些固有频率的激励分量。如前面所述，当主振动系统的阻尼比很小时，通过选择合适的吸振器吊挂参数，理论上能够明显抑制振动系统固有频率附近的振动，从而得到较好的吸振效果。理论分析表明，抑制随机振动动力吸振器的最优固有频率比，大于抑制简谐激励的吸振器最优固有频率比，通常接近1.0。而最优阻尼比要小于抑制简谐激励吸振器的最优阻尼比。以上研究限于主振动系统为单自由度的情况，而吸振器也能抑制多自由度振动系统的随机响应，如船舶振动领域应用较多的浮筏隔振系统、高层建筑领域应用的平衡质量块等。

2.3.4 Ruzicka隔振系统

在实际的铁道车辆系统中，液压减振器的两端分别加有橡胶弹性节点，其目的一方面是提高系统的隔振能力，另一方面是使减振器两端物体在其他方向的振动不至于影响减振器而使其别坏，实现减振器的无磨耗安装。

这种减振系统常用的悬挂力学模型为Ruzicka模型，如图2.51所示。考虑弹簧和阻尼串联作为力元的一部分，再与另一个弹簧并联组成隔振元件系统。弹性元件具有动态特性，与

所受载荷、运动位移和激励频率相关，该模型可用于模拟弹性元件的动态非线性特性。车辆悬挂系统常采用刚弹簧、空气弹簧和液压减振器并联减振方式。车辆系统常用的液压减振器两端均有橡胶节点，所以力元表达形式为阻尼两端串联弹簧，这就是图 2.51（b）所示的推广 Ruzicka 隔振系统模型。但需要注意，液压减振器本身液体动刚度对减振器整体动态刚度和动态阻尼有很大影响，这样系统就变得更加复杂。根据动态刚度和动态阻尼计算方法，可以将液压减振器等效为弹簧和阻尼串联的 Maxwell 模型，这就是图 2.51（a）所示的简单 Ruzicka 隔振系统模型。简单 Ruzicka 隔振系统模型是推广 Ruzicka 隔振系统模型的简化特例。

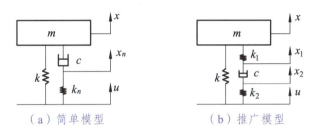

（a）简单模型　　　　　　　（b）推广模型

图 2.51　Ruzicka 隔振系统

针对图 2.51（b）的推广 Ruzicka 隔振系统模型，根据动力学定律，系统运动方程组为

$$\begin{cases} m\ddot{x} + kx + N_1k(x - x_1) = ku \\ N_1k(x - x_1) = c(\dot{x}_1 - \dot{x}_2) \\ c(\dot{x}_1 - \dot{x}_2) = N_2k(x_2 - u) \end{cases} \tag{2-118}$$

式中，x 为减振体的位移，x_1 和 x_2 是减振器和两个橡胶节点弹簧连接点处的位移。对车辆系统，u 可看成为构架给车体的激励。

通常情况下，串联刚度 k_n 大于等于弹簧本身刚度 k。当 k_n/k 非常小时，阻尼未发挥作用，与无阻尼单自由度系统振动响应类似。图 2.52 为基础是振源情况，图 2.53 为减振体本身有激励时，不同刚度比值下的隔振体位移、加速度和悬挂力传递率曲线。

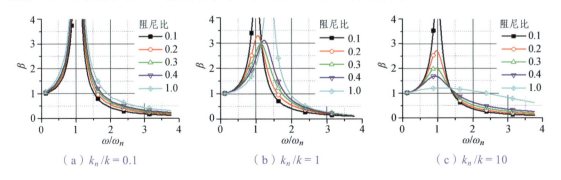

（a）$k_n/k = 0.1$　　　　　　（b）$k_n/k = 1$　　　　　　（c）$k_n/k = 10$

图 2.52　基础是振源时的位移传递率

由图 2.52 可知，当 $k_n/k \leqslant 0.5$ 时，单自由度 Ruzicka 系统的响应与普通无阻尼单自由度系统接近；当 $k_n/k \geqslant 10$ 时，系统响应与普通有阻尼单自由度系统接近；在正常 k_n 范围内，仅当阻尼比较大时，与普通有阻尼单自由度系统才有显著差异。

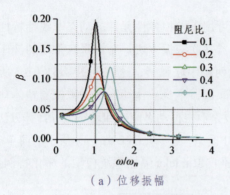

（a）位移振幅

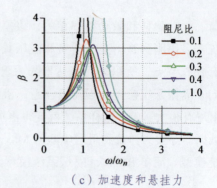

（c）加速度和悬挂力

图 2.53　减振体本身有激扰的振幅，$k_n/k = 1$

当基础是激振源时，加速度传递率与位移传递率相同，即基础与设备间弹性元件受力规律与位移传递率相同。由于悬挂力与加速度成正比，所以规律是一样的。

通过对式（2-118）进行傅里叶变换，得到

$$\begin{cases} [-m\omega^2 + k(N_1 + 1)]X(\omega) - N_1 kX_1(\omega) = kU(\omega) \\ N_1 kX(\omega) - (jc\omega + N_1 k)X_1(\omega) + jc\omega X_2(\omega) = 0 \\ jc\omega X_1(\omega) - (jc\omega + N_2 k)X_2(\omega) = -N_2 kU(\omega) \end{cases} \quad （2-119）$$

从式（2-119）中消去 $X_1(\omega)$ 和 $X_2(\omega)$，可求得隔振对象位移 X 对激励 U 的传递函数为

$$G(\omega) = \frac{(N_1 N_2 + N_1 + N_2)ckj\omega + N_1 N_2 k^2}{-cm(N_1 + N_2)j\omega^3 - N_1 N_2 mk\omega^2 + ck(N_1 + N_2 + N_1 N_2)j\omega + N_1 N_2 k^2} \quad （2-120）$$

系统随机响应的频谱密度为

$$S_x(\omega) = |G(\omega)|^2 S_u(\omega) \quad （2-121）$$

于是系统响应的方差为

$$\sigma_x^2 = \int_{-\infty}^{+\infty} S_x(\omega)\mathrm{d}\omega \quad （2-122）$$

为了研究问题方便，假设激励 u 为白噪声，其频谱密度 $S_u(\omega)$ 为常数 S_0，则系统响应的频谱密度式（2-121）可写成如下一般形式：

$$S_x(\omega) = \left| \frac{b_0 + b_1 j\omega + \cdots + b_{n-1}(j\omega)^{n-1}}{a_0 + a_1 j\omega + \cdots + a_n(j\omega)^n} \right|^2 S_0 \quad （2-123）$$

对于式（2-122）的积分，可应用詹姆斯公式，当 $n = 1$，2，3 时其积分结果的解析式为

$$\begin{cases} \sigma_x^2\big|_{n=1} = s_0 \dfrac{b_0^2}{a_0 a_1}\pi \\[3mm] \sigma_x^2\big|_{n=2} = s_0 \dfrac{b_1^2 a_0 + b_0^2 a_2}{a_0 a_1 a_2}\pi \\[3mm] \sigma_x^2\big|_{n=3} = s_0 \dfrac{-b_2^2 a_0 a_1 + (-b_1^2 + 2b_0 b_2)a_0 a_3 - b_0^2 a_2 a_3}{a_0 a_3(a_0 a_3 - a_1 a_2)}\pi \end{cases} \quad （2-124）$$

通过分析可知 $n = 3$，并可确定各系数为

$$\begin{cases} b_0 = N_1 N_2 k^2, \quad b_1 = (N_1 N_2 + N_1 + N_2)ck, \quad b_2 = 0 \\ a_0 = N_1 N_2 k^2, \quad a_1 = ck(N_1 N_2 + N_1 + N_2) \\ a_2 = N_1 N_2 mk, \quad a_3 = cm(N_1 + N_2) \end{cases} \quad （2\text{-}125）$$

将上面系数代入詹姆斯积分公式，可以得到系统响应方差的表达式为

$$\sigma_x^2 = \frac{k}{c} + \frac{c}{m}\left(1 + \frac{1}{N_1} + \frac{1}{N_2}\right)^2 = \frac{\omega_n s_0 \pi}{2\xi}\left[1 + 4\xi^2\left(1 + \frac{1}{N_1} + \frac{1}{N_2}\right)^2\right] \quad （2\text{-}126）$$

式中，$\omega_n = \sqrt{k/m}$ 为系统的固有频率；$\xi = c/2\sqrt{mk}$ 为阻尼比；s_0 是引入的常数。式（2-126）对 ξ 求极值，即 $\mathrm{d}\sigma_x^2/\mathrm{d}\xi = 0$，可解出系统的最优阻尼比为

$$\xi_{opt} = \frac{1}{2\left(1 + \dfrac{1}{N_1} + \dfrac{1}{N_2}\right)} \quad （2\text{-}127）$$

于是减振器的最优阻尼值为

$$c_{opt} = 2\sqrt{mk}\xi_{opt} = \frac{\sqrt{mk}}{\left(1 + \dfrac{1}{N_1} + \dfrac{1}{N_2}\right)} \quad （2\text{-}128）$$

从而可得到车体位移的最小方差为

$$\sigma_{x\min}^2 = 2\omega_n s_0 \pi\left(1 + \frac{1}{N_1} + \frac{1}{N_2}\right) \quad （2\text{-}129）$$

简单隔振系统、Ruzicka 隔振系统作为推广 Ruzicka 隔振系统的特例，可以从式（2-127）～（2-129）求得其最优阻尼比、最优阻尼值和最小方差。

对于简单隔振系统，取 $N_1 = \infty$、$N_2 = \infty$，有

$$\xi_{opt} = 1/2, \ c_{opt} = \sqrt{mk}, \ \sigma_{x\min}^2 = 2\omega_n s_0 \pi \quad （2\text{-}130）$$

对于 Ruzicka 隔振系统，取 $N_1 = \infty$、$N_2 = N/2$，有

$$\xi_{opt} = \frac{N}{2(N+2)}, \ c_{opt} = \frac{N\sqrt{mk}}{N+2}, \ \sigma_{x\min}^2 = \frac{2(N+2)\omega_n s_0 \pi}{N} \quad （2\text{-}131）$$

对于推广 Ruzicka 隔振系统，可以取 $N_1 = N_2 = N$，于是有

$$\xi_{opt} = \frac{N}{2(N+2)}, \ c_{opt} = \frac{N\sqrt{mk}}{N+2}, \ \sigma_{x\min}^2 = \frac{2(N+2)\omega_n s_0 \pi}{N} \quad （2\text{-}132）$$

从式（2-131）和式（2-132）可知，Ruzicka 隔振系统和推广 Ruzicka 隔振系统具有同样

的隔振性能，因此，可以采用 Ruzicka 隔振系统模型来分析实际系统的振动性能。那么，根据式（2-130）到（2-132）可得出如下的定性结论：

（1）简单隔振系统的最优阻尼比大于 Ruzicka 隔振系统，减振器两端橡胶节点刚度越大，即 N 越大，两个系统的最优阻尼比越接近。

（2）质量 m 和刚度 k 越大，需要的减振器最优阻尼值越大。

（3）简单隔振系统的方差为常数，而 Ruzicka 隔振系统的方差要大于简单隔振系统。N 越大，两种隔振系统的方差越接近。

根据某动车组基本参数，选取隔振系统参数：1/4 车体质量 $m = 10.9$ t，$k = 265$ kN/m（垂向）、145 kN/m（横向）。为了比较方便，取激励的频谱密度 $S_0 = 0.01$，则简单隔振系统和 Ruzicka 隔振系统减振器的最优阻尼值和最小方差如图 2.54 所示。从计算结果可得到如下结论：

（1）当橡胶节点刚度较小时，简单隔振系统的计算结果误差较大。在大的节点刚度情况下，简单隔振系统的计算结果接近于 Ruzicka 隔振系统。

（2）橡胶节点刚度越大，需要的减振器最优阻尼值越大，但当节点刚度大于 8 MN/m（横向）和 10 MN/m（垂向）后，最优阻尼值趋于稳定。

（3）采用适当大的橡胶节点刚度有利于减小方差，当节点刚度大于 6 MN/m 后，最小方差值趋于稳定。

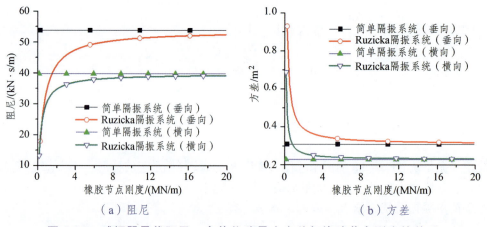

（a）阻尼　　　　　　　　　　（b）方差

图 2.54　减振器最优阻尼、车体位移最小方差与橡胶节点刚度的关系

2.4　车辆运动姿态

2.4.1　车辆运动姿态

铁道车辆在其坐标系中运动时，其运动姿态有特殊的名称。如图 2.55 所示，在轨道坐标系下（x 轴沿轨道中心线指向车辆前进方向，y 轴垂直于轨道中心线指向钢轨一侧，z 轴垂直于轨道平面，坐标系原点在轨道平面上。图 2.55 中的坐标系为车体坐标系），车体纵向运动称为伸缩，车体横向运动称为横摆，车体垂向运动称为浮沉，车体绕 x 轴转动称为侧滚，车体绕 y 轴转动称为点头，车体绕 z 轴转动称为摇头。

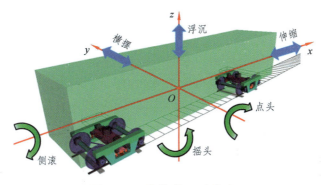

图 2.55　车体的运动姿态

车体的伸缩运动主要是纵向动力学研究的内容，与横向和垂向运动弱耦合，且对车辆系统常规动力学影响不大，故传统动力学模型一般不考虑纵向自由度。车体的浮沉、点头自由度耦合较强，是垂向动力学模型需要考虑的自由度。车体的横摆、摇头、侧滚耦合较强，是横向动力学模型需要考虑的自由度。车辆的横向模型和垂向模型耦合不是很强，在简化模型中可以分别考虑，横垂耦合模型的仿真精度更高。在现代动力学仿真中，由于采用了多体系统动力学方法，常建立考虑车辆系统完整自由度的模型。

对车辆其余惯性部件的运动，也按照车体的自由度名称来命名，例如转向架构架也包括浮沉、侧滚、横移等典型悬挂模态。

2.4.2　车辆悬挂模态

车辆系统具有两种典型的模态：一种是结构模态，是车辆系统部件的弹性振动模态，如车体的弯曲模态、菱形模态等；另一种是悬挂模态，是车辆系统由悬挂引起的刚体振动模态，如车体的浮沉、摇头等，如图 2.56 所示。结构模态由结构形状、材料属性确定，对车辆系统而言，结构模态频率一般比悬挂模态频率高，车体的结构模态频率一般在 8 Hz 以上，构架的结构模态一般在 30 Hz 以上。悬挂模态由悬挂刚度和阻尼、车辆的质量属性决定，客车的车体悬挂模态频率一般在 2 Hz 以下，现代二系悬挂货车一般也在 5 Hz 以下。

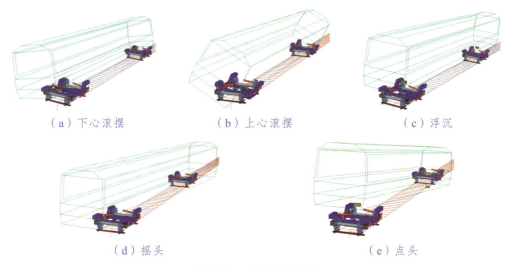

（a）下心滚摆　　　　　　（b）上心滚摆　　　　　　（c）浮沉

（d）摇头　　　　　　　　（e）点头

图 2.56　车体模态振型

如图 2.57 所示，车体的横移和侧滚模态是耦合在一起的，合成之后成为下心滚摆和上心滚摆模态，另外三个模态是独立的。一般客车的下心滚摆频率最低，上心滚摆频率最高，其余悬挂模态频率居中。对某高速动车组拖车，其车体下心滚摆频率为 0.56 Hz，上心滚摆频率为 1.35 Hz，浮沉频率为 0.80 Hz，摇头频率为 0.95 Hz，点头频率为 1.05 Hz。车体的上心滚摆、摇头运动模态是实际运营中常见的振动形式，对车辆的乘坐性能影响显著。

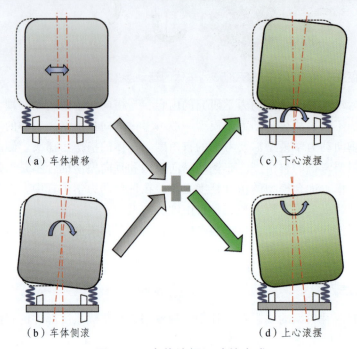

（a）车体横移　　（c）下心滚摆

（b）车体侧滚　　（d）上心滚摆

图 2.57　车体滚摆运动的合成

根据《车辆工程》给出的计算方法[2]，设车辆每轴箱的一系悬挂横向刚度为 K_{py}、垂向刚度为 K_{pz}，每转向架每侧二系悬挂横向刚度为 K_{sy}、垂向刚度为 K_{sz}，车体重心距空簧上表面为 h_c，二系悬挂横向跨距之半为 b，车体质量为 M_c，车体侧滚转动惯量 I_{cx}，令：

$$K_y = \frac{4K_{sy} \times 8K_{py}}{4K_{sy} + 8K_{py}}, \quad K_z = \frac{4K_{sz} \times 8K_{pz}}{4K_{sz} + 8K_{pz}} \qquad (2\text{-}133)$$

$$a_1 = \frac{K_y}{M_c}, \quad a_2 = \frac{-K_y h_c}{M_c}, \quad a_3 = \frac{-K_y h_c}{I_{cx}}, \quad a_4 = \frac{K_y h_c^2 + K_z b^2 - M_c g h_c}{I_{cx}} \qquad (2\text{-}134)$$

则车体下心滚摆中心距车体重心的高度为

$$h_1 = \frac{a_2}{[a_1 - a_4 + \sqrt{(a_1 - a_4)^2 + 4a_2 a_3}]/2} \qquad (2\text{-}135)$$

车体上心滚摆中心距车体重心的高度为

$$h_2 = \frac{a_2}{[a_1 - a_4 - \sqrt{(a_1 - a_4)^2 + 4a_2 a_3}]/2} \qquad (2\text{-}136)$$

结构模态和悬挂模态在车辆系统动力学振动中均有响应，这两种模态频率随车辆速度基本不变，通过振动频率一般能判断振动来源，进一步通过振型可以确定振动类型。需要注意的是，并不是所有的振动模态在车辆运营中都对振动响应有明显的贡献，我们更加关注对振动贡献较大的模态，并采取措施抑制这些模态的振动。

2.4.3 轮轨约束

轮对在钢轨上运动过程中，如果不考虑轮轨之间的分离，轮对一方面受到钢轨的约束，一方面在某些方向上可以自由运动。轮轨之间的约束与轮轨型面、轮对姿态有关；轮对各自由度运动之间也存在关联，如图 2.58 所示。

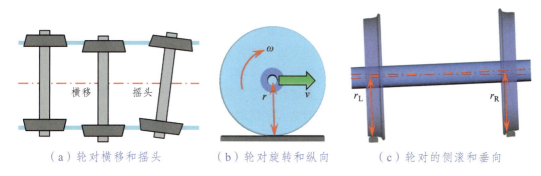

（a）轮对横移和摇头　　　（b）轮对旋转和纵向　　　（c）轮对的侧滚和垂向

图 2.58　轮对自由度相互关系

（1）轮对纵向自由度和旋转自由度相互关联。理想情况下两者中一个是独立的，另一个非独立。实际情况下，轮对滚动速度和前进速度不同，其差值导致蠕滑。

（2）轮对横向自由度和摇头自由度相互影响，共同作用提供了轮对导向能力，这也是轮对产生蛇行运动的根源。

（3）轮对垂向约束和侧滚约束相互制约，共同决定了轮对的垂向姿态和位置。

3 轮轨接触和蠕滑理论 ///////////////

铁路机车车辆沿轨道运行，是通过车轮在钢轨上滚动实现的。为了使机车车辆运行时有良好的动力学性能，同时车轮和钢轨在接触点具有低接触应力、低磨耗，对车轮踏面和钢轨型面就有一定的要求。以轮轨接触点为轮轨间联系点，轮对和左右钢轨就构成了特殊的几何关系——轮轨接触几何关系，轮轨接触几何关系对机车车辆动力学性能有决定性的影响，是机车车辆动力学研究的基础。由于轮轨外形能被直接测量，轮轨接触几何关系也能快速计算，从而可快速地对车辆动力学进行初步定性分析。随着我国高速列车的大量运用，轮轨型面快速测量和接触几何关系分析已经成为高速列车日常维护工作之一。

在确定了轮轨接触几何关系之后，通过轮轨蠕滑理论计算轮轨滚动接触力学行为，是车辆系统动力学的关键，直接决定了车辆的动力学性能。由于轮轨滚动接触的复杂性，以及滚动接触力不易被测量，轮轨滚动接触仍然有许多未解之题。

3.1 车轮与钢轨型面

轮轨接触几何关系主要由几个轮轨基本参数决定，包括车轮和钢轨型面、轨距、轨底坡、轮缘内侧距、车轮名义滚动圆直径等。车轮和钢轨型面类型较多，新镟车轮踏面和新造钢轨型面本身就有误差，且随着车辆的运行在不断发生变化，这是轮轨参数中最复杂的因素，也是对车辆动力学性能影响最大的因素之一。

3.1.1 车轮型面

1. 车轮型面简介

现有的车轮型面是经过长期运用改进得到的，能同时兼顾支撑、导向、牵引和制动功能，从圆柱形踏面、锥形踏面发展到各种磨耗型踏面，现在使用的车轮踏面主要是磨耗型踏面，有些是经过长期运用后，从比较稳定的磨耗后踏面拟合而来的。

中国、欧洲、日本、美国等都发展了自己的主型踏面，并形成了车轮踏面标准规范。城轨车辆的车轮踏面外形更是多种多样。现有磨耗型踏面主要包括以下几大类型：

（1）欧洲铁路：多种踏面外形，以 TGV 的 1：40 锥形踏面、S1002 踏面等为代表；另外，俄罗斯也有其自身的踏面外形。

（2）日本铁路：多种踏面外形，如新干线低等效锥度踏面。

（3）美国铁路：以 AAR 系列踏面为代表。

（4）中国铁路：以 LM 系列及 LMA、JM 等为代表。

（5）其他国家，如澳大利亚等都有各自的踏面外形。

各种车轮踏面都有一定应用范围，主要是适用于对应标准体系下的轨道系统和运用维护体系。任何一种新车型都应该仔细研究车轮踏面外形，如我国高速动车组就采用了多种车轮踏面外形，包括 LMA、S1002CN、XP55、LMB、LMD 等，而且一些踏面外形在运用中还在不断改进。我国常用车轮踏面在既有铁路上得到了广泛应用，新的车轮踏面也在不断地发展，主要是高速列车新踏面的研究、轻轨列车新踏面应用等。

2. 车轮踏面分类

1）锥形踏面

锥形踏面形状比较简单，在踏面常接触范围内由一条直线或多条直线连接组成，这样就能保持恒定等效锥度，具有良好的轨道适应性。如图 3.1 所示，采用锥形踏面的车轮，其轮轨接触点相对集中，轮轨接触应力大，而且容易造成轮缘两点接触，使车轮型面磨损加剧。当车轮经过长期运用，磨损超过规定限度后，要采用镟切加工恢复至原形。锥形踏面对钢轨外形、轨道参数均具有良好的适应性，如图 3.2 所示。

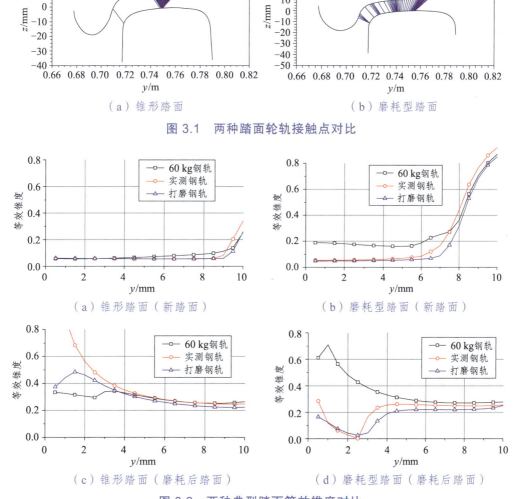

（a）锥形踏面　　　　　　　　　　　　（b）磨耗型踏面

图 3.1　两种踏面轮轨接触点对比

（a）锥形踏面（新踏面）　　　　　　　　（b）磨耗型踏面（新踏面）

（c）锥形踏面（磨耗后踏面）　　　　　　（d）磨耗型踏面（磨耗后踏面）

图 3.2　两种典型踏面等效锥度对比

由于锥形踏面具有诸多缺点，我国的锥形踏面已经逐渐退出了历史舞台，取而代之的是磨耗型车轮踏面。

2）磨耗型踏面

锥形踏面新车轮在线路上经长期运用后，车轮踏面和轮缘逐渐磨损。但经过一定运行里程后，车轮踏面的磨耗形状变化逐渐缓慢并趋于相对稳定，很多国家根据实际车轮踏面的稳定磨耗形状制定了磨耗型车轮踏面。我国研制的磨耗型车轮踏面包括 LM 型、LMA 型踏面等。由于设计手段不断发展，现在已经能根据需要的轮轨接触几何关系、钢轨外形和轨道几何参数，设计出满足设计者要求的车轮踏面外形[19]，从而达到更优的轮轨匹配关系。由于机械加工的要求，传统的磨耗型踏面往往是由一些直线、圆弧、曲线组成。而根据轮轨接触关系反向设计出的踏面外形，直接由光滑的离散点组成，满足数控加工要求。

如图 3.3 所示，S1002 踏面由多段高次曲线连接而成。如图 3.4 所示，LM 踏面是多段圆弧线组成，圆弧间相切光滑过渡。

（1）欧洲 S1002 车轮踏面（EN13715/UIC510-2 标准）。

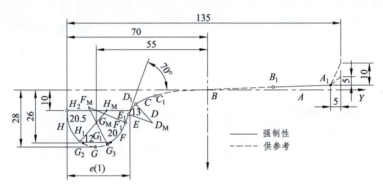

UIC-ERRI外形轮廓：直径 $D=1\,000$ mm 和 $d=760$ mm 之间的车轮（轮缘高度：28 mm）

Zone A：$Z=1.364\,323\,640-0.066\,666\,667y$

Zone B：$Z=0-3.358\,537\,058\times10^{-2}y+1.565\,681\,624\times10^{-3}y^2-2.810\,427\,944\times10^{-5}y^3+5.844\,240\,864\times10^{-8}y^4-1.562\,379\,023\times10^{-8}y^5+5.309\,217\,349\times10^{-15}y^6-5.957\,839\,843\times10^{-12}y^7+2.646\,656\,573\times^{-13}y^8$

Zone C：$Z=-4.320\,221\,063\times10^3-1.038\,384\,026\times10^3y-1.065\,501\,873\times10^2y^2-6.051\,367\,875y^3-2.054\,332\,446\times10^{-1}y^4-4.169\,739\,389\times10^{-3}y^5-4.687\,195\,829\times10^{-5}y^6-2.252\,755\,540\times10^{-7}y^7$

图 3.3　S1002 踏面外形

（2）中国 LM 车轮踏面（TB/T 449—2003 标准）。

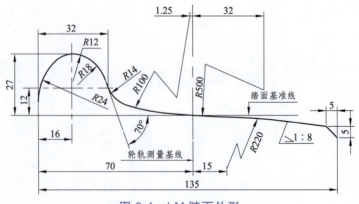

图 3.4　LM 踏面外形

76

各种车轮型面从外观上看来虽然比较接近，但细微处还是存在差异。由于车轮和钢轨的弹性变形都很小，车轮型面的细微差别可以导致轮轨接触点变化，从而改变轮轨接触几何关系，进而造成了车辆系统动力学性能的千差万别，以及不同车轮踏面需要不同的车辆悬挂参数来匹配。

3. 车轮型面特征参数

车轮踏面外形有差异，在制造和运营维护中需要制定一些特征量来定义外形和评价维护限度，如图 3.5 所示。这些特征量主要和轮缘有关，基准点在名义滚动圆位置，即距离轮背 L_2（一般 70 mm）的踏面点。车轮型面特征参数包括：

（1）轮缘厚度 S_d：距离踏面基准点高度 L_3（UIC：10 mm；中国：12 mm）的轮缘厚度。

（2）轮缘高度 S_h：轮缘顶点相对于踏面基准点的高度。

（3）q_R 值：评价轮缘磨耗程度的一个指标。

（4）轮缘角 α：轮缘直线段与车轮轴线的夹角，一般为 60°～70°，太小容易脱轨。

（5）名义滚动圆半径 R_0，同一踏面外形可以用于不同的滚动圆半径。

（6）车轮宽度 L_0。

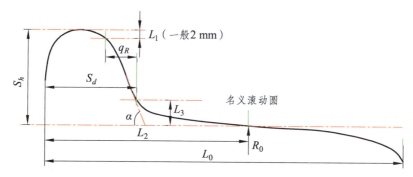

图 3.5　车轮踏面特征参数

我国常用的车轮踏面特征参数如表 3.1 所示。在运营过程中，由于车轮磨耗，这些特征参数会发生变化，运营维护一般会给定限度值范围。

表 3.1　典型车轮踏面的主要几何参数

踏面	S_d		S_h	q_R
	$L_3 = 10$ mm	$L_3 = 12$ mm		
LM	33.2	32.0	27.0	10.3
LMA	32.6	32.0	28.0	9.8
S1002	32.5	—	28.0	10.8
XP55	32.5	—	29.0	11.0

4. 车轮踏面镟修

1）磨　耗

按照车轮磨耗的主要区域，磨耗可以分为踏面磨耗和轮缘磨耗，如图 3.6 所示。当列车运行线路比较复杂和随机时，踏面和轮缘的磨耗一般比较均匀，有时虽然磨耗深度很大，但等效锥度增加不显著。当运行线路比较单一，如只运行在某条线路的高速列车，车轮踏面磨耗往往比较集中，虽然磨耗深度不大，但等效锥度增加显著。车轮踏面磨耗引起外形变化，从而改变轮轨接触几何关系，等效锥度一般随着车轮磨耗增加而逐渐增大，车辆动力学性能也逐渐恶化，表现为临界速度降低、运行平稳性变差、运行安全性降低等。

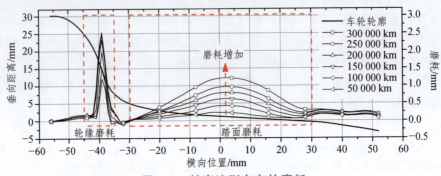

图 3.6　某高速列车车轮磨耗

另外，车轮踏面磨耗后还容易出现一些踏面局部不平顺，如车轮不圆（车轮圆周不平顺）、扁疤等。为此，当车轮磨耗到一定程度后，需要镟修车轮踏面到某些标准外形。现在高速列车广泛采用不落轮镟修技术，如图 3.7 所示。

同样，钢轨也需要打磨，以保持良好的轮轨接触状态。

图 3.7　不落轮镟修

2）经济镟修踏面（减薄轮缘方案）

既有线路上运营的机车车辆，轮缘磨耗往往比较突出；高速列车的轮缘也会逐渐磨损变薄。为了让镟修后的车轮踏面与标准踏面一致，虽然轮缘的法向磨耗量不大，但由于斜度较大，故需要很大的镟修深度，这大大缩短了车轮使用寿命，如图 3.8 所示。

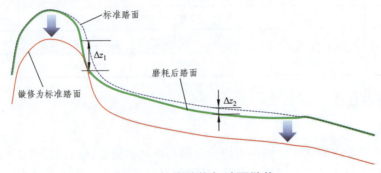

图 3.8　轮缘镟修与踏面镟修

为了减少每次镟修量，增加车轮的使用寿命，制定了很多车轮经济镟修方案，主要是通过减薄轮缘从而减小踏面垂向镟修高度。在车轮踏面常接触区保持与标准踏面相同的外形，轮缘减薄后，通过高次曲线连接轮缘根部与车轮踏面。为了适应不同轮缘厚度下的镟修，往往针对同一种踏面制定多种轮缘厚度下的经济镟修外形。图 3.9 是 LMA 踏面的一个经济镟修方案。由于除轮缘和轮缘根部外其余区域的踏面外形没有变化，而车辆在正线运行时轮轨接触区域一般都在常接触区域（也就是没有变化的区域），所以经济镟修方案下的车辆动力学性能与原始踏面下基本相当。

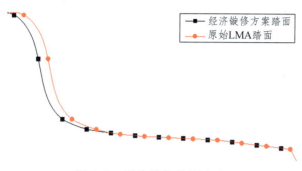

图 3.9　经济镟修踏面方案

3.1.2　钢轨型面

钢轨型面和车轮踏面匹配后，共同决定轮轨接触几何关系，从车辆动力学角度来说，钢轨型面具有和车轮踏面同样重要的作用。由于线路里程较长、型面磨耗、钢轨打磨、钢轨制造等诸多原因，且钢轨打磨精度远低于车轮镟修精度，实际钢轨外形的变化比车轮踏面更加复杂，且钢轨外形的离散性非常大。

钢轨是根据每米长度的质量来分类，包括 50 kg 钢轨、60 kg 钢轨、75 kg 钢轨等。中国常用的钢轨外形主要包括：

（1）50 kg 钢轨：应用于部分地铁和城轨线路、车辆段等。

（2）60 kg 钢轨：绝大部分线路，包括既有干线、客运专线、地铁线路等。

（3）75 kg 钢轨：重载铁路专线，如大秦线重载线路等。

如图 3.10 所示，欧洲 60 kg 钢轨主要采用两种钢轨外形：60E1、60E2。其中，60E1 和我国的标准 60 kg 钢轨外形接近；60E2 和我国的 60N 钢轨接近，在 60E1 钢轨的基础上降低了轨肩高度，能降低和磨耗型车轮踏面匹配的等效锥度，有效减少轨肩区域的轮轨接触，从而降低轨肩的异常磨耗和损伤。

以上钢轨仅是标准外形，在钢轨的制造和维护过程中很难达到理想的钢轨外形。而在钢轨打磨过程中，往往根据

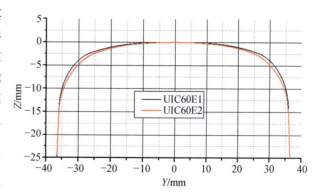

图 3.10　UIC60 钢轨外形

不同线路的需求和打磨经验，还要打磨出多种钢轨外形。在常规的车辆系统动力学分析中，仅关心钢轨顶面廓形，对钢轨断面形状不关注，所以本书仅给出部分钢轨顶面外形。除 T 形钢轨外，有些轻轨线路还采用槽形轨。

1. 50 kg 标准钢轨

我国 50 kg 标准钢轨廓形如图 3.11（a）所示，由轨面顶部 $R = 300$ mm 的圆弧和两侧面 $R = 13$ mm 的圆弧组成，轨头宽 70 mm。

2. 60 kg 标准钢轨

我国 60 kg 钢轨是主型钢轨，绝大部分既有线路、所有客运专线、提速改造线路和部分地铁线路都采用 60 kg 钢轨（本书后面将其称为 CN60 钢轨）。60 kg 标准钢轨截面是按磨耗形原则设计的，其形状如图 3.11（b）所示。与 50 kg 钢轨不同的是，在轨面顶部 $R = 300$ mm 的圆弧和侧面 $R = 13$ mm 的圆弧之间，加了一段 $R = 80$ mm 的过渡圆弧。经过多年的运用，在 60 kg 钢轨基础上，发展了 60N 钢轨外形和 60D 打磨钢轨外形。

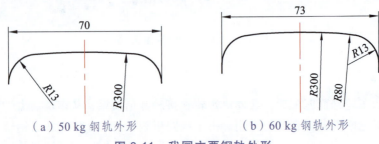

（a）50 kg 钢轨外形　　　　　（b）60 kg 钢轨外形

图 3.11　我国主要钢轨外形

3. 新造钢轨及打磨钢轨

图 3.12 是我国 60 kg 钢轨在高速铁路上的典型外形，包括几种理论外形和实测外形。线路上实际钢轨外形和理想标准钢轨外形是不同的，这会导致轮轨接触几何关系发生变化，并引起不同线路上、同一条线路不同路段上车辆动力学性能产生差异。线路上钢轨外形不同的主要因素举例如下：

（1）不同厂家新造钢轨外形不统一；

（2）新造钢轨与标准钢轨外形不一致；

（3）钢轨本身的磨耗；

（4）钢轨打磨外形与标准钢轨外形不一致。

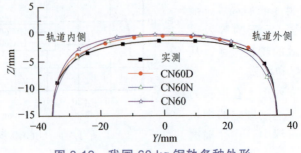

图 3.12　我国 60 kg 钢轨多种外形

3.2　轮轨几何接触理论

　　轮轨滚动接触行为是车辆系统动力学研究的重要内容，直接影响到列车的运动稳定性、乘坐舒适性和运行安全性。轮轨作用行为研究包含几个方面：轮轨滚动接触蠕滑率/力理论、轮轨黏着、轮轨磨损、轮轨滚动疲劳、脱轨和轮轨噪声等。这些都是铁路工程中十分复杂和关键的力学问题，涉及如弹塑性力学、动力学、材料学、摩擦学、有限元等许多学科[5]。这些研究都是以轮轨滚动接触蠕滑率/力理论为基础，轮轨接触几何关系是其重要内容。轮轨接触几何计算包括轮轨接触点位置计算，以及轮轨接触点处的接触参数计算，这是轮轨力计算的基础，而寻找轮轨接触点又是接触几何关系计算的基础。

　　所谓轮轨接触几何关系就是在特定轮轨参数下，左右车轮和钢轨接触点位置与轮对相对于轨道的横移量和摇头角的关系。当考虑轮轨刚性接触时，轮轨接触几何关系是一种固定的纯几何关系，一旦轮轨的基本参数确定后轮轨接触几何关系就随之确定。但实际轮轨接触都伴随着弹性变形，而不是刚性的点接触，所以还涉及接触几何关系的弹性修正。由于轮轨的原始外形不同以及运用中由磨耗引起外形变化，线路相关参数也在不断发生变化，这样车辆在运动过程中轮轨配合就会有不同的接触几何关系。

　　计算轮轨接触几何关系需要诸多的轮对、钢轨几何参数，这些参数是轮轨接触几何计算的输入参数，决定了轮轨之间的相对位置和姿态，如图 3.13 所示。

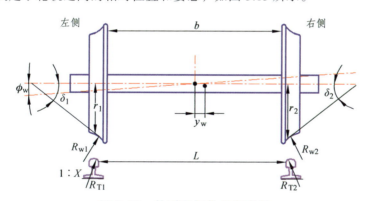

图 3.13　轮对和钢轨几何参数

1. 轮对几何参数

1）车轮直径（半径）

　　由于车轮踏面具有斜度，所以车轮截面各点的直径不同。车轮在离轮缘内侧 70 mm 处（车辆）或 73 mm 处（机车）测量得到的直径为名义直径，该圆称为名义滚动圆。车轮直径常用值有 820 mm、840 mm、860 mm、915 mm、920 mm 等。

2）轮对横移量

　　由于车轮踏面具有锥度，轮对沿轨道向前运动时总是会伴随轮对相对轨道中心线横向移动，此移动量即为轮对横移量（见图 3.13 中的 y_w）。

3）轮对摇头角

　　由于车轮踏面锥度的存在，轮对沿轨道向前运动时，除了伴随轮对相对轨道中心线横向移动外，轮对还会绕通过其质心的铅垂轴转动，轮对绕 Z 轴转动的角度即为轮对摇头角。

4）轮缘内侧距

轮缘内侧距为轮对左右车轮轮缘内侧的距离（图 3.13 中的 b）。对于标准轨距，我国轮缘内侧距为 1 353 mm，欧洲为 1 360 mm；对应的名义滚动圆横向跨距，我国是 1 493 mm，欧洲是 1 500 mm。

2. 轨道几何参数

1）轨　距

轨距 L 为两根钢轨头部内侧间与轨道中心线相垂直的水平距离，在轨顶下 16 mm 处（欧洲为 14 mm）测量。世界上大部分国家采用 1 435 mm 的标准轨距即准轨。大于 1 435 mm 的称为宽轨，如 1 676 mm、1 524 mm 的轨距等；小于 1 435 mm 的称为窄轨，如 1 067 mm、1 000 mm 等。

2）轨底坡

由于车轮踏面是有一定锥度的，且车轮均是在轨道外侧的直径小、内侧的直径大，为了使车轮和钢轨合理配合并具有良好的轮轨接触几何关系，轨道要设置轨底坡 $1:X$（我国的轨底坡一般为 $1:40$，欧洲常用 $1:20$ 和 $1:40$，少数国家为 $1:30$），使轨头内倾，以适应车轮踏面的形状，改善钢轨受力。

3）轨头截面曲率半径

轨头截面曲率半径为轮轨接触点处轨头横断面外形的曲率半径（图 3.13 中的 R_{T1} 和 R_{T2}）。

3.2.1　轮轨接触几何关系的定义

轮轨接触计算得到了轮轨接触点对的分布，但轮轨接触特征还需要用量化指标来表征，同时也需要为动力学计算提供接触参数。常用的轮轨接触几何参数都是针对轮轨接触点的，包括左右车轮半径差（接触点的轮径差）、左右侧轮轨接触角、左右轮轨接触角差、轮对侧滚角、等效锥度、接触点位置等。其中，接触点位置是计算的核心，计算得到接触点位置后，可以很方便地求出接触角、侧滚角和轮径差，从而进一步得到接触角差、等效锥度。常用的轮轨接触几何关系如图 3.14 所示。

1. 左右轮轨接触点位置

左右轮轨接触点位置是轮轨接触几何关系计算最先确定的参数，在图 3.14 中用车轮和钢轨之间的细线连接表示。接触点位置影响轮轨磨耗区域，导致车辆动力学性能随磨耗发生改变，对蠕滑率有一定的影响。接触点位置是轮对横移量的函数，在绘制轮轨接触图形时为了方便描述，将车轮和钢轨均放置在理想位置，将不同横移量下的轮轨接触点对用线连接起来，并标注上轮对横移量。

2. 车轮滚动圆半径

车轮滚动圆半径（见图 3.13 中的 r_1 和 r_2）为车轮在钢轨上滚动时接触点处的车轮半径，由于轮对沿钢轨向前滚动时，会一面相对钢轨横向移动，一面又绕通过其质心的铅垂轴转动，这样车轮和钢轨的接触点位置在不断变化，则车轮滚动圆半径也在不断变化。当轮对相对轨道有横向位移时，左右瞬时接触点的车轮半径不同，其差值为轮径差。由于左右车轮滚动角速度相同，轮径差导致左右轮相同时间内滚过的距离不同，产生蠕滑并影响车辆动力学。

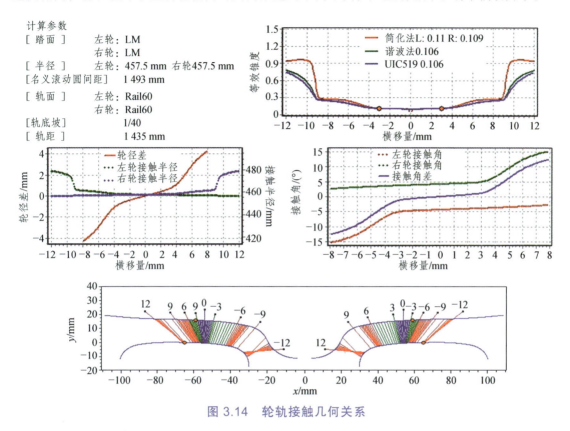

图 3.14　轮轨接触几何关系

3. 轮轨接触角

轮轨接触角为过轮轨接触点的公切线与车轴中心线的夹角（见图 3.13 中的 δ_1 和 δ_2），是轮对横移量的函数。接触角越大，轮对绕轴线旋转的角速度在接触点处的法向分量越大，自旋蠕滑越大，影响轮轨蠕滑力的分配，也影响轮轨之间的法向力和切向力的在水平方向和垂直方向分量的大小，以致影响车辆动力学性能、轮轨疲劳损伤和磨耗等。

4. 车轮踏面曲率半径

车轮踏面曲率半径为轮轨接触点处车轮踏面横断面外形的曲率半径（图 3.13 中的 R_{w1} 和 R_{w2}）。对于锥形踏面车轮，车轮踏面曲率半径为无穷大。对于任意形状的踏面外形，可以通过接触点位置的曲率公式求解曲率半径。但如果车轮型面离散点数据不够光滑，计算得到的曲率半径可能不准确且也不光滑，这可能会影响车辆动力学仿真，这也是 Hertz 接触的缺点之一。通过准弹性修正可以使曲率半径随着轮对横移的变化更加平滑。

5. 轮对侧滚角

轮对离开轨道中心线位置而相对于轨道横向移动时，由于车轮踏面具有锥度，轮对左右车轮的滚动圆半径不同，这样车轴中心线相对于原来的水平位置会产生一个绕 x 轴的夹角，称为轮对侧滚角（图 3.13 中的 ϕ_W，侧滚角一般较小，图中有些夸张）。轮对侧滚角会影响轮轨蠕滑率，也影响轮轨力的水平和垂向分量，同时也会影响转向架和车体的侧滚运动。

下面对轮轨接触几何关系中计算相对复杂的几个参数进行详细描述。

6. 等效锥度

由于轮轨磨耗、轨距偏差等因素，轮轨接触关系有较大的离散性，而仅由轮轨接触点对不便于定量描述接触关系，因此需要一个简单合理的参数来评估轮轨接触几何关系。等效锥度作为轮轨接触线性化指标，被广泛用于表征轮轨接触几何特征。EN14363 和 UIC518 规定车辆进行试验时，用该参数评估轮轨接触几何关系。国际铁路联盟标准 UIC519 定义的名义等效锥度，是指在轮对蛇行运动幅值为 3 mm 时所对应的等效锥度。

计算等效锥度的方法有多种：最简单的方法是在接触点附近等效为锥形踏面，根据轮对横移和轮径差计算等效斜度的简化计算方法（简化法）；UIC519 标准中等效锥度计算采用轮对随机运动的假设，通过蛇行运动波长与锥形踏面相等来计算等效锥度；也有采用周期正弦波的假设来计算等效锥度的方法（谐波法）。

1）简化法

锥形踏面车轮在滚动圆附近是一段斜度为常值 λ 的直线段，锥度 λ 与左右车轮滚动圆半径 r_L、r_R 和轮对横移量 y 之间的关系为

$$\lambda = \frac{r_R - r_L}{2y} = \frac{\Delta r}{2y} \tag{3-1}$$

对于实际的车轮踏面外形，在某个接触点附近可以近似为锥形，但从更宽的范围来看踏面的斜度是不断变化的。所以 λ 不是一个常数，而是随着 y 的变化而变化，这时根据左右车轮滚动圆半径 r_L 和 r_R 计算出来的踏面斜度为等效锥度。

2）谐波法

用谐波法计算等效锥度时，需要先得到一个关于轮径差 Δr 的"描述函数" $f(x)$。为使离散的非线性方程 $f(x)$ 线性化，并使其与线性方程 $f(x) \approx kx$ 的二次误差最小，即

$$\delta^2 = [f(x) - kx]^2 \tag{3-2}$$

$$\frac{\partial}{\partial k}(\delta^2) = 0 \tag{3-3}$$

对式（3-3）求解，得到系数 k 的表达式：

$$k = x \cdot f(x) / x^2 \tag{3-4}$$

假设其解是幅值为 A 的谐波表达式：

$$x(t) = A \cdot \sin(\omega t) \tag{3-5}$$

将式（3-5）带入式（3-4），并在 $0 \sim 2\pi$ 内积分。由此得到"描述函数"的线性化因子 $k(A)$，其与谐波线性化幅值 A 有关。

$$k(A) = \frac{1}{\pi \cdot A} \int_0^{2\pi} f(A\sin\varphi) \cdot \sin\varphi \, d\varphi \qquad (3\text{-}6)$$

令轮对滚动圆半径差的"描述函数"为 $f(x) = \Delta r(x)$，则与线性化幅值 A 相关的等效锥度表达式如下：

$$\lambda(A) = \frac{1}{\pi A} \int_0^{2\pi} \Delta r(A \cdot \sin\varphi) \cdot \sin\varphi \, d\varphi \qquad (3\text{-}7)$$

由式（3-7）可见，等效锥度可由与轮径差 Δr 有关的非线性方程进行数值积分得到。

3）UIC519 标准

如图 3.15 所示，设轮对相对于轨道有横向位移 y，将瞬时轮对运动看作纯滚动，由于左右侧车轮滚动圆有半径差 Δr，轮对相当于在做瞬时圆周运动。$2b$ 为接触点跨距；r_0 为名义滚动圆半径，R 为瞬时圆周运动半径，根据三角形几何关系，由图 3.15 有

$$r_0 / R = \Delta r / 2b \qquad (3\text{-}8)$$

$$R = 2br_0 / \Delta r \qquad (3\text{-}9)$$

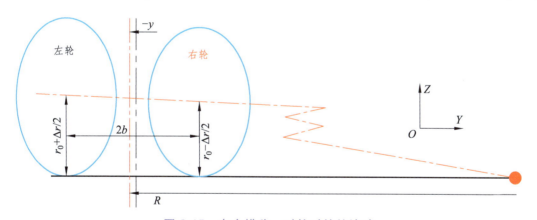

图 3.15　存在横移 y 时轮对的纯滚动

设轮对前进速度为 v，由瞬时圆周运动方程 $\ddot{y} + v^2 / R = 0$，结合 R 的表达式，可以得到自由轮对在轨道上的运动微分方程：

$$\ddot{y} + \frac{v^2}{2br_0}\Delta r = 0 \qquad (3\text{-}10)$$

设 v 为常数，不影响等效锥度的计算，即 $v = dx / dt$。因此：

$$\begin{cases} \dfrac{dy}{dt} = \dfrac{dy}{dx}\dfrac{dx}{dt} = v\dfrac{dy}{dx} \\[2mm] \dfrac{d^2 y}{dt^2} = v^2 \dfrac{d^2 y}{dx^2} \end{cases} \qquad (3\text{-}11)$$

将以上关系代入式（3-10）中，得到

$$\frac{d^2 y}{dx^2} + \frac{\Delta r}{2br_0} = 0 \qquad (3\text{-}12)$$

设车轮踏面外形是锥度为 γ 角的锥形：

$$\Delta r = 2y \tan \gamma \qquad (3\text{-}13)$$

则微分方程变为常系数二阶微分方程：

$$\frac{d^2 y}{dx^2} + \frac{\tan \gamma}{br_0} y = 0 \qquad (3\text{-}14)$$

其解为正弦波，波长为 L_w：

$$L_w = 2\pi \sqrt{\frac{br_0}{\tan \gamma}} \qquad (3\text{-}15)$$

式（3-15）即为 klingel 公式。若车轮踏面外形不是锥形，可采用线性化法，在微分方程中以 $\tan\gamma_e$ 取代 $\tan\gamma$ 进行线性化计算，$\tan\gamma_e$ 称作等效锥度，在车辆动力学中一般用 λ 表示。

方程（3-12）的初始条件为

$$\begin{cases} y = y_0 \\ dy / dx = 0 \\ x = 0 \end{cases} \qquad (3\text{-}16)$$

通过对式（3-12）在给定初始幅值 y_0 时的数值积分，可导出轮对以峰-峰或谷-谷幅值 $2y$ 和波长的周期运动，如图 3.16 所示。带入数值计算得到的波长参数 L_w，应用 klingel 公式计算等效锥度：

$$\lambda = \tan \gamma_e = \left(\frac{2\pi}{L_w}\right)^2 br_0 \qquad (3\text{-}17)$$

这个等效锥度就是轮对横移为 y 时对应的等效锥度。通过改变初始条件 y_0，可以得到不同轮对横向位移 y 下对应的等效锥度。

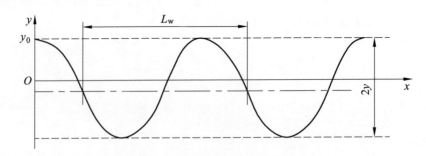

图 3.16　轮对横向位移积分示意图

UIC519 等效锥度基于轮轨接触几何关系计算，在确定了轮轨接触点后，得到左右轮径差函数，然后通过积分得到 y 和 L_w，最后带入 klingel 公式计算等效锥度。流程如下：

（1）首先求解轮轨接触几何关系；

（2）得到Δr随轮对横向位移的函数；

（3）设置积分初始条件和参数y_0；

（4）积分求解得到轮对横向位移y的曲线；

（5）对曲线处理计算得到波长L_w和横向位移幅度$2y$；

（6）用klingel公式计算y_0对应的等效锥度；

（7）更新y_0，重复步骤（3）~（6），得到等效锥度随轮对横移的整个变化曲线。

7. 重力刚度

当轮对从轨道中心线向左或向右横向移动时，左右钢轨作用于左右车轮的法向反力将不相等，法向力在左右车轮上的横向分力也不相等，作用于左右车轮的横向合力有使轮对恢复到原来对中位置的作用，如图 3.17 所示。

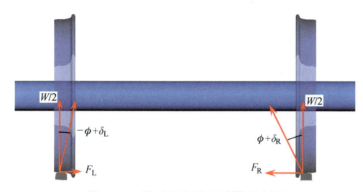

图 3.17　轮对重力刚度计算示意图

横向复原力的大小与轮对横移量及所受的载荷有关。如果不计轮对上的动载荷、悬挂力和蠕滑力，则钢轨作用于左右车轮的横向反力分别为

$$F_L = \frac{W}{2}\tan(\delta_L - \phi), \ F_R = \frac{W}{2}\tan(\delta_R + \phi) \qquad （3\text{-}18）$$

式中，W为轴重，则由于重力作用而使轮对产生的横向复原力为

$$F_y = F_R - F_L = \frac{W}{2}[\tan(\delta_R + \phi) - \tan(\delta_L - \phi)] \qquad （3\text{-}19）$$

则定义复原力ΔF与轮对横移量y_w之比为轮对重力刚度K_{gy}：

$$K_{gy} = \frac{F_y}{y} = \frac{W}{2y}[\tan(\delta_R + \phi) - \tan(\delta_L - \phi)] \qquad （3\text{-}20）$$

一般情况下，轮对重力刚度K_{gy}不是常数，只是对于具有锥形踏面的轮对，K_{gy}可近似认为是常数。因为锥形踏面在直线段范围：$\delta_R = \delta_L \approx \lambda$，故有$\phi = \frac{2\lambda y}{2b} = \frac{\lambda y}{b}$。

在小角度假设下：$\tan(\delta_R + \phi) \approx (\delta_R + \phi), \tan(\delta_L - \phi) \approx (\delta_L - \phi)$，带入公式（3-20）得到重力刚度的表达式：

$$K_{gy} \approx \frac{2W\phi}{2y} = \frac{W\lambda}{b} \qquad (3\text{-}21)$$

可见，重力刚度是正刚度，具有使轮对恢复到平衡位置的作用。对于独立车轮结构，由于不存在纵向蠕滑力，重力刚度驱使车轮恢复平衡位置的作用显得尤其重要。

8. 重力角刚度

当轮对相对轨道中心线有横移量 y_w，而且有摇头角位移 ψ_w 时，钢轨作用于左右车轮上的横向力将使轮对产生一个绕铅垂轴的摇头力矩 M_g。轮对摇头角越大，由于其重力作用引起的力矩也越大。则摇头力矩 M_g 与摇头角位移 ψ_w 之比定义为轮对重力角刚度。由于重力作用引起的摇头力矩方向与轮对摇头角的方向一致（见图 3.18），故轮对的摇头重力角刚度为负刚度。

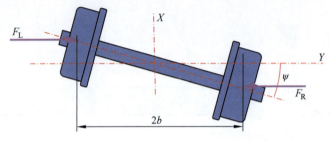

图 3.18　重力角刚度计算示意图

作用于轮对上的摇头力矩为

$$M_g = -(F_L + F_R)b\sin\psi = -\frac{bW}{2}[\tan(\delta_R + \phi) + \tan(\delta_L - \phi)]\sin\psi \qquad (3\text{-}22)$$

轮对重力角刚度定义为

$$K_{g\psi} = \frac{M_g}{\psi} = -\frac{bW}{2\psi}[\tan(\delta_R + \phi) + \tan(\delta_L - \phi)]\sin\psi \qquad (3\text{-}23)$$

在一般情况下 $K_{g\psi}$ 是 y_w 和 ψ_w 的函数。只有在锥形踏面的直线区段，当 ψ_w、$\delta_R + \phi$ 和 $\delta_L - \phi$ 很小时，$K_{g\psi}$ 为常数，即在小角度和锥形踏面假设下：

$$K_{g\psi} \approx -bW\lambda = \text{const} \qquad (3\text{-}24)$$

9. 线性化轮轨参数

等效锥度是确定轮轨接触几何关系的重要参数。在线性计算中，轮轨接触几何关系通过等效锥度、接触角等少数几个参数来描述。等效锥度是轮对横移量的函数，一般采用轮对横移量为 3 mm 时的等效锥度值来表征轮轨接触几何关系。一个特定的等效锥度值可以是在不同的轮对和轨道参数组合下得到的，但一种轮轨几何参数只能得到一个等效锥度曲线。除了等效锥度 λ，线性化轮轨模型还依赖于接触角参数 ε 和侧滚角参数 σ。

实际车轮型面和钢轨型面是非线性的，将接触点处的轮轨型面用圆弧进行近似代替，以达到线性化的目的，轮轨线性化模型如图 3.19 所示。线性化参数即等效锥度 λ、接触角参数

ε 和侧滚角参数 σ，描述成关于名义位置处车轮型面半径 R_w、钢轨型面半径 R_R、接触角 δ_0、左右车轮中心线距离之半 e_0 以及车轮名义滚动圆半径 r_0 的函数。

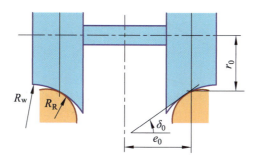

图 3.19　轮轨线性模型

将名义接触位置轮轨型面线性化，则等效锥度 λ 可表示为

$$\lambda = \frac{R_w \cdot \sin \delta_0}{R_w - R_R} \cdot \frac{e_0 + R_R \sin \delta_0}{e_0 \cos \delta_0 - r_0 \sin \delta_0}$$ （3-25）

左轮和右轮的接触角之差由接触角参数 ε 来描述：

$$\varepsilon = \frac{e_0}{R_w - R_R} \cdot \frac{e_0 + R_w \sin \delta_0}{e_0 \cos \delta_0 - r_0 \sin \delta_0}$$ （3-26）

绕纵向轴的侧滚角由侧滚角参数 σ 来表示：

$$\sigma = \frac{e_0 \sin \delta_0}{e_0 \cos \delta_0 - r_0 \sin \delta_0}$$ （3-27）

按照以上线性参数计算公式，对于已有的车轮型面和钢轨型面匹配，找到轮轨接触点位置处的车轮型面半径、钢轨型面半径、接触角、左右车轮中心线距离之半以及车轮名义滚动圆半径，就能计算等效锥度 λ，接触角参数 ε 和侧滚角参数 σ。

也可以通过谐波线性化方法计算以上参数。设非线性函数 $\Delta r(y)$、$\Delta \delta(y)$ 和 $\phi(y)$ 分别代表轮对滚动圆半径差、接触角差以及轮对侧滚角相对于轮对横向位移的函数，通过轮轨接触几何关系计算能够得到这种函数关系的数值曲线。如果左右车轮踏面和钢轨轨头外形对称，那么等效锥度 λ、接触角参数 ε 和侧滚角参数 σ 可以表示为

$$\lambda(A) = \frac{1}{\pi A} \int_{-\pi}^{\pi} \Delta r(A \sin \varphi) \sin \varphi \mathrm{d}\varphi$$ （3-28）

$$\varepsilon(A) = e_0 \frac{1}{\pi A} \int_{-\pi}^{\pi} \Delta \delta(A \sin \varphi) \sin \varphi \mathrm{d}\varphi$$ （3-29）

$$\sigma(A) = e_0 \frac{1}{\pi A} \int_{-\pi}^{\pi} \phi(A \sin \varphi) \sin \varphi \mathrm{d}\varphi$$ （3-30）

线性化的轮轨接触几何参数之间存在一定的关系，一般以等效锥度为自变量来表达接触角参数和侧滚角参数的函数，这在车辆系统线性分析中确定轮轨接触几何参数时很有用。如

图 3.20 所示,通过对我国主要轮轨匹配下的接触几何线性化参数分析,可以得到接触角参数与等效锥度之比为 40 ~ 85;侧滚角参数与等效锥度之比为 0.2 ~ 0.5。

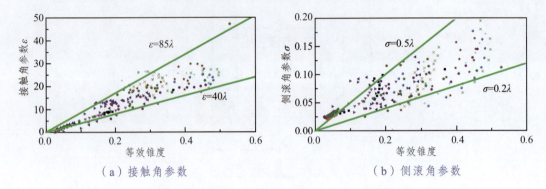

（a）接触角参数　　　　　　　　　　　　　（b）侧滚角参数

图 3.20　接触角参数和侧滚角参数与等效锥度比值的上下限

3.2.2　轮轨接触几何关系的计算

轮轨接触几何关系比较复杂,主要是因为轮轨型面复杂、轮轨相对运动姿态多样,以及轮轨接触弹性变形。随着计算机技术的发展,轮轨接触几何关系计算已经逐渐成熟和完善,甚至已经可以满足数值仿真实时计算的要求。目前有多种方法确定轮轨接触点,如迹线法、空间矢量映射方法、轮轨三维离散型面直接求法、Hertz 接触算法等。

车辆踏面和钢轨型面一般是由多段弧线和直线构成的曲线,在数值计算时采用一系列离散点描述。车轮踏面和钢轨型面曲线有各自的坐标系,通常车轮踏面坐标系以踏面名义滚动圆作为原点,钢轨型面坐标系以轨顶作为原点,如图 3.21 所示。轮轨接触计算时先将车轮型面和钢轨型面的离散数据都转换到轨道坐标系中,然后再计算轮轨之间的间隙,所以只要定义好了钢轨和车轮的姿态,局部坐标系的选取不是很重要。

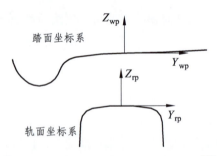

图 3.21　踏面坐标系和轨面坐标系[17]

1. 轮轨接触状态

车轮和钢轨之间常见的有两种接触状态,即一点接触和两点接触。轮对相对钢轨的横向位移不大时,一般是车轮踏面与钢轨顶面相接触,为一点接触。当轮对相对钢轨的横移和摇头角较大时,就可能会引起车轮踏面和钢轨顶面、轮缘和钢轨侧面同时相接触的状态,即为两点接触。一般车辆在正常运行状态下,一点接触是常态。

在轮对相对轨道只有横向位移而无摇头角时,可以将轮轨之间的面面接触问题简化为车轮踏面曲线与钢轨廓形曲线的二维接触问题,如图 3.22（a）所示,轮轨间的接触点处于通过轮对中心线的铅垂面内。但当轮对相对轨道有摇头角时,即使轮轨之间仍保持踏面一点接触,轮轨接触点也可能不再位于通过轮对中心线的铅垂面内,而与铅垂面之间有一段距离,此距离称为接触点超前量或落后量,如图 3.22（b）所示。图中 dx 是接触点纵向超前/滞后量,θ 为超前/滞后角。

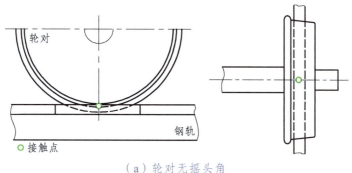

（a）轮对无摇头角

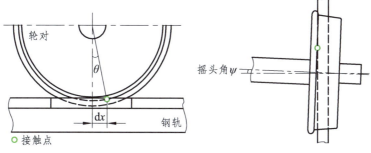

（b）轮对有摇头角，接触点超前

图 3.22　轮轨接触点位置示意图[17]

2. 轮轨接触几何关系计算方法

轮轨接触点位置是轮轨力求解的关键，它决定了轮轨接触状态和轮轨蠕滑率等。国内外学者进行了大量研究工作，提出了多种计算方法。轮轨接触几何关系计算包括轮轨接触点计算，以及轮轨接触点处的接触参数计算，这是轮轨力计算的基础，其准确性决定了动力学仿真的精度，同时也是判断轮轨接触状态的重要依据。

在车辆动力学仿真过程中，轮轨接触点和接触参数的计算主要有两种方法：

1）查表法

事先计算好轮轨接触点、接触参数与轮对姿态（横移和摇头）之间的函数关系，由于这种函数关系一般是不能用简单表达式表示的非线性关系，所以一般构造轮轨接触数表，在仿真过程中根据轮对姿态快速查出计算所需的接触参数。这种方法大大提高了动力学仿真中轮轨接触几何关系的计算速度，在动力学仿真中得到广泛的应用。

查表法虽然计算速度快，但不能反映实际每个计算时刻轮对姿态和轨道几何参数对接触关系的影响，所以准确度不是很高，但基本能满足工程精度的要求。同时，该方法在构造数表时一般假设轮轨之间为约束关系，或者轮轨弹性接触的法向力为定值，这与实际情况也有差异。

2）实时计算

在动力学仿真的每一积分步，根据当前时刻轮对姿态和轨道几何参数，以轮轨型面离散点数值为基础，计算轮轨接触点位置以及接触参数。由于动力学仿真一般积分步很多，这种方法会消耗大量的时间来计算轮轨接触几何关系，所以会导致动力学仿真计算较慢。但由于每一个积分步均采用实际的轮轨参数，所以计算结果相对更加准确。轮轨之间用约束关系时，需要以轮对侧滚角为自变量迭代求解轮轨关系；轮轨之间用弹簧力元时，轮轨接触几何关系计算不用迭代，速度较快。

20世纪80年代后，国内学者对轮轨接触点求解方法做了大量研究，主要有两种思路：一种是采用空间解析几何的方法，现在已经很少采用；另一种是数值方法，目前仍然在广泛使用。

王开文等提出迹线法[20]，这种方法适用于任意形状的车轮踏面和钢轨廓形匹配，可用于轮轨接触和轮轮接触情况，被广泛应用到我国车辆动力学仿真中。更加简单的方法是将轮轨表面在空间离散为三维数据表格，然后求空间中最近点作为可能接触点，这种方法相对于迹线法速度很慢，但可以考虑非圆周光滑的车轮和非平直的钢轨。还有其他一些学者在弹性接触、多点接触、道岔区接触等方面做了一些工作。

轮轨接触几何关系计算虽已是动力学仿真的常规前处理，但目前仍存在一些问题，如：

（1）轮轨接触现在仍然多采用点接触，没有考虑接触变形，这与实际情况不符；

（2）车轮磨耗向着共形方向发展，现在仍然没有解决共形接触的快速算法；

（3）轮轨外形是复杂的三维空间曲线，现多假设为理想单一外形绕车轴旋转而成。

3. 迹线法

1）迹线法简介

本书以迹线法[20]为例介绍轮轨接触几何关系计算。采用迹线法计算轮轨接触点，其基本思想是将车轮曲面与钢轨曲面的空间接触点求解问题，转换为曲线与曲线求解接触点的问题。该方法基于两个基本假设：

（1）轮对为刚体，踏面上任意一点位置可以通过轮对坐标系确定；

（2）车轮踏面是以轮对中心线为轴的旋转曲面，钢轨为等截面拉伸体。

以上两个条件满足时，当轮对横向位移、侧滚角和摇头角给定时，轮对上任意一点的位置就确定了。整个车轮踏面是一个绕车轴中心线的旋转曲面，可以将其看成是由一系列以轮对中心线为轴的滚动圆组成，每个滚动圆上有且只有一个可能的接触点，这些可能的接触点组成一条空间曲线，即轮轨接触迹线。由于钢轨为拉伸体，钢轨上的接触点肯定在钢轨廓形曲线上；但车轮上的接触点不一定在车轮最低截面上。因此可以将空间接触迹线直接向垂直于钢轨拉伸方向的平面（钢轨截平面）投影，得到平面接触迹线（这个迹线和车轮踏面外形不同），计算出该迹线与钢轨型面之间间隙最小的接触点，同时根据空间迹线可以计算出接触点超前距离，其基本原理如图3.23所示。

为了便于计算轮轨接触迹线，定义如图3.24所示的一系列坐标系。$O^T X^T Y^T Z^T$为轨道坐标系，位于轨道中心线并跟随轨道上的物体沿轨道中心线移动，$O^T X^T$指向轨道延伸方向，$O^T Z^T$垂直轨道面向上，$O^T Y^T$垂直$X^T O^T Z^T$平面指向轨道左侧。轮对坐标系$O^W X^W Y^W Z^W$，$O^W Y^W$始终与车轴中心线重合并指向左侧车轮，该坐标系随着轨道坐标系一起前进。轮对坐标系相对于轨道坐标系的位置矢量为r^W，$O^W Y^W$与$X^T O^T Y^T$平面的夹角定义为侧滚角ϕ，$O^W X^W$与$X^T O^T Z^T$平面的夹角定义为摇头角ψ。以右侧车轮为例，选定任一滚动圆，O^{rc}为位于车轴中心线上的滚动圆中心，该点在轮对坐标系中的位置矢量为$[0 \; d_w \; 0]^T$。接触迹线是一系列可能接触点的组合，每个滚动圆上存在一点可能与钢轨发生接触，假设O^{Cr}为可能的接触点，在该点建立接触点坐标系$O^{Cr} X^{Cr} Y^{Cr} Z^{Cr}$。由于存在摇头角，接触点$O^{Cr}$不在滚动圆最低点，且存在一定的超前/滞后角$\theta$。车轮踏面是由一系列离散点组成，采用三次样条曲线拟合得到踏面函数F_w。

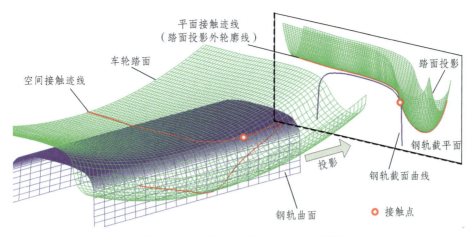

图 3.23 迹线法计算轮轨接触点[17]

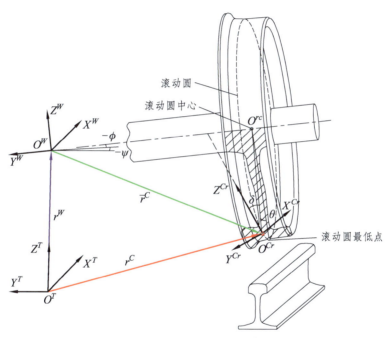

图 3.24 迹线法示意图[17]

可能的接触点 O^{Cr} 在轨道坐标系中的位置可以表示为

$$\boldsymbol{r}^{C} = \boldsymbol{r}^{W} + \boldsymbol{A}^{W} \bar{\boldsymbol{r}}^{C}$$

（3-31）

其中：

$$\boldsymbol{r}^{W} = \begin{bmatrix} 0 \\ y_{w} \\ z_{w} + R_{0} \end{bmatrix}, \quad \boldsymbol{A}^{W} = \begin{bmatrix} \cos\psi & -\sin\psi\cos\phi & \sin\psi\sin\phi \\ \sin\psi & \cos\psi\cos\phi & -\cos\psi\sin\phi \\ 0 & \sin\phi & \cos\phi \end{bmatrix}, \quad \bar{\boldsymbol{r}}^{C} = \begin{bmatrix} F_{w}(d_{w})\sin\theta \\ d_{w} \\ F_{w}(d_{w})\cos\theta \end{bmatrix}$$

接触点的法向矢量（即接触斑坐标系的 Z 轴）在总体坐标系下可以表示为

$$\boldsymbol{n}^{C} = \boldsymbol{A}^{W} \boldsymbol{A}^{C} \bar{\boldsymbol{k}}^{C}$$

（3-32）

其中，δ 为接触角，是滚动圆横向位置 d_w 的函数；A^C 是接触斑坐标系到轮对坐标系的转换矩阵；$\overline{k}^C$ 是接触斑坐标系的 Z 轴向量。

$$A^C = \begin{bmatrix} \cos\theta & \sin\delta\sin\theta & \cos\delta\sin\theta \\ 0 & \cos\delta & -\sin\delta \\ -\sin\theta & \sin\delta\cos\theta & \cos\delta\cos\theta \end{bmatrix}, \quad \overline{k}^C = \begin{bmatrix} 0 \\ 0 \\ 1 \end{bmatrix}$$

由于理想情况下钢轨和车轮上的接触点共法线，钢轨表面的法线平行于钢轨截平面，所以由迹线法原理可知，接触点的法线方向必然平行于钢轨截平面，这里钢轨坐标描述采用轨道坐标系，即法向矢量 n^C 在 O^TX^T 轴的分量为零：

$$n_1^C = \cos\delta\sin\theta\cos\psi + \sin\delta\cos\phi\sin\psi + \cos\delta\cos\theta\sin\psi\sin\phi = 0 \quad （3-33）$$

求解得到超前/滞后角 θ：

$$\theta = \arcsin\left(\frac{-\cos\phi\sin\psi\tan\delta}{\sqrt{1-\cos^2\phi\sin^2\psi}} \right) - \arctan(\sin\phi\tan\psi) \quad （3-34）$$

将 θ 代入式（3-31）即可确定某个选定滚动圆上可能的接触点，通过修改 d_w 的值，选择一系列的滚动圆，即可计算出整条接触迹线。图 3.25 为不同摇头角下的空间接触迹线。

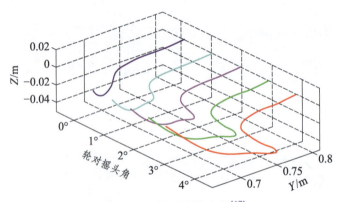

图 3.25　空间接触迹线[17]

当采用几何约束方法计算轮轨接触点时，迹线法的计算流程如图 3.26 所示，为了让左右轮轨间隙相等，需要以轮对侧滚角为自变量进行多次迭代。如果采用渗透法计算轮轨法向力，则不需要左右两侧轮轨间隙相等，此时不需要迭代。

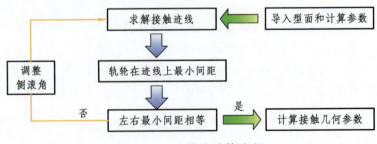

图 3.26　迹线法计算流程

2）轮轨接触几何关系算例[17]

分别计算 S1002 踏面与 UIC60 钢轨、LMA 踏面与 CN60 钢轨匹配的轮轨接触几何参数，都采用标准的轮轨几何参数，车轮半径 $R_0 = 0.43$ m。轮对横移范围为 $-25 \sim +25$ mm，轨底坡为 1∶40，不考虑钢轨运动和几何不平顺。考察轮轨接触点在车轮和钢轨上的位置、轮径差、接触角差等，以及摇头角对这些参数的影响，如图 3.27 ~ 3.32 所示。

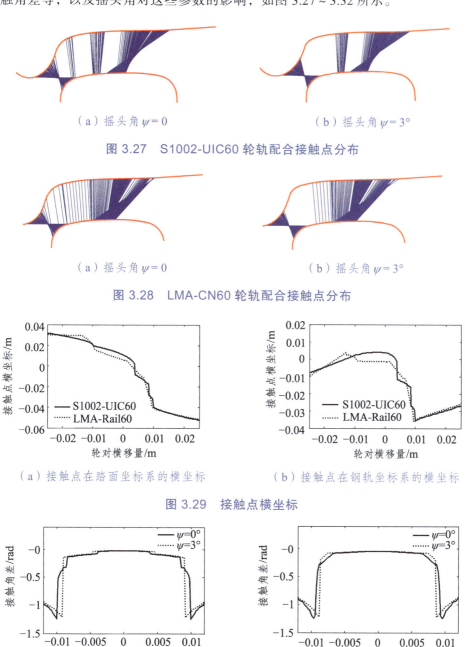

（a）摇头角 $\psi = 0$ （b）摇头角 $\psi = 3°$

图 3.27　S1002-UIC60 轮轨配合接触点分布

（a）摇头角 $\psi = 0$ （b）摇头角 $\psi = 3°$

图 3.28　LMA-CN60 轮轨配合接触点分布

（a）接触点在踏面坐标系的横坐标   （b）接触点在钢轨坐标系的横坐标

图 3.29　接触点横坐标

（a）S1002-UIC60 接触角差   （b）LMA-Rail60 接触角差

图 3.30　左右接触点接触角差

95

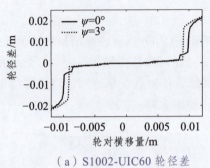
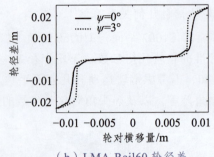

（a）S1002-UIC60 轮径差　　　　　　　　（b）LMA-Rail60 轮径差

图 3.31　左右接触点轮径差

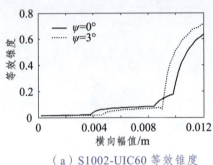
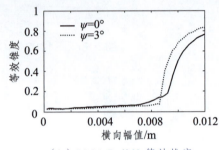

（a）S1002-UIC60 等效锥度　　　　　　　（b）LMA-Rail60 等效锥度

图 3.32　等效锥度（谐波法）

　　在无摇头角情况下，S1002 踏面和 UIC60 钢轨配合时，接触点分布在相对集中的 4 个区域。随着轮对横移量的变化，接触点在这些区域之间发生跳跃，接触角差、轮径差和等效锥度等参数，也出现跳跃或转折。LMA 踏面和 CN60 钢轨配合接触点分布比较均匀，基本上是随着横移量连续变化，接触参数也相对光滑。摇头角导致轮缘超前或滞后接触，轮缘根部无法发生接触，对轮轨接触点分布和接触参数都有影响。在轮对横移 8.8 mm 左右时接触点从踏面跳跃到轮缘，接触参数发生很大的跳跃。

　　当车轮磨耗后或轮对处在道岔区域时会出现两点或多点接触的情况，轮背、轮缘和踏面都有可能发生接触，采用区段搜索法可以有效地处理多点接触，图 3.33 为轮对处于道岔区域的轮轨接触情况。图中蓝色代表第一接触点，红色代表第二接触点，在无摇头角时出现两点接触。轮对横移 y_w = 9.6 mm，摇头角 ψ = 3° 时发生三点接触，虚线代表三个接触点。

（a）摇头角 ψ = 0°　　　　　　　　　　（b）摇头角 ψ = 3°

图 3.33　S1002 与道岔截面匹配的轮轨接触点分布

4. 轮轨接触几何关系修正[17]

　　刚性约束模型和几何渗透模型均采用垂向距离作为接触点判断依据，接触点位置与踏面和钢轨外形直接相关。刚性约束模型只用到了一个点的几何信息，因此接触点位置和接触点参数对轮轨型面非常敏感，当踏面和钢轨外形不够光滑或磨耗之后，接触点可能来回跳跃。采用仪器实测的轮轨型面往往不够平滑，存在局部的凹凸不平，计算得到的轮轨接触点存在跳跃。这与实际情况存在差异，实际轮轨接触斑为一片区域，并且弹性变形对踏面和轨道外形有一定的"抹平"作用，一定程度上降低了接触点对型面局部不平顺的敏感度。

1）等效椭圆法接触参数修正

考虑到轮轨接触是弹性变形，采用等效椭圆法对接触点位置进行修正。该方法假设接触区域为椭圆，接触点为椭圆中心，如图 3.34 所示。

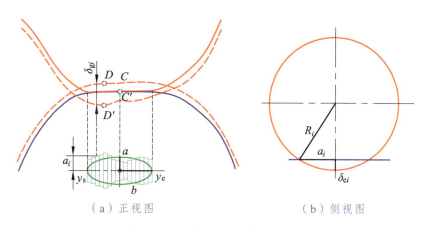

（a）正视图　　　　　　　　（b）侧视图

图 3.34　等效椭圆法修正接触点

首先假设轮轨发生几何渗透 δ_g，由于接触区域与几何渗透区域之间具有形状相似性，因此定义接触区域为几何渗透量为 $\delta_e < \delta_g$ 时对应的几何渗透区域，一般 $\delta_e = 0.56\delta_g$ 时所产生的几何渗透区域被认为是接触区域（实际中需要根据轮轨力平衡来确定）。若该接触区域为椭圆，则椭圆中心可认为是接触点。轮轨接触斑可能不是椭圆，为此需要采用等效的方法获得等效椭圆接触斑。计算步骤如下：

（1）根据轮轨接触迹线和轨道截面曲线确定几何渗透量 δ_g 和 δ_e，根据 δ_e 确定相交区段，设区段的起始横坐标为 y_s，结束横坐标为 y_e，则其宽度为 $w = y_e - y_s$。

（2）将相交区段沿横向等间距划分为 n 个区间，每个区间的宽度为 $w_0 = w/n$，该区间中点对应的几何渗透量为 δ_{ei} 作为该区间的渗透量，该区间中点对应的滚动圆半径为 R_i，根据图 3.34 中的几何关系，计算出该区间的纵向半宽 a_i：

$$a_i = \sqrt{2R_i\delta_{ei} - \delta_{ei}^2} \quad (i = 1, 2, \cdots n) \tag{3-35}$$

（3）求出所有区间的面积之和 $A = 2\sum_{i=1}^{n} w_0 a_i$，将该形状等效为椭圆，横向为短轴 $b = w/2$，纵向为长轴 $a = \dfrac{A}{\pi b}$。椭圆的中心认为是接触点，因此接触点横坐标为

$$y_c = (y_e + y_s)/2 \tag{3-36}$$

按照几何渗透模型计算的接触点为图 3.34 中 D 和 D'，通过等效椭圆修正后，接触点变

为 C 和 C'，两者之间有一定差异。接触角也可以进行相应修正，轮对侧滚角、接触点纵坐标不再调整。

以 S1002 踏面和 UIC60 钢轨为例，采用等效椭圆法修正接触点，轮轨接触点分布如图 3.35 所示，区段搜索法和等效椭圆法修正后的接触点横坐标和等效锥度的对比如图 3.36 所示。对比发现，传统迹线法计算出接触点随着横移量的变化主要集中在四部分，中间出现接触点跳跃的现象；而通过等效椭圆法修正，接触点在踏面部位分布比较连续。

（a）未修正　　　　　　　　　　　　　（b）等效椭圆法修正后

图 3.35　等效椭圆法修正的 S1002-UIC60 轮轨接触点分布

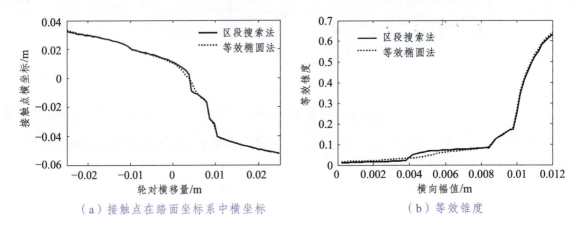

（a）接触点在踏面坐标系中横坐标　　　　　　　（b）等效锥度

图 3.36　传统迹线法和等效椭圆法修正的轮轨接触参数对比

通过以上分析发现等效椭圆法在一定程度上降低了接触点对踏面外形的敏感度，使轮轨接触参数更光滑。其主要影响范围在踏面位置，这是因为踏面位置接触斑比较宽，修正后的接触点与原接触点有一定距离。而在轮缘根部或轮缘位置，接触斑宽度一般较窄，修正后的接触点与原接触位置差别不大。

2）准弹性接触参数修正

等效椭圆法使用了三点信息，一定程度上降低了接触点和接触参数对型面的敏感性，但该方法主要在踏面部分起作用。Arnold[21]提出了一种准弹性接触模型，该模型使用了整个接触区域的几何信息，如果接触曲面由于某些原因（如磨耗）发生了小的改变，该模型与其他模型相比更不敏感，能比较真实地反映轮轨接触时弹性变形的"抹平"效应。

令接触迹线和钢轨截面曲线垂向距离函数为 $F_d(q,y)$，$y_0 \leqslant y \leqslant y_1$，$q$ 为系统广义坐标，y_0 和 y_1 分别为两条曲线横向层叠部分的最小值和最大值，轮轨接触的刚性约束条件为

$$g(q) = \max_{y_0 \leqslant y \leqslant y_1} F_d(y) = 0 \tag{3-37}$$

准弹性模型将此条件替换为

$$g'(q) = \varepsilon \ln\left(\int_{y_0}^{y_1} w(q, y)\mathrm{d}y \Big/ \int_{y_0}^{y_1} \mathrm{d}y\right) = 0 \tag{3-38}$$

其中，ε 为大于 0 的小量；$w(q, y)$ 为加权函数，其值为

$$w(q, y) = \exp[F_d(q, y)/\varepsilon] \tag{3-39}$$

公式（3-39）有两个特点：① $\varepsilon > 0$ 时，$g'(q) > g(q)$；② $\lim\limits_{\varepsilon \to 0} g'(q) = g(q)$。当参数 $0 < \varepsilon \ll 1$ 时，随着 $F_d(q, y)$ 的减小，权函数 $w(q, y)$ 会迅速减小，如图 3.37 所示，意味着接触斑区域外的点权值很小，对接触点的影响也很小，这与实际情况相符。参数 ε 根据轮轨接触的弹性变形量而定，取值范围为 $[10^{-5}, 5 \times 10^{-5}]$，一般取为 2×10^{-5}。

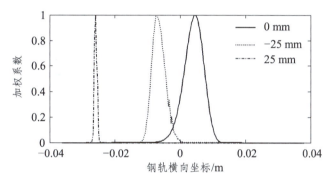

图 3.37 不同横移量对应的接触点的加权函数值

准弹性接触模型的接触点位置为

$$\bar{y} = \int_{y_0}^{y_1} y \cdot w(q, y)\mathrm{d}y \Big/ \int_{y_0}^{y_1} w(q, y)\mathrm{d}y \tag{3-40}$$

由于距离函数 F_d 为离散点形式，y_0 和 y_1 之间分成 n 段，每段宽度为 Δy，将式（3-40）写成离散的形式：

$$\bar{y} = \sum_{i=1}^{n} y_i \exp[F_d(q, y_i)/\varepsilon]\Delta y \Big/ \sum_{i=1}^{n} \exp[F_d(q, y_i)/\varepsilon]\Delta y \tag{3-41}$$

采用区域加权方法，并应用到区段搜索中，使之可以用于处理多点接触问题。假设区段 k 的最大渗透量为 δ_k，即 $\max F_d(y_k) = \delta_k$，区段 k 的加权函数和接触点可以改写为

$$w_k(q, y) = \exp\{[F_d(q, y) - \delta_k]/\varepsilon\} \tag{3-42}$$

$$\bar{y}_k = \int_{y_{ks}}^{y_{ke}} y \cdot w_k(q, y)\mathrm{d}y \Big/ \int_{y_{ks}}^{y_{ke}} w_k(q, y)\mathrm{d}y \tag{3-43}$$

其中，y_{ks} 和 y_{ke} 分别为接触迹线与钢轨截面曲线相交的第 k 区段的起始横坐标和结束横坐标。图 3.33 中所示道岔区的轮轨接触，在轮对横移 9.6 mm 时出现两点接触，采用准弹性模型计算两点接触的加权函数如图 3.38 所示。

99

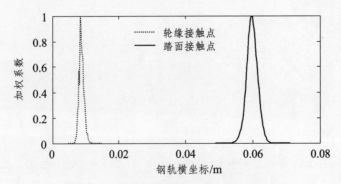

图 3.38　两点接触各点的加权函数值

之前介绍的等效椭圆法实质上也是一种加权，但只用到了两个相交点的信息，且两个点的权值相同，利用该条件，式（3-41）退化为等效椭圆法：

$$\overline{y} = (y_s w_0 \Delta y + y_e w_0 \Delta y)/(w_0 \Delta y + w_0 \Delta y) = (y_s + y_e)/2 \tag{3-44}$$

式中，y_s是区段起点横坐标；y_e是结束点横坐标；$\Delta y = y_e - y_s$；w_0是两个相交点的权值。但等效椭圆法同时还能修正椭圆接触斑的纵向轴半径 a。

3）准弹性接触计算示例

根据踏面测量仪实测的磨耗后 LMA 踏面与 CN60 标准钢轨匹配，采用准弹性接触模型对轮轨接触进行平滑处理。图 3.39 为磨耗后踏面与标准踏面的对比，可见磨耗后踏面在 −16 mm 到 30 mm 范围出现明显凹坑，这将导致轮轨接触点分布和接触参数发生变化。

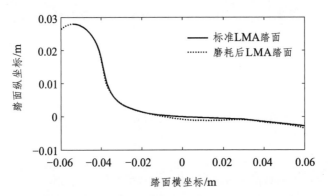

图 3.39　标准 LMA 与磨耗后 LMA 踏面对比

分别采用刚性约束模型和准弹性接触模型计算轮轨接触点分布，刚性约束模型计算出的接触点分布如图 3.40（a）所示，与标准 LMA 踏面接触点分布图 3.28（a）相比接触点变得不连续，主要分为四个接触区间，即使同一个区间内接触点分布也不连续，同时在磨耗形成的凹坑区域几乎没有接触点。图 3.40（b）为准弹性接触模型计算的轮轨接触点分布，可见轮轨接触点分布比较连续，且在凹坑区域仍有接触点。

由图 3.41（a）中接触点在踏面坐标系的横坐标可以看出，几何渗透模型计算的接触点在横移量为 −1.4 mm 附近发生接触点大幅跳跃，踏面坐标系横坐标从 −7.7 mm 跳跃到 18.5 mm，说明在该段区域不会发生轮轨接触。而准弹性接触模型在该区段是连续过渡的，说明凹坑区域有接触点，会发生轮轨接触。图 3.41（b）为两种模型等效锥度的对比，可以发现在 0 ~ 4 mm

等效锥度差别很大，准弹性接触模型比几何渗透模型等效锥度偏大，且变化相对平缓，没有比较大的跳跃。

（a）刚性约束模型　　　　　　　　　　（b）准弹性接触模型

图 3.40　磨耗后 LMA 与 Rail60 配合接触点分布

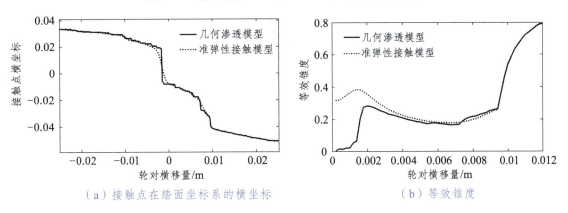

（a）接触点在踏面坐标系的横坐标　　　　　　（b）等效锥度

图 3.41　磨耗后 LMA 与 Rail60 配合接触参数

采用准弹性修正后，轮轨接触几何关系计算相当于考虑到了轮轨的弹性变形，轮轨接触几何参数变得更加光滑。在动力学仿真中，如果采用变步长积分方法，这对提高计算速度和计算精度十分有利。

3.2.3　Hertz 和非 Hertz 接触理论

列车沿轨道运动是通过车轮在钢轨上滚动实现的，车轮和钢轨之间的这种作用叫作滚动接触。车轮将车体重量和动载荷传给钢轨，车轮和钢轨相接触的地方发生变形，形成轮轨接触斑，其大小和形状由轮轨材料、几何形状和接触压力决定。另外，轮对在钢轨上滚动时，轮轨接触斑处轮轨界面存在相对滑动和相对转动。所以，轮轨滚动接触就是研究轮轨接触斑的大小、形状、黏滑区的分布、作用力在接触斑上的分布与轮对的轴重、轮轨相对滑动之间的关系。定义如下几个专业名词：

接触斑：两个相接触物体因法向载荷作用引起弹性变形后，两物体界面上接触点对周围形成的平面或曲面区域。

接触斑黏滑区：轮轨滚动接触过程中形成的接触斑通常可分成两个区域，其中一个区域内轮轨界面之间存在相对滑动，称为滑动区；另外一个区域内没有相对滑动，称为黏着区。

轮轨蠕滑：轮轨接触界面上相接触的质点对之间的刚性微小相对滑动，和轮轨几何尺寸及轮轨运动状态有关。

一般认为轮轨法向力和蠕滑力可分开求解，首先计算轮轨法向力，再根据法向力和蠕滑率求解轮轨蠕滑力。轮轨法向力求解主要有两种方法：① 轮轨接触作为约束处理，法向力为约束反力；② 轮轨之间为线性或非线性接触力元。轮轨接触作为约束处理时每条轮对需要至少增加两个约束方程，求解时需要反复迭代。约束法无法处理轮轨脱离的情况。轮轨之间采用力元时，能更方便地处理复杂的轮轨接触关系，如两点或多点接触、轮轨脱离和道岔通过等。轮轨接触力元将车辆系统与轨道系统两个相对独立的子系统耦合起来。

1. Hertz 接触理论

Hertz 接触理论创建于 1882 年（《论弹性固体的接触》），如今在许多领域仍然得到广泛的应用。Hertz 对接触问题的研究起因于对玻璃间光学干涉的实验。Hertz 接触理论建立在一些理想假设基础上：

（1）接触物体为弹性无限半空间；

（2）接触区几何尺寸远小于物体的几何特征尺寸；

（3）物体之间非共形接触；

（4）接触表面光滑（宏观和微观尺度都光滑）；

（5）接触表面无摩擦；

（6）接触物体的接触表面仅传递法向力。

轮轨接触不能完全满足 Hertz 接触条件，但在很多种情况下，采用 Hertz 理论计算法向接触问题速度较快且精度也可接受，所以车辆动力学中用于轮轨切向力计算的滚动接触蠕滑率/力模型大多数是基于 Hertz 接触理论的。

1）Hertz 接触算法

如图 3.42（a）所示，令 $1/R_{11}$ 和 $1/R_{12}$ 为接触体 B_1 在接触点 O 处的主曲率，$1/R_{21}$ 和 $1/R_{22}$ 为接触体 B_2 在接触点 O 处的主曲率。上述变量前下标为物体，后下标为方向。如果接触点处曲率中心在所对应物体的内部，则 R 为正，否则为负。根据 Hertz 接触理论，有如下关系式：

$$A + B = \frac{1}{2}\left(\frac{1}{R_{11}} + \frac{1}{R_{12}} + \frac{1}{R_{21}} + \frac{1}{R_{22}}\right) \tag{3-45}$$

$$B - A = \frac{1}{2}\left[\left(\frac{1}{R_{11}} - \frac{1}{R_{12}}\right)^2 + \left(\frac{1}{R_{21}} - \frac{1}{R_{22}}\right)^2 + 2\left(\frac{1}{R_{11}} - \frac{1}{R_{12}}\right)\left(\frac{1}{R_{21}} - \frac{1}{R_{22}}\right)\cos 2\alpha\right]^{1/2} \tag{3-46}$$

其中，α 为两个物体主曲率所对应的主方向之间的夹角。令

$$\cos \eta = \frac{B - A}{A + B} \tag{3-47}$$

求得

$$A = \frac{1}{2}\left(\frac{1}{R_{11}} + \frac{1}{R_{12}} + \frac{1}{R_{21}} + \frac{1}{R_{22}}\right)\sin^2\frac{\eta}{2} \tag{3-48}$$

$$B = \frac{1}{2}\left(\frac{1}{R_{11}} + \frac{1}{R_{12}} + \frac{1}{R_{21}} + \frac{1}{R_{22}}\right)\cos^2\frac{\eta}{2} \tag{3-49}$$

假设已知总接触法向力为 P，接触区域为椭圆，其长轴和短轴之半分别为

$$a = m\left[\frac{3PG^*}{4(B+A)}\right]^{1/3}, \quad b = n\left[\frac{3PG^*}{4(B+A)}\right]^{1/3} \tag{3-50}$$

其中，m 和 n 是与 η 有关的椭圆积分，具体表达式可参考文献[23]。其求解过程十分复杂，一般通过查表插值求得。材料物理参数 $G^* = \frac{1-v_1^2}{E_1} + \frac{1-v_2^2}{E_2}$，其中 v_1、v_2 和 E_1、E_2 分别为两接触物体的泊松比和弹性模量。

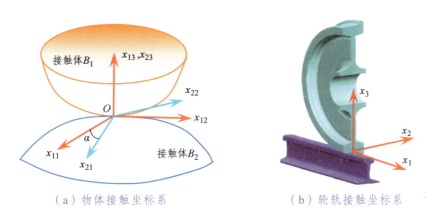

（a）物体接触坐标系　　　　（b）轮轨接触坐标系

图 3.42　接触坐标系

轮轨接触的坐标系可以表示为图 3.42（b），当轮轨处于理想平衡位置时，车轮和钢轨在接触斑的坐标系重合。例如，采用 LM 踏面和 60 kg 钢轨匹配，车轮滚动圆半径为 0.457 5 m，则在名义滚动圆位置：$R_{w1} = 0.457\ 5$，$R_{w2} = -0.500$，$R_{r1} = \infty$，$R_{r2} = 0.300$，α 为轮轨冲角。

Hertz 接触面的形状是椭圆形，可用以下公式描述：

$$C = \{(x, y, 0) \mid (x/a)^2 + (y/b)^2 \leqslant 1\} \tag{3-51}$$

椭圆接触区内法向压应力的分布，被认为是按半椭球形状分布。接触区内的法向压应力可写为

$$p_z(x, y) = p_0[1 - (x_1/a)^2 - (x_2/b)^2]^{1/2} \tag{3-52}$$

对式（3-52）在接触面上求积分，可以得到接触面内法向合力 N：

$$N = \iint_C p_z(x, y)\mathrm{d}x\mathrm{d}y = \frac{2}{3}\pi abp_0 \Rightarrow p_0 = \frac{3N}{2\pi ab} \tag{3-53}$$

式中，a，b 为接触椭圆的纵、横向半轴长；p_0 为接触椭圆内的最大压应力。

2）求解过程

轮轨接触问题在有些情况下近似满足 Hertz 接触条件，在动力学仿真中兼顾计算速度和工程精度要求，用 Hertz 接触计算轮轨滚动接触问题也基本能满足工程要求。如果完全按照 Hertz 接触理论来求解轮轨接触的法向问题，计算过程将比较烦琐和耗时，为此将常用的函数

做成数据表格，通过查表插值来实现快速计算。轮轨 Hertz 接触问题求解步骤如下：

（1）已知压力 P、接触物体曲率半径 R、材料参数（E、G^*、ν）、相对位置 α。

（2）根据公式（3-45）和（3-46），将以上参数带入，求得 $B-A$ 和 $B+A$，然后根据公式 $\cos\eta = \dfrac{B-A}{A+B}$，得到角度 η。

（3）通过角度 η 与 m、n 的关系数表，插值求解 m、n。

（4）求解轮轨 Hertz 接触参数：

$$a = m\left[\frac{3PG^*}{4(B+A)}\right]^{1/3}, \quad b = n\left[\frac{3PG^*}{4(B+A)}\right]^{1/3} \qquad (3\text{-}54)$$

$$p_{\max} = \frac{1}{\pi mn}\left\{\frac{3P}{2}\left[\frac{2(A+B)}{G^*}\right]^2\right\}^{1/3} \qquad (3\text{-}55)$$

将 m、n 与 η 的关系事先算好做成数据表格，如表 3.2 所示。

表 3.2　参数 m、n 与 η 的关系表

$\eta/(°)$	m	n	$\eta/(°)$	m	n	$\eta/(°)$	m	n
0.5	61.400	0.102	55.0	1.611	0.678	130.0	0.641	1.754
1.0	36.890	0.131	60.0	1.486	0.717	135.0	0.604	1.926
1.5	27.480	0.152	65.0	1.378	0.759	140.0	0.567	2.136
2.0	22.260	0.169	70.0	1.284	0.802	145.0	0.530	2.397
3.0	16.650	0.196	75.0	1.202	0.846	150.0	0.493	2.731
4.0	13.310	0.219	80.0	1.128	0.893	155.0	0.412	3.813
6.0	9.790	0.255	85.0	1.061	0.944	160.0	0.311	6.604
8.0	7.860	0.285	90.0	1.000	1.000	170.0	0.295	7.860
10.0	6.604	0.311	95.0	0.944	1.061	172.0	0.255	9.790
20.0	3.813	0.412	100.0	0.893	1.128	174.0	0.219	13.310
30.0	2.731	0.493	105.0	0.846	1.202	176.0	0.196	16.500
35.0	2.397	0.530	110.0	0.802	1.284	178.0	0.169	22.260
40.0	2.136	0.567	115.0	0.759	1.378	178.5	0.152	27.480
45.0	1.926	0.604	120.0	0.717	1.486	179.0	0.131	36.890
50.0	1.754	0.641	125.0	0.678	1.611	179.5	0.102	61.400

如果要求解接触间隙等数值，还需要一个中间参数 r，同样与角度 η 有关，如表 3.3 所示。

表 3.3　参数 r 与 η 的关系表

$\eta/(°)$	90	80	70	60	50	40	30	20	10	5	0
r	1.0	0.993 2	0.972 6	0.937 6	0.886 7	0.817 7	0.726 5	0.603 8	0.428 0	0.296 9	0.0

图 3.43 为采用 Hertz 接触理论计算的轮轨接触斑形状。其中上方图形的圆圈为接触斑椭圆，粗虚线为最大接触应力；下方图形为轮轨接触点对。由于左右车轮和钢轨均为理论形状，没有考虑轮对摇头角，所以左右轮轨接触关系对称。从图可见，在踏面区域，接触斑长短轴半径之比不大，椭圆长轴可能沿车轮滚动方向，也可能沿车轴方向；但在轮缘区域的接触斑成细长形，接触应力也比较大，此时 Hertz 接触理论已经不再合适。

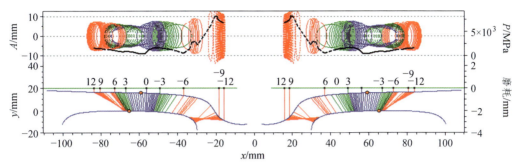

图 3.43　轮轨 Hertz 接触示例

2. 非 Hertz 接触理论

工程中有不少弹性接触问题是不完全满足 Hertz 接触理论假设条件的。就机车车辆轮轨接触问题而言，当采用 Hertz 理论求解时，实际上是将轮轨理想化为两个无摩擦接触的正交圆柱体，这对于某些状态较好的轮轨接触可以近似适用。对于现有外形较复杂的车轮踏面和钢轨廓形接触以及磨耗后的轮轨接触问题，显然不满足 Hertz 接触理论假设条件，不能直接用 Hertz 接触公式，需要寻求别的计算方法，即非 Hertz 接触计算方法。常用的非 Hertz 接触包括：

（1）半 Hertz 接触理论（也叫条带理论）；
（2）弹性半空间非 Hertz 接触方法；
（3）有限元方法。

虽然非 Hertz 接触计算精度更高，且能求解更加复杂的轮轨接触问题，但由于计算速度的限制，本书所涉及的车辆系统动力学中，仍然只能采用 Hertz 接触理论。

1）半 Hertz 接触条带理论

接触区域确定后，沿着纵向方向（车轮的滚动方向）把接触区域划分为几个条带，每个条带满足 Hertz 理论，即接触斑沿车轮滚动方向仍然采用 Hertz 接触理论，而横向不再采用 Hertz 理论。这样可以用 Hertz 方法近似模拟非 Hertz 接触[22]。

将接触斑区域沿 x 轴方向划分为 k 个等宽的条带，y_i 为每个条带中心的横坐标，Δy 为每个条带的宽度。根据 Hertz 理论，求得接触斑每个条带的 A_i 和 B_i，以及 m_i、n_i、r_i。

对 A_i 和 B_i 进行修正，得到相对曲率公式：

$$\begin{cases} A_{ci} = \left(\dfrac{n}{m}\right)^2 B_i \\ B_{ci} = B_i \end{cases} \tag{3-56}$$

轮轨间的法向间隙修正为

$$z_s(x, y_i) = z_1(y_i) - z_2(y_i) + A_{ci}x^2 \qquad (3\text{-}57)$$

其中，$z_s(x, y_i)$ 为第 i 个条带处的法向间隙，$z_1(y_i)$ 和 $z_2(y_i)$ 分别为车轮和钢轨在法向的坐标位置。

当 $z_s(0, y_i)$ 最小时，该条带法向间隙等于 0，渗入量设为 h_0。当各条带处轮轨之间的渗入量 h_i 满足以下关系时，认为该条带满足接触条件：

$$h_i = h_0 - z(0, y_i) \geqslant 0 \qquad (3\text{-}58)$$

每个条带上纵向半轴长度为

$$a_i = \sqrt{h_i / A_{ci}} \qquad (3\text{-}59)$$

条带上的法向接触应力为

$$\sigma_i(x, y_i) = \frac{1}{\pi n_i r_i} \frac{E}{1-v^2} \frac{h_i}{a_i} \frac{1}{\varepsilon_i} \sqrt{1 - \left(\frac{x}{a_i}\right)^2} \qquad (3\text{-}60)$$

式中，$\varepsilon_i = n_i^2 B_i / [r_i(B_i + A_i)]$。

各条带上的法向力 N_i 为

$$N_i = \frac{1}{2n_i r_i \varepsilon_i} \frac{E}{1-v^2} h_i \Delta y \qquad (3\text{-}61)$$

半 Hertz 接触理论还涉及多种接触状态，并且需要平滑处理，求解过程比 Hertz 理论更加复杂，详细的求解过程请参考相关文献。其切向问题可以参考 FASTSIM 方法从接触斑前沿开始积分求解。条带理论可以求解非椭圆形的接触斑，但不能考虑轮对圆周不平顺，其计算结果更加接近 CONTACT。

2）弹性半空间非 Hertz 接触理论

弹性体 A 和 B 在法向力 P 的作用下发生弹性接触，如图 3.44 所示。体 A 和体 B 在接触点附近的曲面分别为 $f_1(x, y)$ 和 $f_2(x, y)$；未发生弹性变形前体 A 和体 B 的几何渗透量为 σ，在 XOY 平面上形成一定形状的几何接触斑；在法向力 P 作用下接触面内的压缩量为 δ，在 XOY 平面上形成接触斑 A_c；此时体 A 和体 B 的变形量分别为 w_1 和 w_2，在接触斑区域内的压力分布为 $p(x, y)$。

弹性接触模型的控制方程可表达为

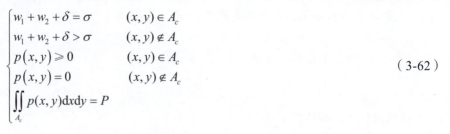

图 3.44　轮轨接触斑模型

$$\begin{cases} w_1 + w_2 + \delta = \sigma & (x, y) \in A_c \\ w_1 + w_2 + \delta > \sigma & (x, y) \notin A_c \\ p(x, y) \geqslant 0 & (x, y) \in A_c \\ p(x, y) = 0 & (x, y) \notin A_c \\ \iint\limits_{A_c} p(x, y)\mathrm{d}x\mathrm{d}y = P \end{cases} \qquad (3\text{-}62)$$

为了求解式（3-62），需要对接触斑 A_c 进行离散化，将接触斑沿 x 方向以 Δl 为间隔等分 m 份，沿 y 方向以 Δl 为间隔等分 n 份，依次从左到右、从下到上排列成 $m \cdot n = k$ 个正方形单元。令单元 C_i 内的弹性位移、法向压缩量和压力大小分别为 w_i、δ_i 和 p_i，$i = 1, 2, \cdots, k$。由于车轮与钢轨具有相同的弹性模量 E 和泊松比 ν，定义弹性体的变形缩放系数为 ξ，则对于每一个单元 C_i，控制方程（3-62）中的第 1 式可变为

$$\begin{cases} w_1 + w_2 = (1 - \xi) \cdot \sigma \\ \delta = \xi \cdot \sigma \end{cases} \tag{3-63}$$

ξ 的范围一般为 $0.55 \sim 0.65$。

定义影响系数 φ_{ij} 为单元 C_i 内施加单位法向载荷，在单元 C_j 中心处产生的变形位移。对于单元 C_i，令 $\tau = \Delta l / 2$，则 φ_{ij} 的数学表达式为

$$\varphi_{ij} = \frac{1 - \nu^2}{\pi E} \int_{x_j - \tau}^{x_j + \tau} \int_{y_j - \tau}^{y_j + \tau} \frac{\mathrm{d}x\mathrm{d}y}{\sqrt{(x - x_i)^2 + (y - y_i)^2}} \tag{3-64}$$

其中，$i, j = 1, 2, \cdots, k$。

根据 Boussinesq 关于弹性半空间体在表面集中力作用下的应力与变形关系，在单元 C_i 的形心处均存在如下关系：

$$\delta_i = \sum_{j=1}^{k} \varphi_{ij} p_j \tag{3-65}$$

由此得到单元 C_i 的位移方程：

$$\sum_{j=1}^{k} \varphi_{ij} p_j = \xi \cdot \sigma_i \tag{3-66}$$

对于 $\Delta l \times \Delta l$ 的正方形单元，Love 根据单位载荷作用于固体表面的扰度，给出了影响系数的解析表达式，即

$$\varphi_{ij} = \frac{1 - \nu^2}{\pi E} L \tag{3-67}$$

其中，$d_1 = x + \tau, d_2 = x - \tau, d_3 = y + \tau, d_4 = y - \tau$；$L = d_1 \ln\left(\dfrac{d_3 + \sqrt{d_3^2 + d_1^2}}{d_4 + \sqrt{d_4^2 + d_1^2}}\right) + d_3 \ln\left(\dfrac{d_1 + \sqrt{d_3^2 + d_1^2}}{d_2 + \sqrt{d_3^2 + d_2^2}}\right) +$

$d_2 \ln\left(\dfrac{d_4 + \sqrt{d_4^2 + d_2^2}}{d_3 + \sqrt{d_3^2 + d_2^2}}\right) + d_4 \ln\left(\dfrac{d_2 + \sqrt{d_4^2 + d_2^2}}{d_1 + \sqrt{d_4^2 + d_1^2}}\right)$。

当 $i = j$ 时，φ_{ii} 为最大值，表示单位法向载荷在单元 C_i 本身产生的变形位移最大。单元 C_j 离单元 C_i 越远，影响系数 φ_{ij} 越小。

$$\varphi_{ii} = \frac{1 - \nu^2}{\pi E} \cdot 8\tau \cdot \ln(\sqrt{2} + 1) \tag{3-68}$$

根据式（3-66），可以得到离散后的区域 A_c 内弹性接触力学方程组为

$$\begin{bmatrix} \varphi_{11} & \varphi_{12} & \cdots & \varphi_{1k} \\ \varphi_{21} & \varphi_{21} & \cdots & \varphi_{2k} \\ \cdots & \cdots & \cdots & \cdots \\ \varphi_{k1} & \varphi_{k2} & \cdots & \varphi_{kk} \end{bmatrix} \begin{bmatrix} p_1 \\ p_2 \\ \cdots \\ p_k \end{bmatrix} = \xi \cdot \begin{bmatrix} \sigma_1 \\ \sigma_2 \\ \cdots \\ \sigma_k \end{bmatrix} \tag{3-69}$$

记为

$$[\varphi][p] = \xi \cdot [\sigma] \tag{3-70}$$

对于式（3-70），已知 σ，需要求出接触区域 A_c 内的接触应力分布 p。为了求解式（3-69）组成的 k 维线性方程组，使其满足弹性接触控制方程（3-62）中的 5 个条件，需要反复修正接触区域 A_c 的大小。非 Hertz 接触的计算流程如图 3.45 所示[19]。

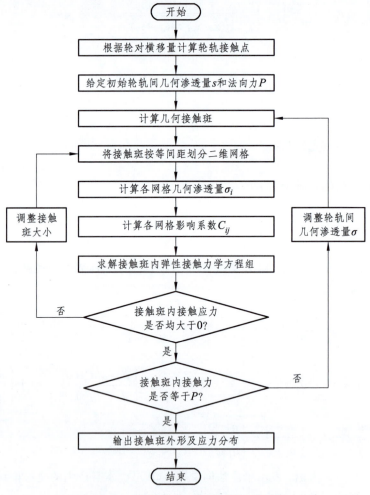

图 3.45　轮轨非 Hertz 接触计算流程

3）Hertz 和非 Hertz 接触模型对比[19]

由于 Hertz 接触计算出的接触斑均为椭圆外形，因此会与非 Hertz 接触计算出的接触斑存

在一定差异，尤其是对接近轮缘的接触区域，或者轮轨磨耗后的情况。根据 Hertz 和弹性半空间非 Hertz 接触理论，在相同的轮轨法向力下，分别计算出 S1002 型车轮踏面与 UIC60 钢轨匹配，在轮对横移量为 −5 ~ +3 mm 时接触斑大小和最大接触应力如表 3.4 所示。

表 3.4　S1002 型车轮踏面 Hertz 和非 Hertz 接触斑及最大接触应力

轮对横移量/mm	Hertz 接触			非 Hertz 接触			误差/%
	L_a/mm	L_b/mm	p_{max}/MPa	L_a/mm	L_b/mm	p_{max}/MPa	
3	12.90	12.91	1 031	12.88	12.88	1 114	7.5
2	14.47	12.44	959	14.84	12.32	1 044	8.1
1	17.41	11.56	843	19.95	11.9	950	11.3
0	29.26	9.40	627	21	10.5	915	31.5
−1	80.37	5.78	370	19.6	12.6	1 327	72.1
−2	8.75	14.53	1 349	14.56	14.56	1 551	13.0
−3	7.51	15.16	1 511	8.82	15.12	1 593	5.1
−4	8.42	14.70	1 388	8.61	14.7	1 534	9.5
−5	47.54	7.43	473	15.12	12.88	2 449	80.7

从表 3.4 中可以看出，在轮对横移 −1 mm 和 −5 mm 时，Hertz 和非 Hertz 接触计算出的最大接触应力相差 72% 以上。此时 Hertz 接触斑横向比纵向大 6 ~ 16 倍，类似于车轮踏面与钢轨轨面在横向方向产生共形接触，不满足 Hertz 接触条件，计算结果不准确。而非 Hertz 接触考虑接触点附近区域的弹性变形，结果比 Hertz 接触更准确。在轮对横移 −2 ~ −4 mm 和 1 ~ 3 mm 时，Hertz 和非 Hertz 接触斑外形比较接近。

轮对横移 −3 mm 和 3 mm 时接触斑如图 3.46（a）、（c）所示；在轮对横移 0 mm 时，Hertz 和非 Hertz 接触斑外形有所差别，如图 3.46（b）所示。从 Hertz 和非 Hertz 接触斑外形对比分析结果可以看出，当非 Hertz 接触斑内应力分布的外形近似椭圆时，能等效成 Hertz 接触斑；当非 Hertz 接触斑内应力分布的外形波动较大时，Hertz 接触斑与非 Hertz 接触斑相差较大。

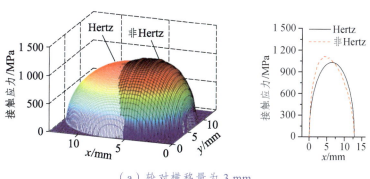

（a）轮对横移量为 3 mm

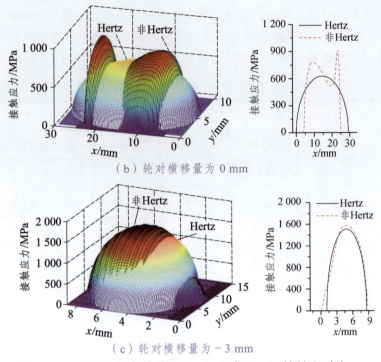

（b）轮对横移量为 0 mm

（c）轮对横移量为 -3 mm

图 3.46　S1002 型车轮踏面 Hertz 和非 Hertz 接触斑对比

采用 Hertz 和非 Hertz 接触模型，对 LMA 和 LM 型车轮踏面在不同横移量下的接触斑分布进行计算，计算结果如图 3.47 和图 3.48 所示。其中，Hertz 接触斑根据上述 Hertz 接触和非 Hertz 接触斑外形对比，已去除误差较大的接触斑。

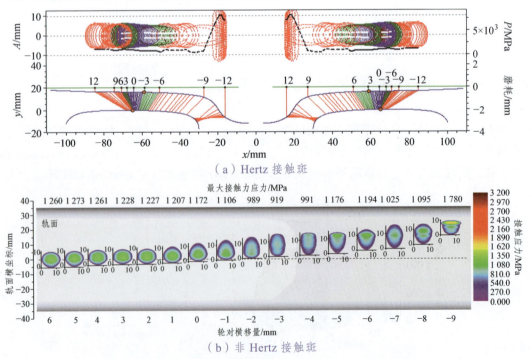

（a）Hertz 接触斑

（b）非 Hertz 接触斑

图 3.47　LMA 型车轮踏面的 Hertz 和非 Hertz 接触斑对比

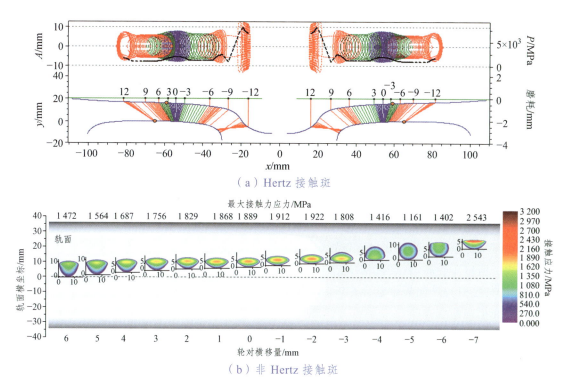

（a）Hertz 接触斑

（b）非 Hertz 接触斑

图 3.48　LM 型车轮踏面的 Hertz 和非 Hertz 接触斑对比

为了验证磨耗后踏面非 Hertz 接触斑的计算，计算实测 S1002CN 型车轮踏面磨耗 11 万千米时，在 90 kN 法向力的作用下，不同轮对横移量下的接触斑分布，如图 3.49 所示。

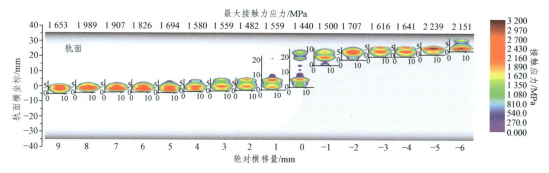

图 3.49　实测 S1002CN 型车轮踏面磨耗 11 万千米时轮轨接触斑分布

3.3　轮轨蠕滑率

为了求解轮轨之间的滚动接触切向力，所有蠕滑理论均需要输入轮轨之间的相对滑动参数，即轮轨蠕滑率。轮轨蠕滑率受多种因素的影响，是车辆系统动力学的一个重要中间变量。在车辆动力学中，蠕滑率都是针对轮轨接触点计算的，是一种刚性的相对滑动参数。

3.3.1　蠕滑率的定义

车轮在钢轨上滚动时，轮轨接触斑上相接触的质点对之间存在相对滑动，称为蠕滑；这种相对滑动引起轮轨接触斑上的切向力称为蠕滑力。轮轨蠕滑率是轮轨之间相对滑动的一种度量参数，分为滑动蠕滑率和自旋蠕滑率。滑动蠕滑率又分纵向（近似等于轨道的纵向）蠕滑率和横向（近似等于轨道的横向）蠕滑率，自旋蠕滑率则表示了轮轨之间绕接触斑法向的相对转动。

蠕滑力：轮轨接触斑处接触界面之间存在微小的相对滑动（蠕滑），由此在接触斑处产生摩擦力，叫作蠕滑力。蠕滑力分为纵向蠕滑力、横向蠕滑力和自旋蠕滑力偶。自旋蠕滑力偶是由接触斑内分布的切向力产生的力矩效应。

蠕滑系数：蠕滑系数是 Kalker 线性滚动接触蠕滑理论中用来反映蠕滑率和蠕滑力之间线性关系的比例常数。它们是四个独立的常数，与 Hertz 椭圆接触斑的轴长比和材料泊松比有关。无解析表达，有数表可查。

接触斑坐标系：在轮轨接触点位置定义接触斑坐标系，由于理论上车轮和钢轨在接触点处共法线，所以车轮和钢轨的接触斑坐标系是同一个。轮轨接触斑坐标系的原点在轮轨接触点处，z 轴与接触点法向矢量重合并指向车轴中心线，x 轴和 y 轴分别为接触点处踏面的纵向切线方向和横向切线方向。

蠕滑率：根据轮轨间的相对运动速度和轮对前进速度，定义三个蠕滑率。

（1）纵向蠕滑率：$\xi_x = \dfrac{\text{实际前进速度} - \text{纯滚动前进速度}}{\text{名义滚动前进速度}}$

（2）横向蠕滑率：$\xi_y = \dfrac{\text{实际横向速度} - \text{纯滚动横向速度}}{\text{名义滚动前进速度}}$

（3）自旋蠕滑率：$\xi_{sp} = \dfrac{\text{车轮绕 } z \text{ 轴角速度} - \text{钢轨绕 } z \text{ 轴角速度}}{\text{名义滚动前进速度}}$

从以上定义可见，纵向和横向蠕滑率无量纲，自旋蠕滑率单位为 1/m。在接触斑坐标系内的蠕滑率和蠕滑力示意图如图 3.50 所示。

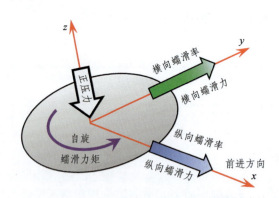

图 3.50　蠕滑率和蠕滑力示意图

从以上纵向蠕滑率和横向蠕滑率的定义可见，要求出蠕滑率计算公式，需要弄清楚轮对实际运动速度和纯滚运动速度的定义。轮对纯滚动运动速度，是轮对在没有任何激扰、任何相对滑动情况下，轮对在钢轨上做纯滚动时的运动速度，包括纵向和横向，且左右侧车轮在滚动接触斑处的纯滚动速度是不同的。轮对实际运动速度，是考虑轮对各种复杂运动因素后，左右侧车轮在接触斑的实际运动速度。蠕滑率公式的分子是微小量，需要注意是由实际速度减去纯滚速度计算得到。分母为轮对的名义滚动前进速度，有多种计算方法，可以是轮对纯滚前进速度、轮对实际前进速度、轮对实际和纯滚前进速度的平均。由于车辆动力学中前进速度一般不会很低，所以无论采用以上哪种方法计算分母，其相对差异都不大，对蠕滑率的影响也不大。

如图 3.51 所示，为了直观地理解自旋蠕滑，假设一个锥形车轮在与之相同斜度的钢轨上运行，则轮轨接触斑近似为一个矩形。车轮最外侧接触点的线速度为 $r_1\omega$，车轮最内侧接触点的线速度为 $r_2\omega$，这两个速度明显不相等，即接触斑内接触点之间有速度差。如果车轮接触斑的中间点（名义滚动圆）半径为 $r_0 = (r_1 + r_2)/2$，则该点可以看作接触斑的中心。假设轮对沿钢轨纯滚动，则接触斑中心点的轮轨相对滑动速度为 0，接触斑左右两端点的相对滑动速度分别为 $\omega(r_1 - r_2)/2$ 和 $\omega(r_2 - r_1)/2$。接触斑内的相对滑动可以被看成是绕中心点的旋转运动，这就是轮轨间的自旋蠕滑。

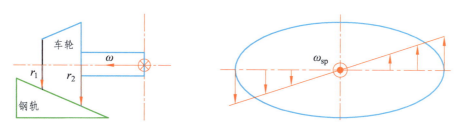

图 3.51　自旋示意图

蠕滑率的计算可以忽略很多因素，得到简化计算公式，一般用于机理研究；也可以考虑全面的影响因素，得到比较完善的蠕滑率公式，一般用于数值仿真。考虑所有因素影响的轮轨蠕滑率计算比较复杂，需要考虑轮对运动、钢轨姿态、线路形状的综合作用。在车辆系统动力学仿真分析软件中，一般考虑了比较全面的影响因素。

3.3.2　简化的蠕滑率公式

在车辆系统动力学理论分析中，只需要考虑对轮轨蠕滑贡献较大的因素，往往忽略很多次要因素，如不考虑轨道因素（包括轨道不平顺、钢轨振动等），得到简洁的蠕滑率表达式。首先定义如下变量：

v_x：车辆前进速度；r_0：名义滚动圆半径；r：实际滚动圆半径；ω：轮对旋转速度；$\dot{\beta}$：轮对旋转速度波动；Δr：滚动圆半径增加值（L 侧为正）；$\psi,\dot{\psi}$：轮对摇头角和角速度；$\phi,\dot{\phi}$：轮对侧滚角和角速度；$y,\dot{y}$：轮对横向位移和速度；δ,δ_l,δ_r：轮轨接触角。

1. 不考虑轮对摇头角速度和横移速度

为了得到简化的轮轨蠕滑率计算公式，先不考虑轮对的摇头角速度、横移速度、牵引和制动，轮对前进速度有约等式：

$$v_x \approx r_0\omega, \quad v_x \approx (r\omega + v_x)/2 \tag{3-71}$$

1）纵向蠕滑率

在此种简化假设下，纵向蠕滑率主要是由于左右车轮轮径差引起的滑动产生。由于仅考虑轮对的摇头角度，所以左右侧车轮的实际前进速度和轮对实际前进速度相同。分母为轮对实际前进速度 v_x 和纯滚前进速度 $r_l\omega$ 的平均值，分子为两者之差。由于轮对向一侧横移，考虑锥形踏面且左右车轮踏面是对称的，所以左右车轮的蠕滑率大小相等、符号相反。

$$\xi_{xl} = \frac{v_x - r_l\omega}{(v_x + r\omega)/2} \approx \frac{v_x - r_l\omega}{v_x} = \frac{v_x - (\Delta r + r_0)\omega}{v_x} = -\frac{\Delta r}{r_0} \tag{3-72}$$

$$\xi_{xr} = -\xi_{xl} = \Delta r / r_0 \tag{3-73}$$

2）横向蠕滑率

在此假设条件下，轮对的实际横向运动速度等于 0。但由于轮对摇头角的存在，轮对前进速度在横向有分量，这是纯滚动下的横向速度。所以，横向蠕滑率是由轮对纯滚动速度在横向的分量引起的，这和轮对的摇头角直接相关，如图 3.52 所示。分子是轮对纯滚速度的横向分量（位于定义中的减号后面，所以是负值），分母是轮对前进速度和纯滚速度的平均值。由于左右车轮的纯滚横向速度分量相同，所以左右车轮的横向蠕滑率相同，且没有考虑轮轨接触角的影响。

$$\xi_y = \frac{-v_x \tan\psi}{(v_x + r\omega)/2} \approx -\frac{v_x \tan\psi}{v_x} \approx -\psi \tag{3-74}$$

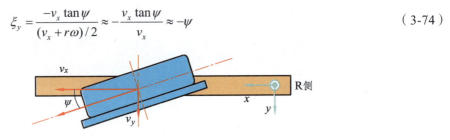

图 3.52　横向蠕滑率示意图

3）自旋蠕滑率

此种简化假设下，自旋蠕滑是由轮对旋转角速度在接触斑法向的分量引起的，对锥形踏面可以近似地认为，纯滚动引起的蠕滑角速度等于轮对旋转角速度乘以轮轨接触角的正弦，如图 3.53 所示（这里暂时考虑摇头角速度为 0）。由于分子完全是由纯滚动引起的，所以为负；分母是轮对前进速度和纯滚速度的平均值。对于锥形踏面，左右车轮接触角反号，所以自旋蠕滑率也反号。

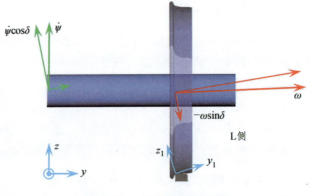

图 3.53　自旋蠕滑示意图

$$\xi_{spl} = \frac{-\omega \sin\delta_l}{(v_x + r\omega)/2} \approx \frac{-\omega \sin\delta_l}{r_0\omega} = -\frac{\sin\delta_l}{r_0} = -\frac{\sin\delta}{r_0} \tag{3-75}$$

$$\xi_{spr} = \frac{\sin\delta_r}{r_0} = \frac{\sin\delta}{r_0}$$

（3-76）

2. 考虑轮对摇头角速度和横移速度

考虑轮对的横移速度、摇头角速度，得到更加全面的蠕滑率简洁表达式。主要是在前面基本蠕滑率的基础上，增加了轮对横移速度、摇头角速度对相应蠕滑率的贡献，包括摇头角速度对纵向、自旋蠕滑率的影响，横移速度对横向蠕滑率的影响。

1）纵向蠕滑率

纵向蠕滑还包括摇头角速度引起的车轮纵向速度，该速度对左右车轮反号，是实际前进速度。设左右车轮滚动圆横向跨距为 $2a$，则摇头引起的车轮纵向速度为 $a\dot{\psi}$，左右车轮的速度反向。对图 3.52 所示的坐标系，摇头角速度引起左侧车轮实际前进速度减小、右侧增大，所以综合的纵向蠕滑率为

$$\xi_{xl} = -\frac{\Delta r}{r_0} - \frac{a\dot{\psi}}{(v_x + r\omega)/2} = -\frac{\Delta r}{r_0} - \frac{a\dot{\psi}}{v_x}$$

（3-77）

$$\xi_{xr} = -\xi_{xl} = \frac{\Delta r}{r_0} + \frac{a\dot{\psi}}{v_x}$$

（3-78）

2）横向蠕滑率

考虑轮对实际横向移动速度 $\dot{y}$ 后，横向蠕滑率需要增加轮对实际横移速度的贡献，这一项处于横向蠕滑率定义式分子减号之前。分母是轮对前进速度。

$$\xi_y = \frac{\dot{y}}{V_x} - \psi$$

（3-79）

3）自旋蠕滑率

考虑轮对摇头角速度在接触斑法向的分量，其对自旋蠕滑率有一定的贡献，得到自旋蠕滑率更完整的表达式。轮对实际摇头角速度 $\dot{\psi}$ 的贡献，处于自旋蠕滑率定义式分子减号之前，且对左右车轮的摇头角速度相同，仅接触角不同。

$$\xi_{spl} = -\frac{\sin\delta_l}{r_0} + \frac{\dot{\psi}}{v_x}\cos\delta_l = -\frac{\sin\delta}{r_0} + \frac{\dot{\psi}}{v_x}\cos\delta$$

（3-80）

$$\xi_{spr} = \frac{\sin\delta_r}{r_0} + \frac{\dot{\psi}}{v_x}\cos\delta_r = \frac{\sin\delta}{r_0} + \frac{\dot{\psi}}{v_x}\cos\delta$$

（3-81）

3.3.3 更完整的蠕滑率表达式

考虑到轮对在半径为 R_0 的水平曲线轨道上运行，则轮对在左右轨道上滚过的距离是不同的，将这个因素加到蠕滑率计算公式中。设轨道坐标系的 z 轴垂向于轨面向上，正曲线的轨道偏转角正方向与轨道坐标系正方向相同，轮对在右侧（R 侧）轨道上需要纯滚的速度更大，其纯滚速度比轮对前进速度增大 av/R_0，左侧（L 侧）车轮纯滚速度比轮对前进速度减小 av/R_0。

另外，暂时不考虑轮对和钢轨的垂向和侧滚约束，假定垂向蠕滑率计算公式和横向蠕滑率类似，并且考虑轮对垂向速度、侧滚角速度对横向和垂向蠕滑率的贡献。经过推导得到轮对较完整的蠕滑率计算公式。

左侧车轮（L 侧）：

$$\begin{cases} \xi_{xl} = [v_x(1 + a/R_0 - r_l/r_0) - a\dot{\psi} - r_l\dot{\beta}]/v_x \\ \xi_{yl} = [\cos\delta_l(\dot{y} - v_x\psi + r_l\dot{\phi}) + \sin\delta_l(\dot{z} + a\dot{\phi})]/v_x \\ \xi_{zl} = [-\sin\delta_l(\dot{y} - v_x\psi + r_l\dot{\phi}) + \cos\delta_l(\dot{z} + a\dot{\phi})]/v_x \\ \xi_{spl} = [-\sin\delta_l(\omega + \dot{\beta}) + \cos\delta_l(\dot{\psi} - v_x/R_0)]/v_x \end{cases} \quad (3-82)$$

右侧车轮（R 侧）：

$$\begin{cases} \xi_{xr} = [v_x(1 - a/R_0 - r_r/r_0) + a\dot{\psi} - r_r\dot{\beta}]/v_x \\ \xi_{yr} = [\cos\delta_r(\dot{y} - v_x\psi + r_r\dot{\phi}) + \sin\delta_r(\dot{z} - a\dot{\phi})]/v_x \\ \xi_{zr} = [-\sin\delta_r(\dot{y} - v_x\psi + r_r\dot{\phi}) + \cos\delta_r(\dot{z} - a\dot{\phi})]/v_x \\ \xi_{spr} = [\sin\delta_r(\omega + \dot{\beta}) + \cos\delta_r(\dot{\psi} - v_x/R_0)]/v_x \end{cases} \quad (3-83)$$

考虑轮轨之间的垂向和侧滚约束，则垂向蠕滑率为 0，可以得到以下关系式：

$$\begin{cases} \dot{z} + a\dot{\phi} = \tan\delta_l(\dot{y} - v_x\psi + r_l\dot{\phi}) \\ \dot{z} - a\dot{\phi} = \tan\delta_r(\dot{y} - v_x\psi + r_r\dot{\phi}) \end{cases} \quad (3-84)$$

将式（3-84）带入横向蠕滑率公式，并略去小项，可以得到比较完整的横向蠕滑率表达式，纵向和自旋蠕滑率表达式与前面相同。

$$\begin{cases} \xi_{yl} = \sec\delta_l(\dot{y} - v_x\psi + r_l\dot{\phi})/v_x \\ \xi_{yr} = \sec\delta_r(\dot{y} - v_x\psi + r_r\dot{\phi})/v_x \end{cases} \quad (3-85)$$

实际动力学仿真计算时，轨道不平顺也会导致轮轨相对蠕滑，所以对轮轨蠕滑率也有贡献。当考虑轨道的振动时，还需要考虑轨道振动对蠕滑率的贡献。

3.4 轮轨滚动接触经典理论

在轮轨关系研究中，轮轨黏着、车辆起动/制动、轮轨磨耗、轮轨滚动接触疲劳、脱轨、轮轨噪声、运行安全性等问题的研究都以轮轨滚动接触蠕滑率/力理论为基础，所以轮轨滚动接触理论是车辆系统动力学的核心和重要研究内容。轮轨蠕滑力和很多因素有关，如载荷、摩擦系数、蠕滑率、轮轨材料、接触斑形状等，轮轨蠕滑力具有较强的非线性。在接触斑内，部分区域轮轨之间存在相对滑动，部分区域轮轨之间相互黏着。

图 3.54 是用 FASTSIM 计算得到的接触斑黏滑区分布，黏着区域用点表示，滑动区域用箭头表示，该图是针对我国常用的轮轨匹配条件计算的。轮轨正压力为 65 kN，摩擦系数为 0.4，所以蠕滑力的极限值为库仑摩擦力 26 kN。在不同的轮轨蠕滑率水平下，接触斑内的黏

滑区分布发生变化，随着蠕滑率的增加，从大部分接触区域为黏着状态变化到大部分区域为滑动状态。

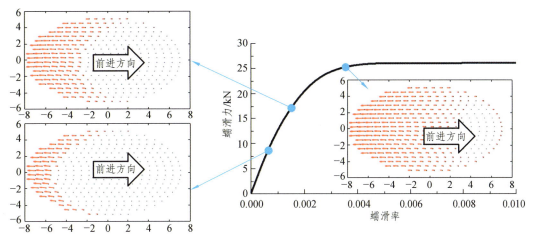

图 3.54　轮轨蠕滑力与黏滑区分布示意图

轮轨蠕滑理论经历了从简单到复杂、从近似到精细的过程。国内外学者提出了多种轮轨蠕滑理论，现在常见的轮轨蠕滑理论模型主要有：

（1）Carter 的二维滚动接触理论模型；

（2）Vermeulen-Johnson 无自旋三维滚动接触理论模型；

（3）Kalker 的线性理论；

（4）Kalker 的简化理论及其数值方法 FASTSIM；

（5）Kalker 的三维滚动接触精确理论及其数值方法 CONTACT；

（6）沈志云-Hedrick-Elkins 小自旋三维滚动接触理论（沈氏理论）；

（7）Polach 近似理论；

（8）半 Hertz 条带理论；

（9）有限元方法或边界元理论。

前面 8 种轮轨蠕滑理论，按照所采用的轮轨接触模型分为 Hertz 型和非 Hertz 型，轮轨材料均被看成弹性的。在轮轨滚动接触理论和轮轨接触斑内的力学行为研究中，精确理论和有限元方法是现在最常用的，但这两种理论的计算速度均不能满足车辆动力学数值仿真的要求，所以动力学仿真中常用的理论还是 Kalker 简化理论、沈氏理论、Polach 近似理论等快速算法。

针对后面要介绍的轮轨接触理论，下面先给出常用符号的含义：

G：轮轨材料的合成剪切模量；

ν：泊松比；

C_{ij}：蠕滑系数；

a、b：接触斑椭圆的长短轴半径；

ξ、η、ϕ：纵向、横向、自旋蠕滑率；

F_x、F_y、M_z：纵向蠕滑力、横向蠕滑力和自旋蠕滑力偶；

f：轮轨摩擦系数；

117

p_x、p_y、p_z：接触区域内，纵向、横向切应力和垂向压应力；

N：轮轨法向压力；

v：车轮滚动速度。

下面先简单介绍几种基本的轮轨蠕滑理论，由于在动力学仿真中不常用，详细内容请参阅相关文献[23, 24]。后面再详细介绍车辆系统动力学中常用的几种经典蠕滑理论。

（1）Carter 理论：1926 年 F. W. Carter 发表了论文《论机车动轮行为》，给出了二维条件下轮轨蠕滑率/力非线性关系定律。在他的理论研究中，认为轮轨经过一段时间使用之后，因磨耗使接触斑沿横向变得细长。故他用圆柱和弹性无限半空间分别模拟车轮和钢轨。在横向具有等效长度的矩形接触区域上研究轮轨纵向蠕滑率/力的关系。Carter 的工作开创了轮轨滚动接触理论研究。

（2）Vermeulen-Johnson 理论：1964 年 P. J. Vermeulen 和 K. L. Johnson 根据 Carter 的研究思想，将二维滚动接触理论推广到三维情形。接触斑看成椭圆形状，黏着区也是和接触斑相似的椭圆，并且与椭圆接触斑在前沿点相切。他们给出了三维条件下纵、横向蠕滑率/力的非线性关系定律。该理论模型没有考虑轮轨界面间的自旋蠕滑。

（3）Kalker 三维精确理论：Kalker 的三维弹性体滚动接触理论，其配套的数值程序是CONTACT。该理论创立于 1979—1992 年。该理论利用经典的弹性力学变分原理建立了三维弹性体非 Hertz 滚动接触理论模型，并利用作用集法和数学规划法实现数值求解。其非 Hertz的特点是在法向接触行为分析中考虑物体接触斑附近的真实几何型面。求得的接触斑不成椭圆形状、接触斑压力分布也不成椭球状。在分析弹性范围内的滚动接触问题方面，目前是最精确的理论模型。由于该理论在处理轮轨法向接触问题时，考虑了轮轨真实几何型面的影响，突破了 Hertz 理论中的假设条件，所以把它叫作非 Hertz 轮轨滚动接触理论。

3.4.1 Kalker 线性理论

Kalker 线性理论适用于轮轨间蠕滑率很小（或摩擦系数为无穷大）时的情况。此处仅给出 Kalker 线性理论的蠕滑率/力关系表达式：

$$\begin{cases} F_x = -GabC_{11}\xi \\ F_y = -GabC_{22}\eta - G(ab)^{1.5}C_{23}\phi \\ M_z = -G(ab)^{1.5}C_{32}\eta - G(ab)^2C_{33}\phi \end{cases} \tag{3-86}$$

式中，蠕滑系数 C_{ij} 无解析表达式，并有 $C_{11} > 0$，$C_{22} > 0$，$C_{23} = -C_{32} > 0$，$C_{33} > 0$。

线性理论计算公式（3-86）在铁道车辆动力学中应用广泛，但使用时需要特别注意它的适用范围：仅适于小蠕滑和小自旋情形（没有明确规定的临界值，对不同的轮轨界面条件有不同的适用范围，如当 $\sqrt{\xi^2 + \eta^2} + |\phi/1\,000| \leqslant 0.002$ 时），求得的轮轨之间的切向力是足够精确的；但在接触区出现滑动或局部滑动的情况下，使用该模型就会产生很大的误差。这是因为 Kalker在理论研究过程中，没有考虑到接触斑出现滑动或部分滑动时库仑摩擦定律的限制条件：

$$[p_x^2(x,y) + p_y^2(x,y)]^{1/2} \leqslant f \cdot p_z(x,y) \tag{3-87}$$

Kalker 借助线性模型式（3-86）发展了简化理论，沈志云-Hedrick-Elkins 利用它改进了

Vermeulen-Johnson 三维滚动接触非线性数学模型，Polach 在此基础上提出了一封闭形式的近似解。

从线性理论的计算公式，可以看到一些简单结论：

（1）纵向蠕滑率仅影响纵向蠕滑力；

（2）横向蠕滑率影响横向蠕滑力和摇头蠕滑力偶；

（3）自旋蠕滑率影响横向蠕滑力和摇头蠕滑力偶。

在轮轨接触几何关系计算完成之后，首先通过 Hertz 理论求解轮轨接触斑参数，然后可通过线性蠕滑理论求解轮轨蠕滑力和蠕滑力偶。由于直接可以查表得到蠕滑系数，线性蠕滑力公式也比较简单，所以计算速度很快。其求解步骤如下：

（1）求解轮轨接触几何关系，得到接触点处的曲率等参数；

（2）通过 Hertz 理论求解接触斑参数，得到接触椭圆半轴长 a、b；

（3）根据动力学计算得到蠕滑率；

（4）根据椭圆接触斑长短轴半径之比，查表得到三个蠕滑系数；

（5）根据线性蠕滑力公式，求解得到蠕滑力和蠕滑力偶。

Kalker 蠕滑系数仅与 a/b 和泊松比 ν 有关，Kalker 通过计算得到三者之间的关系数表，文献[8，23，24]都可以查阅到该数表。针对铁道车辆系统，钢轮和钢轨材料的泊松比取 0.29，可以得到 Kalker 蠕滑系数与 a/b 的关系数表，如表 3.5 所示。

表 3.5　蠕滑系数与接触斑椭圆长短轴半径比值的关系表

接触斑半轴之比		Kalker 系数			
		C_{11}	C_{22}	$C_{23} = -C_{32}$	C_{33}
a/b	0.1	1.35	0.98	0.195	3.340
	0.2	1.37	1.01	0.242	1.740
	0.3	1.40	1.06	0.288	1.180
	0.4	1.44	1.11	0.328	0.925
	0.5	1.47	1.18	0.368	0.766
	0.6	1.50	1.22	0.410	0.661
	0.7	1.54	1.28	0.451	0.588
	0.8	1.57	1.32	0.493	0.533
	0.9	1.60	1.39	0.535	0.492
b/a	1	1.65	1.43	0.579	0.458
	0.9	1.70	1.49	0.628	0.425
	0.8	1.75	1.56	0.689	0.396
	0.7	1.81	1.65	0.768	0.366
	0.6	1.90	1.76	0.875	0.336
	0.5	2.03	1.93	1.040	0.304
	0.4	2.21	2.15	1.270	0.275
	0.3	2.51	2.54	1.710	0.246
	0.2	3.08	3.26	2.640	0.215
	0.1	4.60	5.15	5.810	0.183

3.4.2 沈氏理论

在不考虑自旋的情况下，Vermeulen-Johnson 理论（简称 V-J 理论）模型是理想的 Hertz 非线性蠕滑率/力计算模型。但是，通常许多滚动接触物体之间除了刚性滑动以外，也同时存在相对转动。例如，机车车辆在运行过程中，由于车轮踏面锥度等因素，自旋效应就会产生，如图 3.51 所示。所以，使用 V-J 理论求解轮轨滚动接触问题就会产生误差。因此，沈志云等对 V-J 非线性蠕滑理论进行了改进[25]，以 Kalker 线性理论为基础，考虑了自旋蠕滑的影响。

沈氏理论的要点在于，首先用 Kalker 线性理论计算蠕滑力，然后根据蠕滑率饱和效应，把计算得到的蠕滑力减小到实际的非线性值；采用了 V-J 理论中的饱和定律，但是包含了自旋的影响（V-J 定律忽略了自旋的影响）；考虑 V-J 理论中蠕滑率/力线性表达式和 Kalker 线性理论的表达式，令它们所表达的切向力相等，即

$$3fN\xi_1^* = -abGC_{11}\xi, \quad 3fN\xi_2^* = -GabC_{22}\eta - G(ab)^{1.5}C_{23}\phi \tag{3-88}$$

或写成：

$$\begin{cases} \xi_1^* = \dfrac{-GabC_{11}\xi}{3fN} \\[3mm] \xi_2^* = \dfrac{-GabC_{22}\eta - G(ab)^{1.5}C_{23}\phi}{3fN} \end{cases} \tag{3-89}$$

显然，正则化后的刚性蠕滑率 ξ_2^* 中包含了自旋蠕滑率 ϕ。将总的刚性蠕滑率进行正则化处理：

$$\xi^* = (\xi_1^{*2} + \xi_2^{*2})^{1/2} = \frac{1}{3fN}(F_x^2 + F_y^2)^{1/2} = \frac{F_R}{3fN} \tag{3-90}$$

式中，F_R、F_x、F_y 由 Kalker 线性理论计算而得，$F_R = (F_x^2 + F_y^2)^{1/2}$。

由 V-J 非线性模型的蠕滑率饱和式得

$$F_i' = \begin{cases} \dfrac{\xi_i^*}{\xi^*} fN[1-(1-\xi)^3] & (\xi^* \leqslant 1) \\[3mm] \dfrac{\xi_i^*}{\xi^*} fN & (\xi^* > 1) \end{cases} \tag{3-91}$$

式中，$i = 1,2$。记 $F_R' = (F_1'^2 + F_2'^2)^{1/2}$，有

$$F_R' = \begin{cases} fN[1-(1-\xi^*)^3] & (\xi^* \leqslant 1) \\ fN & (\xi^* > 1) \end{cases} \tag{3-92}$$

把式（3-90）代入式（3-92）可得

$$F_R' = \begin{cases} fN\left[\left(\dfrac{F_R}{fN}\right) - \dfrac{1}{3}\left(\dfrac{F_R}{fN}\right)^2 + \dfrac{1}{27}\left(\dfrac{F_R}{fN}\right)^3\right] & \left(\dfrac{F_R}{3fN} \leqslant 1\right) \\[4mm] fN & \left(\dfrac{F_R}{3fN} > 1\right) \end{cases} \tag{3-93}$$

定义缩减因子 $\varepsilon = \dfrac{F_R'}{F_R}$，则得到最终的蠕滑力和蠕滑力偶为

$$\begin{cases} F_{xNL} = F_x \cdot \varepsilon \\ F_{yNL} = F_y \cdot \varepsilon \\ M_{zNL} = M_z \cdot \varepsilon \end{cases} \tag{3-94}$$

式中，F_x、F_y、M_z 由 Kalker 线性理论计算而得，下标 NL 表示非线性。

很显然，沈氏理论考虑了自旋蠕滑率对纵向蠕滑力、横向蠕滑力和自旋蠕滑力偶的影响，同时考虑到用更精确的 Kalker 蠕滑系数 C_{ij} 代替 V-J 的 C_{ij}^*。在小自旋情况下，沈氏理论计算精度较高，计算速度非常快。从计算公式可见，自旋蠕滑率和横向蠕滑率对横向蠕滑力的贡献规律相似，自旋蠕滑率增大后横向蠕滑力会达到饱和但不会下降，这和 FASTSIM 等理论有差异，许多学者认为沈氏理论不适用于大自旋蠕滑的滚动接触情形。

3.4.3 Kalker 简化理论（FASTSIM）

1973 年，Kalker 借助线性理论模型发展了一种快速计算模型——简化理论，后来又开发了快速计算方法 FASTSIM，至今仍然是车辆系统动力学数值仿真中最常用和最精确的蠕滑理论之一。这个理论有以下一些基本假设：

（1）接触区中的任一点弹性位移仅和作用在该点的力有关；

（2）接触点某方向的位移仅与同方向的力有关；

（3）接触点的力与位移呈线性关系。

这样就将弹性轮轨接触表面的接触点模拟成一组弹簧，每组包含三个相互垂直的弹簧。用 (L_{w1}, L_{w2}, L_{w3}) 表示车轮接触点三个方向的柔度系数；(L_{r1}, L_{r2}, L_{r3}) 表示车轮接触点三个方向的柔度系数。由于假定接触区中任一点的弹性位移仅与作用在该点的力有关，且沿某方向的位移仅与同方向的力有关，所以接触点的位移 (u_{w1}, u_{w2}, u_{w3}) 与接触表面力 (p_{w1}, p_{w2}, p_{w3}) 之间的关系近似为

$$u_{wi} = L_{wi} p_{wi} \quad (i = 1, 2, 3) \tag{3-95}$$

同样，钢轨接触点的位移和力有类似关系：$u_{ri} = L_{ri} p_{ri}$。车轮和钢轨在接触点处的弹性位移差为 $u = u_w - u_r = (L_1 p_1, L_2 p_2, L_3 p_3)$，其中 $L_i = L_{ri} + L_{wi}$。

令 $a(y) = a\sqrt{1 - (y/b)^2}$，由简化理论计算出接触面上的切向力分量为

$$\begin{cases} F_x = \displaystyle\int_{-b}^{b}\int_{-a(y)}^{a(y)} p_x(x, y)\,\mathrm{d}x\mathrm{d}y = \dfrac{-8a^2 b\xi}{3L_1} \\ F_y = \displaystyle\int_{-b}^{b}\int_{-a(y)}^{a(y)} p_y(x, y)\,\mathrm{d}x\mathrm{d}y = \dfrac{-8a^2 b\eta}{3L_2} - \dfrac{\pi a^3 b\phi}{4L_2} \end{cases} \tag{3-96}$$

另一方面，根据 Kalker 线性理论计算的接触面上的切向力分量为

$$\begin{cases} F_x = -abGC_{11}\xi \\ F_y = -abGC_{22}\eta - (ab)^{1.5}GC_{23}\phi \end{cases} \tag{3-97}$$

令简化理论和线性理论的切向力分量表达式中 ξ,η,ϕ 的系数相等，则求得三个柔度系数：

$$(\xi): L_1 = \frac{8a}{3GC_{11}} \quad , \quad (\eta): L_2 = \frac{8a}{3GC_{22}} \quad , \quad (\phi): L_2' = \frac{\pi a^2}{4G\sqrt{ab}C_{23}} \tag{3-98}$$

这里 L_2 有两个数值且不相等。从理论上来说，在无限大弹性半空间的表面上，它们应当相等。对泊松比 $\nu = 0.25$ 和不同的 a/b 情形，式（3-98）给出的柔度系数列于表 3.6 中。

表 3.6　不同 a/b 所对应的 L_i

a/b	$L_1 G/a$	$L_2 G/a$	$L_2' G/a$
0.1	0.806	1.055	0.525
0.3	0.755	0.926	0.602
1.0	0.647	0.727	0.534
1/0.3	0.421	0.416	0.332
1/0.1	0.288	0.208	0.170

因 L_2' 是由 F_y 式中 ϕ 前面的系数决定的，所以 ϕ 对接触斑黏滑区的影响与 L_2' 有关。由于 L_2 与 L_2' 不相等，在 Kalker 的 FASTSIM 算例中，对简化理论模型中的柔度系数 L_i 作了修正，采用了加权平均的方法得到 L 代替 L_i，即取：

$$L = \frac{L_1|\xi| + L_2|\eta| + L_2'|\phi|\sqrt{ab}}{\sqrt{\xi^2 + \eta^2 + ab\phi^2}} \tag{3-99}$$

显然有

$$\begin{cases} \xi = \eta = 0 \implies L = L_2' \\ \eta = \phi = 0 \implies L = L_1 \\ \xi = \phi = 0 \implies L = L_2 \end{cases} \tag{3-100}$$

Kalker 简化理论中法向应力分布形式与 Hertz 接触理论中的法向应力分布形式不同，Hertz 理论中法向应力分布为半椭球状：

$$p_z(x,y) = \frac{3N}{2\pi ab}\sqrt{1 - (x/a)^2 - (y/b)^2} \tag{3-101}$$

Kalker 通过分析得到简化理论的法向力分布为

$$p_z'(x,y) = \frac{2N}{\pi ab}[1 - (x/a)^2 - (y/b)^2] \tag{3-102}$$

Kalker 简化理论考虑了切向力的饱和效应，即考虑了库仑摩擦定律。引入 $g = fp_z$，则对切向力 (p_x,p_y) 和相对滑动量 (s_x,s_y) 有如下关系：

$$(s_x,s_y) = (0,0) \implies |(p_x,p_y)| \leqslant g \tag{3-103}$$

$$|(s_x,s_y)| > 0 \implies (p_x,p_y) = -g(s_x,s_y)/|(s_x,s_y)| \tag{3-104}$$

式中，(s_x, s_y) 为总的相对滑动量，包括刚性滑动量和弹性滑动量。通过以上关系也可以对接触斑进行黏滑区划分。

Kalker 根据简化理论，编制了 FASTSIM 程序，以求解一般情况下的切向力和滑动量。FASTSIM 是实现简化理论的最快算法，它实际只限于 Hertz 接触。FASTSIM 的详细计算过程可以参考相关文献[23, 24]。FASTSIM 算法对接触斑划分网格，假设接触斑前沿的切向力为 0，从接触斑前沿开始向后积分，得到每个单元格的相对滑动量和切向力。

在比较各种蠕滑理论的准确性时，Kalker 的完全理论 CONTACT 常作为比较基准。通过对比发现，在纯蠕滑情况下，FASTSIM 与 CONTACT 两种蠕滑理论的计算结果相差在 5% 以内；在纯自旋情况下，相差在 10% 以内；在两种蠕滑同时发生的情况下，两种蠕滑理论的计算结果差异在 10% 以内。可见，FASTSIM 具有足够高的工程精度[23, 24]，FASTSIM 的计算速度比 CONTACT 快 1 000 倍，满足车辆动力学数值仿真分析的需求。

如图 3.55 所示，SIMPACK 软件对三种蠕滑力计算方法做了一些对比，发现在踏面接触区域 FASTSIM 计算的蠕滑力和 CONTACT 结果基本相同，精度足够高；在靠近轮缘的接触区域，FASTSIM 计算的蠕滑力与 CONTACT 结果相差 15% 以内，也基本满足工程精度要求。

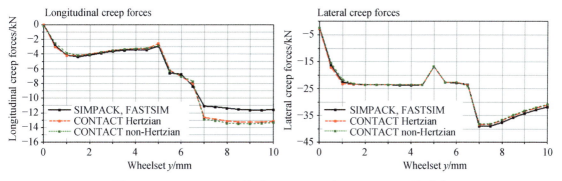

图 3.55　SIMPACK 软件对 FASTSIM 和 CONTACT 的对比

3.4.4　Polach 滚动接触理论

当在轮对上施加牵引力或制动力时，可能会出现比较大的纵向蠕滑率，导致蠕滑力达到摩擦力极限；或者轮对发生较大的横向滑动、自旋蠕滑时，也会导致接触斑的某些区域达到摩擦力饱和。实验中发现，当相对滑动速度增大时摩擦系数会减小，也即在较大的蠕滑率下轮轨之间的黏着能力下降，而不是维持在库仑摩擦极限[26]。

Polach 在 Kalker 简化理论基础上，考虑到摩擦系数随蠕滑率的变化，提出一封闭形式的近似解[27, 28]。为了对与蠕滑有关的摩擦系数进行建模，Polach 分别对黏着面和滑动面中的切向刚度引入了衰减因子 k_A 和 k_S，同时也引入了与蠕滑率有关的摩擦模型：

$$\mu = \mu_0[(1-A)\mathrm{e}^{-Bv} + A] \tag{3-105}$$

式中，$v = V \cdot \sqrt{\xi^2 + \eta^2}$，为总的相对滑动速度的大小；$A = \mu_\infty / \mu_0$，为蠕滑为无穷大时对应的摩擦系数 μ_∞ 与最大摩擦系数 μ_0 之比，建议取 $A = 0.38$；B 表示摩擦力指数衰减系数，建议取 $B = 0.7$；常数 A 和 B 由实验来确定。

为了进一步改进此模型在较大纵向蠕滑率和干燥/潮湿条件下的力学性能，合成蠕滑力的大小由下面公式计算：

$$F = \frac{2\mu N}{\pi}\left[\frac{k_A\varepsilon}{1+(k_A\varepsilon)^2}+\arctan(k_S\varepsilon)\right]\tag{3-106}$$

式中，k_A 和 k_S 分别为 Kalker 系数在黏着区域和滑动区域内的衰减因子。常数 $0<k_S\leqslant k_A\leqslant 1$ 可从实验中得到验证。

Polach 理论是根据对切应力在接触面进行数值积分推导出来的，这里只给出最后表达式和推导的简单过程。推导这一理论的基本思路是，在接触面内对切应力分量进行积分来获得合成蠕滑力的大小 $F=\sqrt{F_x^2+F_y^2}$。此理论没给出自旋蠕滑力偶的计算公式，如果需要计算自旋蠕滑力偶，则可利用 Kalker 线性理论计算。

蠕滑力计算公式如下：

$$\begin{cases} F_x = -F\dfrac{\xi}{v_c} \\[3mm] F_y = -(F\eta+F_{ys}\phi)\dfrac{1}{v_c} \end{cases}\tag{3-107}$$

式中，$v_c=\sqrt{\xi^2+\eta_c^2}$，为总的蠕滑率。其中修正的横向蠕滑率为

$$\eta_c = \begin{cases} \eta & (|\eta+\phi a|\leqslant|\eta|) \\[2mm] \eta+\phi a & (|\eta+\phi a|>|\eta|) \end{cases}\tag{3-108}$$

蠕滑率 η_c 可以认为是横向蠕滑率 η 校正值，它考虑了自旋，也就是考虑了自旋对横向蠕滑力 F_y 的影响，并且有

$$F = \begin{cases} 0 & (v=\sqrt{\xi^2+\eta^2}=0) \\[3mm] \dfrac{2\mu N}{\pi}\left(\dfrac{\varepsilon}{1+\varepsilon^2}+\arctan\varepsilon\right) & (v\neq 0) \end{cases}\tag{3-109}$$

式中，$\varepsilon=\dfrac{\pi Gabc_{jj}v_c}{4\mu N}$，其中 c_{jj} 为 Kalker 系数的加权平均，其表达式为

$$c_{jj} = \sqrt{\left(C_{11}\frac{\xi}{v}\right)^2+\left(C_{22}\frac{\eta}{v}\right)^2}\tag{3-110}$$

最后可得

$$F_{ys} = \frac{9a\mu N}{16}\left[1+6.3\left(1-e^{-\frac{a}{b}}\right)\right]\left[\varepsilon_M\left(-\frac{\delta^3}{3}+\frac{\delta^2}{2}-\frac{1}{6}\right)+\frac{1}{3}(1-\delta^2)^{3/2}\right]\tag{3-111}$$

$$\varepsilon_M = \frac{8b\sqrt{ab}GC_{23}|\eta_c|}{3\mu N\left\{1+6.3\left(1-e^{-\frac{a}{b}}\right)\right\}}\tag{3-112}$$

$$\delta = \frac{\varepsilon_M^2 - 1}{\varepsilon_M^2 + 1} \quad\quad\quad （3\text{-}113）$$

不同的蠕滑力分量通过对蠕滑率加权得到，如 $F_x = -F\xi / v_c$。之所以选择蠕滑率 $v_c = \sqrt{\xi^2 + \eta_c^2}$ 而不选择蠕滑率 $v = \sqrt{\xi^2 + \eta^2}$ 的原因是，要近似考虑自旋蠕滑率对横向蠕滑力 F_y 的影响。

在不同的轮轨黏着条件下，可以通过设置不同的系数，采用 Polach 蠕滑理论计算轮轨蠕滑力，参考系数如表 3.7 所示。

表 3.7　Polach 蠕滑模型系数取值

模型参数	干燥	湿润	低黏着	很低黏着
k_A	1.0	1.0	1.0	1.0
k_S	0.4	0.4	0.4	0.4
μ_0	0.55	0.30	0.10	0.03
A	0.4	0.4	0.4	0.4
B	0.6	0.2	0.2	0.1

根据表 3.7 设置计算参数，通过 Polach 蠕滑理论计算得到纵向蠕滑力随着纵向蠕滑率的变化规律，如图 3.56 所示。以 Polach 未修正模型（$k_S = 1.0$，$B = 0$）、FASTSIM 为对比工况，这两种计算结果其实只考虑不同轮轨黏着状态下摩擦系数 μ_0 的变化。从计算结果可见，Polach 蠕滑理论计算得到的蠕滑力在达到摩擦力极限后，能考虑摩擦系数随相对滑动速度增加而下降的趋势，且不同轮轨界面条件下得到的蠕滑力均小于 FASTSIM 计算结果，相当于 Kalker 蠕滑系数比例减小。

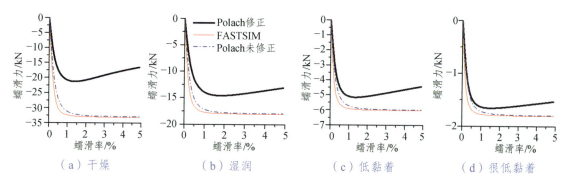

图 3.56　不同轮轨界面状态下的 Polach 蠕滑力

3.4.5　轮轨法向力的求解

轮轨法向力求解是轮轨接触力计算中的关键一环，是求解轮轨蠕滑力的基础。轮轨法向力求解主要有两种方法：① 轮轨接触作为约束处理，法向力为约束反力；② 轮轨之间接触采用线性或者非线性接触力元处理。

1. 轮轨约束方法

轮轨之间如果采用约束方式，则假设车轮和钢轨之间无弹性变形，轮对沿着钢轨表面运动，轮对垂向位移和侧滚角度为非独立自由度。根据轮对的受力，可以写出轮对浮沉和侧滚的动力学方程：

$$\begin{cases} m\ddot{z} = \sum_i F_{zi} + F_{zL} + F_{zR} \\ J_{xx}\ddot{\phi} = (F_{zL}b_L - F_{zR}b_R) + (F_{yL}r_L + F_{yR}r_R) + \sum_i F_{zi}y_i + \sum_i F_{yi}z_i \end{cases}$$ （3-114）

其中，F_{zi} 为一系悬挂作用在轮对上的垂向力；y_i 为该悬挂力距离轮对中心的横向跨距；F_{yi} 为一系悬挂作用在轮对上的横向力；z_i 为该悬挂力距离轮对中心的垂向距离；F_{zL} 和 F_{zR} 分别为左右车轮的轮轨垂向力；F_{yL} 和 F_{yR} 分别为左右车轮的轮轨横向力；b_L 和 b_R 分别为轮轨接触点距离轮对中心的横向跨距；m 和 J_{xx} 分别为轮对质量和侧滚转动惯量；z 为轮对浮沉；ϕ 为轮对侧滚角。

方程（3-114）中，需要求解的参数为轮轨垂向力 F_{zL} 和 F_{zR}，如果已知轮对的浮沉和侧滚加速度，那么就很容易对方程求解。根据轮轨接触几何关系和轨道不平顺激扰，可以确定轮对的浮沉位移和侧滚角度，求导数后就得到了轮对的浮沉和侧滚加速度。

采用计算多体系统动力学建立方程时，轮轨接触作为约束处理时，每条轮对需要至少增加两个约束方程，使得系统的方程数量增加，增加了数值计算难度。约束法的另一个缺点是无法处理轮轨脱离的情况。

2. 弹性接触

根据车轮和钢轨的弹性压缩量，可以采用弹簧模型求解轮轨垂向力，包括线弹性接触和 Hertz 接触计算方法。轮轨之间采用非线性力元处理时，更方便处理复杂的轮轨接触关系，如两点或多点接触、轮轨接触脱离和道岔通过等。轮轨接触力元可以将车辆系统与轨道系统这两个相对独立的子系统耦合起来。

1）Hertz 弹簧

根据轮轨接触几何关系，计算出的接触点法向距离即几何渗透量 δ_0，实际弹性变形量 $\delta < \delta_0$，一般可以取 $\delta = 0.55 \sim 0.65\delta_0$。当已知轮轨力求弹性变形时，这样计算得到的轮轨法向力与实际法向力存在差异，可以通过迭代计算得到准确的弹性变形量。通过下式计算法向接触力：

$$P = \frac{4\beta}{3G^*\sqrt{A+B}}\delta^{3/2} = K_{Hz}\delta^{3/2} \quad (\delta > 0)$$ （3-115）

其中，$\beta = \left[\dfrac{\pi m}{2K(e)}\right]^{3/2}$，从上述公式可见 K_{Hz} 不是定值，与接触状态密切相关。根据前面的 Hertz 接触理论可求出接触斑椭圆的相关参数。β 和 A/B 的关系可以通过表3.8查得。

表 3.8 Hertz 系数

A/B	1.0	0.704 1	0.490 3	0.333 3	0.217 4	0.132 5	0.071 8	0.031 1	0.007 65
β	0.318	0.321 5	0.332 2	0.350 5	0.381 9	0.430 0	0.513 2	0.666 2	1.145 0

在 Hertz 公式中不包含阻尼项，在数值仿真时为了使轮轨垂向力更容易收敛，需要考虑接触阻尼，式（3-115）改写为

$$P = \begin{cases} K_{\text{Hz}}\delta^{3/2}\left[1 + \dfrac{3(1-\varepsilon^2)}{4}\dfrac{\dot{\delta}}{\dot{\delta}^{(-)}}\right] & (\delta > 0) \\ 0 & (\delta \leqslant 0) \end{cases} \qquad (3\text{-}116)$$

式中，$\varepsilon = -\dot{\delta}^{(+)}/\dot{\delta}^{(-)}$ 是碰撞恢复系数；$\dot{\delta}^{(-)}$ 是两个接触物体开始接触时相对逼进速度；$\dot{\delta}^{(+)}$ 是两个接触物体脱离接触时相对背离速度；$\dot{\delta}$ 是接触过程中任意时刻两个接触物体的相对速度，钢与钢接触一般取 $\varepsilon = 0.83$。

对锥形踏面和磨耗型踏面，可以分别给出近似的接触刚度值。此时轮轨 Hertz 非线性接触力也可以写成以下表达式：

$$P = (\delta/G_{\text{Hz}})^{3/2} \qquad (3\text{-}117)$$

式中，P 是非线性轮轨接触力；G_{Hz} 是 Hertz 轮轨接触常数；δ 是轮轨间的弹性压缩量。对锥形踏面可以近似取 $G_{\text{Hz}} = 4.57R^{-0.149} \times 10^{-8}$ m/N$^{2/3}$，对磨耗型踏面可以近似取 $G_{\text{Hz}} = 3.86R^{-0.115} \times 10^{-8}$ m/N$^{2/3}$。

2）线弹簧

在简化情况下，可以将轮轨之间的垂向力简化为一个线弹簧，取刚度为 k，阻尼为 c，可以得到轮轨垂向力的表达式为

$$P = \begin{cases} k\delta + c\dot{\delta} & (\delta > 0) \\ 0 & (\delta \leqslant 0) \end{cases} \qquad (3\text{-}118)$$

对一般的钢轮钢轨接触情况，可以取接触刚度为 5×10^8 N/m，阻尼为 1×10^5 N·s/m。

3.4.6 各种蠕滑理论的比较和适用范围

各种轮轨蠕滑理论计算精度、计算耗时和适用范围不同。在车辆系统动力学数值仿真时，需要精度适中、速度较快的算法，FASTSIM、沈氏理论、Polach 理论是现阶段的最佳选择。在轮轨滚动接触问题研究时，采用 FASTSIM、CONTACT、有限元方法比较合适。在线性理论分析时，采用 Carter 理论、V-J 理论合适。表 3.9 为各种蠕滑理论的适用范围。

表 3.9 各种蠕滑理论的适用范围

模型	类型	优　点	缺　点	方法
Carter 理论	Hertz	给出了黏着区和滑动区划分	二维弹性体滚动接触 没有考虑自旋蠕滑	解析法
V-J 理论	Hertz	将二维滚动接触问题推广为三维问题	没有考虑自旋黏滑区的划分不合理	解析法
Kalker 线性理论	Hertz	较完善的蠕滑理论 为简化理论和沈氏理论等的基础	无摩擦边界条件约束 只适用于小蠕滑小自旋	数值法
Kalker 简化理论	Hertz	运行速度快，适用于大自旋蠕滑 正确的黏滑区划分和切向力分布	轮缘贴靠、共形接触时分析误差较大	FASTSIM

模型	类型	优 点	缺 点	方法
沈氏理论	Hertz	考虑了自旋蠕滑率的影响 用 Kalker 的蠕滑系数代替 V-J 系数 计算结果更接近实验值	轮缘贴靠、共形接触时分析误差较大	数值法
Polach 理论	Hertz	考虑了自旋蠕滑率的影响 考虑摩擦系数随蠕滑率的变化	轮缘贴靠、共形接触时分析误差较大，无自旋蠕滑力偶	数值法
Kalker 精确理论	非 Hertz	非 Hertz 稳态和非稳态滚动接触对接触斑力分布、黏滑区划分、接触质点对之间的相对滑动量、摩擦功的计算等都给出精确解	计算速度慢，目前不能用于车辆动力学仿真 求解共形滚动接触问题时会产生一定误差	CONTACT

　　针对车辆系统动力学数值仿真常用的三种蠕滑理论，对比分析典型工况下求解得到的轮轨蠕滑力。根据我国常用的轮轨参数，设车轮滚动圆半径为 0.460 m，车轮踏面半径为 – 0.5 m，钢轨踏面半径为 0.3 m，轮轨摩擦系数为 0.4，垂向载荷为 60 kN，车速为 200 km/h。改变纵向、横向和自旋蠕滑率中的一个（三种蠕滑率默认值分别为 0.002、0.002 和 0.15），对比三种蠕滑理论下的纵向和横向蠕滑力变化规律。如图 3.57 所示，三种蠕滑理论在自旋蠕滑率变化时差异最大，尤其是大自旋情况下的横向蠕滑力；小自旋情况下，沈氏模型与 FASTSIM 结果最接近。

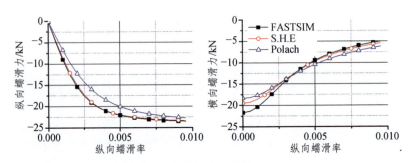

（a）纵向蠕滑率对蠕滑力的影响

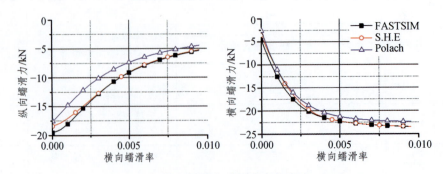

（b）横向蠕滑率对蠕滑力的影响

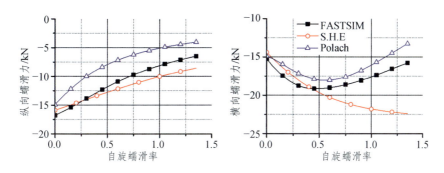

（c）自旋蠕滑率对蠕滑力的影响

图 3.57　典型工况下不同蠕滑理论的蠕滑力比较

4 车辆系统动力学边界条件

车辆系统动力学边界条件，既包括与车辆系统接触的界面相互作用，也包括车辆本身状况，一般侧重于指与车辆相互作用的界面条件。边界条件是车辆动力学分析的客观环境，对动力学性能有决定性的影响。车辆系统的边界条件具有随机性，在大的空间尺度和大的时间尺度上这些边界条件都是变化的，这为车辆动力学研究带来困难，也造成了车辆动力学性能的多样性和随机性。如图 4.1 所示，可以将车辆运行的边界条件简单地分为车辆边界条件、轮轨边界条件和操纵边界条件等。车辆系统本身具有一些固有特性，如蛇行运动、悬挂模态、振动传递关系等，车辆运行中在边界条件与车辆的相互作用下，车辆系统才表现出特定的动力学性能。

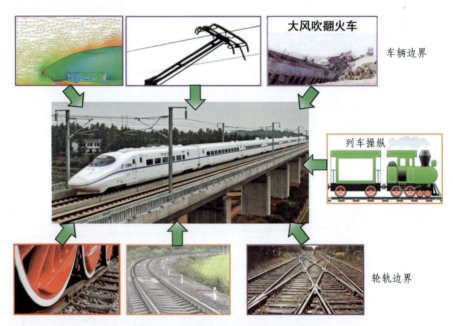

图 4.1　铁道车辆动力学边界条件

本书介绍的主要边界条件是轨道不平顺和线路条件、横风气动载荷，其余仅作简介。图 4.1 中的边界条件主要包括：

（1）轨道不平顺：包括随机不平顺、确定性不平顺，是车辆动力学最重要的激励输入。

（2）空气动力学：包括运行阻力、会车压力、横风载荷等，其中横风安全性是车辆动力学的重要内容，关乎倾覆安全性，越来越受到重视。

（3）曲线线路：车辆动力学必需的考核项目，对车辆各项动力学性能均有影响。

（4）列车操纵：与列车动力学相关，本节不作介绍。

（5）车轮激扰：包括车轮不圆、车轮扁疤、车轮偏心等。

（6）弓网关系：弓网耦合振动本身是动力学的重要内容，而弓网受流也影响列车牵引供电系统的工作，本书不作介绍。

4.1 铁路轨道与线路

铁路线路由多种类型的直线、曲线和特殊路段组成，各种类型的线路具有不同的结构特点和功能，车辆通过这些线路时表现出不同的动力学响应。车辆动力学关心的多是正线或者车辆经常通过的线路，主要包括直线、水平曲线、道岔、竖曲线、扭曲线路等。

4.1.1 典型线路

直线轨道是最基本的轨道线路。为了改变线路方向和改变路线，还需要水平曲线和道岔，这三种线路是铁道车辆系统动力学最常用的线路条件。

1. 水平曲线

水平曲线是铁路改变方向的线路。为了保证车辆能平顺地通过曲线，且满足运行安全性和乘坐性能要求，水平曲线要设置超高，小半径曲线要加宽轨距，并且在前后两端与直线轨道之间平滑过渡，即设置缓和曲线。也有一些特殊水平曲线线路不设置超高和缓和曲线。

1）超 高

车辆以一定速度通过水平曲线时，会受到离心加速度作用。为了降低轮轴横向力，减少旅客承受的横向加速度，可以将外侧钢轨抬高使车辆处于倾斜位置，从而重力在轨面产生分量，以部分抵消离心力在轨面上的分量。

超高是指曲线外轨顶面与内轨顶面水平高度之差。一般是内轨不变，抬升外轨形成超高；在建筑限界受到限制时，也可保持轨道中心线水平高度不变化，抬高外轨的同时降低内轨。由于在同一条线路上一般运行多种列车，通过同一条曲线的机车车辆运行速度不可能都相同，因此要用列车的平均速度来计算超高设置值。

如图 4.2 所示，设外轨超高为 h，轮对滚动圆横向跨距为 $2a$，一般情况下超高值远小于轨距，则超高引起的轨道超高角为

$$\theta_0 = \arcsin \frac{h}{2a} \approx \frac{h}{2a} \qquad (4\text{-}1)$$

当不考虑车辆的悬挂变形时，车体侧滚角与轨道超高角相等，车体未平衡横向力为

$$H = \frac{mv^2}{R} - mg\theta_0 \qquad (4\text{-}2)$$

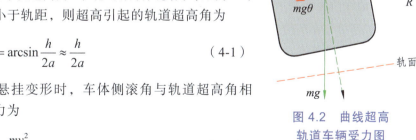

图 4.2 曲线超高
轨道车辆受力图

设列车平均速度为 v_p（km/h），为了满足车体未平衡横向力为 0（此时的车速为均衡速度），则可求出超高设置值（注意 R 的单位符号为 m，h 的单位符号为 mm）。针对标准轨距，滚动圆横向跨距约为 1 500 mm，取重力加速度为 9.81 m/s²，得到超高的简化表达式：

$$H = \frac{mv_p^2}{R} - mg\theta_0 = 0 \Rightarrow \frac{mv_p^2}{R} = mg\frac{h}{2a} \Rightarrow h = \frac{2av_p^2}{Rg} \approx \frac{11.8v_p^2}{R} \qquad (4\text{-}3)$$

不仅要考虑车辆在曲线轨道上运行的工况,车辆在特殊情况下还可能停放在曲线轨道上,此时车辆在轨面上仅承受重力分量。过大的未被平衡超高可能导致车辆倾覆,为了满足运行安全性,曲线最大超高受到制约。既有线路最大超高一般不大于 150 mm,高速铁路最大超高一般不大于 175 mm。当超高小于 20 mm 时,一般不再设置超高。

当曲线超高 h 设置好之后,未平衡横向力为 0 对应的车辆通过均衡速度为

$$H = \frac{mv_p^2}{R} - mg\theta_0 = 0 \Rightarrow \frac{mv_p^2}{R} = mg\frac{h}{2a} \Rightarrow v_p = \sqrt{\frac{Rgh}{2a}} \qquad (4\text{-}4)$$

对标准轨距,取 $g = 9.81$ m/s^2,$2a = 1\,500$ mm,并考虑到单位换算,简化得

$$v_p = \sqrt{\frac{Rh}{11.8}} \ (\text{km/h}) \qquad (4\text{-}5)$$

很多车辆不会以均衡速度通过曲线,当行车速度低于均衡速度时,车辆受到的离心力小于重力的横向分量,相当于车辆受到向曲线内侧的横向作用力,此时称为过超高。行车速度接近 0 通过曲线时的过超高最大。当行车速度高于均衡速度时,车辆受到的离心力大于重力的横向分量,相当于车辆受到向曲线外侧的横向作用力,此时称为欠超高。

《铁路线路设计规范》[29]和《铁路线路维修规则》[30]均采用允许欠超高和允许过超高来表示未被平衡离心加速度的限值。《铁路线路设计规范》的采用值:欠超高一般取 70 mm,困难时取 90 mm,既有线提速改造时可取 110 mm;过超高一般取 30 mm,困难时取 50 mm。《铁路线路维修规则》的采用值:允许欠超高一般应不大于 75 mm,困难情况应不大于 90 mm;允许过超高不得大于 50 mm。

欧洲部分国家铁路允许最大欠超高远超过 100 mm,一方面降低了线路建造成本,但另一方面降低了车辆曲线通过的安全性。我国铁路对超高和欠超高的限制值,是充分考虑动力学性能后设置的,对提高车辆动力学性能非常有利。我国高速客运专线一般运行速度比较恒定,所以动车组多是以接近均衡速度通过大半径曲线。

2)曲线轨距加宽

为了使机车车辆能顺利通过曲线,在小半径曲线上还需要加宽轨距,一般是将曲线内轨向曲线圆心方向移动,外轨保持不变。轨距加宽值是以转向架后轴取径向位置时,能顺利通过曲线为条件计算得到的,即加宽量是以 2 倍转向架轴距为弦长的曲线矢高。我国现行的曲线轨道轨距加宽标准:半径 350 m 以上曲线轨距为 1 435 mm,无加宽;半径 300 ~ 349 m 曲线轨距为 1 440 mm,轨距加宽 5 mm;半径 200 ~ 299 m 曲线轨距为 1 450 mm,轨距加宽 15 mm。为了保证机车车辆不掉道,曲线轨道的最大容许轨距为 1 450 mm。

3)曲线半径

曲线最小半径与线路等级和地形有关,既有线路一般地段最小曲线半径为 600 m,困难地段为 300 m。既有改造提速线路最小曲线半径为 2 200 m。高速铁路正线的线路平面曲线半径,与设计的行车速度相匹配,如表 4.1 所示。

表 4.1　高速铁路平面曲线半径

设计行车速度	350/250 km/h	300/200 km/h	250/200 km/h	250/160 km/h
有砟轨道 曲线半径/m	推荐 8 000～10 000； 一般最小 7 000； 个别最小 6 000	推荐 6 000～8 000； 一般最小 5 000； 个别最小 4 500	推荐 4 500～7 000； 一般最小 3 500； 个别最小 3 000	推荐 4 500～7 000； 一般最小 4 000； 个别最小 3 500
无砟轨道 曲线半径/m	推荐 8 000～10 000； 一般最小 7 000； 个别最小 5 500	推荐 6 000～8 000； 一般最小 5 000； 个别最小 4 000	推荐 4 500～7 000； 一般最小 3 200； 个别最小 2 800	推荐 4 500～7 000； 一般最小 4 000； 个别最小 3 500
最大半径/m	12 000	12 000	12 000	12 000

4）缓和曲线

为了保证机车车辆在直线轨道和圆曲线轨道之间运行时的行车安全和减小冲击，在直线和圆曲线之间设置缓和曲线。在由直线进入圆曲线的缓和曲线范围内，曲线曲率、超高、轨距均由直线线路的值平滑过渡到曲线线路的值，或者反之。

由于圆曲线一般设置超高，而直线没有超高，所以缓和曲线段外轨逐渐抬升形成超高顺坡。为了保证超高顺坡的两个端点不对车辆产生冲击，需采用曲线型超高顺坡，且超高顺坡不能太大。我国既有线超高顺坡一般不大于 $1/(9v_{max})$，困难地段不大于 $1/(7v_{max})$，且当 $1/(7v_{max}) > 2‰$ 时按 2‰ 设置。

我国既有铁路的缓和曲线一般为放射螺旋线，即缓和曲线长度与该位置的曲率成反比。这种缓和曲线具有直线型超高顺坡。为了保证旅客舒适度和运行安全性要求，缓和曲线长度不能太短。我国既有铁路一般地段缓和曲线长度 $≥v_{max}h/100$，特殊困难地段 $≥v_{max}h/144$。其中 h 为圆曲线外轨超高，单位符号为 mm；v_{max} 为最大行车速度，单位符号为 km/h。根据上式计算得到的缓和曲线长度应取为 10 m 的整数倍，且不能短于 20 m，两段缓和曲线间的圆曲线长度也不能短于 20 m。

根据 TB 10621《高速铁路设计规范》[31]，我国高速铁路缓和曲线为三次抛物线形。缓和曲线长度应根据设计行车速度、曲线半径和地形条件合理选用，动力学计算常用的部分曲线半径下的缓和曲线长度如表 4.2 所示。标准中该表还给出了其他曲线半径及超高 175 mm 线路的缓和曲线长度，详见相关标准。

表 4.2　高速铁路缓和曲线长度　　　　　　　　　　　　　　　　　　　m

曲线半径/m	设计行车速度								
	350 km/h			300 km/h			250 km/h		
	舒适度 优秀	舒适度 良好	舒适度 一般	舒适度 优秀	舒适度 良好	舒适度 一般	舒适度 优秀	舒适度 良好	舒适度 一般
12 000	370	330	300	220	200	180	140	130	120
10 000	470	420	380	270	240	220	170	150	140
9 000	530	470	430	300	270	250	190	170	150
8 000	590	530	470	340	300	270	210	190	170
7 000	670	590	540	390	350	310	240	220	190
5 000	670	590	540	490	440	390	310	280	250
4 000	—	—	—	570	510	460	420	380	340

2. 竖曲线及坡道

竖曲线为连接铁路纵断面上两相邻坡段的曲线，其设置目的是保证行车平顺与安全，减小车辆受到的垂向冲击。现行规范规定：当变坡点处坡度代数差大于3‰（Ⅰ、Ⅱ级铁路）和4‰（Ⅲ级铁路）时即设置竖曲线。《高速铁路设计规范》规定，正线相邻坡段的坡度差大于或等于1‰时，应采用圆曲线型竖曲线连接。设计行车速度350 km/h、300 km/h、250 km/h线路，最小竖曲线半径分别为 25 000 m、25 000 m 和 20 000 m，最大竖曲线半径不应大于30 000 m，最小竖曲线长度不得小于 25 m。

动力学分析时一般较少单独考虑竖曲线的影响，但在进行整条线路的动力学仿真分析时，应该考虑竖曲线的影响。另外，长大货物列车操纵要受到线路坡度的影响，所以在列车动力学分析时需要考虑这些因素。

3. 道 岔

道岔是一种使机车车辆从一条线路转往另一条线路的铁路结构，通常在车站、车场大量铺设，如图 4.3 所示。列车通过道岔包括正向通过和侧向通过，正向通过时不改变列车的运行方向，允许速度一般较高；侧向通过道岔时，列车要进入导曲线从而改变行车方向，允许通过速度一般较低。在道岔的导曲线上一般不设置缓和曲线，也不设置超高。由于道岔结构复杂，有较多的不平顺，轮轨接触状态会发生变化，所以车辆通过道岔时动力学性能较差，并容易受到冲击。

图 4.3　道岔

1）道岔类型和型号

常用道岔包括单开道岔、双开道岔、三开道岔、复式交分道岔。其中，单开道岔是最常见的，约占国内道岔的 90%，也是车辆动力学分析中经常使用的。如图 4.4 所示，单开道岔包括转辙器、连接部分、辙叉及护轨，转辙器包括基本轨、尖轨和转辙机械。

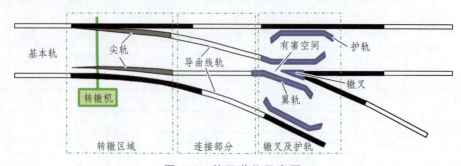

图 4.4　单开道岔示意图

从动力学来说，正向通过道岔与通过普通直线轨道类似，仅仅是在道岔区域存在冲击和轮轨关系的变化；侧向通过道岔与通过水平曲线类似，差异也是存在冲击和轮轨关系变化，同时缓和曲线不同。

标准道岔的号数以辙叉角余切值取整表示，道岔号数越大，其辙叉角越小，导曲线半径越大，从而允许侧向通过的速度越高。但是道岔号数越大其长度也越长，会受到线路空间的限制。道岔有不同的型号，常见的有9号、12号、18号等，基本参数如表4.3所示。

表 4.3　道岔基本参数

道岔号数	辙叉角	尖轨及辙叉形式			
		直线尖轨及直线辙叉		曲线尖轨及曲线辙叉	
		导曲线半径/m	侧向过岔速度/（km/h）	导曲线半径/m	侧向过岔速度/（km/h）
8	7.125°	145	33～35	160	34～37
9	6.340°	180	36～39	200	38～41
11	5.194°	280	45～49	300	47～50
12	4.763°	330	49～53	360	51～55
18	3.170°	—	—	800	76～82
30	1.909°	—	—	2 700	140
38	1.507°	—	—	3 300	140
41	1.347°	—	—	4 000	160

2）道岔区轮轨接触几何关系和不平顺

道岔区域的钢轨外形随着空间距离而变化，这会影响轮轨接触几何关系，从而影响动力学性能。同时，道岔还存在固有的不平顺，如尖轨、辙叉。提速道岔需要尽量消除有害空间，如采用可动心轨的辙叉。辙叉区域的轨道不平顺见本章4.2.1节。

轮轨接触几何关系在道岔区的变化比较复杂，甚至沿着轨道前进是不连续的，这主要是由于钢轨型面发生了变化。文献[32]对道岔区域的轮轨接触几何关系和车辆通过道岔时的动力学进行了系统研究。

当轮对处在道岔区域时会出现两点或多点接触的情况，轮背、轮缘和踏面都有可能发生接触，采用区段搜索法处理多点接触[17]，图4.5为道岔区域的轮轨接触情况。图中蓝色实线代表第一接触点，红色实线代表第二接触点，在无摇头角时出现两点接触，如图4.5（a）所示。图4.5（b）为轮对横移9.6 mm、摇头角3°时发生三点接触，虚线代表三个接触点。

（a）摇头角 $\psi = 0°$　　　　　　　　　　　（b）摇头角 $\psi = 3°$

图 4.5　S1002 踏面在道岔的轮轨接触点分布

4.1.2 轨道空间坐标描述[17]

1. 铁道车辆系统坐标系

轨道坐标系将车辆沿轨道前进的距离作为纵坐标，其坐标原点位于轨道中心线上，跟随惯性体沿轨道一起运动。每个惯性体拥有独立的轨道坐标系，惯性体的横向位移、垂向位移、侧滚角、点头角和摇头角，以及这些量对应的速度均是相对其轨道坐标系描述的。一般轮轨接触点和轮轨蠕滑力计算均是在轨道坐标系中进行的。

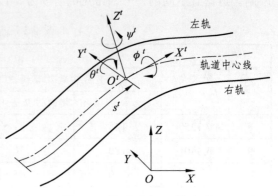

轨道坐标系的定义如图 4.6 所示，坐标系 $OXYZ$ 为绝对坐标系，坐标系 $O'X'Y'Z'$ 为轨道坐标系，坐标系原点位于轨面轨道中心线，相对轨道起点弧长坐标为 s'，坐标轴 $O'X'$ 与轨道中心线相切指向车辆前进方向，$O'Y'$ 轴平行于轨道平面向左，$O'Z'$ 轴垂直于轨道平面向上。有时，轨道坐标系的 $O'Z'$ 轴垂直于轨道平面向下，$O'Y'$ 轴平行于轨道平面向右。

图 4.6　轨道坐标系的定义

轨道坐标系的方位由三个角度确定：绕 Z 轴的摇头角 ψ'，绕 Y 轴的点头角 θ' 和绕 X 轴的侧滚角 ϕ'，转动顺序为 z—y—x。轨道坐标系相对总体坐标系的方向余弦矩阵如下：

$$A^t = \begin{bmatrix} \cos\psi^t\cos\theta^t & -\sin\psi^t\cos\phi^t - \cos\psi^t\sin\theta^t\sin\phi^t & \sin\psi^t\sin\phi^t - \cos\psi^t\sin\theta^t\cos\phi^t \\ \sin\psi^t\cos\theta^t & \cos\psi^t\cos\phi^t - \sin\psi^t\sin\theta^t\sin\phi^t & -\cos\psi^t\sin\phi^t - \sin\psi^t\sin\theta^t\cos\phi^t \\ \sin\theta^t & \cos\theta^t\sin\phi^t & \cos\theta^t\cos\phi^t \end{bmatrix} \quad (4\text{-}6)$$

其中，$\psi^t(s^t), \theta^t(s^t), \phi^t(s^t)$ 分别为轨道的摇头角、点头角和侧滚角，为弧长坐标 s^t 的函数，由下面的轨道空间几何描述方法确定。

2. 轨道空间描述

1）曲线框架描述

车辆系统与一般多体系统的不同之处在于，车辆必须沿空间轨道运行，轨道可以看作车辆系统的一种运行约束方式，因此必须对轨道的空间几何进行准确描述。轨道由两根平行的钢轨和复杂的附属结构组成，包含水平曲线和竖曲线，是典型的空间曲线。

对轨道的三维空间描述，首先需要确定轨道中心线，然后确定左右轨的相关信息。轨道中心线可以采用 FRENET 公式描述，如图 4.7（a）所示。空间曲线 $r(s)$ 依赖于独立变量轨道弧长 s，s 在水平面 XOY 上的投影为 $\bar{s}$。空间曲线上任意一点 P 在水平面上的投影为 P'，P 点处的 FRENET 坐标系用三个向量定义 T，N 和 B，分别表示切向量、法向量和副法向量，其在绝对坐标系中的方位用三个方位角描述，分别是侧滚角 ϕ、点头角 θ 和摇头角 ψ。$\bar{T}$ 表示切向量在水平面上的投影，该向量与 T 的夹角即为 θ。曲线上的微段 ds 如图 4.7（b）所示，可得到以下关系：

$$\frac{\mathrm{d}\boldsymbol{r}}{\mathrm{d}\overline{s}} = \begin{bmatrix} \dfrac{\mathrm{d}x}{\mathrm{d}\overline{s}} \\ \dfrac{\mathrm{d}y}{\mathrm{d}\overline{s}} \\ \dfrac{\mathrm{d}z}{\mathrm{d}\overline{s}} \end{bmatrix} = \begin{bmatrix} \cos\psi \\ \sin\psi \\ \tan\theta \end{bmatrix} \tag{4-7}$$

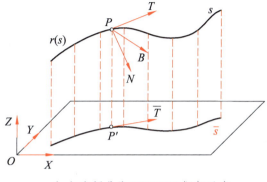

（a）空间曲线 FRENET 框架示意　　　　　（b）轨道中心线微元

图 4.7　轨道空间描述

轨道空间几何可以看作是水平曲线和竖曲线的合成，水平曲线可以用曲率 κ 来描述，由曲率的定义可知：

$$\kappa(\overline{s}) = \frac{1}{\overline{R}(\overline{s})} = -\frac{\mathrm{d}\psi}{\mathrm{d}\overline{s}} \tag{4-8}$$

式中，$\overline{R}$ 是水平面内曲线半径，左曲线时为正值，右曲线时为负值。

如图 4.8 所示，超高引起轨道侧滚角和垂向坐标的变化，同时引起轨道点头角。由超高引起的垂向坐标 z_s 为

$$z_s = \frac{|u|}{2} = \frac{|u_\mathrm{L} - u_\mathrm{R}|}{2} \tag{4-9}$$

式中，u_L 是左轨超高，u_R 是右轨超高，右曲线时 u 为正值，左曲线时为负值。

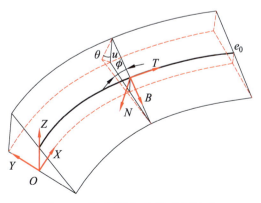

图 4.8　超高引起的轨道侧滚角

竖曲线引起左右轨垂向坐标同时变化，变化量为 z_v，轨道中心线的垂向高度为 $z = z_s + z_v$。可以得到以下关系：

$$\theta = \arctan\left[\frac{\text{sign}(u)}{2}\frac{\mathrm{d}u}{\mathrm{d}\bar{s}} + \frac{\mathrm{d}z_v}{\mathrm{d}\bar{s}}\right] \qquad (4\text{-}10)$$

$$\phi = \arcsin\left(\frac{u}{e_0}\cos\theta\right) \qquad (4\text{-}11)$$

式中，ϕ 是超高引起的轨道侧滚角，e_0 是超高参考长度，$\text{sign}(u)$ 是符号函数，当 u 为正时值为 1，当 u 为负时值为 -1。

由以上分析可以发现，只需要给出轨道中心线每一点处的曲率半径、超高以及竖曲线对应的垂向坐标或轨道坡度，即可计算出轨道的所有信息。

2）线路过渡段描述

水平曲线包括直线、缓和曲线和圆曲线。直线段和圆曲线段曲率半径和超高都是固定值，直线的曲率和超高均为零，圆曲线曲率为 $1/R_0$，超高为 u_0。缓和曲线是直线段与圆曲线或圆曲线与圆曲线之间的过渡曲线，曲率和超高从一个值过渡到另一个值，一般采用线性过渡或 S 曲线过渡。假设区段 s_1 到 s_2 为过渡曲线，曲率从 κ_1 过渡到 κ_2，超高从 u_1 过渡到 u_2。

（1）线性过渡，曲率和超高分别为

$$\kappa = \kappa_1 + (\kappa_2 - \kappa_1)\frac{\Delta s}{l} \qquad (4\text{-}12)$$

$$u = u_1 + (u_2 - u_1)\frac{\Delta s}{l} \qquad (4\text{-}13)$$

式中，$\Delta s = \bar{s} - s_1$，$l = s_2 - s_1$。

（2）S 曲线过渡，曲率和超高分别为

$$\begin{cases} \kappa = \kappa_1 + \dfrac{2\Delta s^2}{l^2}(\kappa_2 - 2\kappa_1) & \left(0 < \Delta s \leqslant \dfrac{l}{2}\right) \\[3mm] \kappa = \kappa_1 + \dfrac{2}{l^2}\left(2l\Delta s - \Delta s^2 - \dfrac{l^2}{2}\right)(\kappa_2 - 2\kappa_1) & \left(\dfrac{l}{2} < \Delta s \leqslant l\right) \end{cases} \qquad (4\text{-}14)$$

$$\begin{cases} u = u_1 + \dfrac{2\Delta s^2}{l^2}(u_2 - 2u_1) & \left(0 < \Delta s \leqslant \dfrac{l}{2}\right) \\[3mm] u = u_1 + \dfrac{2}{l^2}\left(2l\Delta s - \Delta s^2 - \dfrac{l^2}{2}\right)(u_2 - 2u_1) & \left(\dfrac{l}{2} < \Delta s \leqslant l\right) \end{cases} \qquad (4\text{-}15)$$

竖曲线包括两种类型：等坡度坡道和坡道之间的过渡曲线。坡度定义为每米水平距离垂向坐标变化值，假设区段 s_1 到 s_2 为等坡度坡道，s_1 处的垂向坐标分别为 z_1，坡度为 k，则区段内任意一点的垂向坐标为

$$z_v = z_1 + k\Delta s \qquad (4\text{-}16)$$

若为水平轨道，$k = 0$。若区段 s_1 到 s_2 为坡道与坡道的过渡段，前段坡道坡度为 k_1，后段坡道坡度为 k_2。过渡类型分两种：一种为抛物线过渡，另一种为圆曲线过渡。

① 抛物线过渡，任意一点的坡度为

$$k = k_1 + (k_2 - k_1)\frac{\Delta s}{l} \tag{4-17}$$

② 圆曲线过渡，任意一点的坡度为

$$k = \frac{\Delta s + R_v \sin\alpha}{\sqrt{R_v^2 - (\Delta s + R_v \sin\alpha)^2}} \tag{4-18}$$

$$R_v = \frac{l}{\sin\beta - \sin\alpha} \tag{4-19}$$

式中，R_v 是竖曲线过渡圆弧半径，$\alpha = \arctan(k_1)$，$\beta = \arctan(k_2)$。

3）过渡点平滑

线路是由不同区段组成，区段之间的线性过渡或 S 形曲线过渡都不能保证曲率、超高的二阶连续，当仿真计算用到这些参数时往往会产生冲击，需要在区段与区段连接处进行平滑处理。为保证三阶连续，需要用七次多项式平滑，在区段 i 和区段 $i+1$ 之间的连接点 P 处对超高进行平滑，如图 4.9 所示。

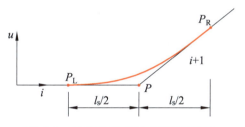

图 4.9 轨道段连接点平滑示意图

平滑段总长 l_s，前后区段各取一半，端点分别为 P_L 和 P_R，需要求解以下方程组，确定七次多项式的系数：

$$\begin{bmatrix} 1 & s_L & s_L^2 & s_L^3 & s_L^4 & s_L^5 & s_L^6 & s_L^7 \\ 0 & 1 & 2s_L & 3s_L^2 & 4s_L^3 & 5s_L^4 & 6s_L^5 & 7s_L^6 \\ 0 & 0 & 2 & 6s_L & 12s_L^2 & 20s_L^3 & 30s_L^4 & 42s_L^5 \\ 0 & 0 & 0 & 6 & 24s_L & 60s_L^2 & 120s_L^3 & 210s_L^4 \\ 1 & s_R & s_R^2 & s_R^3 & s_R^4 & s_R^5 & s_R^6 & s_R^7 \\ 0 & 1 & 2s_R & 3s_R^2 & 4s_R^3 & 5s_R^4 & 6s_R^5 & 7s_R^6 \\ 0 & 0 & 2 & 6s_R & 12s_R^2 & 20s_R^3 & 30s_R^4 & 42s_R^5 \\ 0 & 0 & 0 & 6 & 24s_R & 60s_R^2 & 120s_R^3 & 210s_R^4 \end{bmatrix} \begin{bmatrix} a_0 \\ a_1 \\ a_2 \\ a_3 \\ a_4 \\ a_5 \\ a_6 \\ a_7 \end{bmatrix} = \begin{bmatrix} u_L \\ u_L' \\ u_L'' \\ u_L''' \\ u_R \\ u_R' \\ u_R'' \\ u_R''' \end{bmatrix} \tag{4-20}$$

其中，$s_L = 0$；$s_R = l_s$；u_L 和 u_R 分别代表 P_L 和 P_R 处的超高；$(\ )' = \mathrm{d}(\ )/\mathrm{d}\bar{s}$。求解式（4-20）线性方程组，获得多项式系数 a_0 到 a_7，重新计算 P_L 和 P_R 平滑段内离散点的超高值，代替原

超高值，曲率和竖曲线垂向坐标采用同样的方法进行平滑。

车辆系统动力学仿真时会用到轨道的相关信息，如垂向位置、曲率、侧滚角、点头角、摇头角等相对于纵向距离的变化率，实际计算过程中再将这些量转化成对时间的变化率。

轨道点头角变化率：

$$\frac{\mathrm{d}\theta}{\mathrm{d}\bar{s}} = \frac{1}{2}\frac{\mathrm{d}^2 u}{\mathrm{d}\bar{s}^2}\mathrm{sign}(u)\cos^2\theta \tag{4-21}$$

轨道超高角变化率：

$$\frac{\mathrm{d}\phi}{\mathrm{d}\bar{s}} = \frac{1}{e_0\cos\phi}\left(\frac{\mathrm{d}u}{\mathrm{d}\bar{s}}\cos\theta - u\frac{\mathrm{d}\theta}{\mathrm{d}\bar{s}}\sin\theta\right) - \frac{1}{e_0}\frac{\mathrm{d}e_0}{\mathrm{d}\bar{s}}\tan\phi \tag{4-22}$$

曲率变化率：

$$\frac{\mathrm{d}\kappa}{\mathrm{d}\bar{s}} = -\frac{1}{\bar{R}^2}\frac{\mathrm{d}\bar{R}}{\mathrm{d}\bar{s}} \tag{4-23}$$

4.2 轨道不平顺

铁路轨道不可能是理想平直的，轨道的几何形状、尺寸和空间位置相对其正常理想状态的偏差称为轨道不平顺。轨道不平顺可以按照方向、波长、载荷分类。由于轨道对轮对有约束作用，且存在轮轨动态相互作用力，轨道不平顺通过这种作用关系影响轮对的运动，从而引起车辆系统振动。轨道不平顺是车辆系统振动的最主要激扰因素，很多时候决定了车辆系统的动力学表现。

由于轨道不平顺对车辆动力学影响显著，而我国车辆动力学仿真领域采用的轨道不平顺没有统一，这给车辆动力学仿真带来了很多麻烦。例如，大家都用美国 5 级谱，但不平顺的幅值、波长范围不同，样本的采样间距、长度也不同；而美国 5 级谱本身就表示某个范围内的不平顺，是一个不平顺样本范围，选取不同的概率等级会得到不同的不平顺样本。即使是用轨检车实测的轨道谱样本，同一线路不同路段的不平顺样本也可能存在很大差异，车辆系统动力学响应也明显不同。

4.2.1 轨道不平顺类型

轨道不平顺有多种类型，既包括具有随机特征的不平顺，也包括具有固定特征的局部不平顺；既包括水平方向的不平顺，也包括竖直方向的不平顺。为了描述方便，将轨道不平顺分门别类，实际线路上的轨道不平顺往往是各种不平顺的综合表现。

1. 随机不平顺类型

顾名思义，轨道随机不平顺是指具有随机特征的轨道不平顺，具有不同的波长成分和较宽的波长范围。随机不平顺是铁路轨道最普遍的不平顺，波长范围从 0.01 m 到 200 m 常见。波长 1 m 以下的短波不平顺多是钢轨表面缺陷，幅值一般很小；一些局部不平顺幅值稍大，如钢轨接头；还有轨枕间距也在这个波长范围内，某些情况下对高速列车影响显著。1 m 到

3.5 m 范围的波长，主要是钢轨压制过程形成的周期不平顺和钢轨磨耗。3 m 到 150 m 不平顺主要和道床、线路形变、桥梁跨距等有关。更长的长波不平顺多为地形起伏、线路变化引起[33]。

现在的轨道随机不平顺长波多用轨检车测量，其有效测量波长一般是数米到数十米，高速轨检车的有效波长也在 200 m 以内。1 m 以下的短波不平顺采用精密仪器人工测量，几十米到几百米的长波不平顺由精密水平仪、经纬仪测得。在车辆动力学分析时，应该根据研究问题的频率范围，选择合适的轨道不平顺波长范围。例如，普通列车就不需要考虑 100 m 以上的长波不平顺，虽然它的幅值可能较大。

如图 4.10 所示，随机不平顺可以按照方向分为垂向不平顺和横向不平顺，在轨道同一位置上，轨道横向和垂向不平顺是同时存在的，以复合不平顺的形式存在。

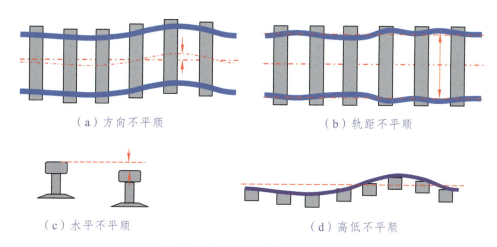

（a）方向不平顺　　　　　　　　　　　　（b）轨距不平顺

（c）水平不平顺　　　　　　　　　　　　（d）高低不平顺

图 4.10　轨道随机不平顺分类

1）竖直面内的不平顺

竖直面内的轨道垂向不平顺能通过轮轨约束和动态作用力直接传递给轮对，主要影响车辆系统垂向动力学性能，也会影响车辆的侧滚运动。这种影响程度与车速、车辆悬挂参数和结构等都有关系。

（1）高低不平顺：指轨道沿钢轨长度方向，轨道中心线在竖直平面内与水平线的凹凸不平，如图 4.10（d）所示。轨道高低不平顺主要包括钢轨表面不平、轨道弹性变形和残余变形不均匀、路基不均匀下沉等。高低不平顺有时也指某根钢轨在垂向的综合不平顺，这时，左右钢轨高低不平顺一般有差异，需要分别描述。

从车辆系统动力学角度，轨道高低不平顺主要影响车辆系统的浮沉和点头运动，动力学指标主要影响垂向振动加速度和垂向平稳性指标、舒适度指标。

（2）水平不平顺：指轨道各个横截面上左右两轨顶面高差的波动变化，是左右两根钢轨顶面的相对高度误差，如图 4.10（c）所示。水平不平顺的幅值，在曲线上是指扣除正常超高值的偏差部分，在直线上指扣除一侧钢轨均匀抬高值后的偏差值。

从车辆系统动力学角度，轨道水平不平顺主要影响车辆系统的侧滚、横移和弹性扭转等，也主要影响垂向动力学指标。

将以上高低不平顺和水平不平顺组合，得到左右两根钢轨各自相对于水平面的不平顺。

（3）扭曲不平顺（三角坑）：左右两轨面相对于轨道平面的扭曲，用相隔一定距离的两个横截面水平幅值的代数差来度量，这个距离一般是车辆的定距或者转向架的轴距。扭曲不平顺是车辆系统动力学重要的考核条件，影响车辆系统的侧滚和横移等多种姿态，而且影响运行安全性。一些动力学标准制定了各自的扭曲线路条件，用以考虑车辆通过扭曲线路的能力。

欧洲标准 EN14363 制定了严格的扭曲线路考核条件，考察车辆系统运行的安全性。线路由直线和一段半径 150 m 的水平圆曲线组成。进入圆曲线后，外轨超高设置为 45 mm，维持一段距离后，外轨超高按 3‰顺坡率从 + 45 mm 超高变化到 – 45 mm 超高。该扭曲线路还有多种形式，用于不同的试验考核情况，详见相关标准。

（4）轨面短波不平顺：钢轨顶面小距离内的不平顺，包括轨面不均匀磨耗、擦伤、剥离掉块、焊缝不平、接头错牙等。其中，轨面擦伤、焊缝不平、接头错牙等一般不具有周期性，也可以归类到局部不平顺；钢轨波磨具有周期性。

短波不平顺一般引起车辆系统高频振动和冲击振动，引起轮轨噪声和疲劳破坏。在常规的车辆系统动力学仿真分析中，一般不考虑轨面短波不平顺。在一些动力学专题研究中，需要考虑轨面短波不平顺，如大轴重货车的轮轨低动力作用研究中，需要考虑轨道接头、焊缝不平顺引起的轮轨冲击。

（5）新钢轨垂向周期性不平顺：钢轨在轧制过程中，由于轧辊等的影响会形成钢轨垂向周期性弯曲变形，钢轨安装后仍然存在。这种不平顺往往包含在高低和水平随机不平顺中，动力学不再单独研究。

2）水平面内的不平顺

水平面内的轨道不平顺主要影响车辆系统的横向动力学性能，包括轨道方向不平顺和轨距不平顺，其中轨距不平顺还会影响轮轨接触几何关系。

（1）轨道方向不平顺：指轨道内侧面沿钢轨长度方向的横向不平顺，如图 4.10（a）所示，包括轨道中心线偏差、轨头侧面不均匀磨耗、轨道横向弹性不一致等。方向不平顺有时也指某根钢轨在水平面的不平顺，这时，左右钢轨方向不平顺一般有差异，需要分别描述。

（2）轨距不平顺。轨道同一横截面、钢轨顶面以下 16 mm 测量左右钢轨内侧距为轨距。欧洲多采用轨面以下 14 mm 测量。轨距不平顺是指左右钢轨之间的轨距沿着轨道长度方向的变化，如图 4.10（b）所示。

轨距变化会显著影响轮轨接触几何关系、轮轨蠕滑力，从而对车辆系统动力学性能影响显著，尤其是对横向动力学性能。

（3）钢轨横向周期性不平顺：钢轨在轧制校直过程中产生的横向周期性弯曲变形。

（4）曲线头尾的几何偏差：在水平曲线的圆缓点、缓直点，超高、轨距顺坡起点和终点的不一致或者不匹配形成的几何偏差。这是一种水平面和竖直面的复合不平顺。

轨道方向不平顺和轨距不平顺是车辆系统动力学中重点考虑的激扰源，而以上最后两种水平不平顺一般不单独在车辆动力学中研究。其实，轨检车测量的轨道不平顺已经包含了后面两种不平顺。

2. 局部不平顺

轨道局部不平顺是轨道上局部区域与理想状态的偏差，主要包括余弦和正弦不平顺、尖弯不平顺、凸台不平顺、指数衰减不平顺、台阶不平顺、三角形不平顺、S 弯形不平顺、谐波不平顺等。这些不平顺在铁路干线中不常见，也不是车辆系统动力学重点考虑的问题，详细内容参考相关文献[33, 9]。

下面介绍几种车辆系统动力学常用的轨道局部不平顺。

1）钢轨接头不平顺

（1）轨道低接头：一种典型的轨道不平顺，是由钢轨连接的轨缝引起，一般在轮轨动力作用分析中作为典型的激扰输入。轨道低接头模型如图 4.11 所示，轨道低接头总折角为 $2\alpha = \alpha_1 + \alpha_2$。在车辆-轨道垂向耦合动力学分析中，低接头模型考虑为对轮对的速度冲击：

$$v_0 = 2\alpha v = (\alpha_1 + \alpha_2)v \tag{4-24}$$

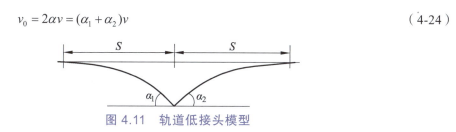

图 4.11　轨道低接头模型

（2）台阶不平顺：钢轨接头错牙、焊缝不平等常形成台阶形不平顺，如图 4.12 所示。根据与车辆运行方向的关系，错牙可以分为迎轮错牙和顺轮错牙。车轮通过错牙时，轮轨接触位置会发生跳变，从而引起轮轨冲击。

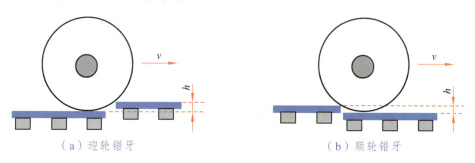

（a）迎轮错牙　　　　　　　　　　　（b）顺轮错牙

图 4.12　轨道台阶不平顺

（3）焊缝凹陷不平顺：长钢轨焊接区存在如图 4.13 所示的不平顺，在长约 1 m 的余弦波上叠加波长 $\lambda = 0.05 \sim 0.2$ m 的短波不平顺。我国铁道科学研究院对焊缝不平顺的观测中也发现了类似的现象，并有详细的统计数据[33]。高速铁路的焊缝质量较高，但也存在比较明显的不平顺，虽然控制的幅值比较小，但在部分高速列车的轴箱振动中仍然很容易发现焊缝激扰引起的冲击振动。

（a）客运专线钢轨焊缝

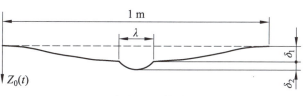

（b）理论模型

图 4.13　钢轨焊接区短波不平顺模型

143

2）道岔不平顺模型

当车辆直向通过道岔时，轮轨相互作用主要表现为辙叉处的垂向冲击与振动；当车辆侧向过岔时，主要表现为横向相互作用。

道岔辙叉垂向冲击主要发生于固定型辙叉，可动心轨道岔能大大降低冲击。固定型辙叉存在有害空间，使车轮的滚动迹线不连续，造成车轮与辙叉冲击。当车轮从翼轨滚向心轨时，随着车轮逐渐离开翼轨，车轮滚动圆半径越来越小，使得车轮重心不断下降，为了不使车轮撞击心轨端部，把该处的轨面急剧降低，随后又逐渐升高与原来的轨面齐平，这样当车轮完全滚上心轨后，车轮就逐渐回升到原有高度。

国内外学者对辙叉进行测量，用图 4.14 所示曲线来描述固定辙叉不平顺，L_0 以内为正弦波，之后为三角波。其数学表达式为

$$Z_0 = \begin{cases} h_0 \sin(2\pi x / L_0) & (0 \leqslant x \leqslant x_1) \\ h_d(x - x_1)/(x_2 - x_1) & (x_1 < x \leqslant x_2) \\ h_d(x_3 - x)/(x_3 - x_2) & (x_2 < x \leqslant x_3) \\ 0 & (x > x_3) \end{cases} \tag{4-25}$$

式中，不平顺幅值 h_0 和 h_d 与辙叉磨耗程度有关，表 4.4 是实测所得的参考值。

表 4.4　固定型辙叉垂向不平顺参数与辙叉磨耗的关系

磨耗程度	轻度	中等	严重
磨耗值/mm	2 ~ 4	4 ~ 6	>6
h_0 /mm	0.7	0.8	0.9
h_d /mm	3.7	4.3	7.1

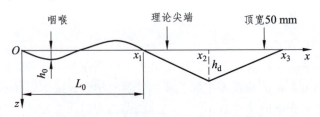

图 4.14　固定型辙叉垂向不平顺模型

3. 动态不平顺与静态不平顺

按照测量轨道不平顺时有无轮对载荷作用，可以将轨道不平顺分为动态轨道不平顺和静态轨道不平顺。车辆系统动力学一般不考虑轨道弹性振动和弹性变形，所以考虑轮对载荷影响下测量的动态不平顺更适合车辆系统动力学作为激扰输入。

（1）静态不平顺：无轮载作用时，人工或轻型测量小车测得的不平顺。

（2）动态不平顺：用轨检车测得的、列车在车轮动态载荷作用下才完全显现出来的轨道不平顺。车辆系统动力学仿真用的轨道不平顺一般是这种动态不平顺。由于动态不平顺才是真正对行车安全、轮轨作用力、车辆振动产生影响的激扰源，所以公务部门对线路的维护管理大多是控制动态不平顺幅值。

4. 车轮不平顺

车轮不可能是理想的圆形，其圆周存在各种典型的不平顺，包括车轮扁疤、车轮不圆、轮对动不平衡等。其实车轮型面在车轮圆周不同截面位置也是不同的，但这种变化主要影响轮轨匹配和动力学性能。

1）车轮不圆

车轮半径周期性不圆顺如图 4.15 所示。不平顺的波长从大约 14 cm 到一个车轮周长，幅值一般小于 1 mm，且波长越短幅值越小。车轮不圆可以用车轮一周轮径变化的主谐波数来表示，即车轮不圆阶数。我国发现的车轮不圆阶数一般在 25 阶以下，允许的轮径变化幅值随着阶数的增大而减小。但车轮不圆只要出现了谐波，就会产生很大的轮轨冲击，甚至引起部件在很短的时间内就疲劳破坏。部分学者认为，在车轮型面切削过程中，车轮的固定方法是导致出现三边形不圆顺的原因。但高阶车轮不圆还没有确切的形成机理，一般认为是车轮上有初始缺陷，达到一定临界条件后迅速发展为车轮多边形。

图 4.15 是实测的两种车轮不圆，从放大的径跳极坐标图可见，图 4.15（a）所示的车轮存在明显的三阶不圆，但径跳幅值较小。图 4.15（b）所示的车轮存在明显的 20 阶车轮不圆，径跳幅值较大，对车辆的振动加速度影响巨大。

2）车轮扁疤

在列车运行过程中，车轮踏面常因各种原因（如制动或空转打滑）而出现局部擦伤和剥离，此类现象统称为车轮扁疤，如图 4.16 所示。车轮扁疤在车轮滚动过程中将会产生特殊的动力学效应，且新、旧扁疤的作用机理不同。理想的新擦伤类似于车轮踏面圆周上的弦线。车轮在滚动前进过程中，车辆新扁疤会造成接触位置的跳变，从而对轮轨系统产生垂向冲击。

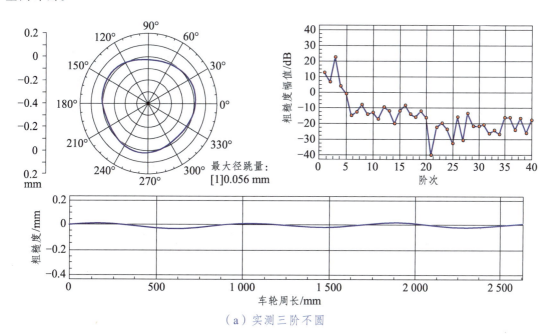

（a）实测三阶不圆

145

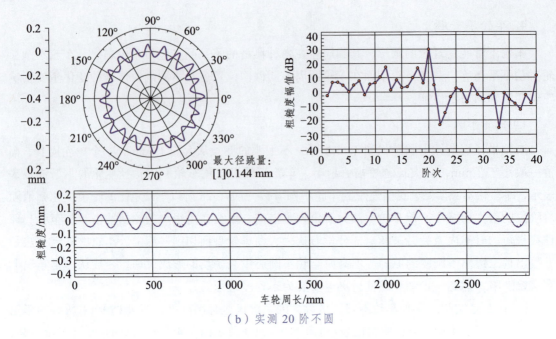

（b）实测 20 阶不圆

图 4.15　车轮不圆测试数据

　　然而，在实际运营中，理想新擦伤并非经常出现，且一旦出现，经过一段时间运行后，车轮擦伤棱角受冲击荷载作用而很快被磨圆。车轮新擦伤的发生也有一个过程，所以其形状往往不是一个弦线，如图 4.16（b）所示。因此，实际中车轮擦伤不平顺大多可近似用余弦函数来描述，如常用的圆化后旧擦伤表达式：

$$\eta = \frac{1}{2}D_f[1 - \cos(2\pi x / L)] \qquad\qquad （4\text{-}26）$$

式中，L 为擦伤长度；D_f 是有效擦伤深度。

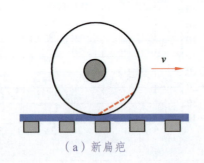

（a）新扁疤

（b）实际擦伤（两个连续擦伤）

图 4.16　车轮新扁疤示意图

4.2.2　轨道不平顺描述及常用轨道谱

　　轨道不平顺是很多随机因素共同作用的结果，包括钢轨初始不平顺、线路施工误差、道床和路基变形、轮轨动力作用、钢轨磨耗，以及气候变化等自然环境因素的作用。轨道不平顺随着时间的推移也在不断地发生变化。所以，轨道不平顺具有随机性。

1. 轨道不平顺的描述

实际线路的轨道不平顺是经常变化、很不规则的。描述轨道不平顺只能用统计的方法，从时空域、频域、幅值域等方面来描述不平顺的幅值特性、波长结构以及是否包含周期性。轨道不平顺的幅值和波长对车辆动力学的影响显著，功率谱密度恰好能从幅值和波长两方面来描述、揭示某段轨道不平顺的统计特征和规律，所以常用功率谱密度来描述轨道随机不平顺的谱特征。

1）平稳随机过程

平稳随机过程是指在固定时间和位置的概率分布，与所有时间和位置的概率分布相同的随机过程，即随机过程的统计特性不随时间和空间的推移而变化。轨道随机不平顺一般近似认为满足平稳随机过程，这样就可以用一段足够长的轨道不平顺样本，来代表整个线路的不平顺特征。

由于运营维护、轨道条件、环境因素在不同线路上或者同一线路不同位置上都存在差异，所以严格地说轨道随机不平顺不是各态历经和平稳的，尤其是从大的空间尺度和大的时间尺度来说。一些学者经过平稳性检验证实，大多数轨道随机不平顺具有平稳或者弱平稳特性，因此可以将轨道随机不平顺按照平稳随机过程处理。

由于轨道随机不平顺具有平稳特性，所以在车辆系统动力学仿真中，可以用有限长度的轨道随机不平顺样本来近似代替某类线路的轨道随机不平顺特性，从而通过有限的动力学仿真模拟车辆在某类线路运行的响应。但这种假设一般只适用于小的空间尺度和小的时间尺度。由于我国铁道车辆运行的线路一般很长，这么长的线路上轨道随机不平顺往往差异显著，用有限的几千米轨道不平顺样本进行分析，显然不能满足线路实际情况。以下所说的轨道不平顺均是指轨道随机不平顺。

2）功率谱密度

多数轨道不平顺的波长结构，可以用平稳随机过程的功率谱密度描述[33]。某段轨道不平顺样本记录 $\eta(t)$ 或 $\eta(x)$ 的功率谱密度估计值 $\hat{G}_\eta(f)$ 定义为，$\eta(t)$ 或 $\eta(x)$ 频率 f 到 $f+\Delta f$ 的微小带宽 Δf 内的均方值 $\hat{\Psi}_\eta^2(f,\Delta f)$ 除以带宽 Δf：

$$\hat{G}_\eta(f) = \frac{\hat{\Psi}_\eta^2(f,\Delta f)}{\Delta f} \tag{4-27}$$

如果 $\Delta f \to 0$，而统计时间无限长或距离无限大，则得到功率谱密度更加精确的表达式：

$$\hat{G}_\eta(f) = \lim_{\Delta f \to 0} \frac{\hat{\Psi}_\eta^2(f,\Delta f)}{\Delta f} = \lim_{\Delta f \to 0} \frac{1}{\Delta f}[\lim_{T \to \infty} \frac{1}{T} \int_0^T \eta^2(t,f,\Delta f)\,\mathrm{d}t] \tag{4-28}$$

或者：

$$\hat{G}_\eta(f) = \lim_{\Delta f \to 0} \frac{1}{\Delta f}[\lim_{X \to \infty} \frac{1}{X} \int_0^X \eta^2(x,f,\Delta f)\,\mathrm{d}x] \tag{4-29}$$

式中，$\eta(t,f,\Delta f)$ 和 $\eta(x,f,\Delta f)$ 表示 $\eta(t)$、$\eta(x)$ 在 $f \to f+\Delta f$ 频率范围内的那一部分值。轨道不平顺可以用空间频率或者时间频率描述，其功率谱密度的单位符号是 $\mathrm{mm}^2/\mathrm{Hz}$ 或者

$mm^2/(1/m)$。式（4-28）定义的功率谱密度函数只对正频率存在，是单边功率谱密度函数。

轨道不平顺的功率谱图是以频率或波长为横坐标、谱密度值为纵坐标的连续曲线，反映轨道不平顺功率谱密度在频率或者波长轴上的分布情况。曲线下 f_1 到 f_2 间的面积等于这个频带内各波长成分的均方值，面积越小说明轨道平顺状态越好。由于轨道不平顺的频率坐标范围比较大，而短波对动力学的影响比较大，为了表现清晰，轨道不平顺的功率谱图常用双对数坐标。

3）拟合曲线表达式

轨道不平顺的功率谱密度曲线，是通过大量实测轨道不平顺样本分析得到的统计特征曲线，一般是将一条线路上实测的轨道不平顺按照一定长度分为若干个样本，对这些样本组成的样本集进行统计分析。统计得到的轨道不平顺曲线一般不具有确定性的解析函数关系。为了描述和应用方便，一般用一个接近谱密度曲线的拟合函数来近似该曲线。各国提出的轨道谱拟合曲线表达式多种多样，需要用一些特征参数来描述拟合曲线。

对轨道不平顺功率谱密度的计算多采用周期图法和最大熵法。测量得到轨道不平顺样本数据后，还需要对数据预处理，包括剔除错误数据、去除趋势项、平稳性检验等。我国轨道不平顺处理一般取 4 096 个采样点（一般轨检车 0.25 m 或者 0.3 m 采样，则每段长度为 1 024 m 或者 1 200 m）作为分析轨道谱的窗口长度，用余弦矩形窗，平均次数为 30 ~ 40 次[33]。

轨道谱拟合曲线常用的表达式形式：

$$S(\phi) = \frac{A\phi_2^2(\phi^2 + \phi_1^2)}{\phi^4(\phi^2 + \phi_2^2)} \tag{4-30}$$

式中，$S(\phi)$ 为功率谱密度；ϕ 为空间频率；A 为粗糙度参数；ϕ_1 及 ϕ_2 为截断频率。

轨道不平顺功率谱具有一些共同特征：长波成分的谱密度值一般较大，波长越短，其谱密度值一般越小；有时含有窄带随机波的凸形峰或周期性尖峰谱线。

图 4.17 是我国京津城际线路实测的轨道高低不平顺功率谱密度曲线。可见，实测的轨道不平顺波长主要集中在 1 m 到 200 m，其实这个波长范围内的前后两端也是通过其他手段测量或者拟合得到的。轨道谱存在 2.8 m 车轮偏心、6.5 m 轨道板长度，以及桥梁跨长等不平顺峰值，对轨道不平顺进行公式拟合时，往往将这些周期性尖峰谱线忽略了，这会导致动力学仿真输入轨道谱频率成分缺失。

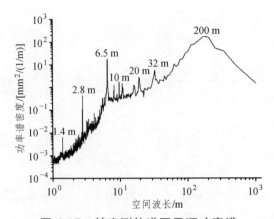

图 4.17　某实测轨道不平顺功率谱

在对轨道不平顺样本集进行统计处理时，一般满足自由度为 2 的 χ^2 分布。轨道不平顺平均谱对应百分位数为 63.2 的百分位谱，并且轨道不平顺谱的平均值等于其标准差。表 4.5 为根据中位数谱（百分位数为 50）估算其他轨道不平顺百分位谱的系数。根据对我国高速列车动力学仿真分析和线路试验的对比发现，采用高速铁路中位谱进行动力学仿真，得到的振动数据和车辆实际振动接近。

表 4.5　轨道不平顺百分位谱的估计系数

百分位数	10.0	20.0	25.0	30.0	50.0	60.0	63.2	70.0	75.0	80.0	90.0
系数	0.152	0.322	0.415	0.515	1.000	1.322	1.443	1.737	2.000	2.322	3.322

4）谱估计方法及反演

车辆动力学时域仿真中一般用某种轨道谱的轨道不平顺样本，该样本可以是空间域描述的（动力学仿真软件一般用空间域描述），也可以是时间域描述的（此时必须考虑车速，如滚动振动试验台的激扰就必须用时间域描述）。但标准中的轨道谱一般是以公式形式给出，在时间频域或者空间频域描述，这就需要将其转换到动力学时域仿真能用的轨道谱样本。

和已知轨道不平顺数据推演轨道谱的方法类似，已知轨道谱表达式获取轨道不平顺样本的方法也有多种，如自相关函数估计、BT 法谱估计、周期图谱估计、Bartlett 法谱估计、Welch 法谱估计、Wold 分解定理、现代谱估计方法（主要有 AR、MA 和 ARMA 三类模型）、Nuttall 算法等。

现在有很多研究轨道谱反演方法的文献，反演时需要注意轨道谱的波长范围、不平顺幅值、轨道谱长度。各种方法反演出的轨道谱质量参差不齐，这对动力学仿真结果的准确性有着很大的影响。常用的反演方法如反周期图法[34]，反演的效果很好。

2. 国内外典型轨道谱

1）美国轨道谱

美国运输部联邦铁路总署（FRA）将美国铁路按轨道不平顺状态的安全限度和相应的允许速度分为 6 个等级，并公布了 6 个等级线路轨道不平顺谱，1998 年增补 3 个高速等级后变为 9 个等级。美国 FRA 公布 6 个等级线路的轨道不平顺谱，是在大约 11 万千米的各级线路数据库中，每个等级选取 5~10 个区段的轨道不平顺检测数据，利用 FFT 方法计算、统计分析得出的。这些区段每个长 8~16 km，广泛分布在整个美国，反映了各铁路公司轨道运营情况和养修状态。美国轨道谱采用统一的表达式，不同等级的谱采用不同的特征参数来描述。美国轨道谱拟合成一个以截断频率和粗糙度常数表示的偶次函数。美国得到的相应轨道不平顺拟合公式为（单位符号：$cm^2 \cdot m/rad$）

（1）高低不平顺：

$$S_v(\Omega) = \frac{kA_v\Omega_c^2}{\Omega^2(\Omega^2 + \Omega_c^2)} \tag{4-31}$$

（2）方向不平顺：

$$S_a(\Omega) = \frac{kA_a\Omega_c^2}{\Omega^2(\Omega^2 + \Omega_c^2)} \tag{4-32}$$

（3）水平不平顺和轨距不平顺具有相同的谱密度表达式：

$$S_c(\Omega) = S_g(\Omega) = \frac{4kA_v\Omega_c^2}{(\Omega^2 + \Omega_c^2)(\Omega^2 + \Omega_s^2)} \tag{4-33}$$

式中，k 为安全系数，$k = 0.25$ 时计算结果与实测值接近，$k = 1$ 偏向安全；Ω 为空间角频率，单位为 rad/m；Ω_c，Ω_s 为截断频率，单位为 rad/m；A_v，A_a 为轨道不平顺谱粗糙度常数。美国谱适用于 $10 \sim 1\,000$ ft（$3.048 \sim 304.8$ m）的波长范围。参数见表 4.6。

表 4.6 美国轨道不平顺谱参数（1~6 级轨道）

符号	单位符号	1 级	2 级	3 级	4 级	5 级	6 级
A_v	cm^2·rad/m	1.210 7	1.018 1	0.681 6	0.537 6	0.209 5	0.033 9
A_a	cm^2·rad/m	3.363 4	1.210 7	0.412 8	0.302 7	0.076 2	0.033 9
Ω_s	rad/m	0.604 6	0.930 8	0.852 0	1.131 2	0.820 9	0.438 0
Ω_c	rad/m	0.824 5	0.824 5	0.824 5	0.824 5	0.824 5	0.824 5
货车允许速度/（km/h）		16	40	64	96	128	176
客车允许速度/（km/h）		24	48	96	128	144	176

2）德国高速轨道谱

德国于 20 世纪 80 年代初进行高速列车的理论研究时，用不同的特征参数表达低干扰谱和高干扰谱。德国低干扰谱适合于 250 km/h 以上的高速铁路，高干扰谱适合于德国普通铁路。德国轨道谱的轨距不平顺和水平不平顺具有相同的谱密度表达式。后来这些轨道谱表达式被欧洲其他国家采用并进行了修正。德国轨道不平顺谱拟合公式为（单位符号：m^2·m/rad）

（1）高低不平顺：

$$S_v(\Omega) = \frac{A_v\Omega_c^2}{(\Omega^2 + \Omega_r^2)(\Omega^2 + \Omega_c^2)} \tag{4-34}$$

（2）方向不平顺：

$$S_a(\Omega) = \frac{A_a\Omega_c^2}{(\Omega^2 + \Omega_r^2)(\Omega^2 + \Omega_c^2)} \tag{4-35}$$

（3）水平不平顺：

$$S_c(\Omega) = \frac{A_v b^{-2}\Omega_c^2\Omega^2}{(\Omega^2 + \Omega_r^2)(\Omega^2 + \Omega_c^2)(\Omega^2 + \Omega_s^2)} \tag{4-36}$$

式中，b 为车轮名义滚动圆距离之半，取 0.75 m；Ω 为空间角频率，单位符号为 rad/m；Ω_c、Ω_s 和 Ω_r 为截断频率，单位符号为 rad/m；A_v，A_a 为轨道不平顺谱粗糙度系数。各参数见表 4.7。

表 4.7　德国轨道谱参数

参数	Ω_c /（rad/m）	Ω_r /（rad/m）	Ω_s /（rad/m）	A_v /rad·m	A_a /rad·m
低干扰谱	0.824 6	0.020 6	0.438 0	4.032×10^{-7}	2.119×10^{-7}
高干扰谱	0.824 6	0.020 6	0.438 0	1.08×10^{-6}	6.125×10^{-7}

3）日本轨道谱

在 1980 年前后，日本通过大量测试，计算轨道不平顺谱的平均值得到轨向、水平、高低三种轨道不平顺谱，其拟合曲线的近似表达式为

$$S(f) = \frac{A}{f^n} \tag{4-37}$$

式中，$S(f)$ 为轨道不平顺谱函数，单位符号为 $mm^2 \cdot m/rad$ ；f 为空间频率，单位符号为 $1/m$ ；A 和 n 为轨道不平顺谱系数，见表 4.8。

表 4.8　日本轨道不平顺谱系数

不平顺种类	轨道状态	长波（25～100 m）		短波（3～25 m）	
		A	n	A	n
轨向	好	0.17	2.05	0.006 5	3.06
	中	0.12	2.25	0.003 9	3.45
	差	0.27	2.25	0.002 9	3.64
水平	好	—	—	0.18	1.79
	中	—	—	0.25	1.78
	差	—	—	0.12	2.12
高低	好	0.008 3	3.10	0.14	1.97
	中	0.004 6	3.14	0.18	2.05
	差	0.004 6	3.24	0.45	1.89

4）中国轨道谱

在我国轨道谱研究中，不同单位进行了长期测试和研究，中国铁道科学研究院测试最多、研究最深入[33]。但我国的轨道谱标准才刚刚形成，还没有被广泛应用到车辆动力学分析中，这对我国车辆系统动力学研究十分不利。

中国铁道科学研究院对我国轨道不平顺谱的数据采集、处理、计算、分析进行了较全面深入的研究，利用 FFT 法和最大熵法提出了我国主要干线不同轨道结构、质量状态以及曲线、桥梁、钢轨焊接接头等特殊地段的轨道不平顺谱。高低、水平和轨向不平顺谱采用系数不同的统一解析式表示：

$$S(f) = \frac{A(f^2 + Bf + C)}{f^4 + Df^3 + Ef^2 + Ff + G} \tag{4-38}$$

式中，$S(f)$ 为轨道不平顺功率谱，单位符号为 $mm^2 \cdot m$；f 为空间频率，单位符号为 $1/m$；A、B、C、D、E、F、G 为轨道不平顺谱系数，对不同线路和不同类型的轨道不平顺有不同的数值。

表 4.9 给出了我国京哈、京广、京沪三大重载提速干线的左、右钢轨的轨道不平顺谱拟合曲线特征系数。表 4.10 和表 4.11 给出了不同轨道结构的轨道不平顺谱拟合曲线特征系数。表 4.12 给出了郑武高速试验轨道不平顺谱的拟合参数特征系数。

表 4.9　提速干线轨道不平顺谱的拟合曲线特征系数

参　数	A	B	C	D	E	F	G
左高低	1.102 9	− 1.470 9	0.594 1	0.848 0	3.801 6	− 0.250 0	0.011 2
右高低	0.858 1	− 1.460 7	0.584 8	0.040 7	2.842 8	− 0.198 9	0.009 4
左轨向	0.224 4	− 1.574 6	0.668 3	− 2.146 6	1.766 5	− 0.150 6	0.005 2
右轨向	0.374 3	− 1.589 4	0.726 5	0.435 3	0.910 1	− 0.027 0	0.003 1
水平	0.121 4	− 2.160 3	2.021 4	4.508 9	2.222 7	− 0.039 6	0.007 3

表 4.10　60 kg 钢轨普通接头线路轨道不平顺谱拟合曲线的特征系数

参　数	A	B	C	D	E	F	G
左高低	1.042 6	− 1.474 2	0.600 3	7.100 9	3.289 7	− 0.178 6	0.010 7
右高低	0.358 2	− 1.434 8	0.566 9	1.495 6	1.324 2	− 0.083 5	0.003 8
左轨向	0.093 8	− 1.806 8	1.327 4	2.297 7	1.005 3	− 0.029 2	0.001 4
右轨向	0.032 9	− 2.583 3	2.619 2	3.004 5	1.489 6	− 0.150 9	0.004 8
水平	0.064 0	− 2.387 8	2.151 1	3.357 0	0.473 2	0.023 3	0.001 2

表 4.11　60 kg 钢轨无缝线路轨道不平顺谱拟合曲线的特征系数

参　数	A	B	C	D	E	F	G
左高低	1.412 9	− 1.462 5	0.588 3	2.026 7	6.555 8	− 0.447 7	0.018 8
右高低	0.104 5	− 1.142 3	0.423 0	0.754 4	− 0.116 9	0.024 1	− 0.000 2
左轨向	0.550 7	− 1.644 5	0.705 6	− 2.913 5	3.835 6	− 0.341 0	0.011 3
右轨向	0.118 4	− 4.267 3	3.685 7	4.345 9	2.316 5	− 0.172 5	0.007 2
水平	0.994 5	− 1.423 5	0.649 2	4.560 3	2.642 2	0.417 9	− 0.003 8

表 4.12　郑武线轨道不平顺谱拟合曲线的特征系数

参　数	A	B	C	D	E	F	G
左高低	0.127 0	− 2.153 1	1.550 3	4.983 5	1.389 1	− 0.032 7	0.001 8
右高低	0.332 6	− 1.375 7	0.549 7	2.490 7	0.405 7	0.085 8	− 0.001 4
左轨向	0.062 7	− 1.184 0	0.677 3	2.123 7	− 0.084 7	0.034 0	− 0.000 5
右轨向	0.159 5	− 1.385 3	0.667 1	2.333 1	0.256 1	0.092 8	− 0.001 6
水平	0.332 8	− 1.351 1	0.541 5	1.843 7	0.381 3	0.206 8	− 0.000 3

近年来，中国铁道科学研究院又对中国高速铁路进行了大量的轨道谱测试工作，并且给出了我国高速铁路轨道谱拟合公式。对高速铁路有砟轨道不平顺谱，采用幂函数公式分段拟合，轨道波长范围为 2～100 m。

$$S(f) = \frac{A}{f^k} \tag{4-39}$$

式中，$S(f)$ 为轨道不平顺谱函数，单位符号为 $mm^2 \cdot m/rad$；f 为空间频率，单位符号为 $1/m$；A 和 n 为轨道不平顺谱系数，见表 4.13 和表 4.14。

表 4.13 高速铁路有砟轨道不平顺平均谱拟合公式系数

项　目	第 1 段		第 2 段		第 3 段		第 4 段	
	A	k	A	k	A	k	A	k
轨距不平顺	$1.363\,5 \times 10^{-1}$	$0.690\,3$	$2.138\,4 \times 10^{-2}$	$1.565\,3$	$8.164\,1 \times 10^{-4}$	$4.130\,5$	—	—
水平不平顺	$9.971\,4 \times 10^{-3}$	$1.610\,3$	$5.574\,3 \times 10^{-2}$	$1.133\,6$	$1.683\,3 \times 10^{-3}$	$3.131\,5$	—	—
方向不平顺	$2.593\,4 \times 10^{-4}$	$2.660\,7$	$1.324\,5 \times 10^{-1}$	$0.804\,1$	$7.149\,8 \times 10^{-4}$	$3.297\,9$	—	—
高低不平顺	$8.198\,1 \times 10^{-2}$	$1.628\,4$	$4.688\,0 \times 10^{-5}$	$3.419\,4$	$3.821\,5 \times 10^{-2}$	$1.230\,6$	$2.460\,9 \times 10^{-4}$	$4.166\,3$

表 4.14 高速铁路有砟轨道不平顺谱分段点空间频率及波长

项　目	第 1、2 段		第 2、3 段		第 3、4 段	
	频率/（1/m）	波长/m	频率/（1/m）	波长/m	频率/（1/m）	波长/m
轨距不平顺	$0.120\,4$	8.3	$0.280\,0$	3.6	—	—
水平不平顺	$0.027\,0$	37.0	$0.173\,5$	5.8	—	—
方向不平顺	$0.034\,8$	28.7	$0.123\,2$	8.1	—	—
高低不平顺	$0.015\,5$	64.5	$0.046\,8$	21.4	$0.179\,3$	5.6

3. 短波不平顺谱

前面的轨道谱主要是采用轨检车检测数据处理得到的，其有效波长范围一般在几米到几十米之间，满足车辆系统常规动力学分析要求。轮轨高频振动越来越受到重视，尤其是对高速列车和高速铁路，而研究高频振动必须考虑钢轨短波随机不平顺。国外学者和机构提出了一些短波高低不平顺功率谱密度函数，常用的有以下两种。

（1）欧洲标准委员会基于欧洲不同类型线路得到轨面粗糙度数据，经理论计算获得钢轨表面粗糙度 1/3 倍频程限值谱（BS EN ISO 3095—2005）。该谱由两段直线相连组成，适合的波长范围为 0.003～0.63 m，可用于分析和评价轨面粗糙度水平，也可用于轮轨噪声和高频振动分析的激励输入。其表达式为

$$RL(\lambda) = \begin{cases} -9.7 & (0.003\,15 \leqslant \lambda \leqslant 0.01) \\ 53.55\lambda - 10.24 & (0.01 < \lambda \leqslant 0.63) \end{cases} \tag{4-40}$$

式中，$RL(\lambda)$ 是粗糙度水平（dB）；λ 是粗糙度波长（m）。

（2）20世纪70年代，Sato 在研究轨道高频振动时，提出了适用于 3 m 以下波长的轨道短波高低随机不平顺谱，其公式为

$$S(f) = \frac{A}{f^3} \qquad (4\text{-}41)$$

式中，粗糙度系数 A 取值为 $4.15 \times 10^{-8} \sim 5.0 \times 10^{-7}$。

4.3 气动载荷

空气动力对车辆系统动力学有明显影响，主要包括运行阻力、升力、横风作用、会车、进出隧道等。横风作用比较复杂，包括稳态风、随机风、瞬时风、脉动风等多种类型。气动载荷是列车的重要激扰源，克服空气产生的纵向阻力是高速列车主要的能耗之一。侧风作用下车辆有倾覆脱轨和爬轨脱轨的危险，国内外都曾经发生过多起列车在大风下倾覆的事故。另外，侧风作用导致车体和一些止挡接触，如二系横向止挡接触增加了悬挂刚度，也会导致车辆系统动力学性能恶化。对车辆系统动力学而言，更加关注横风的影响。

目前，实车试验、比例模型试验和数值仿真模拟计算是列车空气动力学的主要研究方法。我国近年来针对高速列车开展了大量风洞试验，在兰新客运专线等风区线路开展了大风线路实验，积累了宝贵的经验。但我国关于侧风作用下的列车运行安全性、动态限界计算，都还没有成熟的理论体系和标准规范。

对于车辆多刚体系统动力学分析，不太关注空气动力学的具体计算或者试验过程，而是重点关注车辆在空气动力作用下的动力学性能，一般将空气动力以集中力和力矩的形式施加在车体上。空气动力学计算表明，在横风作用下，列车的头车受到的空气动力一般最大，尾车次之，中间车最小。列车横向安全性分析时，可以仅对最危险的车辆（如头车）进行分析，也可以对整列车仿真计算。

4.3.1 常用的风载荷获取方法

1. 静态风压力

静态风压力可按照风压公式计算：

$$q = \gamma v^2 / 2 \qquad (4\text{-}42)$$

其中，γ 为当地最大风速时的空气密度，单位符号为 kg/m^3，一般取 $1.225\ kg/m^3$；v 为风速，单位符号为 m/s；q 是风压，单位符号为 N/m^2。

2. 风压表

当车辆高速运行时，列车与风的相对速度会发生变化，导致侧风压力和分布发生复杂的变化，一般随着车速的提高风压迅速增大。部分标准给出了车辆运行状态下的风压表，但没有考虑车速的影响，如 CJJ96—2003《地铁限界标准》提供的侧风参数表。根据风压表，由横风作用所引起的侧向集中力，作用在车辆投影面形心上的压力为

（1）风速为 15 m/s 时的风压值：220 N/m²；

（2）风速为 20 m/s 时的风压值：395 N/m²；

（3）风速为 25 m/s 时的风压值：638 N/m²；

（4）风速为 30 m/s 时的风压值：878 N/m²；

（5）对于背风面负压，在任何情况下，还加上 20%的系数。

如表 4.15 所示，侧风压力表仅给出了作用于车体侧面的压力，不能考虑车速的影响，且没有升力、阻力和各向力矩，所以仅能在近似计算中采用。

表 4.15　侧风压力表

等级	名称	风速/（m/s）	垂直方向单位面积风压/（N/m²）	风的特征
0	无风	0～0.2	0～0.392	烟几乎垂直上升，树不动
1	软风	0.3～1.5	0.088～2.205	可根据飘烟测定风向，风标不动
2	轻风	1.6～3.3	2.509～10.672	树叶沙沙作响，脸上有风的感觉
3	微风	3.1～5.4	11.328～23.577	树叶及小的树枝不断徐徐摇动
4	和风	5.5～7.8	29.645～61.162	尘土及薄纸飞扬
5	清风	8.0～10.7	62.720～112.200	小的树干摇动
6	强风	10.8～13.8	114.307～186.631	大树枝摆荡，电线啸啸作响
7	疾风	13.9～17.1	189.346～286.258	小树摇摆
8	大风	17.2～20.7	289.881～419.930	小树及枯枝折断，迎风难行
9	列风	20.8～24.4	423.948～583.492	毁坏烟囱及瓦块
10	狂风	24.5～28.4	617.604～790.468	树连根拔
11	暴风	28.5～32.6	786.254～1 041.544	很大破坏
12	飓风	大于 32.6	大于 1 041.544	成灾害

3. 空气动力学软件计算

列车空气动力学计算采用数值计算方法，求解描述流场流动的方程组，获得流场有关信息，通过后处理计算得到空气动力作用在车体上的载荷。对空气动力学研究而言，需要关注空气的流场等特征。而对车辆系统动力学研究而言，主要关注空气作用在车辆上的集中力和力矩，以及这些力和力矩的施加位置。针对列车的具体运营工况，通过空气动力学计算可以得到恒定侧风作用下列车受到的气动力，进一步通过列车动力学仿真分析得到动力学性能。当列车运行速度较低时，一般不用考虑纵向空气动力学作用，但横风的影响是不容忽视的，在横向安全性计算时最好通过空气动力学计算准确的侧风系数。

压缩性是流体的基本属性，任何流体都是可压缩的，但当流体密度的变化对流动的影响可以略去不计时，可以采用不可压流动假设。一般情况下，由于列车的运行速度比较小，马赫数 $M_a < 0.3$，在列车空气动力学计算中可以按不可压缩黏性流体考虑。

在空气动力学计算时，首先需要建立车辆或者列车的几何模型，根据计算的复杂程度对实际车辆结构进行不同程度的简化建模。实际列车表面并非光滑的，而是有许多大小不一的凹凸物，如车灯、门把手、受电弓等，而列车所处的轨道、轨枕和道床等均有许多小尺寸的几何特征，一般对上述细部特征进行简化处理为一系列光滑曲面构成的几何体。考虑到计算流场的变化以及气流的扰流影响，计算区域的尺寸应当足够大。但是计算区域越大，网格数量越大，导致计算速度降低。为了在提高计算速度的同时保证计算精度，一般通过建立多个计算区域进行计算比较，最终选取比较合适的计算区域。

空气动力学计算采用的是稳态边界条件，同时，列车运行的路堤、桥梁、周围地形对空气动力学均有影响，所以一般的空气动力学计算与实际情况仍然存在一定差异。空气动力学计算受计算条件、分析人员经验的影响比较大，将其计算结果用于车辆动力学边界条件输入时需要注意这些问题。

4. 风洞试验

风洞试验指在风洞中安置物体模型，研究气体流动及其与模型的相互作用，以了解实际物体空气动力学特性的一种空气动力试验方法。高速列车的风洞试验都采用列车比例模型试验，且是空气运动、模型不动。缩小尺寸模型试验中主要的试验手段是风洞试验，该方法具有不受气候环境、线路条件等外部因素限制的优点。由于风洞试验是一种模拟试验，不可能完全准确。风洞试验用于模拟列车受到横风作用时，对于列车运行的复杂环境、大风等瞬态特性等不能准确模拟。

5. 线路试验

实车试验是列车空气动力学和横风气动性能研究中最基本、最准确的方法，该方法通过布置在列车相关位置的传感器获得气动性能数据。但现有的测试技术还不完善，不能准确测量列车受到的气动作用力。

6. 气动系数示例

通过空气动力学软件计算或者风洞试验得到集中在车体上的气动力，一般以气动系数表示，以合成风向角为自变量。以气动系数为变量，采用相关公式可以很容易求得不同车速、不同侧风速度下作用在车体上的空气动力。EN 14067-6 标准给出了通过风洞试验得到的 ICE3 型高速列车头车的气动载荷系数，如图 4.18 所示，可见在风向角大于 50° 之后，侧风系数随合成风向角的变化趋势发生了变化。

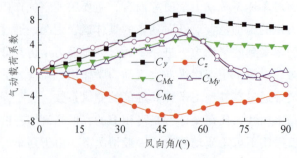

图 4.18 ICE3 型动车组头车气动载荷系数

156

4.3.2　常用的风载荷类型

车辆系统动力学仿真分析中，一般采用三个风载模型，即定常稳态风载模型、瞬态中国帽风载模型和非定常随机风载模型。定常稳态风将风载荷简化为 5 个确定的集中力或力矩；瞬态中国帽风载模型考虑了风的瞬态效应，风载荷不再为定常值；随机风载模型考虑了风速的不确定性，将风载模拟成一个平稳随机过程。

1. 定常稳态风载模型

定常稳态风载模型基于均匀风假设，气动载荷简化为恒定力，包括侧力、升力、侧滚力矩、点头力矩、摇头力矩五个方向的力和力矩。根据空气动力学计算结果得到各气动载荷的恒定值。一个完整的风载荷作用过程分为加载过程、持续过程和卸载过程。在仿真开始阶段，这些力由 0 线性增大到对应风速和车速下的恒定值，然后在一定时间内保持恒定，最后线性减小到 0。

当无空气动力学计算或试验结果时，只能采用侧风压力作为气动激扰，此时定常风也仅考虑侧力作用，但动力学计算结果的准确性明显降低。

2. 瞬态中国帽风载模型

欧洲标准 EN 14067-6 中的瞬态中国帽风载模型考虑了风的瞬态效应，在平均风速基础上加入瞬态风速分布模型——"中国帽"，瞬态中国帽风速时程曲线如图 4.19 所示。侧风的载荷作用过程也分为无侧风、平滑加载、平均风作用、帽子风作用、平均风作用、卸载过程。车辆系统动力学指标最大值一般出现在帽子风附近。

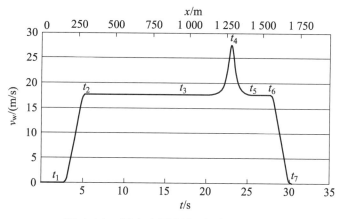

图 4.19　瞬态中国帽风速时程曲线图

气象观察记录表明，自然界的瞬态风速由两部分叠加而来，即周期超过 10 min 以上的平均风速和周期在几秒以内的脉动风速。因此，流场内某点处的瞬时风速值 ω 可表示为

$$\omega = \overline{\omega} + \omega' \tag{4-43}$$

式中，$\overline{\omega}$ 表示平均风速；ω' 表示脉动风速。根据瞬时风速的叠加理论，瞬态中国帽风速模型可以表示为

$$v_w = U_{mean} + 2.84\sigma_u C \tag{4-44}$$

$$C = e^{-\sqrt{25u_x^2 + 256u_y^2}} \tag{4-45}$$

式中，U_{mean} 为侧风的平均风速；σ_u 为模型标准差；u_x 和 u_y 分别为风速沿轨道纵向和横向分矢量。

设 G 为阵风因子。由最大风速 U_{max}、平均风速 U_{mean} 和模型标准差 σ_u 可以表示为

$$U_{mean} = U_{max}/G \tag{4-46}$$

$$\sigma_u = 0.244\ 6U_{mean} \tag{4-47}$$

为了得到 u_x 和 u_y，首先根据风的纵向速度功率谱密度计算时间常数 T：

$$T = \frac{1}{2} \times \left[\frac{\int_{n_1}^{n_2} n^2 \cdot S_u(n)\mathrm{d}n}{\int_{n_1}^{n_2} S_u(n)\mathrm{d}n} \right]^{-0.5} \times 4.182\ 5 \tag{4-48}$$

其中，风的纵向速度功率谱密度为

$$S_u(n) = \frac{4f_u\sigma_u^2}{(1+70.7f_u^2)^{5/6}} \cdot \frac{1}{n} \tag{4-49}$$

式中的标准频率 f_u 与平均风速 U_{mean} 和横向湍流积分尺度 L_u^y 有关。

$$f_u = \frac{n \cdot L_u^y}{U_{mean}} \tag{4-50}$$

通过下列公式可得到 u_x 和 u_y：

$$u_x(t) = \frac{1}{2TU_{mean}}v_{tr}t\cos(\beta_w) \tag{4-51}$$

$$u_y(t) = \frac{1}{2TU_{mean}}v_{tr}t\sin(\beta_w) \tag{4-52}$$

式中，v_{tr} 是列车的运行速度；β_w 是风向角，即横风与轨道的夹角。

如图 4.20 所示，根据速度合成理论，由车速 v_{tr}、风速 v_w 和风向角可以得到相对合成风速 v_a 和合成风向角 β：

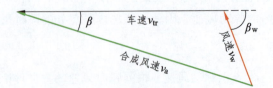

图 4.20　合成风速理论原理图

$$v_a(t) = \sqrt{[v_{tr} + v_w(t)\cos\beta_w]^2 + [v_w(t)\sin\beta_w]^2} \qquad （4\text{-}53）$$

$$\beta(t) = \arctan\left(\frac{v_w(t)\sin\beta_w}{v_{tr} + v_w(t)\cos\beta_w}\right) \qquad （4\text{-}54）$$

作用于列车上的气动载荷可以简化为笛卡儿坐标系下，沿两个坐标方向的力和绕三个坐标轴的力矩，即侧力 F_y、升力 F_z、倾覆力矩 M_x、点头力矩 M_y 和摇头力矩 M_z。各力和力矩的表达式如下：

$$\left.\begin{aligned} F_i(t) &= \frac{1}{2}\rho A_0 c_{F_i}[\beta(t)]v_a^2(t) \\ M_i(t) &= \frac{1}{2}\rho A_0 d_0 c_{M_i}[\beta(t)]v_a^2(t) \end{aligned}\right\} \quad i \in \{x, y, z\} \qquad （4\text{-}55）$$

式中，ρ 是空气密度，一般取值 $1.225\ \text{kg/m}^3$；A_0 是投影面积；d_0 是轨面到气动载荷作用中心的高度；c_{F_i}、c_{M_i} 是气动力和气动力矩系数。

3. 非定常随机风载模型

为了将风载模拟成一段平稳随机信号，首先需要选择风谱。从 20 世纪 40 年代空气动力学得到广泛研究以来，众多学者提出了多种随机风谱，如 Von Karman 谱、Simiu 谱、Kaimal 谱、ESDU 谱和 Davenport 谱等。本书以 Simiu 谱来模拟随机风过程，其表达式为

$$S(z, n) = \frac{200 f u_0^2}{n(1 + 50f)^{5/3}} \qquad （4\text{-}56）$$

式中，$f = zn/U(z)$；z 为距离地面的高度；n 为频率；$U(z)$ 为平均速度；u_0 为空气流动摩擦速度。

根据 Simiu 风谱，可以得到对应的 AR 模型参数。根据维纳-辛钦定理，即功率谱和自相关函数互为一对傅里叶变换，因此对 Simiu 谱进行傅里叶逆变换，即可得到随机风的自相关序列。然后通过 Levinson 递归算法求解下面所给出的 AR 模型正则式（4-57），求出 AR 模型的参数。五阶 AR 模型的随机风速时程表达式为

$$v(n) = -\sum_{i=1}^{5} a_i x(n-i) + u(n) \qquad （4\text{-}57）$$

其正则方程为

$$\begin{bmatrix} r_x(0) & r_x(1) & r_x(2) & \cdots & r_x(5) \\ r_x(1) & r_x(0) & r_x(1) & \cdots & r_x(4) \\ \vdots & \vdots & \vdots & & \vdots \\ r_x(5) & r_x(4) & r_x(3) & \cdots & r_x(0) \end{bmatrix} \begin{bmatrix} 1 \\ a_1 \\ \vdots \\ a_5 \end{bmatrix} = \begin{bmatrix} \sigma^2 \\ 0 \\ \vdots \\ 0 \end{bmatrix} \qquad （4\text{-}58）$$

在得到五阶 AR 模型参数后，利用白噪声序列 $u(n)$ 就可模拟出符合给定风谱的风速随机信号 $v(n)$。

图 4.21 为模拟的随机风速时间历程，其中平均风速为 20 m/s，空气流动摩擦速度为 2.5 m/s，离地高度为 2.0 m，时间采样间隔为 0.1 s。最后，根据合成风速理论和稳态侧风系数得到非定常随机风载时间历程。

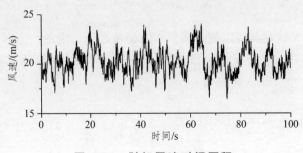

图 4.21　随机风速时间历程

理论篇

本部分是铁道车辆系统动力学的主要理论体系，包括车辆系统蛇行运动稳定性、随机振动和运行平稳性、曲线通过能力、列车动力学等。这是车辆系统动力学研究的核心内容，也是工程应用中最关心的常规动力学问题。

车辆系统动力学的经典内容是运动稳定性、运行平稳性和运行安全性，本部分在编排上参考了这种分类，但这些章节也有交叉，很多模型具有通用性。本部分给出了车辆系统动力学常用的数学模型、参数对动力学性能的影响规律和重要的基本概念，也针对相关知识点结合一些工程实例进行应用介绍。

车辆系统动力学理论包含的内容还很多，本书主要针对常规车辆动力学介绍常用的理论体系。虽然其中大部分理论都已经发展了很多年，且从基本原理来说都相对成熟了，但仍然存在众多待解决的问题，很多都是我国快速发展的铁道车辆工程应用中急需解决的难题。在我国高速铁路运营过程中，由于我国高速列车具有持续运行速度高、持续运行里程长、运行边界条件变化复杂、运行线路条件好且单调等特征，一些动力学问题逐渐暴露，很多问题是国外很少或者没有遇到过的。这些动力学问题多与蛇行运动稳定性有关，如车辆的低频晃动和高频抖动，进一步影响乘坐性能和运行安全性。我国既有提速客车、地铁列车、轻轨列车也都存在许多常规动力学问题，还需要进一步系统深入研究。

5 车辆系统蛇行运动稳定性

蛇行运动是铁道车辆特有的现象，是车辆系统动力学的核心问题之一。蛇行运动与非线性振动和运动稳定性密切相关，决定了车辆最高允许的运行速度，并影响车辆的其他动力学性能。当车辆运行速度超过蛇行运动临界速度后，轮对或转向架发生以横移与摇头耦合的周期振动，可能引起车体横向晃动降低乘坐舒适性，或者引起转向架的谐波振动，严重时甚至导致车轮与钢轨碰撞引发脱轨危险。很多时候由于蛇行运动稳定性裕量不足，车辆系统受到激扰后振动衰减很慢，也会严重降低乘坐性能。所以不仅要避免车辆发生周期蛇行运动，还要留有足够的安全裕量。

5.1 蛇行运动的基本概念

蛇行运动是由于轮轨几何关系和蠕滑力引起的特殊现象，是铁道车辆系统的固有特性。稳定且能快速收敛到平衡位置的蛇行运动对车辆系统影响不显著，是车辆运行过程中不可避免的现象。但收敛较慢或者剧烈的周期蛇行运动，会对车辆系统振动和运行安全产生重大影响，甚至引起脱轨倾覆。长时间的大幅值蛇行运动，会产生较大的轮轨动力作用、悬挂力和振动加速度，降低部件结构可靠性。某些蛇行运动虽然轮对位移较小，不会引起安全性问题，但可能引起车体晃动或者车体弹性振动，严重降低了乘坐舒适度。图 5.1 是国外试验过程中车辆蛇行运动导致的轨道变形，可见剧烈蛇行运动会导致强大的轮轨相互作用。

图 5.1　国外某试验后蛇行运动对轨道的破坏

自由轮对的蛇行运动过程，主要表现为轮对前进时一边横移、一边摇头，两种振动相位差约 90°。钢轮钢轨特有的轮轨接触几何关系是蛇行运动的根源，自由轮对只要一运行就会发生蛇行运动，通过一系悬挂后转向架蛇行运动稳定性得到提高，通过二系悬挂后车辆系统蛇行运动稳定性进一步提高。

车辆系统的蛇行运动表现为两种典型形式：一种是以车体振动幅度较大、转向架振动相对较小的蛇行运动，由于车体运动较显著，故称为车体蛇行运动，另外由于发生时的车速相对较低也叫一次蛇行；另一种是车体振动幅度相对较小、转向架振动剧烈的蛇行运动，由于转向架运动较显著，故称为转向架蛇行运动，另外由于发生时的车速相对较高也叫二次蛇行。

自由轮对在未受到激扰时，如果初始就处于平衡位置，那么轮对将沿着轨道保持同一姿态平稳前进，如图 5.2（a）所示。实际中轮对运动时总会受到扰动，此时轮对将一边横移、一边摇头地前进，如图 5.2（b）所示。如果没有轮缘的约束，轮对的横移和摇头幅值将不断增大；在轮缘约束作用下，轮对最终将趋于稳定的周期蛇行运动。

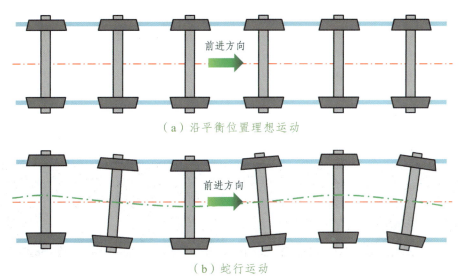

（a）沿平衡位置理想运动

（b）蛇行运动

图 5.2　自由轮对蛇行运动形式

在整车滚动振动试验台上，蛇行运动比较容易再现、观察和测量。由于能在大地绝对坐标系中测量，所以可以很容易获得轮对、构架和车体的绝对位移，从而得到蛇行运动分岔图。图 5.3 是某车辆在滚振台上的蛇行运动视频截图，从轮缘与钢轨的间隙发生周期性变化可以判断出发生了蛇行运动。线路上，通过在车体下部安装摄像头，观察轮对相对于钢轨的姿态变化，可以观测到转向架蛇行运动。通过布置加速度传感器，可以分析典型的蛇行运动现象。

图 5.3　滚动台上蛇行运动一个周期内的几幅截图

车辆系统蛇行运动是一种非线性自激振动，由列车前进的动力提供能量，表现为车辆系统横向周期振动。在车速较低时，车辆受到激扰后引发的蛇行运动一般能迅速收敛到平衡位置；车速超过临界速度后，车辆系统受到激扰后发生周期的极限环振动；车速进一步升高，可能发生拟周期运动或者混沌运动。与车辆蛇行运动对应的自激振动系统三大要素如下：

（1）耗散的振动系统：轮轨摩擦，各种减振器、摩擦元件都耗散蛇行运动能量。

（2）恒定的能源：列车牵引能量或者前进的动能。

（3）受系统运动状态反馈的调节器：非线性轮轨系统。

在常用速度范围内，车辆系统超过临界速度运行时一般表现为周期蛇行运动，车体、构架、轮对的横移和摇头自由度的相图为稳定极限环。动力学分析中常用轮对横向位移和横向速度的极限环表示蛇行运动。

发生蛇行运动时，极限环幅值与多种因素有关，主要包括车辆参数、轮轨接触几何关系（最重要的是等效锥度）、轮轨接触界面条件、运行速度等。轮对横向位移幅值大小直接关系到车辆运行的安全性。当蛇行运动频率较低或者蛇行运动幅值足够大时，轮对横向位移一般接近或达到轮缘贴靠，这样容易产生较大的轮轨横向力，危及行车安全。但在某些蛇行运动情况下，如等效锥度很大、蛇行运动频率很高时的客车，轮对横向位移幅值可能较小，对运行安全性和可靠性影响很小，此时主要影响乘坐舒适性。如图 5.4 所示，某提速客车在 120 km/h 运行时，当等效锥度非常大的情况下发生了 7 Hz 以上的高频蛇行运动，构架横向加速度在 3 ~ 9 Hz 滤波后已经接近 0.8 g，但从视频截图来看，轮对相对于钢轨的横向位移很小。

图 5.4　线路上观测的高频小幅值蛇行运动（轮对转动一圈内的截图）

车辆系统蛇行运动的根本原因在于轮轨非线性关系，可以通过优化一、二系悬挂参数，车辆结构参数和轮轨匹配关系，提高蛇行运动临界速度。

5.2　轮对蛇行运动

自由轮对蛇行运动是最基本、最简单的蛇行运动。自由轮对在理想平直钢轨上以一定速度前进时，除了轮对沿 y 轴的转动之外，主要有两个自由度，即横移运动和摇头运动，两者的耦合就是蛇行运动。其实轮对运动还有侧滚、旋转、浮沉和纵向自由度，但在研究轮对基本运动规律时，这些次要因素往往可以忽略，且轮对侧滚和浮沉还受到轮轨接触的约束，简化自由度模型可以更加清楚地解释蛇行运动规律。

5.2.1　动力学方程

1. 自由轮对动力学方程及解

1）运动微分方程

假设轮对在直线钢轨上等速运动，且运动速度为 v，角速度为 ω，名义滚动圆半径为 r_0，踏面等效锥度为 λ，轮对两滚动圆横向距离之半为 b。考虑轮轨接触蠕滑率-力均为线性，且纵向蠕滑系数与横向蠕滑系数设为相等，即 $f_{11} = f_{22} = f$。轮轨接触几何关系为线性，且不考虑重力刚度产生的力和重力角刚度产生的力矩，不考虑轮对的旋转陀螺效应。

自由轮对在左右钢轨上的运动速度关系如图 5.5 所示，z 轴垂直纸面向内。轮对的前进方向为 x 轴方向，产生的横向位移为 y_w、摇头位移为 ψ_w。为了显示方便，图中的摇头角度放大很多，真实情况是轮对基本上沿着 x 方向运动，摇头角度仅有数度（满足小角度假设）。

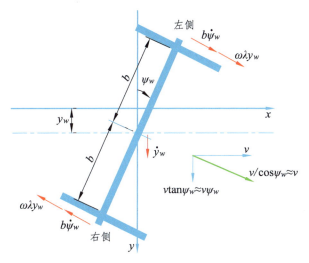

图 5.5　自由轮对蛇行运动简图

为了解释蛇行运动规律，仅考虑轮对横移和摇头两个自由度，且只考虑轮对受到纵向、横向蠕滑力和惯性力。根据第 3 章第 3.3 节"考虑轮对摇头角速度和横移速度"得到的蠕滑率公式，将其中部分符号替换为图 5.5 的符号，就可以得到纵向和横向蠕滑率。下面分析左右轮轨间的相对滑动速度、蠕滑率和蠕滑力。注意这里的坐标系和前面章节的坐标系不同。

（1）相对滑动速度。

锥形踏面下，滚动圆半径变化量为 $\Delta r = \lambda y_w$，所以左轮和右轮的滚动圆半径分别为

$$\begin{cases} r_L = r_0 - \Delta r = r_0 - \lambda y_w \\ r_R = r_0 + \Delta r = r_0 + \lambda y_w \end{cases} \tag{5-1}$$

由于轮对只有两个自由度，车轮接触点纵向速度由两部分组成：一部分是轮对整体前进速度（滚动角速度乘以名义滚动圆半径）；另一部分是轮对摇头角速度乘以滚动圆横向跨距之半。左轮和右轮在接触点的纵向速度分别为

$$\begin{cases} v_L = \omega r_0 + b\dot{\psi}_w = v + b\dot{\psi}_w \\ v_R = \omega r_0 - b\dot{\psi}_w = v - b\dot{\psi}_w \end{cases} \tag{5-2}$$

由于假设直线钢轨是固定不动的，轮对纵向前进速度为 $v = \omega r_0$，所以轮轨间纵向相对速度等于实际前进速度减去纯滚前进速度（滚动角速度乘以实际滚动圆半径），左右轮轨纵向相对速度分别为

$$\begin{cases} \Delta v_L = (v + b\dot{\psi}_w) - \omega(r_0 - \lambda y_w) = \omega\lambda y_w + b\dot{\psi}_w \\ \Delta v_R = (v - b\dot{\psi}_w) - \omega(r_0 + \lambda y_w) = -\omega\lambda y_w - b\dot{\psi}_w \end{cases} \tag{5-3}$$

轮对在轮轨接触点的横向速度同样由两部分组成：一部分是轮对实际横向运动速度；另一部分是轮对纯滚前进速度在横向产生的分量。左右侧车轮的横向速度相同。

$$\dot{y}_w - v\tan\psi_w \approx \dot{y}_w - v\psi_w \tag{5-4}$$

（2）蠕滑率。

根据蠕滑率的定义，且钢轨没有运动速度，轮对前进速度为 v，故蠕滑率如下：

$$\begin{cases} \xi_{Lx} = (\omega\lambda y_w + b\dot{\psi}_w)/v = \lambda y_w/r_0 + b\dot{\psi}_w/v \\ \xi_{Rx} = -(\omega\lambda y_w + b\dot{\psi}_w)/v = -\lambda y_w/r_0 - b\dot{\psi}_w/v \\ \xi_{Ly} = \xi_{Ry} = (\dot{y}_w - v\psi_w)/v = \dot{y}_w/v - \psi_w \end{cases} \tag{5-5}$$

（3）蠕滑力。

不考虑自旋蠕滑时，且假设纵向和横向蠕滑系数相同，Kalker 线性蠕滑力定义为

$$\begin{cases} F_x = -f_{11}v_x = -fv_x \\ F_y = -f_{22}v_y = -fv_y \end{cases} \tag{5-6}$$

根据式（5-5）的蠕滑率表达式，可以得到纵向和横向蠕滑力：

$$\begin{cases} F_{Lx} = -f(\lambda y_w/r_0 + b\dot{\psi}_w/v) \\ F_{Rx} = f(\lambda y_w/r_0 + b\dot{\psi}_w/v) \\ F_{Ly} = F_{Ry} = -f(\dot{y}_w/v - \psi_w) \end{cases} \tag{5-7}$$

（4）蠕滑力引起的力偶。

左右车轮的横向蠕滑力由于大小相等、方向相同，不构成力偶；左右车轮的纵向蠕滑力大小相等、方向相反，相对轮对中心构成力偶。忽略次要因素，得到纵向蠕滑力构成的力偶：

$$T_z = F_{Lx}b - F_{Rx}b = -2bf(\lambda y_w/r_0 + b\dot{\psi}_w/v) \tag{5-8}$$

应用牛顿定律，自由轮对横摆和摇头运动微分方程如下：

$$\begin{cases} M_w\ddot{y}_w = F_{Ly} + F_{Ry} = -2f\left(\dfrac{\dot{y}_w}{v} - \psi_w\right) \\ J_{wz}\ddot{\psi}_w = T_z = -2bf\left(\dfrac{\lambda}{r_0}y_w + \dfrac{b}{v}\dot{\psi}_w\right) \end{cases} \tag{5-9}$$

式中，M_w、J_{wz} 分别为轮对的质量及绕 z 轴的摇头转动惯量。

2）方程求解

由于希望得到自由轮对固有运动的解，故设微分方程解为

$$y_w = y_0 e^{rt}, \quad \psi_w = \psi_0 e^{rt} \tag{5-10}$$

将解及其微分带入以上微分方程，并写成矩阵形式：

$$A\begin{bmatrix} y_0 \\ \psi_0 \end{bmatrix} = 0 \tag{5-11}$$

其中：

$$A = \begin{bmatrix} M_w\eta^2 + 2f\eta/v & -2f \\ 2bf\lambda/r_0 & J_{wz}\eta^2 + 2b^2f\eta/v \end{bmatrix} \tag{5-12}$$

求矩阵 A 的行列式，得到自由轮对关于 η 的特征方程：

$$M_w J_{wz}\eta^4 + \frac{2f}{v}(M_w b^2 + J_{wz})\eta^3 + \frac{4f^2 b^2}{v^2}\eta^2 + 4f^2\frac{\lambda b}{r_0} = 0 \tag{5-13}$$

该方程为一元四次方程，其求解非常复杂。可以应用化四次为二次方法，结合盛金公式求解；也可以用符号计算软件求解。一元四次方程 $a\eta^4 + b_1\eta^3 + c\eta^2 + d\eta + e = 0$，设 m、S 和 T 为中间变量（太复杂不再列出），费拉里求根公式为

$$\eta_n = \frac{-b_1 + (-1)^{n/2}m + (-1)^{n+1}\sqrt{S + (-1)^{n/2}T}}{4a}, \quad n = 1, 2, 3, 4 \tag{5-14}$$

可见该方程的解，当 $S + (-1)^{n/2}T \geq 0$ 时为实根，对应的轮对运动为非周期性衰减或者发散运动；当 $S + (-1)^{n/2}T < 0$ 时为虚根，且共轭成对出现：$\eta_{1,2} = \xi \pm j\omega$，表示轮对的振动。根据 n 的取值，实根和虚根都会成对出现。

针对轮对的运动方程，数值计算表明低速下其解为两个实数和一对共轭复数，即轮对的一个模态为非振动，一个模态为振动。当运行速度较大之后，解为两对共轭复数，其中一对复根对应阻尼比接近 1 的稳定振动，一对复根对应我们关注的不稳定蛇行运动。

3）蛇行运动频率和波长

将微分方程组（5-9）降阶为 4 元一次微分方程组，令：

$$x_1 = y_w, \ x_2 = \dot{y}_w, \ x_3 = \psi_w, \ x_4 = \dot{\psi}_w \tag{5-15}$$

得到

$$\begin{bmatrix} \dot{x}_1 \\ \dot{x}_2 \\ \dot{x}_3 \\ \dot{x}_4 \end{bmatrix} = \begin{bmatrix} 0 & 1 & 0 & 0 \\ 0 & \dfrac{-2f}{M_w v} & \dfrac{2f}{M_w} & 0 \\ 0 & 0 & 0 & 1 \\ \dfrac{-2bf\lambda}{J_{wz}r_0} & 0 & 0 & \dfrac{-2b^2f}{J_{wz}v} \end{bmatrix} \begin{bmatrix} x_1 \\ x_2 \\ x_3 \\ x_4 \end{bmatrix} = Bx \tag{5-16}$$

对矩阵 B 求特征值 η 和特征向量 υ，特征值表示振动频率和阻尼比，特征向量表示振动模态。微分方程组的解为

$$x = [e^{\eta_1 t}\upsilon_1, \ e^{\eta_2 t}\upsilon_2, \ e^{\eta_3 t}\upsilon_3, \ e^{\eta_4 t}\upsilon_4] \tag{5-17}$$

共轭虚根 $\eta_{1,2} = \xi \pm j\omega$ 中，ω 为轮对振动的角频率，ξ 为对应的振动阻尼。根据常微分方程理论和多自由度系统振动理论，轮对运动微分方程组的解为

$$\begin{cases} y_w = y_0 e^{\xi t} \sin(\omega t + \beta) \\ \psi_w = \psi_0 e^{\xi t} \cos(\omega t + \beta) \end{cases} \tag{5-18}$$

式（5-18）说明，轮对横移和摇头两个自由度的振动频率相同，相位相差 90°。当运行速度不高时，还可以得到阻尼和频率的近似表达式：

$$\begin{cases} \xi \approx \dfrac{\pi^2 v^3}{f L_w^2}\left(M_w + \dfrac{J_{wz}}{b^2} \right) \\ \omega \approx \dfrac{2\pi v}{L_w} \end{cases} \tag{5-19}$$

式中，$L_w = 2\pi\sqrt{\dfrac{br_0}{\lambda}}$ 为自由轮对蛇行运动波长。

从特征值实部 ξ 的表达式可以看出，当 v 大于 0 时，其值即为正。从第 2 章 2.2.3 节线性稳定性的判据可知，自由轮对的蛇行运动是不稳定的。由于这里采用了线性轮轨接触几何关系，轮对的蛇行运动幅值会随着运行时间一直增大。

针对自由轮对的运动微分方程组，当运行速度很低、等效锥度较小时，蛇行运动频率也很低，轮对加速度很小，可以略去惯性力的影响，得到以下方程：

$$\begin{cases} 0 = -2f\left(\dfrac{\dot{y}_w}{v} - \psi_w \right) \\ 0 = -2bf\left(\dfrac{\lambda}{r_0} y_w + \dfrac{b}{v}\dot{\psi}_w \right) \end{cases} \Rightarrow \begin{cases} \dot{y}_w - v\psi_w = 0 \\ \dot{\psi}_w + \dfrac{\lambda v}{br_0} y_w = 0 \end{cases} \Rightarrow \begin{bmatrix} \dot{y}_w \\ \dot{\psi}_w \end{bmatrix} = A\begin{bmatrix} y_w \\ \psi_w \end{bmatrix} \tag{5-20}$$

这是一个二元一次常系数齐次线性微分方程组，其中 $A = \begin{bmatrix} 0 & v \\ -\dfrac{\lambda v}{br_0} & 0 \end{bmatrix}$。根据常系数齐次线性微分方程组的理论，其解为 $x = c_0 e^{At}$（$c_0 \neq 0$）。

求出矩阵 A 的特征值和特征向量，就可以得到方程（5-20）解的基解矩阵。A 矩阵的特征值为 $\eta_{1,2} = \pm i\sqrt{\dfrac{\lambda}{br_0}} v = \pm i\omega$，故方程的解为

$$\begin{cases} y_w = y_0 e^{\eta_1 t} = y_0 \sin(\omega t + \beta) \\ \psi_w = \psi_0 e^{\eta_2 t} = \psi_0 \cos(\omega t + \beta) \end{cases} \tag{5-21}$$

所以，低速情况下的蛇行运动频率为

$$\omega = \sqrt{\dfrac{\lambda}{br_0}} v \tag{5-22}$$

蛇行运动波长为

$$L_w = \dfrac{v}{f_w} = \dfrac{2\pi v}{\omega} = 2\pi\sqrt{\dfrac{br_0}{\lambda}} \tag{5-23}$$

这和第 3 章 3.2.1 节用几何学推导的 klingel 公式一致。当轮对参数确定后，蛇行运动频率和运行速度成正比。在一定的速度范围和轮轨参数范围内，轮对系统的非线性程度不是很高时，以上近似公式求解自由轮对蛇行运动频率是比较准确的。

2. 约束轮对动力学方程

实际运用的轮对都是通过悬挂约束在构架或者车体上，将悬挂刚度和阻尼考虑到运动微分方程中，就得到约束轮对动力学方程。设每轴箱的纵向悬挂刚度为 k_x、纵向悬挂阻尼为 c_x、横向悬挂刚度为 k_y、横向悬挂阻尼为 c_y，一系悬挂横向跨距为 $2l$，W 为轴重。考虑非线性轮轨接触几何关系，为了方便进行理论推导和解析求解，采用非线性函数拟合，a_1 和 a_2 为非线性参数[35, 38]。轮对的动力学方程为

$$M\ddot{x} + C_e\dot{x} + K_e x + F(x) = 0 \tag{5-24}$$

其中：$M = \begin{bmatrix} M_w & 0 \\ 0 & J_{wz} \end{bmatrix}$，$C_e = \begin{bmatrix} 2c_y + \dfrac{2f_{22}}{v} & \dfrac{2f_{23}}{v} - \dfrac{J_{wy}\lambda v}{br_0} \\ \dfrac{J_{wy}\lambda v}{br_0} - \dfrac{2f_{23}}{v} & 2l^2 c_x + \dfrac{2(b^2 f_{11} + f_{33})}{v} \end{bmatrix}$，$F(x) = \begin{bmatrix} f(y) \\ 0 \end{bmatrix} = \begin{bmatrix} a_1 y^3 + a_2 y^5 \\ 0 \end{bmatrix}$，

$K_e = \begin{bmatrix} 2k_y + \dfrac{W\lambda}{b} & -2f_{22} \\ \dfrac{2bf_{11}\lambda}{r_0} & 2f_{23} + 2k_x l^2 - W\lambda b \end{bmatrix}$。

对动力学方程进行矩阵变换，得到如下形式的微分方程组：

$$M\ddot{x} + (D + G)\dot{x} + (K + E)x + F(x) = 0 \tag{5-25}$$

式中，阻尼矩阵为

$$D = \begin{bmatrix} 2c_y + \dfrac{2f_{22}}{v} & 0 \\ 0 & 2l^2 c_x + \dfrac{2(b^2 f_{11} + f_{33})}{v} \end{bmatrix}$$

陀螺力矩阵为

$$G = \begin{bmatrix} 0 & \dfrac{2f_{23}}{v} - \dfrac{J_{wy}\lambda v}{br_0} \\ -\left(\dfrac{2f_{23}}{v} - \dfrac{J_{wy}\lambda v}{br_0}\right) & 0 \end{bmatrix}$$

刚度矩阵为

$$K = \begin{bmatrix} 2k_y + \dfrac{W\lambda}{b} & -f_{22} + \dfrac{bf_{11}\lambda}{r_0} \\ -f_{22} + \dfrac{bf_{11}\lambda}{r_0} & 2f_{23} + 2k_x l^2 - W\lambda b \end{bmatrix}$$

循环矩阵为

$$E = \begin{bmatrix} 0 & -\left(f_{22} + \dfrac{bf_{11}\lambda}{r_0}\right) \\ f_{22} + \dfrac{bf_{11}\lambda}{r_0} & 0 \end{bmatrix}$$

如果用解析方法对上述方程求解将非常困难，用数值方法可以很方便地分析约束轮对动力学问题。

5.2.2　蛇行运动规律及数值验证

根据上一节自由轮对动力学方程，采用表 5.1 的参数，通过数值计算验证轮对蛇行运动的规律和近似公式。

表 5.1　自由轮对参数

名称	数值	名称	数值
M_w	1 500 kg	b	0.750 m
J_{wz}	900 kg·m^2	r_0	0.460 m
接触斑长、短轴半径	5.0 mm	λ	0.05
C_{11}	1.65	弹性模量 E	2.1×10^{11} N/m^2

1. 特征值

轮对运行速度从 1 m/s 到 40 m/s 时，计算自由轮对动力学方程雅克比矩阵的特征值，如图 5.6 所示。可见，在速度低于 29 m/s 时有两个特征值 η_1、η_2 为负实数，对应收敛的衰减运动；速度大于 30 m/s 之后，这两个特征值也是复数，但实部为负，对应收敛的振动，阻尼比接近 1。另外两个特征值 η_3、η_4 为共轭复数，实部为正，对应发散的蛇行运动。随着车速的提高，η_3、η_4 的实部和虚部都变大，说明自由轮对蛇行运动的频率增大，且稳定性变差、发散更快。

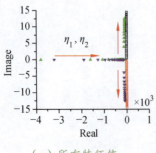

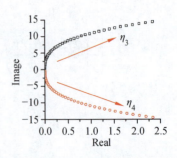

（a）所有特征值　　　　　　（b）蛇行运动对应的特征值

图 5.6　自由轮对蛇行运动特征值

下面通过三种方法计算轮对的蛇行运动频率。① 采用微分方程组（5-9）表达的简化 2 自由度模型，直接通过特征值计算得到蛇行频率；② 采用自由轮对蛇行运动频率公式；③ 在 SIMPACK 软件中建立完整的轮对动力学模型，通过模态计算得到蛇行运动频率。

当等效锥度为 0.05 时，完整模型采用 XP55 车轮踏面与 60 kg 钢轨匹配的线性化轮轨关系；当等效锥度为 0.5 时，完整模型采用线性轮轨关系。从图 5.7 可见，在车速不高的情况下，2 自由度模型和蛇行频率公式计算的蛇行频率比较准确。随着车速的提高，三种计算方法得到的蛇行运动频率出现差异。

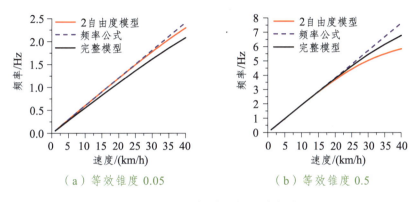

（a）等效锥度 0.05　　（b）等效锥度 0.5

图 5.7　自由轮对蛇行运动频率

2. 模　态

自由轮对蛇行运动模态如图 5.8 所示，这是蛇行运动模态动画的几幅截图。从图可见，自由轮对蛇行运动是轮对在前进过程中，由轮对横移和摇头耦合合成的运动。当轮对横移最大时，摇头接近 0；当轮对横移为 0 时，摇头最大。可见，自由轮对蛇行运动的摇头和横移相位差约 90°。

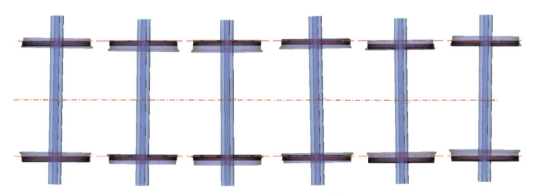

图 5.8　轮对蛇行运动模态计算结果

3. 时域响应

建立自由轮对 6 自由度的完整动力学模型，通过数值仿真得到轮对的横移、摇头时间历程。从图 5.9 可见，轮对的横移和摇头相位相差 90°。随着时间的增加，线性轮轨关系下，蛇行运动幅值不断增大；实际轮轨匹配下，由于轮缘的约束作用，蛇行运动幅值增大到一定程度就发生周期运动，即蛇行运动极限环。

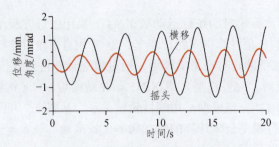

图 5.9　自由轮对蛇行运动位移

5.3　转向架蛇行运动

现代铁道车辆一般采用转向架结构，转向架既起到支撑车体、衰减振动的作用，也起到导向作用。本节考虑由两条轮对组成的转向架，且在转向架构架与轮对之间采用弹性连接。其余悬挂结构或者更加详细的分析模型，可以根据需求建立相应的动力学模型，本节不再阐述。为了研究转向架蛇行运动机理，考虑两种转向架：一系刚性定位转向架和一系柔性定位转向架。

5.3.1　刚性转向架

刚性转向架是轮对定位刚度趋于无穷大的转向架，轮对与转向架构架刚性地约束成一个整体，实际中一般是不存在这种转向架的。与推导自由轮对蛇行运动方程的方法相似，刚性转向架简化模型如图 5.10 所示。

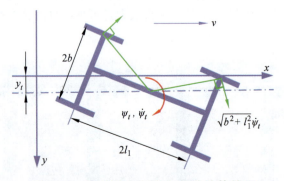

图 5.10　刚性转向架蛇行运动计算简图

假设刚性转向架具有对称的结构和质量特性。与自由轮对不同，横向蠕滑力除了与转向架横移速度 y_t、转向架摇头角度 ψ_t 有关外，还和摇头角速度 $\dot{\psi}_t$ 有关。前后轮对的横移速度相同、摇头角度相同，而转向架摇头角速度引起的前后轮对横移速度反向，所以转向架整体受到的横向蠕滑力可以仅考虑横移速度和摇头角度两个因素。但转向架摇头角速度引起的前后轮对横向蠕滑力会提供摇头力偶，结合摇头角速度引起的纵向蠕滑力提供的摇头力偶，考虑横向和纵向蠕滑系数 f 相同，由转向架摇头角速度提供的摇头力偶为 $f(b^2 + l_1^2)\dot{\psi}_t / v$，与自由轮对摇头力偶 $fb^2\dot{\psi}_t / v$ 不同，主要是增加了转向架轴距的影响。转向架横移引起的纵向蠕滑力和自由轮对类似。还需要注意的是，刚性转向架需要考虑前后两条轮对的蠕滑力和力偶。

刚性转向架的动力学方程为

$$\begin{cases} M_t\ddot{y}_t + 4f\left(\dfrac{\dot{y}_t}{v} - \psi_t\right) = 0 \\ J_{tz}\ddot{\psi}_t + 4f\left[\dfrac{(b^2 + l_1^2)\dot{\psi}_t}{v} + \dfrac{\lambda b}{r_0}y_t\right] = 0 \end{cases} \tag{5-26}$$

式中，M_t、J_{tz} 分别为一台转向架的质量及绕 z 轴的摇头转动惯量，$2l_1$ 为转向架固定轴距。可以通过降阶的方法得到系统矩阵，并求解特征值和特征向量，进一步求得微分方程的通解。也可以假设解的形式，带入微分方程组，并求得刚性转向架微分方程组的特征方程：

$$M_t J_{tz}\lambda_1^4 + \dfrac{4f}{v}[M_t(b^2 + l_1^2) + J_{tz}]\lambda_1^3 + \dfrac{16f^2(b^2 + l_1^2)}{v^2}\lambda_1^2 + 16f^2\dfrac{\lambda b}{r_0} = 0 \tag{5-27}$$

和自由轮对类似，该方程同样有 4 个解，其中只有一对共轭虚根 $\eta_{1,2} = \xi \pm j\omega$，对应我们关注的转向架蛇行运动。$\omega$ 为轮对振动的角频率，ξ 为对应的振动阻尼。根据常微分方程理论和多自由度系统振动理论，刚性转向架运动微分方程组的解为

$$\begin{cases} y_w = y_0 e^{\xi t}\sin(\omega t + \beta) \\ \psi_w = \psi_0 e^{\xi t}\cos(\omega t + \beta) \end{cases} \tag{5-28}$$

式（5-28）说明，刚性转向架横移和摇头两个自由度的振动频率相同，相位差 90°。当运行速度不高时，还可以得到阻尼和频率的近似表达式：

$$\begin{cases} \xi \approx \dfrac{\pi^2 v^3}{2fL_t^2}\left(M_t + \dfrac{J_{tz}}{b^2 + l_1^2}\right) \\ \omega \approx \dfrac{2\pi v}{L_t} \end{cases} \tag{5-29}$$

式中，$L_t = 2\pi\sqrt{\dfrac{br_0}{\lambda}\left(1 + \dfrac{l_1^2}{b^2}\right)}$ 为刚性转向架蛇行运动波长。

与自由轮对一样，从 ξ 的表达式可见，刚性转向架只要速度大于零，ξ 就为正，即刚性转向架只要沿着轨道运动，蛇行运动就不稳定。刚性转向架的蛇行运动频率为

$$\omega_t = \sqrt{\dfrac{\lambda}{br_0}\left(1 + \dfrac{b^2}{l_1^2}\right)}v \tag{5-30}$$

刚性转向架与自由轮对蛇行运动波长的关系为

$$L_t = L_w\sqrt{1 + \dfrac{l_1^2}{b^2}} \tag{5-31}$$

可见，刚性转向架蛇行运动波长大于自由轮对，故刚性转向架蛇行运动频率低于自由轮对。从动力学仿真和试验结果可见，自由轮对蛇行运动频率最高，柔性定位转向架蛇行运动频率介于自由轮对和刚性转向架之间。车辆系统的蛇行运动频率受到很多因素的影响，一般都低于自由轮对蛇行运动频率。

5.3.2 柔性定位转向架

1. 不考虑二系悬挂的转向架动力学模型

与推导自由轮对蛇行运动方程的方法相似，柔性转向架蛇行运动模型如图 5.11 所示。建立动力学微分方程组时，只考虑每个轮对的横移与摇头运动、转向架构架的横移及摇头运动，不考虑构架侧滚振动，共计六个自由度。作用于转向架上的力有一系悬挂力和轮轨蠕滑力。由于转向架本身的质量较小，可以忽略重力刚度和重力角刚度产生的力和力矩。

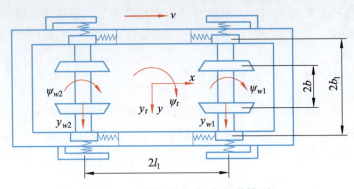

图 5.11 柔性转向架动力学模型

柔性转向架的动力学方程如下：

一位轮对横摆：

$$M_w \ddot{y}_{w1} + 2k_{1y}(y_{w1} - y_t - l_1\psi_t) + 2f\left(\frac{\dot{y}_{w1}}{v} - \psi_{w1}\right) = 0 \tag{5-32}$$

二位轮对横摆：

$$M_w \ddot{y}_{w2} + 2k_{1y}(y_{w2} - y_t + l_1\psi_t) + 2f\left(\frac{\dot{y}_{w2}}{v} - \psi_{w2}\right) = 0 \tag{5-33}$$

一位轮对摇头：

$$J_{wz} \ddot{\psi}_{w1} + 2b_1^2 k_{1x}(\psi_{w1} - \psi_t) + 2f\left(\frac{\lambda b}{r_0} y_{w1} + \frac{b^2}{v} \dot{\psi}_{w1}\right) = 0 \tag{5-34}$$

二位轮对摇头：

$$J_{wz} \ddot{\psi}_{w2} + 2b_1^2 k_{1x}(\psi_{w2} - \psi_t) + 2f\left(\frac{\lambda b}{r_0} y_{w2} + \frac{b^2}{v} \dot{\psi}_{w2}\right) = 0 \tag{5-35}$$

构架横摆：

$$M_t \ddot{y}_t - 2k_{1y}(y_{w1} + y_{w2} - 2y_t) = 0 \tag{5-36}$$

构架摇头：

$$J_{tz} \ddot{\psi}_t - 2b_1^2 k_{1x}(\psi_{w1} + \psi_{w2} - 2\psi_t) - 2k_{1y}l_1(y_{w1} - y_{w2} - 2l_1\psi_t) = 0 \tag{5-37}$$

174

式中，M_t、J_{tz} 分别为构架的质量及绕 z 轴的摇头转动惯量；k_{1x}、k_{1y} 分别为一系纵向和横向刚度（每轴箱）；$2b_1$ 为一系悬挂弹簧横向间距。

通过对柔性定位转向架动力学方程分析，文献 [36]研究了柔性定位转向架在速度不高时的蛇行频率近似计算公式：

$$\omega_3 \approx \frac{2\pi v}{L} \qquad (5\text{-}38)$$

式中，$L = L_w\sqrt{1+(l_1/b)^2(1-\delta)}$，其中 $\delta = (1-\sigma Z)/(1+Z^2)$，$L_w = 2\pi\sqrt{br_0/\lambda}$ 为自由轮对的几何学蛇行运动波长。求 δ 所需要的 σ 和 Z，可由下式确定：

$$\sigma = (2p-3)\beta^2，\quad Z = \beta K^p \qquad (5\text{-}39)$$

式中，$\beta = \dfrac{b}{l_1}$，$p = 1 + \dfrac{k_{1\psi}}{k_{1\psi} + k_{1y}l_1^2}$，$K = \dfrac{L_w}{2\pi f b^2} \cdot \dfrac{k_{1y}k_{1y}l_1^2}{k_{1\psi} + k_{1y}l_1^2}$。

其中，f 为蠕滑系数，可见该公式与轮轨接触斑有关。根据定义，显然 $1 \leqslant p \leqslant 2$，并且 σ 和 Z 是 p 的单调递增函数。可以证明 $0 \leqslant \delta \leqslant 1$，即 $L_w \leqslant L \leqslant L_t$，$\omega_2 \leqslant \omega \leqslant \omega_1$。

2. 考虑二系悬挂的转向架动力学模型

在某些时候，需要将整车简化为转向架模型研究，此时轴重较大，需要考虑重力刚度和二系悬挂的影响。设轴重为 W，每转向架每侧二系纵向刚度为 k_{2x}、横向刚度 k_{2y}、纵向阻尼 c_{2x}。考虑二系悬挂和重力刚度、重力角刚度的转向架动力学方程为

一位轮对横摆：

$$M_w\ddot{y}_{w1} + 2k_{1y}(y_{w1} - y_t - l_1\psi_t) + 2f\left(\frac{\dot{y}_{w1}}{v} - \psi_{w1}\right) + \frac{W\lambda}{b}y_{w1} = 0 \qquad (5\text{-}40)$$

二位轮对横摆：

$$M_w\ddot{y}_{w2} + 2k_{1y}(y_{w2} - y_t + l_1\psi_t) + 2f\left(\frac{\dot{y}_{w2}}{v} - \psi_{w2}\right) + \frac{W\lambda}{b}y_{w2} = 0 \qquad (5\text{-}41)$$

一位轮对摇头：

$$J_{wz}\ddot{\psi}_{w1} + 2b_1^2 k_{1x}(\psi_{w1} - \psi_t) + 2f\left(\frac{\lambda b}{r_0}y_{w1} + \frac{b^2}{v}\dot{\psi}_{w1}\right) - Wb\lambda\psi_{w1} = 0 \qquad (5\text{-}42)$$

二位轮对摇头：

$$J_{wz}\ddot{\psi}_{w2} + 2b_1^2 k_{1x}(\psi_{w2} - \psi_t) + 2f\left(\frac{\lambda b}{r_0}y_{w2} + \frac{b^2}{v}\dot{\psi}_{w2}\right) - Wb\lambda\psi_{w1} = 0 \qquad (5\text{-}43)$$

构架横摆：

$$M_t\ddot{y}_t - 2k_{1y}(y_{w1} + y_{w2} - 2y_t) + 2k_{2y}y_t = 0 \qquad (5\text{-}44)$$

构架摇头：

$$J_{tz}\ddot{\psi}_t - 2b_1^2 k_{1x}(\psi_{w1} + \psi_{w2} - 2\psi_t) - 2k_{1y}l_1(y_{w1} - y_{w2} - 2l_1\psi_t) + 2b_2^2 k_{2x}\psi_t + 2b_2^2 c_{2x}\dot{\psi}_t = 0 \qquad (5\text{-}45)$$

柔性定位转向架的微分方程阶次较高，已经不能得到解析解，只能通过数值方法求解。在分析系统运动模态时，通过降阶将以上 6 元二次微分方程组转换为 12 元一阶微分方程组，令 $x_1 = [y_{w1} \quad y_{w2} \quad \psi_{w1} \quad \psi_{w2} \quad y_t \quad \psi_t]$，$x_2 = \dot{x}_1$，则

$$\begin{bmatrix} \dot{x}_1 \\ \dot{x}_2 \end{bmatrix} = A \begin{bmatrix} x_1 \\ x_2 \end{bmatrix} \tag{5-46}$$

通过求解 A 矩阵的特征值可以得到模态振动的频率和阻尼比，求解 A 矩阵的特征向量可以得到模态振型。需要注意的是，以上转向架系统存在 6 个模态，实际车辆系统运行时，部分模态振动比较明显，部分模态振动不显著。我们更关注对振动贡献大的模态和阻尼比小的模态。由运动稳定性理论可知，只有当多自由度系统矩阵的所有特征值实部为负，即系统所有模态阻尼比为正时，系统才稳定。

5.3.3 转向架蛇行运动特征

1. 构架悬挂模态

借助多体系统动力学仿真软件 SIMPACK，建立更加完整的全自由度转向架动力学仿真模型，分析转向架的模态特征。转向架系统构架的悬挂模态主要包括构架浮沉、构架横摆、构架点头、构架侧滚、构架伸缩和构架摇头，如图 5.12 所示。

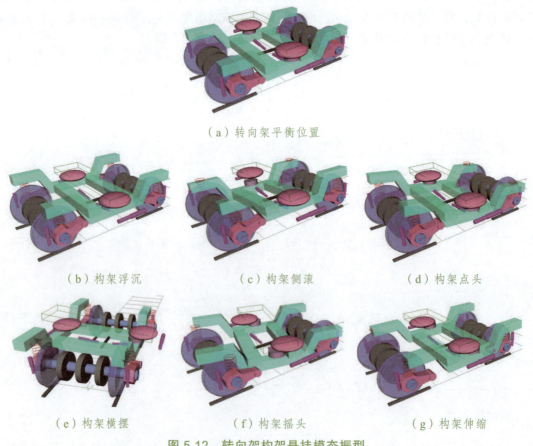

（a）转向架平衡位置

（b）构架浮沉　　　　　　　（c）构架侧滚　　　　　　　（d）构架点头

（e）构架横摆　　　　　　　（f）构架摇头　　　　　　　（g）构架伸缩

图 5.12　转向架构架悬挂模态振型

构架的模态是构架悬挂的固有特性，无阻尼模态频率可以通过单自由度频率公式近似计算。假设车体和轮对固定，得到构架浮沉频率：

$$f_{tz} = \frac{1}{2\pi}\sqrt{\frac{4k_{1z} + 2k_{2z}}{M_t}} \qquad (5\text{-}47)$$

构架横摆频率：

$$f_{ty} = \frac{1}{2\pi}\sqrt{\frac{4k_{1y} + 2k_{2y}}{M_t}} \qquad (5\text{-}48)$$

构架摇头频率：

$$f_{t\psi} = \frac{1}{2\pi}\sqrt{\frac{4k_{1y}l_1^2 + 4k_{1x}b_1^2 + 2k_{2x}b_2^2}{J_{tz}}} \qquad (5\text{-}49)$$

现代转向架很多都采用液压减振器作为阻尼元件，液压减振器多用弹簧和阻尼串联的 Maxwell 模型，这样转向架动力学系统就称为 Ruzicka 减振系统。从第 2 章 2.3.5 节可见，Ruzicka 减振系统在一定的刚度条件下，自振频率会随着系统阻尼而变化。转向架系统也具有这种特性，在某些条件下，构架自振频率会随着减振器串联刚度和串联阻尼而变化。以某 160 km/h 轴箱转臂定位的客车转向架为例，其主要参数如表 5.2 所示。

表 5.2　客车转向架参数

名　　称	参　数	名　　称	参　数
轴距/m	2.5	抗蛇行减振器等效刚度/MN·m^{-1}	6.0
车轮直径/mm	915	抗蛇行减振器等效阻尼/kN·s·m^{-1}	200
轮对质量/kg	1 550	一系垂向刚度/MN·m^{-1}	1.0
轮对侧滚惯量/kg·m^2	990	二系横向刚度/MN·m^{-1}	0.250
轮对点头惯量/kg·m^2	110	二系垂向刚度/MN·m^{-1}	0.350
轮对摇头惯量/kg·m^2	990	一系垂向减振器刚度/MN·m^{-1}	5.0
构架质量/kg	2 000	一系垂向减振器阻尼/kN·s·m^{-1}	15.0
构架侧滚惯量/kg·m^2	1 500	二系横向减振器阻尼/kN·s·m^{-1}	15.0
构架点头惯量/kg·m^2	1 000	二系垂向阻尼/kN·s·m^{-1}	10.0
构架摇头惯量/kg·m^2	2 000	一系横向跨距/m	2.0
转臂节点径向刚度/MN·m^{-1}	12.0	二系横向跨距/m	2.0
转臂节点轴向刚度/MN·m^{-1}	8.0	半车质量/kg	20 000

根据以上转向架参数，由公式（5-47）计算得到构架无阻尼浮沉频率为 7.72 Hz。根据转向架动力学模型计算得到的构架浮沉频率、阻尼比随一系垂向减振器串联刚度和阻尼的变化

如图 5.13 所示。可见，当一系垂向减振器阻尼比较小时，构架浮沉频率和公式计算的频率接近，阻尼比也比较小（二系和其他力元也提供了阻尼）。当一系垂向减振器阻尼大于 10 kN·s/m 之后，构架浮沉频率受减振器接头刚度的影响很大，阻尼比也比较大。

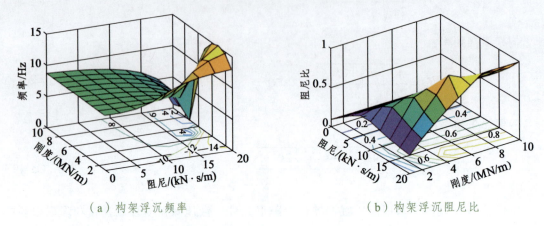

（a）构架浮沉频率 （b）构架浮沉阻尼比

图 5.13　构架浮沉频率和阻尼比随一系垂向减振器串联刚度和阻尼的变化

构架浮沉频率是限制车体弹性模态频率的重要因素。传统构架浮沉频率 f_t 在 7 Hz 左右，为了避免其振动向车体传递放大，车体一阶弹性弯曲频率需要大于 $\sqrt{2}f_t \approx 10$ Hz，这是车体设计的一个重要指标。但需要注意的是，现代转向架采用了一系、二系垂向减振器，或者一系橡胶弹簧、二系空气弹簧减振系统，具有很大的垂向阻尼和较小的垂向振动传递率，转向架的浮沉阻尼比往往大于 0.5 甚至更大。这样，构架浮沉振动衰减很快，在台架试验和线路测试中很少发现该模态振动，采用以上准则来设计车体一阶垂向弯曲模态频率已经不再合适。从试验结果可见，反而转向架的蛇行运动对车体弹性振动影响更大，需要尽量提高车体菱形模态频率。在台架试验中为了测得构架浮沉频率，经常需要将一系垂向减振器拆除。

2. 蛇行运动模态

借助多体系统动力学仿真软件 SIMPACK，建立全自由度转向架动力学仿真模型，本节建立的转向架模型的自由度如下：

（1）两条轮对各 6 自由度；

（2）构架 6 自由度；

（3）半车体 5 自由度，没有点头自由度；

（4）四个轴箱转臂各 1 个点头自由度。

所以，转向架系统总共 27 自由度。两个抗蛇行减振器、两个二系横向减振器、四个一系垂向减振器都是 Maxwell 模型，这里增加 8 个一阶微分方程来描述液压减振器运动。所以通过模态计算得到 $27 \times 2 + 8 = 62$ 个系统特征值。这些特征值有的对应转向架系统振动，有的不对应振动模态，某些模态的自然阻尼比为 1 也不对应振动。该模型的蛇行运动表现为两个振型：一个是以轮对蛇行为主，但阻尼比接近 1；另一个是以转向架整体蛇行为主，阻尼比较小，是我们关注的转向架蛇行运动。

计算得到转向架蛇行运动模态如图 5.14 所示，图中轨道、空气弹簧保持不动。可见，柔性定位转向架蛇行运动模态以转向架整体的横移和摇头耦合运动为主，也有轮对相对于构架的横移和摇头耦合运动，但转向架整体的运动幅值更大。

等效锥度从 0.01 到 0.5 变化，运行速度从 0 到 50 m/s 变化，计算转向架蛇行运动频率和阻尼比，如图 5.15 所示。可见，转向架蛇行运动频率随着车速的增加而接近线性增大，随着等效锥度的增大而增大，这和蛇行运动频率公式的规律相同。在车速很低和等效锥度很小时，蛇行运动阻尼比较大；然后，随着车速增加而降低，随着等效锥度增大而降低。当车速为 50 m/s、等效锥度为 0.5 时，蛇行运动阻尼比已经小于 0，转向架发生了周期蛇行运动。

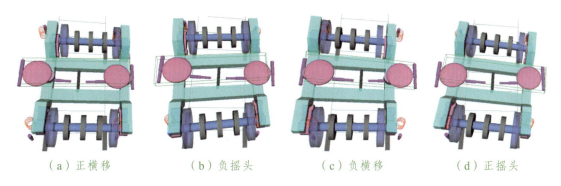

（a）正横移　　　　　（b）负摇头　　　　　（c）负横移　　　　　（d）正摇头

图 5.14　转向架蛇行运动模态

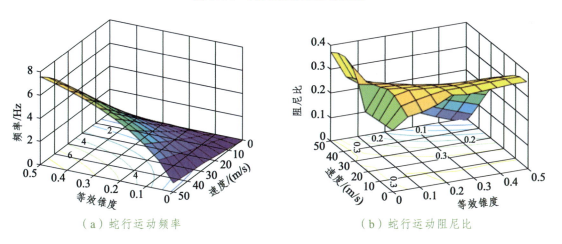

（a）蛇行运动频率　　　　　　　　　　（b）蛇行运动阻尼比

图 5.15　转向架蛇行运动频率和阻尼比随等效锥度和车速的变化

在 50 m/s 运行速度下，针对表 5.2 的参数和我国轮轨匹配条件，几种方法计算的蛇行运动频率对比如图 5.16 所示。可见，自由轮对蛇行运动频率最高，刚性转向架蛇行运动频率最低，柔性定位转向架蛇行运动频率居于两者之间。柔性转向架蛇行运动频率公式与完整模型模态计算结果接近，但公式中的蠕滑系数 f 影响较大且不易确定。当转向架一系定位越软时，转向架构架和轮对之间的约束放松，从而蛇行运动模态频率越接近自由轮对，且蛇行运动模态中轮对的振动幅值增大。我国某些高速动车组一系定位刚度很大，转向架的蛇行运动与刚性转向架接近。

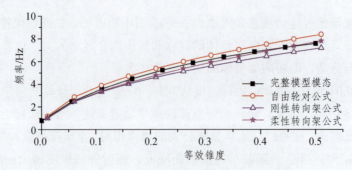

图 5.16 转向架蛇行频率计算方法对比

5.4 整车蛇行运动

铁道运输系统都是以车辆作为运行基本单元，为此，轮对和转向架的蛇行运动研究仅是理论上的需求，整车蛇行运动研究才是我们最关注的问题。我国铁道车辆大多由两个两轴转向架和一个车体组成，下面以这种车辆模型进行分析。

5.4.1 车辆横向模型

1. 横向模型自由度

轮轨之间采用约束模型时，轮对的蛇行运动由横移和摇头运动耦合组成。转向架构架除了横移和摇头运动耦合外，由于轮轨约束和车体运动的影响，还会发生侧滚。车体运动包括横移、摇头和侧滚，其中横移和侧滚本来就是耦合在一起的，即上心滚摆和下心滚摆，前后转向架的反向蛇行运动也会引起车体侧滚和车体摇头。故描述车辆蛇行运动需要的最少自由度为 17 个：

（1）车体横移、摇头、侧滚，共 3 自由度；

（2）前后构架横移、摇头、侧滚，共 6 自由度；

（3）每条轮对横移、摇头，共 8 自由度。

以下各式中，x 表示纵向，y 表示横向，z 表示垂向，ψ 表示摇头，ϕ 表示侧滚；p 表示一系，s 表示二系；w 表示轮对，f 表示构架，c 表示车体。

2. 车辆系统各部件受力分析

建立车辆系统动力学模型的方法有多种，如牛顿-欧拉方法、拉格朗日方程、计算多体系统动力学方法等。本书前面章节对计算多体系统动力学建模进行了描述，但这种方法适合计算机自动建模。在车辆系统动力学学习中，分析部件受力并推导动力学方程更适合掌握车辆动力学基本理论，下面均以牛顿-欧拉方法建立车辆动力学模型。

下面先对 1 位轮对、1 位构架及车体进行受力分析，进而推导出整个车辆系统的动力学方程组。车辆各主要部件受力如图 5.17 所示。图中没有给出转向架构架和车体的具体结构，而是以一个框图代表。其实在动力学建模中，有效的参数仅仅是力元参数、质量体的惯性参数，质量体的外形无关紧要。一系和二系悬挂元件具有尺寸，建模过程中假设悬挂力元的作用点在悬挂元件中间点，即力元等效作用点。

图 5.17 中各符号的含义如下：

F_{cxli}、F_{cxri}——第 i 位轮对左、右轮所受的纵向蠕滑力；

F_{cyli}、F_{cyri}——第 i 位轮对左、右轮所受的横向蠕滑力；

M_{czli}、M_{czri}——第 i 位轮对左、右轮所受的摇头蠕滑力偶，数值一般很小，可以忽略；

F_{nyli}、F_{nyri}——第 i 位轮对左、右轮所受的轮轨法向力的横向分量；

F_{xpli}、F_{xpri}——第 i 位轮对左、右侧一系纵向力；

F_{ypli}、F_{ypri}——第 i 位轮对左、右侧一系横向力；

F_{zpli}、F_{zpri}——第 i 位轮对左、右侧一系垂向力；

F_{xslj}、F_{xsrj}——第 j 位构架左、右侧二系纵向力；

F_{yslj}、F_{ysrj}——第 j 位构架左、右侧二系横向力；

$M_{s\phi j}$——车体与第 j 位构架间的抗侧滚扭杆提供的力偶；

以上符号中 $i = 1$、2、3、4，$j = 1$、2。

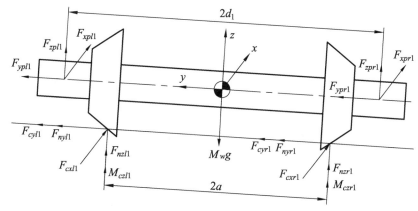

（a）1 位轮对受力示意图

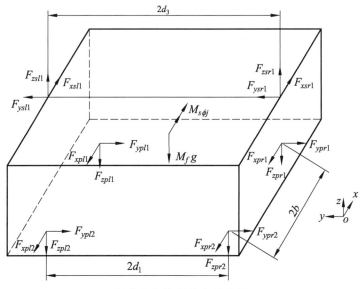

（b）1 位构架受力示意图

181

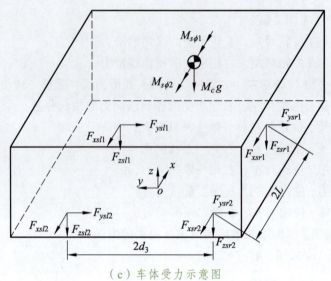

（c）车体受力示意图

图 5.17　车辆系统各部件受力示意图

另外，车辆系统动力学微分方程组中还用到以下符号和变量：

M_w、M_f、M_c——轮对质量、构架质量和车体质量；

I_{wz}——轮对摇头转动惯量；

I_{fx}、I_{fz}——构架侧滚转动惯量、构架摇头转动惯量；

I_{cx}、I_{cz}——车体侧滚转动惯量、车体摇头转动惯量；

R_0——车轮名义滚动圆半径；

g——重力加速度。

车辆系统各部件之间产生相对位移和相对速度时，会导致悬挂系统产生力和力矩。如果精确求解各部件变形会使一系、二系力的表达式非常复杂，在本节的机理研究中也没有必要。因此忽略次要因素，对一系和二系悬挂力进行简化和线性化，且一系、二系悬挂采用弹簧阻尼并联模型，不考虑减振器串联刚度，得到以下力元表达形式。

（1）一系纵向力：

$$\begin{cases} F_{xpli} = K_{px}(\psi_{wi} - \psi_{fj}) \cdot d_1 + C_{px}(\dot{\psi}_{wi} - \dot{\psi}_{fj}) \cdot d_1 \\ F_{xpri} = -K_{px}(\psi_{wi} - \psi_{fj}) \cdot d_1 - C_{px}(\dot{\psi}_{wi} - \dot{\psi}_{fj}) \cdot d_1 \end{cases} \qquad (5\text{-}50)$$

（2）一系悬挂横向力：

$$\begin{cases} F_{ypli} = K_{py}[y_{fj} + (-1)^{i+1}b \cdot \psi_{fj} + H_3 \cdot \phi_{fj} - y_{wi} + H_4\phi_{wi}] + \\ \qquad C_{py}[\dot{y}_{fj} + (-1)^{i+1}b \cdot \dot{\psi}_{fj} + H_3 \cdot \dot{\phi}_{fj} - \dot{y}_{wi} + H_4\dot{\phi}_{wi}] \\ F_{ypri} = F_{ypli} \end{cases} \qquad (5\text{-}51)$$

（3）一系悬挂垂向力：

$$\begin{cases} F_{zpli} = K_{pz}(\phi_{fj} - \phi_{wi})d_1 + C_{pz}(\dot{\phi}_{fj} - \dot{\phi}_{wi}) \\ F_{zpri} = K_{pz}(\phi_{fj} - \phi_{wi})d_1 + C_{pz}(\dot{\phi}_{fj} - \dot{\phi}_{wi}) \end{cases} \qquad (5\text{-}52)$$

式中，H_3 为构架中心到一系悬挂等效作用点的垂向距离；H_4 为轮对中心到一系悬挂等效作用点的垂向距离；K_{px} 为每轴箱一系纵向刚度；K_{py} 为每轴箱一系横向刚度。

（4）二系悬挂纵向力：

$$\begin{cases} F_{xslj} = K_{sx}(\psi_{fj} - \psi_c)d_3 + C_{sx}(\dot{\psi}_{fj} - \dot{\psi}_c)d_3 \\ F_{xsrj} = -K_{sx}(\psi_{fj} - \psi_c)d_3 - C_{sx}(\dot{\psi}_{fj} - \dot{\psi}_c)d_3 \end{cases} \tag{5-53}$$

（5）二系悬挂横向力：

$$\begin{cases} F_{ysl1} = K_{sy}(y_c + L\psi_c + H_1\phi_c - y_{f1} + H_2\phi_{f1}) + C_{sy}(\dot{y}_c + L\dot{\psi}_c + H_1\dot{\phi}_c - \dot{y}_{f1} + H_2\dot{\phi}_{f1}) \\ F_{ysl2} = K_{sy}(y_c - L\psi_c + H_1\phi_c - y_{f2} + H_2\phi_{f2}) + C_{sy}(\dot{y}_c - L\dot{\psi}_c + H_1\dot{\phi}_c - \dot{y}_{f2} + H_2\dot{\phi}_{f2}) \\ F_{ysr1} = K_{sy}(y_c + L\psi_c + H_1\phi_c - y_{f1} + H_2\phi_{f1}) + C_{sy}(\dot{y}_c + L\dot{\psi}_c + H_1\dot{\phi}_c - \dot{y}_{f1} + H_2\dot{\phi}_{f1}) \\ F_{ysr2} = K_{sy}(y_c - L\psi_c + H_1\phi_c - y_{f2} + H_2\phi_{f2}) + C_{sy}(\dot{y}_c - L\dot{\psi}_c + H_1\dot{\phi}_c - \dot{y}_{f2} + H_2\dot{\phi}_{f2}) \end{cases} \tag{5-54}$$

（6）二系悬挂垂向力：

$$\begin{cases} F_{zsl1} = K_{sz}(\phi_c - \phi_{f1})d_3 + C_{sz}(\dot{\phi}_c - \dot{\phi}_{f1})d_3 \\ F_{zsr1} = -K_{sz}(\phi_c - \phi_{f1})d_3 - C_{sz}(\dot{\phi}_c - \dot{\phi}_{f1})d_3 \\ F_{zsl2} = K_{sz}(\phi_c - \phi_{f2})d_3 + C_{sz}(\dot{\phi}_c - \dot{\phi}_{f2})d_3 \\ F_{zsr2} = -K_{sz}(\phi_c - \phi_{f2})d_3 - C_{sz}(\dot{\phi}_c - \dot{\phi}_{f2})d_3 \end{cases} \tag{5-55}$$

式中，H_1 为车体中心到二系悬挂等效作用点的垂向距离；H_2 为构架中心到二系悬挂等效作用点的垂向距离；K_{sx} 为每转向架每侧二系纵向刚度；K_{sy} 为每转向架每侧二系横向刚度；K_{sz} 为每转向架每侧二系垂向刚度。

（7）蠕滑力：蠕滑力计算可以采用线性轮轨关系计算，即假定等效锥度为常数。当然更加接近实际的方法是，考虑实际的轮轨接触几何关系通过非线性蠕滑理论求解，这样更加准确。

纵向蠕滑力：

$$\begin{cases} F_{cxli} = -f_{11}\left(\dfrac{b\lambda}{r_0}y_{wi} + \dfrac{b^2}{v}\dot{\psi}_{wi}\right) \\ F_{cxri} = F_{cxli} \end{cases} \tag{5-56}$$

横向蠕滑力：

$$\begin{cases} F_{cyli} = -f_{22}\left(\dfrac{\dot{y}_{wi}}{v} - \psi_{wi}\right) \\ F_{cyri} = F_{cyli} \end{cases} \tag{5-57}$$

（8）重力刚度引起的力：假设线性轮轨接触关系，重力刚度 k_{gy} 为常值，轮轨法向力的横向分量可用线性的轮轨关系计算。如果采用实际的轮轨接触几何关系，则直接通过力的分解得到横向力，不用下列线性公式。

$$\begin{cases} F_{nyli} = K_{gy}y_{wi} \\ F_{nyri} = F_{nyli} \end{cases} \tag{5-58}$$

3. 车辆系统动力学方程

采用牛顿-欧拉方法建立车辆系统动力学方程，将以上车辆系统的作用力带入，可以得到车辆系统横向动力学模型的微分方程组。

（1）轮对横移（$i = 1 \sim 4$）：

$$M_w \ddot{y}_{wi} = F_{cyli} + F_{cyri} + F_{nyli} + F_{nyri} + F_{ypli} + F_{ypri} - M_w g \phi_{wi} \tag{5-59}$$

（2）轮对摇头（$i = 1 \sim 4$）：

$$\begin{aligned}
I_{wz} \ddot{\psi}_{wi} = &-I_{wy} v \dot{\phi}_{wi} / R_0 + (F_{cxri} - F_{cxli})a + a \cdot \psi_{wi} \cdot (F_{cyri} + F_{nyri} - F_{cyli} - F_{nyli}) + \\
& M_{czli} + M_{czri} + (F_{xpri} - F_{xpli}) \cdot d_1
\end{aligned} \tag{5-60}$$

（3）构架横移：

$$\begin{cases}
M_f \ddot{y}_{f1} = -(F_{ypl1} + F_{ypl2} + F_{ypr1} + F_{ypr2}) + F_{ysl1} + F_{ysr1} - M_f \cdot g \cdot \phi_{f1} \\
M_f \ddot{y}_{f2} = -(F_{ypl3} + F_{ypl4} + F_{ypr3} + F_{ypr4}) + F_{ysl2} + F_{ysr2} - M_f \cdot g \cdot \phi_{f2}
\end{cases} \tag{5-61}$$

（4）构架摇头：

$$\begin{cases}
\begin{aligned}
I_{fz} \ddot{\psi}_{f1} = &(F_{xpl1} + F_{xpl2} - F_{xpr1} - F_{xpr2}) \cdot d_1 + (F_{xsr1} - F_{xsl1}) \cdot d_3 + \\
&(F_{ypl2} + F_{ypr2} - F_{ypl1} - F_{ypr1}) \cdot b + d_3(F_{ysr1} - F_{ysl1}) \cdot \psi_{f1}
\end{aligned} \\
\begin{aligned}
I_{fz} \ddot{\psi}_{f2} = &(F_{xpl3} + F_{xpl4} - F_{xpr3} - F_{xpr4}) \cdot d_1 + (F_{xsr2} - F_{xsl2}) \cdot d_3 + \\
&(F_{ypl4} + F_{ypr4} - F_{ypl3} - F_{ypr3}) \cdot b + d_3(F_{ysr2} - F_{ysl2}) \cdot \psi_{f2}
\end{aligned}
\end{cases} \tag{5-62}$$

（5）构架侧滚：

$$\begin{cases}
\begin{aligned}
I_{fx} \ddot{\phi}_{f1} = &(F_{zpr1} + F_{zpr2} - F_{zpl1} - F_{zpl2}) \cdot d_1 + (F_{zsl1} - F_{zsr1}) \cdot d_3 + M_{s\phi1} - \\
&(F_{ypl1} + F_{ypl2} + F_{ypr1} + F_{ypr2}) \cdot H_3 - (F_{ysl1} + F_{ysr1}) \cdot H_2
\end{aligned} \\
\begin{aligned}
I_{fx} \ddot{\phi}_{f2} = &(F_{zpr3} + F_{zpr4} - F_{zpl3} - F_{zpl4}) \cdot d_1 + (F_{zsl2} - F_{zsr2}) \cdot d_3 + M_{s\phi2} - \\
&(F_{ypl3} + F_{ypl4} + F_{ypr3} + F_{ypr4}) \cdot H_3 - (F_{ysl2} + F_{ysr2}) \cdot H_2
\end{aligned}
\end{cases} \tag{5-63}$$

（6）车体横移：

$$M_c \ddot{y}_c = -(F_{ysl1} + F_{ysr1} + F_{ysl2} + F_{ysr2}) - M_c g \cdot \phi_c \tag{5-64}$$

（7）车体摇头：

$$I_{cz} \ddot{\psi}_c = (F_{xsl1} + F_{xsl2} - F_{xsr1} - F_{xsr2}) \cdot d_3 + (F_{ysl2} + F_{ysr2} - F_{ysl1} - F_{ysr1}) \cdot L \tag{5-65}$$

（8）车体侧滚：

$$I_{cx} \ddot{\phi}_c = (F_{zsr1} + F_{zsr2} - F_{zsl1} - F_{zsl2}) \cdot d_3 - (F_{ysl1} + F_{ysr1} + F_{ysl2} + F_{ysr2}) \cdot H_1 - M_{s\phi1} - M_{s\phi2} \tag{5-66}$$

车辆系统的运动微分方程可以写成矩阵形式：

$$M\ddot{y} + C\dot{y} + Ky = 0 \tag{5-67}$$

式中，M、C、K 分别为系统的惯量矩阵、阻尼矩阵和刚度矩阵，均为 17 阶方阵；y 为系统自由度向量。

对车辆系统的 17 元 2 次线性微分方程组降阶，令 $x_1 = y, x_2 = \dot{y}$，E 为 17 阶单位矩阵，将方程组降阶得到

$$\dot{x} = \begin{bmatrix} \dot{x}_1 \\ \dot{x}_2 \end{bmatrix} = \begin{bmatrix} \mathbf{0} & \mathbf{E} \\ -\mathbf{K}/\mathbf{M} & -\mathbf{C}/\mathbf{M} \end{bmatrix} \begin{bmatrix} x_1 \\ x_2 \end{bmatrix} = \mathbf{A} \begin{bmatrix} x_1 \\ x_2 \end{bmatrix} = \mathbf{A}x \tag{5-68}$$

对非线性的车辆系统，假设车辆结构对称，车辆系统自由度为 m，令 $n = 2m$，可知 $x = 0$ 是系统的平衡位置。非线性车辆系统的微分方程为

$$M\ddot{y} + F(\dot{y}, y, v) = 0 \tag{5-69}$$

同样，降阶后为

$$\dot{x} = f(x, v) \tag{5-70}$$

非线性函数 f 表示车辆系统的非线性因素，如非线性悬挂力元和轮轨接触非线性，在 $x = 0$ 的某邻域内存在连续偏导数，则应用泰勒公式将非线性方程组展开为

$$\dot{x} = A(v)x + B(x) \tag{5-71}$$

式中，$B(x)$ 为高次项，当 $\|x\| \to 0$，有 $\|B(x)\| / \|x\| \to 0$。方程的一次近似方程为

$$\dot{x} \approx A(v)x = Ax \tag{5-72}$$

其中，矩阵 $A(v)$ 是与车速 v 有关的 $n \times n$ 阶常数矩阵，称为系统的雅克比矩阵：

$$A = \left[\frac{\partial f_i}{\partial x_j} \right]_{x=0} \quad (i, j = 1, 2, \cdots, n) \tag{5-73}$$

根据运动稳定性理论，非线性车辆系统零解的稳定性，可以通过研究一次近似方程组（5-72）的矩阵 A 的特征值来判断。

对线性和非线性车辆系统，通过对雅克比矩阵 A 求特征值和特征向量，可以得到车辆系统的模态频率、模态阻尼比和模态振型。采用线性稳定性理论，通过对特征值实部的判断，可以确定车辆系统的稳定性。对一般的车辆系统而言，所有悬挂模态都是稳定的，且基本不随车速和等效锥度变化（如果发生变化，也是受到蛇行运动影响发生了耦合振动）。蛇行运动模态随着车辆运行速度、等效锥度发生变化，且一定条件下可能发生蛇行失稳。

5.4.2 车辆横垂耦合模型

1. 模型自由度

车辆的横向和垂向振动实际上是耦合在一起的，只是耦合程度不是很强。建立车辆系统横垂耦合动力学模型，能更加真实地模拟车辆运动。横垂耦合模型的自由度较多，仅仅没有考虑各部件的纵向自由度，轮轨仍然采用传统的约束模型。描述车辆横垂耦合运动需要的最少自由度为 27 个：

（1）车体横移、浮沉、侧滚、点头、摇头，共 5 自由度；

（2）前后构架横移、浮沉、侧滚、点头、摇头，共 10 自由度；

（3）每条轮对横移、摇头、旋转，共 12 自由度。

另外，所有减振器均采用 Ruzicka 广义刚度和阻尼串联的模型，即一个阻尼两端都串联刚度，每个减振器需要两个一阶微分方程来描述，有两个"半个自由度"。减振器也可以采用 Maxwell 模型，即阻尼和刚度串联模型，与本书给出的动力方程没有本质差异，仅力元表达式有差异，读者可以自行推导。

2. 车辆系统各部件受力分析

车辆系统横垂耦合模型的受力和车辆横向模型类似，只是增加了部分力元，不再给出受力示意图。各力元定义如下：

F_{cxli}、F_{cxri}——第 i 位轮对左、右轮所受蠕滑力的纵向分量；

F_{cyli}、F_{cyri}——第 i 位轮对左、右轮所受蠕滑力的横向分量；

F_{czli}、F_{czri}——第 i 位轮对左、右轮所受蠕滑力的垂向分量；

F_{nyli}、F_{nyri}——第 i 位轮对左、右轮所受法向力的横向分量；

F_{nzli}、F_{nzri}——第 i 位轮对左、右轮所受法向力的垂向分量；

M_{cyli}、M_{cyri}——第 i 位轮对左、右轮所受蠕滑力偶的横向分量；

M_{czli}、M_{czri}——第 i 位轮对左、右轮所受蠕滑力偶的垂向分量；

F_{xpli}、F_{xpri}——第 i 位轮对左、右轴箱弹簧变形所产生的纵向力；

F_{ypli}、F_{ypri}——第 i 位轮对左、右轴箱弹簧变形所产生的横向力；

F_{zpli}、F_{zpri}——第 i 位轮对左、右轴箱弹簧变形所产生的垂向力；

F_{xslkj}、F_{xsrkj}——第 j 位构架左、右二系弹簧产生的纵向力；

F_{xslcj}、F_{xsrcj}——第 j 位构架左、右抗蛇行减振器所产生的纵向力；

F_{xslnkj}、F_{xsrnkj}——第 j 位构架左、右抗蛇行减振器两端节点所产生的纵向力；

F_{yslj}、F_{ysrj}——第 j 位构架左、右二系弹簧产生的横向力；

F_{zslj}、F_{zsrj}——第 j 位构架左、右二系弹簧产生的垂向力；

$M_{s\phi j}$——车体与第 j 位构架间的抗侧滚扭杆提供的力偶；

L——减振器阻尼两端的位置，最后一个下标 u 表示上方、d 表示下方；

N——减振器一端串联刚度与相应位置的悬挂刚度之比。

以上符号中 $i=1$、2、3、4，$j=1$、2。下式中其余各符号的含义同横向模型。针对二系采用旁承结构的车辆，可以将抗蛇行减振器力替换为旁承纵向摩擦力即可。

忽略次要因素，对一系和二系悬挂力进行简化和线性化，且一系、二系悬挂力元采用弹簧阻尼串联模型，得到以下力元表达形式[37]。

（1）一系纵向力：

$$\begin{cases} F_{xpli} = K_{px}[(\psi_{wi} - \psi_{fj}) \cdot d_1 - H_3\beta_{fj}] + C_{px}[(\dot{\psi}_{wi} - \dot{\psi}_{fj}) \cdot d_1 - H_3\dot{\beta}_{fj}] \\ F_{xpri} = -K_{px}[(\psi_{wi} - \psi_{fj}) \cdot d_1 + H_3\beta_{fj}] - C_{px}[(\dot{\psi}_{wi} - \dot{\psi}_{fj}) \cdot d_1 + H_3\dot{\beta}_{fj}] \end{cases} \quad (5\text{-}74)$$

（2）一系横向力：

$$\begin{cases} F_{ypli} = K_{py}[y_{fj} + (-1)^{i+1}b \cdot \psi_{fj} + H_3 \cdot \phi_{fj} - y_{wi} + H_4\phi_{wi}] + \\ \qquad C_{py}[\dot{y}_{fj} + (-1)^{i+1}b \cdot \dot{\psi}_{fj} + H_3 \cdot \dot{\phi}_{fj} - \dot{y}_{wi} + H_4\dot{\phi}_{wi}] \\ F_{ypri} = F_{ypli} \end{cases} \quad (5\text{-}75)$$

（3）一系垂向力：

$$\begin{cases} F_{zpli} = K_{pz}[z_{fj} + (\phi_{fj} - \phi_{wi})d_1 - b\beta_{fj}(-1)^{i+1}] + N_{pz}K_{pz}(L_{pzlid} - \phi_{wi}d_1) \\ F_{zpri} = K_{pz}[z_{fj} - (\phi_{fj} - \phi_{wi})d_1 - b\beta_{fj}(-1)^{i+1}] + N_{pz}K_{pz}(L_{pzrid} + \phi_{wi}d_1) \end{cases} \quad （5\text{-}76）$$

其中，一系左右侧垂向减振器的力平衡方程分别为

$$\begin{cases} N_{pz}K_{pz}(L_{pzlid} - \phi_{wi}d_1) = C_{pz}(\dot{L}_{pzliu} - \dot{L}_{pzlid}) \\ C_{pz}(\dot{L}_{pzliu} - \dot{L}_{pzlid}) = N_{pz}K_{pz}[z_{fj} + d_1\phi_{fj} - b\beta_{fj}(-1)^{i+1} - L_{pzliu}] \end{cases} \quad （5\text{-}77）$$

$$\begin{cases} N_{pz}K_{pz}(L_{pzrid} + \phi_{wi}d_1) = C_{pz}(\dot{L}_{pzriu} - \dot{L}_{pzrid}) \\ C_{pz}(\dot{L}_{pzriu} - \dot{L}_{pzrid}) = N_{pz}K_{pz}[z_{fj} - d_1\phi_{fj} - b\beta_{fj}(-1)^{i+1} - L_{pzriu}] \end{cases} \quad （5\text{-}78）$$

以上各式中：$i = 1$、2 时，$j = 1$；$i = 3$、4 时，$j = 2$。

（4）二系悬挂纵向力：

$$\begin{cases} F_{xslkj} = K_{sx}[(\psi_{fj} - \psi_c)d_3 - \beta_c H_1 - \beta_{fj}H_2] \\ F_{xsrkj} = K_{sx}[-(\psi_{fj} - \psi_c)d_3 - \beta_c H_1 - \beta_{fj}H_2] \\ F_{xslnkj} = N_{sx}K_{sx}(\psi_{fj}d_2 - L_{sxljb}) \\ F_{xsrnkj} = N_{sx}K_{sx}(-\psi_{fj}d_2 - L_{sxrjb}) \end{cases} \quad （5\text{-}79）$$

其中，左右侧抗蛇行减振器的力平衡方程分别为

$$\begin{cases} N_{sx}K_{sx}(\psi_{fj}d_2 - L_{sxljb}) = C_{sx}(\dot{L}_{sxljb} - \dot{L}_{sxljf}) \\ C_{sx}(\dot{L}_{sxljb} - \dot{L}_{sxljf}) = N_{sx}K_{sx}(-L_{sxljf} - d_3\psi_c - \beta_c H_1) \end{cases} \quad （5\text{-}80）$$

$$\begin{cases} N_{sx}K_{sx}(-\psi_{fj}d_2 - L_{sxrjb}) = C_{sx}(\dot{L}_{sxrjb} - \dot{L}_{sxrjf}) \\ C_{sx}(\dot{L}_{sxrjb} - \dot{L}_{sxrjf}) = N_{sx}K_{sx}(-L_{sxrjf} + d_3\psi_c - \beta_c H_1) \end{cases} \quad （5\text{-}81）$$

（5）二系横向力：

$$\begin{cases} F_{ysl1} = K_{sy}(y_c + L\psi_c + H_1\phi_c - y_{f1} + H_2\phi_{f1}) + N_{sy}K_{sy}[L_{syl1r} - y_{f1} + (H_5 - H_f)\phi_{f1}] \\ F_{ysl2} = K_{sy}(y_c - L\psi_c + H_1\phi_c - y_{f2} + H_2\phi_{f2}) + N_{sy}K_{sy}[L_{syl2r} - y_{f2} + (H_5 - H_f)\phi_{f2}] \\ F_{ysr1} = K_{sy}(y_c + L\psi_c + H_1\phi_c - y_{f1} + H_2\phi_{f1}) + N_{sy}K_{sy}[L_{syr1r} - y_{f1} + (H_5 - H_f)\phi_{f1}] \\ F_{ysr2} = K_{sy}(y_c - L\psi_c + H_1\phi_c - y_{f2} + H_2\phi_{f2}) + N_{sy}K_{sy}[L_{syr2r} - y_{f2} + (H_5 - H_f)\phi_{f2}] \end{cases} \quad （5\text{-}82）$$

其中，前后转向架两个二系横向减振器的力平衡方程分别为

$$\begin{cases} N_{sy}K_{sy}[L_{syl1r} - y_{f1} + (H_5 - H_f)\phi_{f1}] = C_{sy}(\dot{L}_{syl1l} - \dot{L}_{syl1r}) \\ C_{sy}(\dot{L}_{syl1l} - \dot{L}_{syl1r}) = N_{sy}K_{sy}[y_c + L\psi_c + (H_c - H_5)\phi_c - L_{syl1r}] \end{cases} \quad （5\text{-}83）$$

$$\begin{cases} N_{sy}K_{sy}[L_{syl2r} - y_{f2} + (H_5 - H_f)\phi_{f2}] = C_{sy}(\dot{L}_{syl2l} - \dot{L}_{syl2r}) \\ C_{sy}(\dot{L}_{syl2l} - \dot{L}_{syl2r}) = N_{sy}K_{sy}[y_c - L\psi_c + (H_c - H_5)\phi_c - L_{syl2r}] \end{cases} \quad （5\text{-}84）$$

（6）二系垂向力：

$$\begin{cases} F_{zsl1} = K_{sz}[z_c - z_{f1} - \beta_c L + (\phi_c - \phi_{f1})d_3] + N_{sz}K_{sz}(L_{szl1d} - Z_{f1} - d_3\phi_{f1}) \\ F_{zsr1} = K_{sz}[z_c - z_{f1} - \beta_c L - (\phi_c - \phi_{f1})d_3] + N_{sz}K_{sz}(L_{szr1d} - Z_{f1} + d_3\phi_{f1}) \\ F_{zsl2} = K_{sz}[z_c - z_{f2} + \beta_c L + (\phi_c - \phi_{f2})d_3] + N_{sz}K_{sz}(L_{szl2d} - Z_{f2} - d_3\phi_{f2}) \\ F_{zsr2} = K_{sz}[z_c - z_{f2} + \beta_c L - (\phi_c - \phi_{f2})d_3] + N_{sz}K_{sz}(L_{szr2d} - Z_{f2} + d_3\phi_{f2}) \end{cases} \quad （5\text{-}85）$$

其中，前后转向架 4 个二系垂向减振器的力平衡方程为

$$\begin{cases} N_{sz}K_{sz}(L_{szl1d} - d_3\phi_{f1} - Z_{f1}) = C_{sz}(\dot{L}_{szl1u} - \dot{L}_{szl1d}) \\ C_{sz}(\dot{L}_{szl1u} - \dot{L}_{szl1d}) = N_{sz}K_{sz}(z_c - \beta_c L - L_{szl1u} + d_3\phi_c) \end{cases} \quad （5\text{-}86）$$

$$\begin{cases} N_{sz}K_{sz}(L_{szr1d} + d_3\phi_{f1} - Z_{f1}) = C_{sz}(\dot{L}_{szr1u} - \dot{L}_{szr1d}) \\ C_{sz}(\dot{L}_{szr1u} - \dot{L}_{szr1d}) = N_{sz}K_{sz}(z_c - L_{szr1u} - \beta_c L - \phi_c d_3) \end{cases} \quad （5\text{-}87）$$

$$\begin{cases} N_{sz}K_{sz}(L_{szl2d} - d_3\phi_{f2} - Z_{f2}) = C_{sz}(\dot{L}_{szl2u} - \dot{L}_{szl2d}) \\ C_{sz}(\dot{L}_{szl2u} - \dot{L}_{szl2d}) = N_{sz}K_{sz}(z_c - L_{szl2u} + \beta_c L + d_3\phi_c) \end{cases} \quad （5\text{-}88）$$

$$\begin{cases} N_{sz}K_{sz}(L_{szr2d} + d_3\phi_{f2} - Z_{f2}) = C_{sz}(\dot{L}_{szr2u} - \dot{L}_{szr2d}) \\ C_{sz}(\dot{L}_{szr2u} - \dot{L}_{szr2d}) = N_{sz}K_{sz}(z_c - L_{szr2u} + \beta_c L - d_3\phi_c) \end{cases} \quad （5\text{-}89）$$

其余各种力和力矩与车辆横向模型类似，可以采用近似的线性公式，也可以考虑实际的轮轨接触几何关系通过非线性蠕滑理论求解，这样更加准确，不再详述。

3. 车辆系统动力学方程

根据以上悬挂元件和部件受力，由牛顿-欧拉方法得到车辆系统动力学微分方程。

（1）轮对横移（$i = 1 \sim 4$）：

$$M_w\ddot{y}_{wi} = F_{cyli} + F_{cyri} + F_{nyli} + F_{nyri} + F_{ypli} + F_{ypri} - M_w g\phi_{wi} \quad （5\text{-}90）$$

（2）轮对摇头（$i = 1 \sim 4$）：

$$I_{wz}\ddot{\psi}_{wi} = -I_{wy}\left(\frac{v}{R_o} + \dot{\beta}_{wi}\right)\dot{\phi}_{wi} + (F_{cxri} - F_{cxli})a + a \cdot \psi_{wi} \cdot$$
$$(F_{cyri} + F_{nyri} - F_{cyli} - F_{nyli}) + M_{czli} + M_{czri} + (F_{xpri} - F_{xpli}) \cdot d_1 \quad （5\text{-}91）$$

（3）轮对自旋扰动（$i = 1 \sim 4$）：

$$I_{wy}\ddot{\beta}_{wi} = -R_{li}\{F_{cxli} + \psi_{wi}[F_{cyli} + F_{czli}\tan(\delta_{li} + \phi_{wi})]\} - R_{ri}\{F_{cxri} + \psi_{wi}[F_{cyri} - F_{czri} \cdot$$
$$\tan(\delta_{ri} - \phi_{wi})]\} + M_{cyli} + M_{cyri} + \phi_{wi}(M_{czli} + M_{czri}) \quad （5\text{-}92）$$

（4）构架横移：

$$\begin{cases} M_f\ddot{y}_{f1} = -(F_{ypl1} + F_{ypl2} + F_{ypr1} + F_{ypr2}) + F_{ysl1} + F_{ysr1} - M_f \cdot g \cdot \phi_{f1} \\ M_f\ddot{y}_{f2} = -(F_{ypl3} + F_{ypl4} + F_{ypr3} + F_{ypr4}) + F_{ysl2} + F_{ysr2} - M_f \cdot g \cdot \phi_{f2} \end{cases} \quad （5\text{-}93）$$

（5）构架摇头：

$$\begin{cases} I_{fz}\ddot{\psi}_{f1} = (F_{xpl1} + F_{xpl2} - F_{xpr1} - F_{xpr2})\cdot d_1 + (F_{xsrk1} - F_{xslk1})\cdot d_3 + (F_{xsrnk1} - F_{xslnk1})\cdot d_2 + \\ \qquad\qquad (F_{ypl2} + F_{ypr2} - F_{ypl1} - F_{ypr1})\cdot b + d_3(F_{ysr1} - F_{ysl1})\cdot \psi_{f1} \\ I_{fz}\ddot{\psi}_{f2} = (F_{xpl3} + F_{xpl4} - F_{xpr3} - F_{xpr4})\cdot d_1 + (F_{xsrk2} - F_{xslk2})\cdot d_3 + (F_{xsrnk2} - F_{xslnk2})\cdot d_2 + \\ \qquad\qquad (F_{ypl4} + F_{ypr4} - F_{ypl3} - F_{ypr3})\cdot b + d_3(F_{ysr2} - F_{ysl2})\cdot \psi_{f2} \end{cases}$$ （5-94）

（6）构架侧滚：

$$\begin{cases} I_{fx}\ddot{\phi}_{f1} = (F_{zpr1} + F_{zpr2} - F_{zpl1} - F_{zpl2})\cdot d_1 + (F_{zsl1} - F_{zsr1})\cdot d_3 + M_{s\phi1} - \\ \qquad\qquad (F_{ypl1} + F_{ypl2} + F_{ypr1} + F_{ypr2})\cdot H_3 - (F_{ysl1} + F_{ysr1})\cdot H_2 \\ I_{fx}\ddot{\phi}_{f2} = (F_{zpr3} + F_{zpr4} - F_{zpl3} - F_{zpl4})\cdot d_1 + (F_{zsl2} - F_{zsr2})\cdot d_3 + M_{s\phi2} - \\ \qquad\qquad (F_{ypl3} + F_{ypl4} + F_{ypr3} + F_{ypr4})\cdot H_3 - (F_{ysl2} + F_{ysr2})\cdot H_2 \end{cases}$$ （5-95）

（7）构架浮沉：

$$\begin{cases} M_f\ddot{z}_{f1} = -(F_{zpl1} + F_{zpr1} + F_{zpl2} + F_{zpr2}) + (F_{zsl1} + F_{zsr1}) - M_f g\cdot\cos\phi_{f1} \\ M_f\ddot{z}_{f2} = -(F_{zpl3} + F_{zpr3} + F_{zpl4} + F_{zpr4}) + (F_{zsl2} + F_{zsr2}) - M_f g\cdot\cos\phi_{f2} \end{cases}$$ （5-96）

（8）构架点头：

$$\begin{cases} I_{fy}\ddot{\beta}_{f1} = (F_{zpl1} + F_{zpr1} - F_{zpl2} - F_{zpr2})b + (F_{xsl1} + F_{xsr1})H_2 + (F_{xpl1} + F_{xpr1} + F_{xpl2} + F_{xpr2})H_3 \\ I_{fy}\ddot{\beta}_{f2} = (F_{zpl3} + F_{zpr3} - F_{zpl4} - F_{zpr4})b + (F_{xsl2} + F_{xsr2})H_2 + (F_{xpl3} + F_{xpr3} + F_{xpl4} + F_{xpr4})H_3 \end{cases}$$ （5-97）

（9）车体横移：

$$M_c\ddot{y}_c = -(F_{ysl1} + F_{ysr1} + F_{ysl2} + F_{ysr2}) - M_c g\cdot\phi_c$$ （5-98）

（10）车体摇头：

$$\begin{aligned} I_{cz}\ddot{\psi}_c &= (F_{xslk1} + F_{xslk2} - F_{xsrk1} - F_{xsrk2})\cdot d_3 + (F_{xslnk1} + F_{xslnk2} - F_{xsrnk1} - F_{xsrnk2})\cdot d_2 + \\ &\quad (F_{ysl2} + F_{ysr2} - F_{ysl1} - F_{ysr1})\cdot L \end{aligned}$$ （5-99）

（11）车体侧滚：

$$\begin{aligned} I_{cx}\ddot{\phi}_c &= (F_{zsr1} + F_{zsr2} - F_{zsl1} - F_{zsl2})\cdot d_3 - \\ &\quad (F_{ysl1} + F_{ysr1} + F_{ysl2} + F_{ysr2})\cdot H_1 - M_{s\phi1} - M_{s\phi2} \end{aligned}$$ （5-100）

（12）车体浮沉：

$$M_c\ddot{z}_c = -F_{zsl1} - F_{zsr1} - F_{zsl2} - F_{zsr2} - M_c g\cdot\cos\phi_c$$ （5-101）

（13）车体点头：

$$I_{cy}\ddot{\beta}_c = (F_{zsl1} + F_{zsr1} - F_{zsl2} - F_{zsr2})L + (F_{xslk1} + F_{xsrk1} + F_{xslk2} + F_{xsrk2})H_1$$ （5-102）

5.4.3 车辆蛇行运动特征

在 SIMPACK 软件中，以第三节转向架模型为基础，建立两个转向架、一个车体的车辆动力学模型。车体的参数如表 5.3 所示。每个转向架 22 自由度，车体 6 自由度，车辆系统总共 50 自由度。每个转向架有 8 个 Maxwell 模型的减振器力元，最后得到的系统矩阵为 116 阶方阵，系统特征值有 116 个。但从车辆系统模态来看，部分特征值对应的不是振动模态，部分模态自然阻尼比为 1；表示车辆系统振动的模态共有 43 个（由于特征值为共轭复数，所以对应 86 个特征值）。常规车辆系统动力学关注的模态一般是频率较低的车体悬挂模态、蛇行运动模态、构架悬挂模态。

表 5.3 客车参数

名　称	参　数	名　称	参　数
定距/m	18.0	车体摇头惯量/kg·m^2	2 250 000
车体质量/kg	40 000	车体重心距轨面高/m	1.800
车体侧滚惯量/kg·m^2	90 000	每转向架抗侧滚扭杆刚度/MN·m·rad^{-1}	2.0
车体点头惯量/kg·m^2	2 250 000	二系悬挂距离轨面高/m	0.832

1. 车体悬挂模态

车体悬挂模态在本书第 2 章 2.4.2 节有详细的描述，本节给出车体模态的频率近似计算公式。在不考虑蛇行运动与车体模态耦合的情况下，车体悬挂和一般的机械系统悬挂类似，可以通过频率公式计算得到悬挂频率。但需要注意的是，有些时候车体悬挂模态会受到蛇行运动的影响，模态频率和阻尼比都会发生较大的变化。容易受到蛇行运动影响的车体模态主要是车体摇头模态、车体滚摆模态。

车体浮沉频率：

$$f_{cz} = \frac{1}{2\pi} \sqrt{\frac{8K_{pz}K_{sz}}{(2K_{pz}+K_{sz})M_c}} \tag{5-103}$$

车体点头频率：

$$f_{cpitch} = \frac{1}{2\pi} \sqrt{\frac{8K_{pz}K_{sz}L^2}{(2K_{pz}+K_{sz})J_{cy}}} \tag{5-104}$$

车体摇头频率：

$$f_{cyaw} = \frac{1}{2\pi} \sqrt{\left[\frac{8K_{py}K_{sy}L^2}{(2K_{py}+K_{sy})} + 4K_{sx}d_3^2\right]/J_{cz}} \tag{5-105}$$

根据《车辆工程》[2]中的推算，h_c 为车体质心到二系悬挂的垂向距离，K_θ 为每转向架抗侧滚扭杆刚度，令：

$$a_1 = \frac{4K_{sy}}{M_c},\ a_2 = \frac{-4K_{sy}h_c}{M_c},\ a_3 = \frac{-4K_{sy}h_c}{J_{cx}},\ a_4 = \frac{4K_{sy}h_c^2 + 4K_{sz}d_3^2 + 2K_\theta - M_c g h_c}{J_{cx}} \tag{5-106}$$

车体的滚摆频率为

190

$$f_{cswayl,2} = \frac{1}{2\pi}\sqrt{[a_1 + a_4 \pm \sqrt{(a_1 - a_4)^2 + 4a_2 a_3}]/2}$$ （5-107）

其中，下心滚摆频率较低，上心滚摆频率较高。针对以上车辆系统参数，分别通过公式和模态计算得到车体悬挂模态频率，如表 5.4 所示，可见在没有蛇行运动干扰的情况下，公式计算得到的车体悬挂频率还是比较准确。

表 5.4　车体悬挂模态频率　　　　　　　　　　　　　　　Hz

车体振型	公式计算	模态计算
车体浮沉	0.87	0.89
车体点头	1.04	1.06
车体摇头	0.94	0.95
下心滚摆	0.70	0.56
上心滚摆	1.35	1.35

2. 车辆蛇行运动模态

车辆系统的蛇行运动模态一般表现为两种振型，如图 5.18 和图 5.19 所示，图中轨道和空气弹簧相对静止。这两种蛇行运动模态的频率一般比较接近，振型也都包括前后转向架的蛇行和车体的滚摆、摇头。蛇行模态 1 的前后转向架接近同相位运动，蛇行模态 2 的前后转向架运动存在较大的相位差，可以近似看作是反向运动。转向架相对于车体存在较大的相对位移，即转向架和车体运动存在较大的相位差。

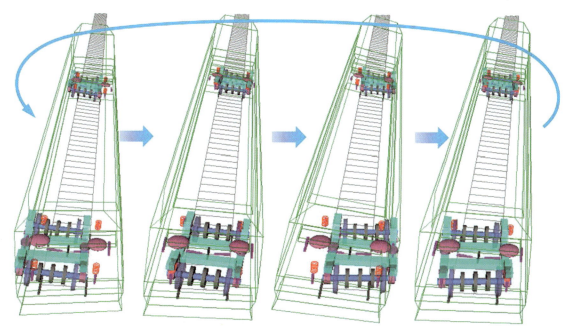

图 5.18　车辆蛇行运动模态 1（1.76 Hz）

191

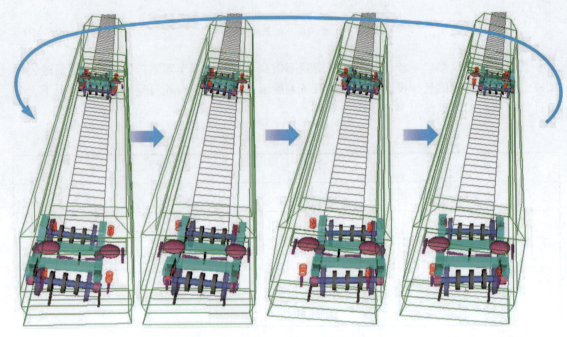

图 5.19　车辆蛇行运动模态 2（1.83 Hz）

当然，当车辆结构和参数变化后，蛇行运动模态也会发生变化。当蛇行频率较低时（一般低于 3 Hz），蛇行频率与车体悬挂频率接近，车体的模态位移较大，如果此时车辆系统运动阻尼比不足，则容易发生车体明显晃动，此种蛇行运动称为一次蛇行，也叫车体蛇行。当蛇行频率较高时，转向架蛇行运动比较剧烈，车体振动相对较小，有些车辆的转向架已经发生了周期蛇行运动而车体上没有感觉，此种蛇行运动称为二次蛇行，也叫转向架蛇行。

车辆系统的两种蛇行运动都是需要力求避免的。一次蛇行频率较低，经常发生在轮轨接触等效锥度很小时，如车轮镟修后的前 2 万千米。过去认为一次蛇行主要发生在车速不高时，让车辆快速越过该速度段就可以避免一次蛇行。但在我国高速动车组的运用中发现一次蛇行在高速下也容易发生。由于耦合了车辆悬挂模态，一次蛇行严重影响车辆的乘坐性能，一般对运行安全性影响不大；但有时严重的一次蛇行会发生轮缘贴靠，也会危及行车安全。一次蛇行涉及因素比较多，发生一次蛇行后，往往难以彻底解决。

二次蛇行频率避开了车体悬挂模态频率，所以只要二系悬挂参数合理，传递到车体上的振动不是特别大，部分车辆甚至在车体内感觉不到二次蛇行运动。当车辆参数确定后，影响二次蛇行的主要因素是等效锥度和运行速度，所以发生二次蛇行后，镟轮和降速是有效的解决措施。由于转向架蛇行频率可能达到 9 Hz 甚至更高，这和很多车体的菱形弹性模态频率接近，所以转向架蛇行时需要注意避免引起车体的弹性共振。

针对以上车辆系统参数，在车辆横垂耦合模型基础上，增加纵向自由度，建立完整的车辆系统动力学仿真模型，分析蛇行运动频率和阻尼比变化规律，如图 5.20 所示。从图 5.20 可见，车辆两种蛇行运动模态的频率接近，随着车速提高蛇行频率增大，随着等效锥度增加蛇行频率增大。这里轮轨接触采用线性关系，当实际轮轨接触非线性比较强时，蛇行运动的变化规律也更加复杂。

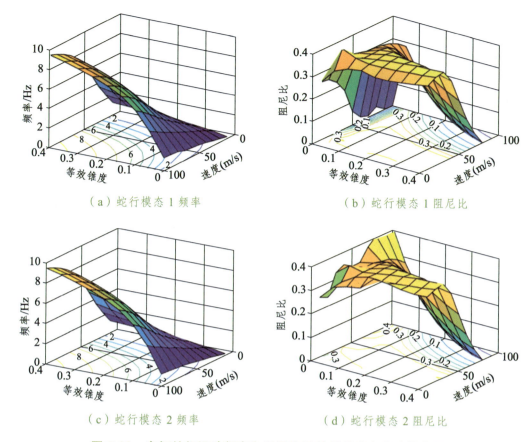

（a）蛇行模态 1 频率

（b）蛇行模态 1 阻尼比

（c）蛇行模态 2 频率

（d）蛇行模态 2 阻尼比

图 5.20　车辆蛇行运动频率和阻尼比随等效锥度和车速的变化

在等效锥度大于 0.05 之后，两种蛇行运动模态的阻尼比也接近。当车速高于 80 km/h 和等效锥度大于 0.25 时，蛇行运动阻尼比小于 0，即车辆系统发生了周期蛇行运动（线性轮轨关系下会发生发散的蛇行运动）。

在等效锥度小于 0.05 时，两种蛇行运动模态的阻尼比有明显差异。其中，前后转向架反向蛇行运动的阻尼比更大，满足稳定性要求。但前后转向架同向蛇行的阻尼比很低，甚至接近 0。此时车体上心滚摆和摇头很容易和转向架蛇行耦合，车辆系统发生明显的横向晃动，严重影响乘坐性能。虽然蛇行阻尼比没有小于 0，但由于稳定性裕量不足，在激扰下车体的振动衰减很慢，由于轨道激扰是连续的，所以车体可能会发生周期性的横向晃动。这种情况也可以认为是车辆系统发生了一次蛇行。

5.5　蛇行运动分岔

铁道车辆蛇行运动是一种非线性自激振动，输入能量为非周期的牵引能量（牵引工况）或者动能（惰性工况），调节器为轮轨非线性系统。由于轮轨系统具有强非线性，蛇行运动会发生 Hopf 分岔、拟周期运动、混沌运动等复杂的非线性振动。本书只讨论车辆系统在正常速度范围内的非线性特性，所以只涉及 Hopf 分岔和极限环运动。

5.5.1 分岔类型和特征

1. 蛇行运动能量

轮对蛇行运动过程中，能量的输入会引起和加剧蛇行运动，输入的能量一部分被阻尼元件转化为热能耗散掉，另一部分被储存为机械能，即动能和势能。如果在振动过程中系统的机械能不断减小，那么系统振动最终将会收敛。如果系统的机械能不断增加，系统振动将会加剧，振动幅度会变大。对具有极限环的非线性轮对系统而言，运动会发展到一个稳定的极限环周期振动，但是如果不存在极限环，系统振动将会发散。如果系统机械能维持不变，系统将会维持一种持续稳定的周期振动。

从能量的角度分析轮对蛇行运动时系统能量的转化关系，进行系统稳定性的定性分析[38]。为便于分析，将阻尼矩阵 D 剖分为减振器阻尼 D_F 和轮轨蠕滑 D_R 两个部分，刚度矩阵 K 剖分为悬挂刚度 K_F 和轮轨蠕滑 K_R 两个部分，即

$$\begin{cases} D = D_F + D_R \\ K = K_F + K_R \end{cases} \tag{5-108}$$

式中，悬挂阻尼矩阵为

$$D_F = \begin{bmatrix} 2c_y & 0 \\ 0 & 2l^2 c_x \end{bmatrix}$$

蠕滑力阻尼矩阵为

$$D_R = \begin{bmatrix} \dfrac{2f_{22}}{v} & 0 \\ 0 & \dfrac{2(b^2 f_{11} + f_{33})}{v} \end{bmatrix}$$

悬挂和重力刚度矩阵为

$$K_F = \begin{bmatrix} 2k_y + \dfrac{W\lambda}{b} & 0 \\ 0 & 2k_x l^2 - W\lambda b \end{bmatrix}$$

蠕滑力刚度矩阵为

$$K_R + E = \begin{bmatrix} 0 & -2f_{22} \\ \dfrac{2bf_{11}\lambda}{r_0} & 2f_{23} \end{bmatrix}$$

约束轮对的动力学方程可以写成：

$$M\ddot{x} + K_F x + D_F \dot{x} + (G\dot{x} + D_R \dot{x} + K_R x + Ex) + F(x) = 0 \tag{5-109}$$

对方程左边乘 $\dot{x}^{\mathrm{T}}$，由 $\mathrm{d}x^{\mathrm{T}} = \dot{x}^{\mathrm{T}} \mathrm{d}t$ 可以得到

$$\frac{\mathrm{d}}{\mathrm{d}t}\left[\frac{1}{2}\dot{x}^{\mathrm{T}}M\dot{x} + \frac{1}{2}x^{\mathrm{T}}K_F x\right]\mathrm{d}t + \dot{x}^{\mathrm{T}}D_F\dot{x} + \dot{x}^{\mathrm{T}}G\dot{x} + \dot{x}^{\mathrm{T}}D_R\dot{x} +$$
$$\dot{x}^{\mathrm{T}}(K_R + E)x + \dot{x}^{\mathrm{T}}F(x) = 0 \tag{5-110}$$

对式（5-110）在 $t = 0$ 到 τ 积分可得

$$\frac{1}{2}\dot{x}^{\mathrm{T}}M\dot{x} + \frac{1}{2}x^{\mathrm{T}}\boldsymbol{K}_F x = \frac{1}{2}\dot{x}_0^{\mathrm{T}}M\dot{x}_0 + \frac{1}{2}x_0^{\mathrm{T}}\boldsymbol{K}_F x_0 -$$
$$\int_0^{\tau}[\dot{x}^{\mathrm{T}}\boldsymbol{D}_F\dot{x} + \dot{x}^{\mathrm{T}}\boldsymbol{G}\dot{x} + \dot{x}^{\mathrm{T}}\boldsymbol{D}_R\dot{x} + \dot{x}^{\mathrm{T}}(\boldsymbol{K}_R + \boldsymbol{E})x + \dot{x}^{\mathrm{T}}\boldsymbol{F}(x)]\mathrm{d}t = 0 \qquad （5-111）$$

设动能为 T，势能为 V，初始动能为 T_0，初始势能为 V_0，则以上方程可以写成：

$$\boldsymbol{T} + \boldsymbol{V} = \boldsymbol{T}_0 + \boldsymbol{V}_0 - \int_0^{\tau}[\dot{x}^{\mathrm{T}}\boldsymbol{D}_F\dot{x} + \dot{x}^{\mathrm{T}}\boldsymbol{G}\dot{x} + \dot{x}^{\mathrm{T}}\boldsymbol{D}_R\dot{x} + \dot{x}^{\mathrm{T}}(\boldsymbol{K}_R + \boldsymbol{E})x + \dot{x}^{\mathrm{T}}\boldsymbol{F}(x)]\mathrm{d}t = 0 \qquad （5-112）$$

假设轮对做周期 ω 的等幅稳态蛇行运动，轮对运动方程为

$$\begin{cases} y = y_0 \sin\omega t \\ \psi = \psi_0 \cos\omega t \end{cases} \qquad （5-113）$$

分别分析悬挂阻尼项 $\boldsymbol{D}_F$、陀螺项 $\boldsymbol{G}$、蠕滑力阻尼项 $\boldsymbol{D}_R$、蠕滑力刚度项 $\boldsymbol{K}_R$ 和循环矩阵 $\boldsymbol{E}$ 以及非线性项 $\boldsymbol{F}(x)$ 对系统的影响，积分时间取一个蛇行运动周期，即 $\tau = 2\pi/w$，则有

悬挂阻尼做功：

$$-\int_0^{\tau}\dot{x}^{\mathrm{T}}\boldsymbol{D}_F\dot{x}\mathrm{d}t = -\frac{\pi}{\omega}(2c_y\omega^2 y_0^2 + 2l^2 c_x\omega^2\psi_0^2) < 0 \qquad （5-114）$$

陀螺力做功：

$$-\int_0^{\tau}\dot{x}^{\mathrm{T}}\boldsymbol{G}\dot{x}\mathrm{d}t = \int_0^{\tau}\left[\left(\frac{2f_{23}}{v} - \frac{J_{wy}\lambda v}{br_0}\right) - \left(\frac{2f_{23}}{v} - \frac{J_{wy}\lambda v}{br_0}\right)\right]\dot{y}\dot{\psi}\mathrm{d}t = 0 \qquad （5-115）$$

蠕滑力阻尼项做功：

$$-\int_0^{\tau}\dot{x}^{\mathrm{T}}\boldsymbol{D}_R\dot{x}\mathrm{d}t = -\frac{\pi}{\omega}\left[\frac{2f_{22}}{v}\omega^2 y_0^2 + \frac{2(b^2 f_{11} + f_{33})}{v}\omega^2\psi_0^2\right] < 0 \qquad （5-116）$$

蠕滑力刚度项做功：

$$-\int_0^{\tau}\dot{x}^{\mathrm{T}}(\boldsymbol{K}_R + \boldsymbol{E})x\mathrm{d}t = -\int_0^{\tau}\dot{x}^{\mathrm{T}}\begin{bmatrix} 0 & -2f_{22} \\ \dfrac{2bf_{11}\lambda}{r_0} & 2f_{23} \end{bmatrix}x\mathrm{d}t$$
$$= 2\pi\omega f_{22}y_0\psi_0 + \frac{2\pi\omega bf_{11}\lambda}{r_0}y_0\psi_0 > 0 \qquad （5-117）$$

轮轨非线性力做功：

$$-\int_0^{\tau}\dot{x}^{\mathrm{T}}\boldsymbol{F}(x)\mathrm{d}t = -a_1 y_0^4/4 - a_2 y_0^6/6 < 0 \qquad （5-118）$$

从以上能量计算结果可见，减振器阻尼项 $\boldsymbol{D}_F$ 做负功，耗散能量。陀螺项 $\boldsymbol{G}$ 不做功，既不消耗系统的能量，也不向系统提供能量。蠕滑力阻尼项 $\boldsymbol{D}_R$ 做负功，耗散能量。蠕滑力刚度项 $\boldsymbol{K}_R$ 和 $\boldsymbol{E}$ 做正功，输入能量。非线性项 $\boldsymbol{F}(x)$ 做负功，耗散能量。

在一个蛇行运动周期内：输入能量小于耗散能量时，即蠕滑力输入功小于系统耗散功，系统总能量逐渐减小，运动状态趋于稳定的平衡位置；当输入能量大于耗散能量时，系统总能量增加，此时一部分能量通过悬挂系统会转移到构架和车体，使得构架、车体振动幅度变大、动能增加，同时弹簧的势能也增加。最终，减振器耗散功也进一步增加，使输入功和耗散功达到新的平衡，系统维持一种新的稳定状态，对具有非线性轮轨关系的轮对而言，一般是稳定的极限环。

从以上分析可见，决定系统稳定性的因素主要有蠕滑力的输入能量、耗散能量，减振器的耗散能量以及系统所能储存的最大动能和势能。在轮对蛇行运动中轮轨蠕滑力将本来用于轮对前进的能量转化为轮对横向振动能量，这是轮对发生蛇行乃至失稳的能量来源。

2. 蛇行运动 Hopf 分岔

由于蛇行运动具有以上的能量转换特征，即将稳定的前进能量转换为周期的蛇行运动能量，所以蛇行运动是一种自激振动。蛇行运动具有 Hopf 分岔特性，即在一定条件下某个参数变化过程中，系统由稳定的平衡位置发展出极限环。这个变化的参数一般是运行速度，也可以是悬挂参数等其他参数。

以上一节的整车模态为例，变化参数为车辆运行速度，车辆系统在微小的初始激扰下稳态运动会发生变化。如图 5.21 所示，随着速度的提高，一位轮对横向位移在初始激扰下逐渐过渡到稳态运动，当车速低于 80 m/s 时，稳态运动为平衡点；当车速为 80 m/s 时稳态运动为幅值 0.7 mm 的周期振动；当车速为 100 m/s 时稳态运动为幅值 3 mm 的周期振动。

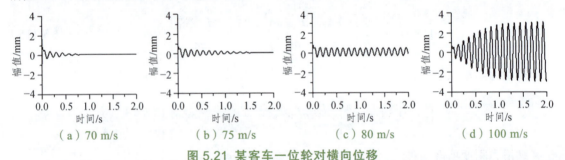

（a）70 m/s　　　（b）75 m/s　　　（c）80 m/s　　　（d）100 m/s

图 5.21 某客车一位轮对横向位移

某货车的计算结果如图 5.22 所示，同样变化参数为车辆运行速度。随着速度的提高，一位轮对横向位移在初始激扰下逐渐发展到稳态运动，当车速为 110 km/h 时稳态运动为平衡点，且收敛很快；当车速为 120 km/h 时稳态运动为平衡点，但要经过多个周期振动后才收敛；当车速为 130 km/h 时稳态运动为幅值 11 mm 的周期振动。

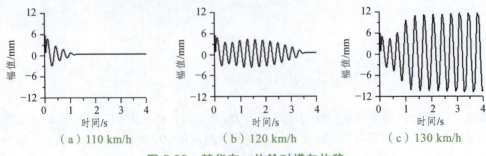

（a）110 km/h　　　（b）120 km/h　　　（c）130 km/h

图 5.22 某货车一位轮对横向位移

这两个例子均展示了车辆系统以运行速度为变量，车辆系统从稳定的平衡点解发展到以一定幅值的蛇行周期振动，即极限环解。但客车的例子中，发生周期蛇行运动后，极限环幅值逐渐增大，这是超临界 Hopf 分岔的典型情况。货车的例子中，发生周期蛇行运动后，稳态解从平衡点突然跳变到轮缘贴靠的极限环解，这是亚临界 Hopf 分岔的典型情况。车辆系统的蛇行运动与很多因素有关，需要针对具体车辆具体分析。

3. 线性稳定性

首先建立车辆系统动力学仿真模型和运动微分方程组，采用线性化方法计算得到车辆系统雅克比矩阵，计算该矩阵的特征值和特征向量。特征值对应车辆系统运动模态的阻尼比和频率，特征向量对应车辆系统的运动模态振型。通过数值计算，由特征值计算得到车辆蛇行运动模态对应的阻尼比。严格的数学意义上，阻尼比为 0 是系统稳定与不稳定的分界点。工程上一般认为 5%阻尼比是机械系统维持稳定的最小阻尼比。

图 5.23 是车辆系统蛇行运动临界速度随等效锥度的基本变化规律，也是第 5.4.3 节所讨论过的一次蛇行、二次蛇行普遍规律示意图。图中虚线是 5%阻尼比对应的蛇行运动临界速度；实线是 0%阻尼比对应的临界速度，在其下方区域，车辆系统受到激扰后能快速收敛到平衡位置。0%阻尼比相对 5%阻尼比对应的临界速度更高，阻尼比低于 5%后，蛇行运动收敛往往很慢，在轨道谱的不断激扰下车辆振动性能不佳，所以可以按照 5%阻尼比判断车辆蛇行运动的临界速度。随着等效锥度的增大，阻尼比先增大后减小。在等效锥度比较小的情况下，当运行速度很高时，可能发生车体蛇行运动；当等效锥度比较大且车速较高时，可能发生转向架蛇行运动。

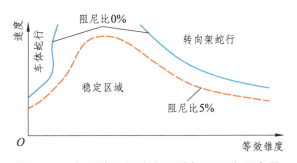

图 5.23　车系统蛇行稳定区域与阻尼比示意图

针对本章第 5.4.3 节蛇行运动模态分析，等效锥度 0.05 就是所分析车辆的最低允许等效锥度，等效锥度小于这个值，车辆系统容易发生一次蛇行。最低允许等效锥度会随着车辆参数发生变化，影响较大的参数是一系纵向定位刚度，如图 5.24 所示。以阻尼比为 0 来判断蛇行稳定性是数学意义上的稳定性，工程中需要考虑车辆系统的实际响应，即稳定性需要留有足够的安全裕量。工程中一般以 5%阻尼比来判断稳定性，可以认为对车辆系统蛇行运动稳定性，以 5%到 7.5%阻尼比来判断是合适的。从图 5.24 中可见，随着一系纵向定位刚度的增大，车辆系统避免一次蛇行的最小等效锥度增大。例如，一系纵向定位刚度为 12.5 MN/m 的车辆，最小等效锥度可以取值 0.02；一系纵向定位刚度为 50 MN/m 的车辆，最小等效锥度可以取值 0.05。当然，其他参数的影响也不能忽视，如抗蛇行减振器参数、二系悬挂刚度和阻尼等。

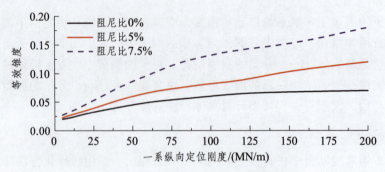

图 5.24 一次蛇行允许的最小等效锥度

5.5.2 蛇行运动分岔图

1. 蛇行运动分岔图基本概念

1）分岔图的基本类型

车辆系统蛇行运动分岔有多种形式，都包含从平衡位置的稳定解生成极限环解的 Hopf 分岔，只是在极限环分岔中变化比较复杂，在速度较高时甚至出现拟周期分岔、混沌等复杂非线性运动。由于车辆系统都需要有足够的稳定性安全性裕量，所以实际车辆运行速度都尽量低于发生分岔的速度，运营车辆一般不会发生复杂的分岔现象。常规车辆系统动力学关注的蛇行运动主要有三种分岔形式，如图 5.25 所示。线性车辆系统如果发生了失稳，系统的稳态解趋于无穷大，故没有极限环存在，如图 5.25（a）中的点画线。而非线性系统会发生一定幅值的周期运动，简单来说，是由于轮缘限制了蛇行运动幅值。铁道车辆是高维系统，蛇行运动分岔也可能非常复杂，但分岔的基本形式（趋势）就这三种，主要关注的几种临界速度受复杂分岔的影响不会太大。

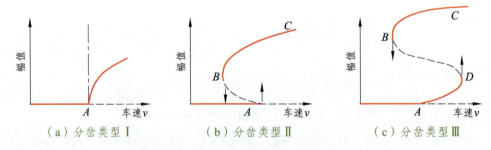

（a）分岔类型Ⅰ   （b）分岔类型Ⅱ   （c）分岔类型Ⅲ

图 5.25 车辆系统常见蛇行运动分岔图

图 5.25 的三种蛇行运动分岔，随着车辆系统参数的变化会发生转变，主要影响因素包括轮轨接触几何关系、一系定位刚度等。车辆系统的分岔图一般是以运行速度为自变量，当运行速度高于一定值时发生分岔。分岔图的横坐标也可以是车辆的其他参数，如某些悬挂参数、等效锥度等。图中的纵坐标一般是轮对横向位移周期运动幅值，也可以是其他一些与蛇行运动有关的运动量，如轮对摇头角度、构架横向位移幅值等。图中有以下几点需要说明：

（1）Hopf 分岔点 A，是车辆系统从平衡位置解向极限环解变化的点。

（2）鞍结分岔：在图中 B 点和 D 发生了类似鞍结分岔，但这里产生的不是鞍点和结点，而是稳定和不稳定的极限环。

（3）稳定极限环：图中以幅值大于 0 的实线表示稳定极限环。

（4）不稳定极限环：图中以幅值大于 0 的虚线表示不稳定极限环。

（5）超临界 Hopf 分岔：分岔发生在自变量大于分岔点之后，如分岔类型 Ⅰ 和 Ⅲ 的 Hopf 分岔。传统车辆系统中超临界分岔相对少见。这种车辆即使发生蛇行运动，也不容易轮缘贴靠，所以车辆运行安全性能得到保证。

（6）亚临界 Hopf 分岔：分岔发生在自变量小于分岔点之前，如分岔类型 Ⅱ。亚临界分岔是一般车辆系统常见的分岔形式，一旦发生蛇行运动，容易导致大幅值的轮对横向位移，发生轮缘接触，对运行安全性造成影响。

（7）对线性系统，只会发生图 5.25（a）所示的点画线情况，即系统的解从稳定平衡点到发散状态的变化，不会出现极限环。

2）分岔图稳定区域

蛇行运动分岔与车辆的运动初始状态无关，是车辆系统在确定参数下的固有属性，但实际车辆在运行中是稳定于哪个极限环或者平衡状态，却与车辆初始状态密切相关。根据分岔图稳定解和不稳定解的划分，可以得到分岔图中某个初值下解的收敛情况，如图 5.26 所示。

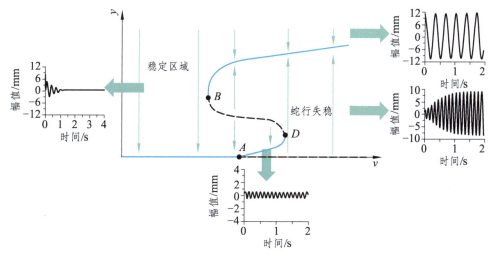

图 5.26　蛇行运动分岔图收敛区域

从蛇行运动分岔图 5.26 中车辆在初始激扰下的收敛情况可以看出，在车速小于 B 点之前，车辆系统绝对稳定；车速在 B 点到 A 点之间，车辆系统在一定条件下稳定（初始运动状态量不大，或者初始激扰幅值不大）；车速在 A 点到 D 点之间，在一定条件下发生小幅值的蛇行运动，初始状态量比较大时发生大幅值蛇行运动；车速在大于 D 点之后，车辆系统绝对发生大幅值蛇行运动。

实际车辆系统是高维系统，蛇行运动稳定性的影响因素很多，有些因素还是相互耦合的，并不是分岔图中的单一因素（纵坐标对应的参数）就决定了稳定性。高维系统的稳定性无法通过简单的图示来表达，所以车辆蛇行运动分岔图一般只考虑单一自变量、单一运动量，绘制二维平面图，而对于稳定和非稳定区域的划分也仅在特定条件下成立。

2. 蛇行分岔的计算方法

根据图 5.26，从工程应用的角度，可以简单地计算蛇行运动分岔图中的稳定解，包括稳定极限环和稳定平衡位置解。给车辆系统施加一定的初始状态，如轮对初始横向位移或者横向速度，也可以采用降速法将周期蛇行运动状态施加给车辆作为初始条件，通过数值积分观测车辆运动状态的收敛情况。如果最终车辆运动状态收敛到 0 平衡位置，则这个区域就是稳定的；如果收敛到某个幅值的周期蛇行运动，则可以得到稳定极限环的一个解，将这些点连接起来就是蛇行运动分岔图。当然，这种方法不能计算不稳定的解，如图 5.27 所示。

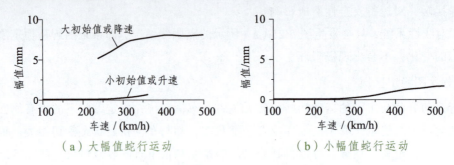

（a）大幅值蛇行运动　　　　　　　　　（b）小幅值蛇行运动

图 5.27　设置轮对横向初始位移计算分岔图

极限环的计算只能借助数值计算方法，常用的三种计算法为直接积分法、打靶法、延续算法，这里仅作简单介绍，详细的计算方法请参考相关文献[39，40]。

1）直接积分法

该方法在通常情况下只能计算稳定的极限环，即对车辆系统初值条件下的运动微分方程进行积分，若能收敛到稳定的周期运动，其幅值即为稳定的周期解，这和图 5.27 的方法相同。传统的积分通常是"正向"的，即时间递增的，经过有限时间能收敛到一个稳定解。若换一角度，如果积分中选择时间是"负向"的，即积分时间是递减的，理论上可以求得不稳定的极限环。该方法并不常用，逆时间积分不能保证时间往后的收敛性，也就不能保证不稳定极限环的准确求解。

2）打靶法

打靶法是对常微分方程通过初值问题来求解边界值问题的方法。主要思路是：适当选择和调整初值条件，求解一系列初值问题，使之逼近给定的边界条件。如果将描述的曲线视作弹道，那么求解过程即不断调整试射条件使之达到预定的靶子，所以称作打靶法或试射法。此类方法的关键是设计选取初值的步骤。

将车辆动力学方程降阶，写成以下形式：

$$\dot{x}_i = \frac{\mathrm{d}x_i}{\mathrm{d}t} = f_i(x_1, x_2, \cdots, x_n, v) \quad (i = 1, 2, \cdots, n) \tag{5-119}$$

若周期为 T 的极限环存在，则系统满足：

$$x_i(t+T) = x_i(t) \tag{5-120}$$

作变换 $t = TZ$ ，则方程变为

$$\frac{\mathrm{d}x_i}{\mathrm{d}Z} = Tf_i(x_1, x_2, \cdots, x_n, v) \quad (i = 1, 2, \cdots, n)$$ （5-121）

可以得到边值条件为

$$x_i(1) = x_i(0)$$ （5-122）

这时就可应用试射法求解车辆微分方程组。由于极限环周期 T 及其车速 v 均未知，故方程具有 $n + 2$ 个未知量。除 T 和 v 之外须事先设定两个变量的初值，例如，可选定一位轮对横移速度和轮对横移量均为 0，也可以选其他刚体的运动速度和位移。

选取积分初值：$x_i = x_i(0)$，$T = T_0$，$v = v_0$，在区间 $Z \in [0,1]$ 内积分，可以得到

$$x_i(1) = g_i(x_1, x_2, \cdots, x_n, T, v) \quad (i = 1, 2, \cdots, n)$$ （5-123）

根据边值条件得到如下关系式：

$$x_i - g_i(x_1, x_2, \cdots, x_n, T, v) = 0$$ （5-124）

式（5-124）为具有 n 个未知变量的非线性代数方程组，可应用牛顿-拉夫森迭代法求解。由于该法只有局部的收敛性，因此积分初值的选取极为重要。

3）延续算法

延续算法来自数值计算中的同伦算法，其基本思想是将求解的原方程转化为一个较复杂的同解方程，是求解非线性方程组的一种有效算法。几十年来，发展了众多改进的延续算法，同时也形成了专门的延续算法计算软件，如 MATLAB 软件的计算包。

运用延续算法计算铁道车辆的稳定与不稳定极限环时，先对车辆系统的微分方程组进行和打靶法相同的周期变换，然后把微分方程组转换为非线性方程组，文献[40]采用了差分法进行转换。之后就和常规的非线性微分方程组一样，直接应用延续算法计算蛇行分岔。由于数值计算存在偏差，所以在计算差分方程时用牛顿法进一步提高解的精度。

需要注意的是，为了求解不稳定极限环，需要解的初始值具有足够高的精度，这样才能保证初值没有扰动，从而解不会太快偏离不稳定极限环。

5.5.3 临界速度

1. 临界速度定义

临界速度是一个广泛的概念，是指达到某种临界条件对应的运行速度。轨道运输系统中的临界速度也有几种，包括线路临界速度、弓网临界速度和蛇行运动临界速度。前两者指线路的振动传递波速、接触网波速限制的最高允许车速。车辆系统常说的临界速度，就是指蛇行运动临界速度，是指车辆系统在一定条件下发生周期蛇行运动对应的最低车速。由于车辆系统边界条件不同，车辆系统一般具有强非线性，所以蛇行运动临界速度也有多种，如表 5.5 所示。这些临界速度对应蛇行运动分岔图中的点位置，如图 5.25 所示。

表 5.5　蛇行运动临界速度的定义

名　称	符号	定　义
线性临界速度	v_A	随着运行速度提高，车辆系统在微小扰动下，轮对出现蛇行失稳运动的临界速度
非线性失稳速度	v_D	非线性车辆系统在出现小振幅失稳后，随着运行速度提高，轮对失稳的周期运动突然发散出现跳跃时的速度
非线性稳定速度（非线性临界速度）	v_B	在车辆系统出现完全的失稳后，降低运行速度，轮对蛇行失稳运动消失时的速度
轨道不平顺激扰下的失稳速度	v_1	在轨道不平顺激扰下，随着运行速度升高，出现明显蛇行失稳时对应的速度

在线路上运行时由于受到的轨道激扰不同，车辆在实际轨道上运行时的临界速度不同于分岔点 v_B 和 v_A。通常不同等级的线路，临界速度也会不同，线路条件差则临界速度低，线路条件好则临界速度高，此临界速度定义为对应于轨道不平顺激扰下的实际临界速度 v_1。

下面对图 5.25 蛇行分岔类型进行分析。对运动分岔类型 I 的超临界 Hopf 分岔情况，线性临界速度 v_A 与非线性稳定速度 v_B 重合，实际轨道不平顺激扰下的临界速度高于线性临界速度。对分岔类型 II 的亚临界 Hopf 分岔情况，车辆的非线性稳定速度 v_B 最低，线性临界速度 v_A 比较高，实际轨道不平顺激扰下的临界速度介于线性临界速度 v_A 与非线性稳定速度 v_B 之间。对分岔类型 III 的超临界 Hopf 分岔情况比较复杂，因为线性临界速度 v_A 可以大于非线性稳定性速度 v_B，也可以小于 v_B。但根据蛇行运动幅值从运行安全性的角度来说，车辆的非线性稳定速度 v_B 最需要关注。实际轨道不平顺激扰下，发生大幅值蛇行运动对应的临界速度介于 v_D 与 v_B 之间。

2. 线性临界速度的计算方法

在车辆初步设计和分析中，计算线性临界速度比较快捷方便。常用的线性临界速度计算方法是根轨迹法，即分析车辆系统雅克比矩阵的特征值随着车速的变化，蛇行运动模态对应的特征值实部穿越虚轴时，对应的运行速度为线性临界速度。等效的一种方法是计算蛇行运动模态的阻尼比，当阻尼比小于 0 时，系统不稳定性。根据机械系统稳定性的最小阻尼要求，考虑一定的安全裕量，判断线性临界速度的阻尼比可以设置为 5% 或者其他值。

图 5.28 分别用蛇行运动最小阻尼比和特征值实部判断线性临界速度，此时等效锥度为 0.4。当采用蛇行运动最小阻尼比判断时，可以设置最小阻尼比的阈值，如阈值 0% 对应的临界速度为 300 km/h，阈值 5% 对应的临界速度为 265 km/h。当采用特征值实部判断时，只能取实部穿越 0 的速度 300 km/h，与阻尼比 0% 对应。

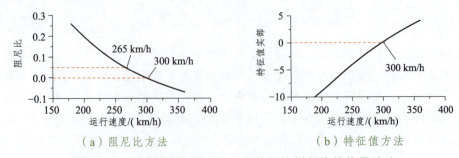

（a）阻尼比方法　　　　　　　（b）特征值方法

图 5.28　蛇行运动模态阻尼比和特征值判断线性临界速度

也可以对车辆系统在某个频率段内的最小阻尼比进行分析，判断线性临界速度随着参数的变化，如图 5.29 所示，选择车辆悬挂模态频率从 0.5 Hz 到 10 Hz 对应的最小阻尼比（因为蛇行运动模态频率一般在这个频率范围内）。

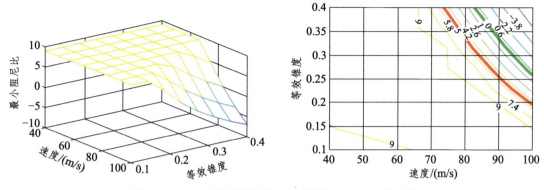

图 5.29　车辆悬挂模态最小阻尼比（10 Hz 以下）

从图 5.29 中可见，当车速较低、等效锥度较小时，最小阻尼比约 9%；随速度和等效锥度的增大，最小阻尼比减小，其中右图红色粗线为 5% 阻尼比，绿色粗线为 0% 阻尼比。需要注意的是，在很宽的参数变化范围内，最小阻尼比均没有变化。其实，这是由于蛇行运动阻尼比在这些参数下比较大，车辆的下心滚摆阻尼比小于蛇行运动阻尼比，成为最小阻尼比。而下心滚摆是悬挂模态，基本上不随车速和等效锥度变化，其频率 0.55 Hz、阻尼比 0.09 基本恒定。

将车辆系统蛇行运动频率和阻尼比单独绘图，如图 5.30 所示。可见，很多情况下其阻尼比均大于下心滚摆阻尼比，所以车辆系统的最小阻尼比表现为下心滚摆阻尼比。但蛇行运动阻尼比变化比较快，影响因素也比较多，当车速增大后迅速减小。

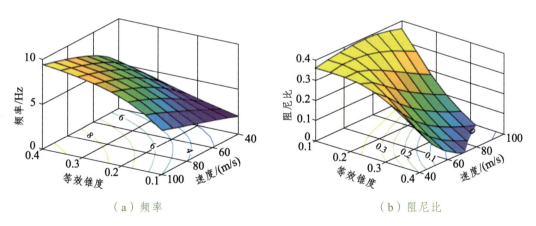

（a）频率　　　　　　　　　　　　（b）阻尼比

图 5.30　蛇行运动模态频率和阻尼比

虽然在某个频率范围内，车辆悬挂模态最小阻尼比可能不对应蛇行运动，但该方法能找到最小阻尼比随着参数的变化。在某些情况下，车辆的悬挂模态阻尼比也可能不足，从而容易引起车体蛇行运动，通过最小阻尼比分析可以直观地发现这些情况。

3. 非线性临界速度的计算

由于非线性临界速度有多种定义，所以要根据需求来确定求解方法，常用的包括非线性稳定速度 v_B 和轨道激扰下的失稳速度 v_1。

轨道激扰下失稳速度的计算，可以让车辆系统在实际轨道激扰下运行一定距离，然后在无轨道激扰下运行一定时间，观测蛇行运动的收敛情况。改变车速，直到找到发生周期蛇行运动的临界速度。这种计算方法受到多种因素的影响，主要是撤销轨道激扰时刻车辆的运动状态、轨道不平顺的状态等。所以采用不同的轨道谱样本，得到的临界速度可能差异较大，尤其是对于亚临界分岔类型 Ⅱ。

非线性稳定速度的计算常采用降速法。在较高的车速下施加初始激扰让车辆系统发生周期蛇行运动，然后让车辆在平直光滑轨道上运行，降低车速观察车辆系统的振动能否衰减到平衡位置，确定车辆蛇行运动收敛对应的车速就是非线性稳定速度。

在机车车辆滚动振动试验台上，测试的临界速度也包括线性临界速度、实际轨道谱激扰下的临界速度和非线性稳定速度。测试线性临界速度时，一般让车辆系统纯滚动，不施加轨道不平顺，不断提高运行速度以寻找首次发生周期蛇行运动对应的车速，此时试验台的微小振动作为车辆系统的扰动。其他两种临界速度的测试方法和仿真方法类似。

线路上运行的列车，由于无法测量车辆系统的绝对位移，且始终存在轨道不平顺激扰，所以不能获得极限环和分岔图，这样就不能用渐进稳定性方法判断蛇行运动临界速度。实际车辆上判断稳定性的方法有多种，包括加速度、轮轨力等，详见后续章节。

4. 车辆系统实际临界速度需求

车辆系统蛇行运动临界速度受到很多因素的影响，尤其是实际轨道谱激扰下的临界速度可能因轨道谱变化而发生较大的变化。车辆系统、轨道边界条件中的很多参数都具有随机性，通过一次仿真计算、台架试验、线路试验得到的临界速度，并不能保证在其他条件下也都满足车辆运行的要求。所以，实际车辆系统的临界速度都需要高于运营速度，且有一定的安全裕量。即使这样，实际线路运营中也时常发生蛇行运动稳定裕量不足的问题，严重地影响了乘坐性能和运行安全性。

图 5.31 为某高速列车非线性稳定速度的计算结果，其中红色正方形为在确定理想参数下的计算值（轮轨匹配参数、车辆参数都是名义值，简称名义临界速度），等高线为考虑了各种随机因素后的计算值。计算方法采用降速法。可见，考虑随机因素后，在不同的边界条件下临界速度变化范围很宽，在部分工况下临界速度低于名义临界速度，尤其是当运营里程增加导致等效锥度变大后。

现在为了保证足够的临界速度，一般是要求计算临界速度高于运营速度一定百分比，如 30%。但实际情况可能更复杂，某些车辆临界速度受随机因素的影响会超

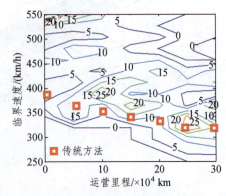

图 5.31 临界速度分布比较
（等高线为百分比概率）

过 30%，采用这个裕量可能偏小；某些货车在磨耗条件下的临界速度本来就很低，且对随机因素敏感度可能不大，那么 30%的裕量太大且很难满足。为此，建议根据车辆具体参数和运行边界条件来确定临界速度裕量，并尽量考虑随机因素的影响，计算得到临界速度概率图。

5.6 蛇行稳定性的影响因素

蛇行运动稳定性的影响因素众多，既包括轮轨关系、悬挂参数，也有质量参数、结构参数，甚至还有气候因素、线路条件等。这些因素并不是孤立影响的，而是相互联系共同影响车辆蛇行运动稳定性；只不过有些因素的影响显著，有些因素影响次要。单因素分析时规律性强，比较直观，便于参数优化，所以常对单影响因素进行分析。对某些耦合比较强的因素，常采用参数正交组合工况，计算两个参数的综合影响。

本节以几种车辆为基础进行稳定性的影响因素分析，只为了揭示影响基本规律，不代表所有车辆都有这种特征。由于每辆车的参数总是存在差异，所以具体的稳定性结果也存在差异，需要针对具体车辆进行具体分析。由于影响蛇行运动稳定性的因素太多，本节仅列出一些常见的、主要的因素。

5.6.1 轮轨因素

轮轨因素包括轮轨接触几何关系、轨道不平顺等级、轮轨接触界面等，其中轮轨接触几何关系对蛇行运动稳定性影响最显著，其余轮轨因素一般只在特定条件下影响稳定性。当车辆定型后，悬挂参数的变化范围不会太大，轮轨因素就成为影响蛇行运动稳定性的主要因素，例如随着车轮踏面磨耗，车辆临界速度降低。

1）等效锥度

由于实际运营的车辆参数都是确定的，而轮轨接触几何关系会随着车轮磨耗、线路参数而改变，等效锥度是表征轮轨接触几何关系最直接、最重要的参数，所以等效锥度对蛇行运动稳定性的影响也最显著。如图 5.32 所示，一般而言，随着车辆运营里程的增加，等效锥度增大、临界速度降低。需要注意的是，等效锥度过小时蛇行运动稳定性也有问题，这在本章第 5.4.3 节、第 5.5.1 节已经叙述了。

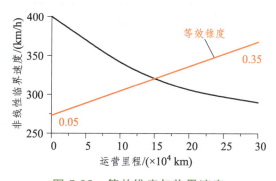

图 5.32　等效锥度与临界速度

205

根据车辆的实际运行速度，需要保证足够的蛇行运动稳定性裕量，这在很大程度上决定了轮轨接触等效锥度范围，即车辆初始踏面外形和磨耗到限等效锥度。如图 5.32 所示是某车速 250 km/h 的高速动车组非线性临界速度随着运营里程的变化规律。可见，车辆的最大允许等效锥度为 0.35 左右。

2）轮轨摩擦系数

轮轨摩擦系数对蛇行运动有一定的影响。如图 5.33 所示，计算条件为车速 200 km/h，等效锥度分别为 0.1 和 0.4。可见，低摩擦系数对蛇行运动频率和阻尼比有一定的影响，摩擦系数增大后变化趋势趋于稳定。

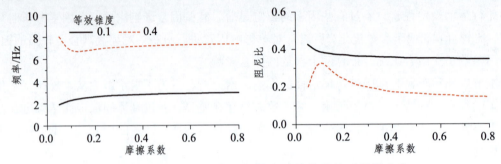

图 5.33　蛇行运动频率和阻尼比随轮轨摩擦系数的变化

某些车辆在轮轨摩擦系数极低、等效锥度较小的情况下，车辆系统容易发生一次蛇行，严重影响乘坐性能。轮轨摩擦系数为 0.1，锥度从 0.01 到 0.12 间隔 0.005 变化，假设接触角差、侧滚角与锥度一起变化，等效锥度对模态的影响如图 5.34 所示。图中每个模态下，随着圆圈的增大，表示车速升高。可见，在仿真分析条件下，车体上心滚摆容易和蛇行运动耦合，从而引起车体横向晃动。

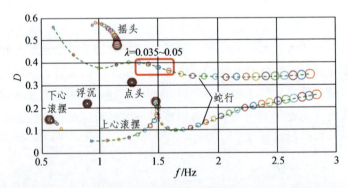

图 5.34　不同等效锥度下轮轨摩擦系数对车辆模态的影响

3）接触角和侧滚角

根据第 3 章 3.2.1 节的线性化轮轨参数关系，定义接触角与等效锥度之比为接触角系数，侧滚角与等效锥度之比为侧滚角系数。考虑车速 200 km/h，等效锥度 0.4，计算得到蛇行运动频率和阻尼比随接触角系数、侧滚角系数的变化，如图 5.35 所示。可见，针对计算车辆，侧滚角系数对蛇行运动频率和阻尼比均有明显的影响，而接触角系数的影响较小。实际车辆系统稳定性分析时，不仅要关注等效锥度，还要关注侧滚角系数和接触角系数。

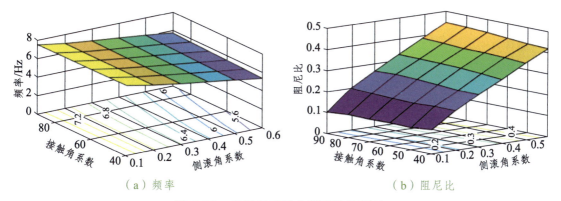

（a）频率 （b）阻尼比

图 5.35　蛇行运动模态频率和阻尼比

5.6.2　一系、二系悬挂参数

1. 一系定位刚度

转向架一系定位方式有多种，如转臂定位、橡胶堆定位、导柱定位等，这里的定位刚度是指纵向和横向定位刚度，一系垂向应该采用尽可能软的悬挂。一系定位刚度对蛇行运动临界速度影响非常显著，直接影响轮对与构架的耦合程度，对蛇行运动波长和频率也有较大的影响。由于有些定位方式存在刚度损失或者磨耗导致定位刚度降低，很多货车、客车的稳定性不足都与一系定位刚度不足有关。一系垂向刚度和阻尼对蛇行运动影响较小。

图 5.36 为某车一系定位刚度与蛇行运动线性临界速度、非线性稳定速度、蛇行运动频率的关系[41]。可见，在不同等效锥度时，一系定位刚度太大或者太小均明显降低临界速度，有最优的定位刚度范围。随着定位刚度的增大，蛇行运动频率有所降低。所以，一系定位刚度是车辆系统动力学优化的重要参数和关键内容。

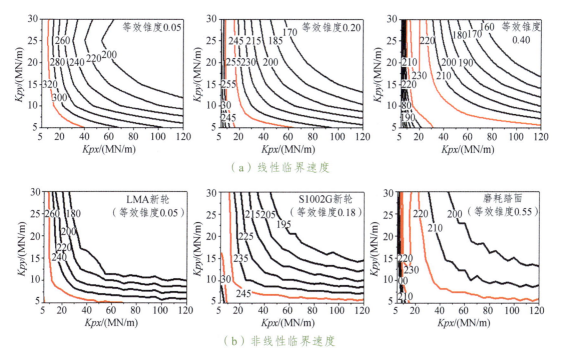

（a）线性临界速度

（b）非线性临界速度

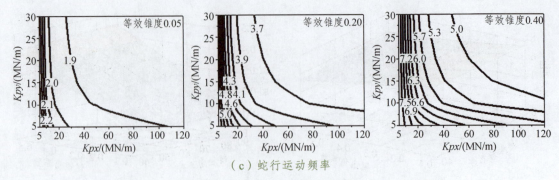

（c）蛇行运动频率

图 5.36　一系定位刚度与蛇行运动临界速度和频率的关系

车辆系统有多个二系悬挂参数，主要包括二系横向刚度、抗蛇行减振器参数、旁承摩擦力矩、二系横向减振器参数等，这些对车辆蛇行运动稳定性都有显著的影响。

2. 二系横向刚度

二系定位刚度对稳定性有一定的影响，刚度过大容易引起车体蛇行，但在正常参数范围内，二系定位刚度更多是影响振动传递率和乘坐性能。图 5.37 是某车在等效锥度 0.2 时，0.5～10 Hz 内车辆运动模态最小阻尼比随着二系横向刚度、车速的变化规律。可见，当二系横向刚度小于 0.3 MN/m 时，车辆系统容易发生二次蛇行，且临界速度随着刚度的增大而提高。当二系横向刚度大于 0.4 MN/m 之后，车辆系统容易发生一次蛇行，且随着刚度的增大，一次蛇行速度范围增大。为了提高乘坐性能，且提高二次蛇行临界速度，现代客车一般采用较小的二系横向刚度。

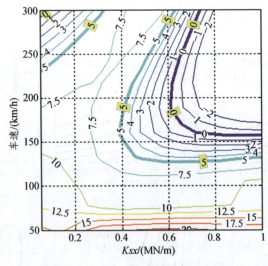

图 5.37　车辆运行模态最小阻尼比

3. 二系回转阻尼或摩擦（抗蛇行减振器或者旁承摩擦）

二系回转阻尼或摩擦是影响稳定性的重要因素。货车和传统客车一般通过旁承提供摩擦阻尼，客车一般通过抗蛇行减振器、二系弹簧提供阻尼和刚度。如图 5.38 所示，针对采用抗蛇行减振器的车辆，选择适当的抗蛇行减振器串联刚度和阻尼，能显著提高临界速度。但不合适的抗蛇行减振器参数，要么不能抑制高等效锥度下的二次蛇行，要么容易引起低等效锥度下的一次蛇行，选择该参数尤其需要慎重。对采用旁承结构的车辆，适当增大旁承摩擦系数可以显著提高临界速度，但需要注意旁承的磨耗和间隙。

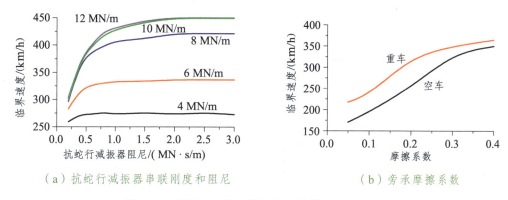

（a）抗蛇行减振器串联刚度和阻尼　　　　　（b）旁承摩擦系数

图 5.38　抗蛇行减振器和旁承摩擦系数的影响

需要注意的是，较大的二系回转刚度和阻尼，或者较大的旁承摩擦系数对车辆曲线通过极其不利，这是车辆系统动力学中运动稳定性与曲线通过之间的重要矛盾。

4. 二系横向减振器阻尼

为了改善乘坐性能，现代车辆一般采用较软的二系悬挂，并安装二系横向液压减振器。二系横向减振器阻尼和其余悬挂参数共同作用，影响蛇行运动稳定性。二系横向减振器影响动力学性能的主要参数是等效阻尼，其影响规律比较复杂，且与车辆系统定位刚度等参数耦合较强，所以需要针对具体车辆进行分析。图 5.39 是某车辆非线性稳定性速度受二系横向阻尼的影响规律，其中图 5.39（a）是针对新踏面小等效锥度工况，图 5.39（b）是针对磨耗后踏面大等效锥度工况。可见，对不同的一系纵向定位刚度和等效锥度，均有最优的二系横向阻尼系数。

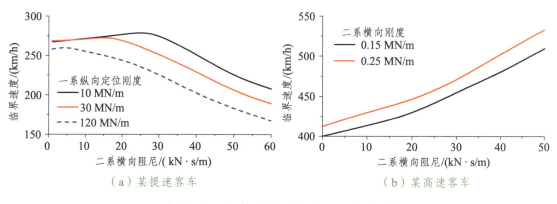

（a）某提速客车　　　　　　　　　　（b）某高速客车

图 5.39　二系横向阻尼对临界速度的影响

二系横向阻尼的一个重要作用是在某些情况下可以抑制一次蛇行，但针对某些车辆不适当的二系横向阻尼甚至会加剧车辆一次蛇行。图 5.40 是某高速列车在等效锥度 0.08 和 0.45 时，二系横向阻尼与最小阻尼比的关系。可见在低等效锥度时，当横向减振器阻尼小于

10 kN·s/m 时，车辆系统在 100 km/h 到 300 km/h 范围内容易发生一次蛇行；当横向减振器小于 35 kN·s/m 时，车辆系统在 150 km/h 到 250 km/h 范围内容易发生一次蛇行。但如图 5.39（a）所示的车辆，当等效锥度较小时，不能采用较大的二系横向阻尼；尤其是当一系定位刚度越大时，二系横向阻尼应该越小。如图 5.40（b）所示，在高等效锥度时，过小的二系横向减振器阻尼也会导致较大的蛇行运动极限环幅值，但过大的阻尼会增加振动传递率。

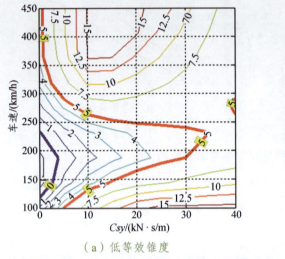 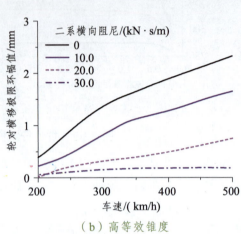

（a）低等效锥度 　　　　　　　　（b）高等效锥度

图 5.40　二系横向减振器阻尼与蛇行

5.6.3　车辆结构参数

车辆系统的结构参数很多，包括车辆定距、转向架轴距、转臂长度、悬挂安装位置等。由于不同车辆的悬挂参数、轮轨匹配、运行速度都不同，所以需要具体问题具体分析，例如某些车辆对定距和轴距比较敏感，某些车辆可能不敏感（一定变化范围内）。

首先针对某提速货车，假设车辆的其余参数均不变化，仅改变车辆定距和转向架轴距，计算不同定距和轴距下，等效锥度对蛇行运动临界速度的影响。从表 5.6 中可见，非线性临界速度在等效锥度较小时，随着定距增大而迅速增大；但磨耗后踏面下基本不变。仿真中还发现，车辆系统蛇行分岔形式也随着定距而变化，在较小定距下容易发生亚临界分岔，而大定距下发生了超临界分岔。

表 5.6　非线性临界速度随定距的变化

定距/m	8	9	10	11	12	13	14
新踏面（等效锥度 0.10）/（km/h）	100	210	240	270	300	320	340
磨耗后踏面（等效锥度 0.45）/（km/h）	235	238	240	241	241	242	242

针对某城际动车组，从线性稳定性角度分析定距和轴距单一因素的影响。从图 5.41 中可见，在低等效锥度下，随着定距增大稳定性提高，在较小的定距下还容易发生一次蛇行；在大等效锥度下，定距太大后稳定性反而有所降低。

210

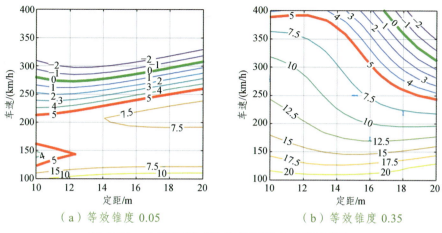

（a）等效锥度 0.05　　　　　　　　　　（b）等效锥度 0.35

图 5.41　车辆定距对稳定性的影响（单因素）

从图 5.42 中可见，随着转向架轴距的增大，蛇行运动稳定性提高。车体质量为 15 t 时，在较小的等效锥度下，轴距大于 2.5 m 后容易发生一次蛇行。如果增大车体质量到 30 t，稳定性随着轴距的增大而提高，没有发生一次蛇行的风险。可见，增加转向架轴距对提高蛇行运动稳定性的效果是比较显著的。

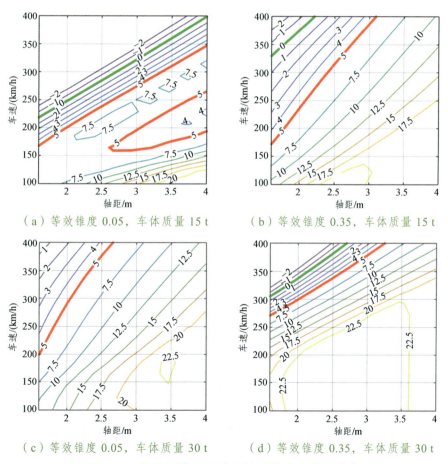

（a）等效锥度 0.05，车体质量 15 t　　　　（b）等效锥度 0.35，车体质量 15 t

（c）等效锥度 0.05，车体质量 30 t　　　　（d）等效锥度 0.35，车体质量 30 t

图 5.42　转向架轴距对稳定性的影响（单因素）

其他一些结构参数，如抗蛇行减振器横向跨距、二系悬挂横向跨距、转臂长度等，对蛇行运动稳定性也有一定的影响。

5.6.4　车辆质量参数

车辆的质量参数对蛇行运动稳定性影响比较大，尤其是车体的质量、转动惯量、重心位置，以及构架和轮对的质量和转动惯量。

图 5.43 是某车辆车体质量属性对稳定性的影响。可见，在较小等效锥度下增加车体质量会提高稳定性，车体质量过小容易导致车辆系统在较大的速度范围内横向晃动。在较大等效锥度下，车体质量大于 20 t 之后，增加车体质量稳定性略有降低。一般认为，车体质量和转动惯量越大，蛇行运动稳定性越好。

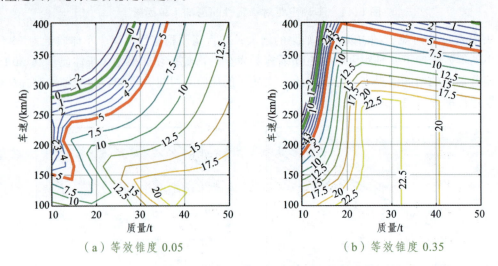

（a）等效锥度 0.05　　　　　　（b）等效锥度 0.35

图 5.43　车体质量对稳定性的影响（转动惯量同步变化）

如果仅考虑车体侧滚转动惯量变化，车辆运行模态会受到影响，如图 5.44 所示。图中圆圈从小到大，表示车辆运行速度从 50 km/h 到 300 km/h 等间隔增加变化。当侧滚转动惯量（等效转动半径的平方乘以质量）较小时，车体上心滚摆频率随车速增加而迅速变化，与蛇行运动耦合较强。当侧滚转动惯量较大时，车体上心滚摆频率随车体变化相对不大，从而与蛇行运动的耦合较弱。

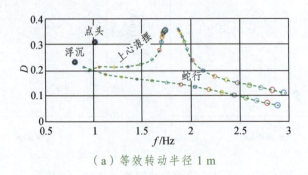

（a）等效转动半径 1 m

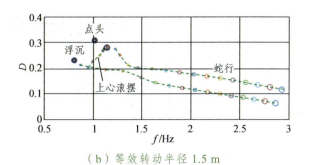

（b）等效转动半径 1.5 m

图 5.44　车体侧滚转动惯量对模态的影响（等效锥度 0.05）

图 5.45 考虑了定距单因素对稳定性的影响。这里假设车辆质量、转动惯量与定距正比变化，分析定距对蛇行运动稳定性的影响。可见，低等效锥度下定距增大能明显提高蛇行运动的稳定性，大等效锥度下影响不明显。所以，增加定距是提高蛇行临界速度的重要手段。

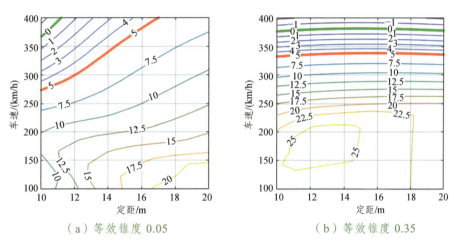

（a）等效锥度 0.05　　　　　　　　（b）等效锥度 0.35

图 5.45　车体质量参数对稳定性的影响（车辆质量、转动惯量与定距同步变化）

从图 5.46 中可见，转向架构架质量太大对蛇行运动稳定性是不利的，尤其是对高等效锥度情况，这也是某些转向架将电机弹性悬吊的重要原因之一。当考虑构架转动惯量与构架质量同步变化时，构架质量的增加，稳定性降低程度更大。

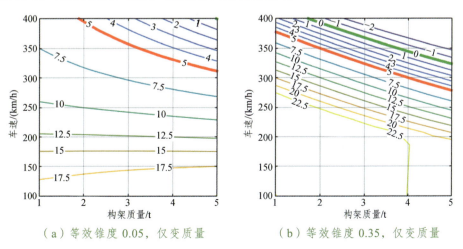

（a）等效锥度 0.05，仅变质量　　　　　（b）等效锥度 0.35，仅变质量

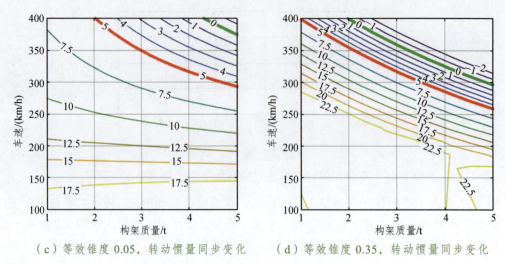

（c）等效锥度0.05，转动惯量同步变化　　（d）等效锥度0.35，转动惯量同步变化

图 5.46　构架质量对稳定性的影响

5.6.5　车间减振器

在某些情况下，车辆之间安装液压减振器有利于改善稳定性，尤其是改善车体的低频蛇行运动。对没有车间减振器的列车，车辆之间的横向和垂向耦合作用较弱，可以仅对单车进行分析。有车间减振器后，车辆之间的耦合加强，需要采用列车模型进行分析。车间减振器的安装方式很多，可以纵向安装在车辆之间，也可以横向安装在车辆之间，常见的安装方式如图 5.47（a）、（b）所示。

安装车间减振器后，列车中前后车辆的振动模态耦合加强。车间减振器安装在不合适的位置或者数量不够、阻尼不足，对抑制低锥度下大幅值横向晃动没有明显效果。车辆之间合理地安装车间减振器，并选择合适的阻尼参数，能显著降低车体的横向晃动幅值。针对某高速动车组，如图 5.47（c）所示的安装位置，当在每个车间安装四个液压减振器时，风挡上下方各两个，分别纵向或者横向安装，对抑制低锥度下的低频大幅值晃动有明显的效果，振动位移幅值可以减小 50% 以上。图 5.47（c）所示的安装位置，当在每个车间安装四个液压减振器时，风挡上下方各两个，上下两组减振器分别在水平面内倾斜安装，下面两个减振器安装角度为 45°，上面两个减振器安装角度为 15°～35°，对抑制低锥度下的低频大幅值晃动有显著的效果，振动位移幅值可以减小 80% 以上。

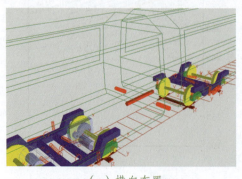

（a）横向布置

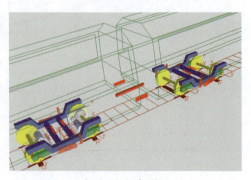

（b）纵向布置

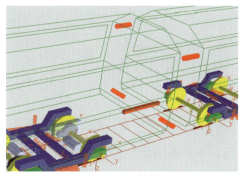 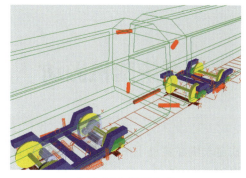

（c）四个横垂组合布置 　　　　　　　　　（d）四个倾斜布置

图 5.47　抗蛇行减振器的布置方式

图 5.47 中两车之间的纵向长杆代表车钩，在其周围分布的车间减振器，也以长圆柱体表示。客车之间有较多的车间连接结构，还需要设置风挡和通道，所以车间减振器的安装受到空间限制，往往很难实现最优的安装位置。

6 车辆系统随机振动

铁道车辆在轨道不平顺等边界条件激扰下运行，车辆系统会产生振动，包括横向和垂向随机振动、冲击振动、纵向振动、稳态和准静态运动等。随机振动是车辆系统最普遍的振动，主要是由轨道随机不平顺激励引起，随机振动传递路径从轮对、构架到车体，并传递到车辆其余各部件。由于轨道不平顺在线路上无时无刻不存在，而运营车辆一般都满足蛇行运动稳定性要求，所以随机振动是运营车辆最主要的振动形式，且直接影响到车辆系统的乘坐性能、疲劳强度、噪声等。

本章介绍的车辆系统随机振动，主要是车辆在轨道随机不平顺激扰下的振动响应、评价方法，以及动力学影响因素等。由于车辆系统横向和垂向随机振动耦合程度不是很强，在理论研究中可以分开考虑，所以本章分别从垂向随机振动和横向随机振动进行介绍。实际车辆系统的横向和垂向随机振动是耦合的，且都对乘坐性能产生影响，车辆系统横垂耦合动力学模型可以参考第 5 章。

6.1 随机振动简介

不考虑车辆系统在轨道上运行的特征，则车辆系统与一般机械系统类似，满足一般机械系统随机振动规律。本节只介绍随机振动的最基本概念，都是车辆系统动力学中经常用到的。随机振动是一门专门学科，需要深入了解和应用的读者请参考相关专业文献[42]。

6.1.1 基本概念

振动系统可以分为确定性振动和随机振动。

1. 确定性振动

在给定时间 t 能确定其物理变量的振动为确定性振动，如自由振动、确定激励下的强迫振动。例如，车辆系统受到确定正弦波激扰后的振动可以看成确定性振动。

2. 随机振动

运动规律不能用任何确定性函数来表示，即在任意时间 t 的振动变量是不能预先确定的，而只能用概率统计的方法对其进行整体描述。随机振动是由随机激励引起的。

车辆系统随机运动的主要原因是受到轨道随机不平顺激励。另一方面，车辆系统参数、轮轨系统参数、运行条件也会表现出一定的随机性。车辆振动幅值和加速度等在某一范围内随机变化的量为随机变量。在车辆动力学数据处理中，针对随机振动，一般采用统计方法处理，如最大加速度、平均加速度、均方根、舒适度指标等。动力学时域数值仿真中，施加一段确定的轨道不平顺样本，所以其响应是确定的，但这里用到了平稳随机过程和各态历经假设，即用一段确定的轨道不平顺样本来模拟整个随机过程。

随机过程是一簇 n 个随机变量的总集合，其中任意一个元素称为随机过程的样本。例如，轨道不平顺是一个随机过程，用于动力学仿真的有限个、有限长度的轨道不平顺文件，只是随机过程若干样本中截取的一段。

3. 基本假设

在研究车辆系统随机振动过程中，一般作出如下三条基本假设。

1）平稳性假设

随机过程的概率统计规律不随时间的推移而改变，则称为平稳随机过程。

2）各态历经假设

随机过程是由随机子样本组成的，随机振动的统计特性是考虑全部子样本振动特征而得到的。如果在任一时间 t_i 跨越总集合的统计特性与单个子样 $x_i(t)$ 的统计特性相等，则称这个随机过程为各态历经随机过程。当随机过程具有各态历经性时，就可以用足够长时间的单次时间历程来确定随机过程的统计特征。

3）正态（高斯）分布假设

随机振动过程的概率分布符合正态（高斯）分布规律。

轨道不平顺和车辆系统随机振动并不完全满足以上条件，但也近似满足以上三条。这为车辆系统动力学试验和仿真提供了理论基础，使我们可以通过尽量少的试验和仿真来掌握车辆系统的随机振动规律。

6.1.2　随机变量

1. 随机变量的描述

为了描述随机过程的特性，采用了众多的时域参数和频域参数，这些参数都有严格的定义和规律，本节仅给出车辆系统动力学常用的几个参数的定义。

1）幅值概率密度

幅值概率密度是随机变量瞬时值出现在某一单位幅值区间内的概率。在车辆系统动力学许多评价指标的计算中，需要取一定概率密度的幅值作为指标值。

连续型随机变量的概率密度函数 $f(x)$，是描述这个随机变量输出值在某个确定取值点附近的可能性函数，表示瞬时幅值落在某指定范围内的概率，因此是幅值的函数。它随所取范围的幅值而变化，具有以下性质：

$$\begin{cases} f(x) \geqslant 0 \\ \int_{-\infty}^{+\infty} f(x)\mathrm{d}x = 1 \end{cases} \tag{6-1}$$

x 在幅值 a 与 b 之间出现的概率为

$$P(a \leqslant x \leqslant b) = \int_a^b f(x)\mathrm{d}x \tag{6-2}$$

2）平均值

平均值为随机变量 x 在某个时间段内的算术平均值，代表随机变量的稳态量。振动信号分析时，一般是其离散形式。

$$E[x] = \frac{1}{T}\int_0^T x(t)\mathrm{d}t \qquad (6-3)$$

3）平均绝对值

$$E[|x|] = \frac{1}{T}\int_0^T |x(t)|\mathrm{d}t \qquad (6-4)$$

4）均方值

均方值和均方根值能代表随机振动所含的能量，均方根值是振动加速度常用的统计量。

$$E[x^2] = \frac{1}{T}\int_0^T x^2(t)\mathrm{d}t \qquad (6-5)$$

5）均方根值

$$x_{\mathrm{rms}} = \sqrt{\frac{1}{T}\int_0^T x^2(t)\mathrm{d}t} \qquad (6-6)$$

6）方　差

方差表示随机变量在其平均值两边的分布特性。

$$\sigma^2 = \int_{-\infty}^{+\infty}(x - E[x])^2 f(x)\mathrm{d}x \qquad (6-7)$$

2．正态分布

正态分布也称常态分布，又名高斯分布，是一个在数学、物理及工程等领域都非常重要的概率分布，在统计学的许多方面有着重要影响。正态曲线呈钟形，两头低，中间高，左右对称。若随机变量 x 服从一个数学期望为 μ、方差为 σ^2 的正态分布，记为 $N(\mu, \sigma^2)$。其概率密度函数为

$$f(x) = \frac{1}{\sqrt{2\pi}\sigma}\mathrm{e}^{-\frac{(x-\mu)^2}{2\sigma^2}} \qquad (6-8)$$

正态分布的期望值 μ 决定了概率密度函数的位置，标准差 σ 决定了分布的幅度。当 $\mu = 0$、$\sigma = 1$ 时的正态分布是标准正态分布。

在横轴上一定区间内，正态曲线下方的面积，反映了该区间的例数占总例数的百分比，或变量值落在该区间的概率。不同范围内正态曲线下的面积可用公式计算。正态曲线下，横轴区间（$\mu - \sigma$, $\mu + \sigma$）内的面积为 68.27%；横轴区间（$\mu - 2\sigma$, $\mu + 2\sigma$）内的面积为 95.44%。横轴区间（$\mu - 3\sigma$, $\mu + 3\sigma$）内的面积为 99.74%。

"小概率事件"通常指发生的概率小于 5% 的事件，认为在一次试验中该事件是几乎不可能发生的。因为 x 落在（$\mu - 3\sigma$, $\mu + 3\sigma$）以外的概率小于 3‰，在实际问题中常认为相应的事件是不会发生的，基本上可以把区间（$\mu - 3\sigma$, $\mu + 3\sigma$）看作是随机变量 x 实际可能的取值区间，这称之为正态分布的"3σ"原则。

6.1.3 随机函数

1. 相关函数与功率谱密度函数

1）自相关函数

函数 $f(t)$ 的自相关函数定义为

$$R_f(\tau) = \int_{-\infty}^{+\infty} f(t)f(t+\tau)\mathrm{d}t \tag{6-9}$$

同一随机函数在瞬时 t 和 $t+\tau$ 的两个值相乘积的积分，作为延迟时间 τ 的函数，是信号与延迟后信号之间相似性的度量。延迟时间为零时，则成为信号的均方值，此时它的值最大。自相关函数是偶函数。

2）互相关函数

互相关函数表示两个时间序列之间的相关程度，即互相关函数是描述函数 $f_1(t)$ 与 $f_2(t)$ 在任意两个不同时刻 t_1，t_2 的取值之间的相关程度，这两个函数不一定是随机信号。互相关函数定义为

$$\begin{cases} R_{12}(\tau) = \int_{-\infty}^{+\infty} f_1(t)f_2(t+\tau)\mathrm{d}t \\ R_{21}(\tau) = \int_{-\infty}^{+\infty} f_1(t+\tau)f_2(t)\mathrm{d}t \end{cases} \tag{6-10}$$

3）功率谱密度函数

功率谱密度函数的定义在前面轨道不平顺章节已经作了介绍。功率谱密度与自相关函数构成一个傅氏变换对：

$$\begin{cases} R(\tau) = \dfrac{1}{2\pi} \int_{-\infty}^{+\infty} S(\omega)\mathrm{e}^{\mathrm{j}\omega\tau}\mathrm{d}\omega \\ S(\omega) = \int_{-\infty}^{+\infty} R(\tau)\mathrm{e}^{-\mathrm{j}\omega\tau}\mathrm{d}\tau \end{cases} \tag{6-11}$$

称 $S_{12}(\omega) = \overline{F_1(\omega)}F_2(\omega)$ 为互功率谱密度，它与互相关函数构成一个傅氏变换对：

$$\begin{cases} R_{12}(\tau) = \dfrac{1}{2\pi} \int_{-\infty}^{+\infty} S_{12}(\omega)\mathrm{e}^{\mathrm{j}\omega\tau}\mathrm{d}\omega \\ S_{12}(\omega) = \int_{-\infty}^{+\infty} R_{12}(\tau)\mathrm{e}^{-\mathrm{j}\omega\tau}\mathrm{d}\tau \end{cases} \tag{6-12}$$

功率谱密度谱是一种概率统计方法，是对随机变量均方值的量度。这里功率可能是实际物理上的功率，或者为表示抽象信号被定义为信号数值的平方。功率谱密度是结构在随机动态载荷激励下响应的统计结果，是一条功率谱密度值随频率变化的关系曲线，其中功率谱密度可以是位移功率谱密度、速度功率谱密度、加速度功率谱密度、力功率谱密度等形式。数学上，功率谱密度值-频率值关系曲线下的面积就是均方值 $E[x^2(t)]$，当均值为零时，均方值等于方差，即相应标准偏差的平方值。

在车辆系统动力学分析中，经常把轨道不平顺、车辆部件的振动位移和加速度以功率谱密度曲线表达。

2. 频响函数

线性振动系统受到谐波函数 $x(t) = x_0\sin\omega t$ 激励时，其响应也是具有同频率的简谐波，但存在相位差 φ，即 $y(t) = y_0\sin(\omega t + \varphi)$。因此，用振幅比 y_0/x_0 和相角 φ 就可确定系统的传递特性。对线性系统，可将系统传递函数的 s 以 $j\omega$ 代替，就得到了频率响应函数，频率响应函数在工程技术中也称为正弦传递函数。频率响应函数用 $H(\omega) = A(\omega) - jB(\omega)$ 表示，其模等于输出与输入的振幅比，虚部与实部之比等于相角的正切，即

$$|H(\omega)| = \sqrt{A^2(\omega) + B^2(\omega)} = \frac{y_0}{x_0}, \quad \frac{B(\omega)}{A(\omega)} = \tan\varphi \tag{6-13}$$

对单自由度系统，其动力学方程为 $M\ddot{y} + C\dot{y} + Ky = C\dot{x} + Kx$。通过积分变换，将输出和输入相比得到系统的频响函数：

$$H(\omega) = \frac{K + jC\omega}{K - M\omega^2 + jC\omega} \tag{6-14}$$

随机过程理论表明，对于线性系统，如果输入函数是平稳随机过程，且是各态历经的和正态分布的，则输出的振动响应也是平稳的、各态历经的和正态分布的。

如果单个输入函数 $x(t)$ 的谱密度为 $S_x(w)$，输出函数 $y(t)$ 的谱密度为 $S_y(w)$，则有下列重要关系存在：

$$S_y(\omega) = |H(\omega)|^2 S_x(\omega) \tag{6-15}$$

当有 n 个输入函数时，相应的关系式为

$$S_y(\omega) = \sum_{r=1}^{n}\sum_{s=1}^{n} H_r^*(\omega)H_s(\omega)S_{xrxs}(\omega) \tag{6-16}$$

式中，$S_{xrxs}(\omega)$ 为输入 xr 和 xs 的互谱密度；$S_{xrxr}(\omega) = S_{xr}(\omega)$ 是第 r 个输入的谱密度；$H_r^*(\omega)$ 是 $H_r(\omega)$ 的复数共轭。

6.2　车辆系统垂向随机振动

车辆系统最简单的垂向分析模型是以轨道不平顺激扰为振源，具有一个垂向自由度的单自由度模型或者 Ruzicka 模型。这种简化模型假设轨道不平顺同时施加在所有轮对上，和线性振动、减振理论中的单自由度模型相同，已经在前面相关章节介绍。

下面介绍铁道车辆的多自由度垂向简化模型。由于现代铁道车辆一般都具有两系悬挂，且以四轴车辆居多，所以主要介绍这种车辆的简化垂向模型。

6.2.1　车辆垂向随机振动模型

本节将车辆垂向随机振动模型分为刚性车体和弹性车体两类，其中弹性车体用欧拉梁描述，同时还建立了考虑车下吊挂设备与车体弹性振动耦合的垂向动力学模型。

1．四轴车多刚体模型

1）弹簧阻尼并联模型

建立图 6.1 所示的铁道客车垂向动力学模型，考虑车体和构架的浮沉、点头运动，假设轮对随轨道不平顺在垂向一起运动。车辆系统共 6 个自由度，分别为车体和构架共 3 个刚体的浮沉和点头自由度。

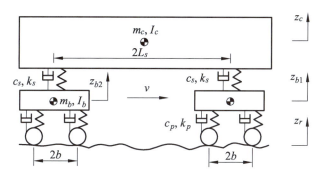

图 6.1　车辆垂向简化模型

首先，写出一系和二系垂向力的表达式：

$$\begin{cases} F_{p1} = -c_p(\dot{z}_{b1} - b\dot{\theta}_{b1} - \dot{z}_{r1}) - k_p(z_{b1} - b\theta_{b1} - z_{r1}) \\ F_{p2} = -c_p(\dot{z}_{b1} + b\dot{\theta}_{b1} - \dot{z}_{r2}) - k_p(z_{b1} + b\theta_{b1} - z_{r2}) \\ F_{p3} = -c_p(\dot{z}_{b2} - b\dot{\theta}_{b2} - \dot{z}_{r3}) - k_p(z_{b2} - b\theta_{b2} - z_{r3}) \\ F_{p4} = -c_p(\dot{z}_{b2} + b\dot{\theta}_{b2} - \dot{z}_{r4}) - k_p(z_{b2} + b\theta_{b2} - z_{r4}) \end{cases} \tag{6-17}$$

$$\begin{cases} F_{s1} = -c_s(\dot{z}_c - L_s\dot{\theta}_c - \dot{z}_{b1}) - k_s(z_c - L_s\theta_c - z_{b1}) \\ F_{s2} = -c_s(\dot{z}_c + L_s\dot{\theta}_c - \dot{z}_{b2}) - k_s(z_c + L_s\theta_c - z_{b2}) \end{cases} \tag{6-18}$$

采用牛顿-欧拉方法，结合以上的受力分析，针对垂向模型的 6 个自由度，可建立车辆系统垂向多刚体动力学方程组：

$$\begin{cases} m_b\ddot{z}_{b1} = F_{p1} + F_{p2} - F_{s1} \\ J_b\ddot{\theta}_{b1} = F_{p2}b - F_{p1}b \\ m_b\ddot{z}_{b2} = F_{p3} + F_{p4} - F_{s2} \\ J_b\ddot{\theta}_{b2} = F_{p4}b - F_{p3}b \\ m_c\ddot{z}_c = F_{s1} + F_{s2} \\ I_c\ddot{\theta}_c = F_{s2}L_s - F_{s1}L_s \end{cases} \tag{6-19}$$

2）Ruzicka 模型

如图 6.2 所示，考虑一系和二系垂向液压减振器两端橡胶节点刚度（其实是液压减振器的等效串联刚度），将垂向减振器简化为弹簧阻尼串联的 Maxwell 模型，共增加 6 个中间变量，用 6 个一阶微分方程表示。实际上并非仅液压减振器采用 Maxwell 模型，很多悬挂件都可以采用，如空气弹簧简化模型的阻尼下方还串联了应急弹簧。如果将减振器两端节点刚度设置为无穷大，则悬挂力元变为一般的弹簧阻尼并联模型，即图 6.1 所示的模型。

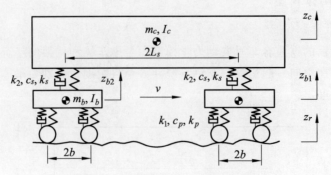

图 6.2　车辆垂向 Ruzika 模型

假设一系垂向阻尼串联刚度为 k_1，二系垂向阻尼串联刚度为 k_2；四个一系垂向阻尼与串联刚度中间点的位移为 z_{1i}，两个二系垂向阻尼与串联刚度中间点的位移为 z_{2j}。车体、构架的动力学方程与简单模型相同，只是力元表达式不同：

$$\begin{cases} F_{p1} = -k_1(z_{b1} - b\theta_{b1} - z_{11}) - k_p(z_{b1} - b\theta_{b1} - z_{r1}) \\ F_{p2} = -k_1(z_{b1} + b\theta_{b1} - z_{12}) - k_p(z_{b1} + b\theta_{b1} - z_{r2}) \\ F_{p3} = -k_1(z_{b2} - b\theta_{b2} - z_{13}) - k_p(z_{b2} - b\theta_{b2} - z_{r3}) \\ F_{p4} = -k_1(z_{b2} + b\theta_{b2} - z_{14}) - k_p(z_{b2} + b\dot{\theta}_{b2} - z_{r4}) \end{cases} \quad (6\text{-}20)$$

$$\begin{cases} F_{s1} = -k_2(z_c - L_s\theta_c - z_{21}) - k_s(z_c - L_s\theta_c - z_{b1}) \\ F_{s2} = -k_2(z_c + L_s\theta_c - z_{22}) - k_s(z_c + L_s\theta_c - z_{b2}) \end{cases} \quad (6\text{-}21)$$

并且，还增加了一个 6 元一次微分方程组：

$$\begin{cases} k_1(z_{b1} - b\theta_{b1} - z_{11}) = c_p(\dot{z}_{11} - \dot{z}_{r1}) \\ k_1(z_{b1} + b\theta_{b1} - z_{21}) = c_p(\dot{z}_{21} - \dot{z}_{r2}) \\ k_1(z_{b2} - b\theta_{b2} - z_{31}) = c_p(\dot{z}_{31} - \dot{z}_{r3}) \\ k_1(z_{b2} + b\theta_{b2} - z_{41}) = c_p(\dot{z}_{41} - \dot{z}_{r4}) \\ k_2(z_c - L_s\theta_c - z_{21}) = c_s(\dot{z}_{21} - \dot{z}_{b1}) \\ k_2(z_c + L_s\theta_c - z_{22}) = c_s(\dot{z}_{22} - \dot{z}_{b2}) \end{cases} \quad (6\text{-}22)$$

由于动力学微分方程组与前面模型相同，所以不再列出。

2. 弹性车体模型

铁道车辆以速度 v 在直线轨道上运行，建立考虑车体弹性的垂向振动模型[43]，如图 6.3 所示。模型由轮对、构架和车体三个部件以及一系悬挂、二系悬挂组成。将车体假设为均质等截面欧拉梁，而轮对和构架仍看成刚体，每一部件坐标系的原点取在其静平衡时的质心位置。车体弹性振动的坐标系随车体刚性运动一起运动。构架的点头运动与车辆垂向振动系统的其他运动不耦合，可不予考虑。整个车辆垂向振动系统的刚体运动只需考虑 4 个自由度，即前后构架的浮沉运动 z_{b1}、z_{b2}，车体的浮沉运动 z_c 和点头运动 θ_c。

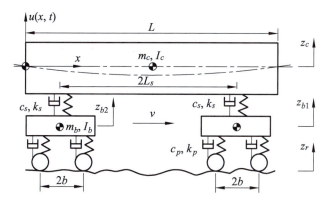

图 6.3　考虑车体弹性的垂向振动力学模型

某客车系统的参数说明及原始参数值见表 6.1。将车体看成两端自由的均质等截面欧拉梁，设车体的垂向弹性振动位移为 $u(x, t)$，则车体弹性振动偏微分方程为

$$EI\frac{\partial^4 u(x,t)}{\partial x^4} + \rho A\frac{\partial^2 u(x,t)}{\partial t^2} = \sum_{k=1}^{2} F_{sk}(t)\delta(x - x_k) \tag{6-23}$$

其中，$x_k = L/2 - (-1)^k L_s$，$k = 1$ 对应于前转向架，$k = 2$ 对应于后转向架。弹簧阻尼力与本章四轴车多刚体模型的表达式相同。

表 6.1　客车系统参数说明及原始参数值

参数	数值	单位符号	说　　明
m_c	40	t	车体质量
I_c	2 500	t·m²	车体点头转动惯量
ρA	1.57	t/m	车体单位长度等效质量
EI	5.0×10^6	kN·m²	车体截面等效抗弯刚度
m_b	2.3	t	构架质量
c_p	30	kN·s/m	每轮对一系悬挂垂向阻尼
c_s	150	kN·s/m	每转向架二系悬挂垂向阻尼
k_p	2 000	kN/m	每轮对一系悬挂垂向刚度
k_s	600	kN/m	每转向架二系悬挂垂向刚度
L_s	9.0	m	车辆定距之半
L	25.5	m	车辆长度
b	1.25	m	转向架固定轴距之半
a	5.0	mm	轨道简谐激励幅值

设车体第 i 阶正则振型函数和正则坐标分别为 $Y_i(x)$ 和 $q_i(t)$，欧拉梁的振型见第 2 章各类振动规律。可采用振型叠加法截取前 N 阶模态来求车体弹性振动响应，方程（6-23）的解可表示为

$$u(x,t) = \sum_{i=1}^{N} u_i(x,t) = \sum_{i=1}^{N} Y_i(x)q_i(t) \tag{6-24}$$

对于截取的模态阶数 N，要求截止频率高于实际有效频率的两倍以上。将式（6-24）代入式（6-23），得

$$EI \sum_{i=1}^{N} \frac{\mathrm{d}^4 Y_i(x)}{\mathrm{d}x^4} q_i(t) + \rho A \sum_{i=1}^{N} Y_i(x) \frac{\mathrm{d}^2 q_i(t)}{\mathrm{d}t^2} = \sum_{k=1}^{2} F_{sk}(t)\delta(x - x_k) \tag{6-25}$$

式（6-25）乘以 $Y_j(x)\mathrm{d}x$，沿车体全长积分，并利用模态的正交性和 δ 函数的性质，得到

$$\ddot{q}_i(t) + \omega_i^2 q_i(t) = \sum_{k=1}^{2} F_{sk}(t)Y_i(x_k)/m_c \tag{6-26}$$

采用牛顿-欧拉方法，可推导出车辆系统的刚体运动微分方程组如下：

$$\begin{cases}
m_b \ddot{z}_{b1} + 2c_p \dot{z}_{b1} + c_s[\dot{z}_{b1} - \dot{z}_c - \dot{u}(x_1,t) + L_s \dot{\theta}_c] + (2k_p + k_s)z_{b1} - k_s[z_c + L_s\theta_c + u(x_1,t)] \\
\quad = c_p[\dot{z}_r(t) + \dot{z}_r(t-\tau_1)] + k_p[z_r(t) + z_r(t-\tau_1)] \\
m_b \ddot{z}_{b2} + 2c_p \dot{z}_{b2} + c_s[\dot{z}_{b2} - \dot{z}_c - \dot{u}(x_2,t) - L_s \dot{\theta}_c] + (2k_p + k_s)z_{b2} - k_s[z_c - L_s\theta_c + u(x_2,t)] \\
\quad = c_p[\dot{z}_r(t-\tau_2) + \dot{z}_r(t-\tau_3)] + k_p[z_r(t-\tau_2) + z_r(t-\tau_3)] \\
m_c \ddot{z}_c + c_s[\dot{z}_c + \dot{u}(x_1,t) - L_s \dot{\theta}_c - \dot{z}_{b1}] + c_s[\dot{z}_c + \dot{u}(x_2,t) + L_s \dot{\theta}_c - \dot{z}_{b2}] + \\
\quad k_s[2z_c - z_{b1} - z_{b2} + u(x_1,t) + u(x_2,t)] = 0 \\
I_c \ddot{\theta}_c + c_s L_s[L_s \dot{\theta}_c - \dot{u}(x_1,t) + \dot{z}_{b1}] + c_s L_s[L_s \dot{\theta}_c + \dot{u}(x_2,t) - \dot{z}_{b2}] + \\
\quad k_s L_s[2L_s\theta_c - u(x_1,t) + u(x_2,t) + (z_{b1} - z_{b2})] = 0
\end{cases} \tag{6-27}$$

方程中的 z_r 为轨道激励，二位轮对到四位轮对的时间滞后为

$$\tau_1 = \frac{2b}{v}, \quad \tau_2 = \frac{2L_s}{v}, \quad \tau_3 = \frac{2(b+L_s)}{v} \tag{6-28}$$

如果方程（6-24）考虑前 N 阶模态，则客车系统的总方程数为 $N+4$。

3. 考虑车下设备振动的垂向模型

动车组和地铁列车、轻轨列车一般都采用动力分散牵引方式，大量的电气设备、供风设备和辅助设备悬挂在车体下方，部分部件还放置在车体顶部。这些设备的质量总和很大，部分部件单个质量也很大；很多设备还存在激扰源，由于直接与车体连接，振动容易传递到车体上从而影响乘坐性能。由于车下设备吊挂在车体下方的局部区域，无论是设备的整体振动还是其本身的有源振动，车下设备振动一般会对车体弹性振动产生影响，所以需要考虑车体弹性来建立耦合动力学仿真模型。

1）弹性车体与设备耦合振动模型

弹性车体和单个设备的垂向耦合力学模型如图 6.4 所示。模型中将车体视为均直弹性欧拉梁，考虑车体弹性内滞阻尼，设备为刚体并采用两点吊挂在车体中部。模型考虑刚体自由度包括车体和设备的浮沉、点头运动。其中 k_s 和 c_s 分别为二系垂向刚度和阻尼；m_e 为设备质量；k_e 和 c_e 分别为设备弹性连接刚度和阻尼。x 为设备吊挂位置坐标，t 为时间变量。

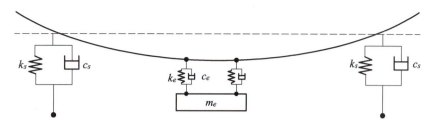

图 6.4　弹性车体和单个设备耦合的垂向力学模型

车体弹性位移表示为 $u(x,t)$，浮沉、点头模态位移分别表示为 z_c 和 θ_c，设备浮沉、点头模态位移分别表示为 z_e 和 θ_e；二系垂向力表示为 F_{s1} 和 F_{s2}，距离车体左端分别为 x_1 和 x_2；设备吊挂力元表示为 F_{e3} 和 F_{e4}，距离车体左端分别为 x_3 和 x_4。如果车体位移 $u(x,t)$ 考虑了刚体运动模态，则第一阶模态应为浮沉模态，对应的振型函数为 $Y_1(x)=1$；第二阶模态为点头模态，对应的振型函数为 $Y_2(x)=x-L/2$；而其他模态为欧拉梁弹性振动模态。考虑刚体和弹性车体 n 阶模态的运动位移可表示为

$$u(x,t) = z_c(t) + (x-L/2)\theta_c(t) + \sum_{i=3}^{n} Y_i(x)q_i(t) \tag{6-29}$$

将车体视为均直欧拉梁，其振动偏微分方程为

$$EI\frac{\partial^4 u(x,t)}{\partial x^4} + \mu I\frac{\partial^5 u(x,t)}{\partial t\partial x^4} + \rho A\frac{\partial^2 u(x,t)}{\partial t^2} = \sum_{j=1}^{2} F_{sj}\delta(x-x_j) + \sum_{j=3}^{4} F_{ej}\delta(x-x_j) \tag{6-30}$$

式中，μ 为内滞阻尼系数；δ 为狄拉克函数。

令 z_{b1}、z_{b2} 为前后转向架垂向位移，则力元作用力表达式为

$$F_{sj} = -k_s[u(x_j,t)-z_{b1}] - c_s[\dot{u}(x_j,t)-\dot{z}_{b1}] \quad (j=1,2) \tag{6-31}$$

$$F_{ej} = -k_e[u(x_j,t)-z_e] - c_e[\dot{u}(x_j,t)-\dot{z}_e] \quad (j=3,4) \tag{6-32}$$

通常应用分离变量法求解弹性车体的偏微分方程，得到车体各阶模态的动力学方程：

$$\begin{cases} \ddot{q}_i(t) + 2\xi_i\omega_i\dot{q}_i(t) + \omega_i^2 q_i(t) = \sum_{j=1}^{2}\dfrac{Y_i(x_j)}{m_c}F_{sj} + \sum_{j=3}^{4}\dfrac{Y_i(x_j)}{m_c}F_{ej} \\[2mm] m_c\ddot{z}_c = \sum_{j=1}^{2}F_{sj} + \sum_{j=3}^{4}F_{ej} \\[2mm] I_c\ddot{\theta}_c = \sum_{j=1}^{2}F_{sj}(x-L_s/2) + \sum_{j=3}^{4}F_{ej}(x-L_s/2) \end{cases} \tag{6-33}$$

式中，$\dfrac{EI\beta_i^4}{\rho A} = \omega_i^2$，$\dfrac{\mu I\beta_i^4}{\rho A} = 2\xi_i\omega_i$，$i=3,4,5,\cdots,n$。同理，设备的浮沉位移 $z_e(t)$ 和点头位移 $\theta_e(t)$ 运动动力学方程写为

$$\begin{cases} m_e\ddot{z}_e = \sum_{j=3}^{4}F_{ej} \\[2mm] I_e\ddot{\theta}_e = \sum_{j=3}^{4}F_{ej}[x_i-(x_3+x_4)/2] \end{cases} \tag{6-34}$$

2）整车简化模型

考虑转向架构架和轮对的垂向自由度，建立整车模型如图 6.5[44]所示，弹性车体与设备耦合振动模型与前面相同。考虑前后构架点头和构架浮沉自由度、4 条轮对的浮沉运动，增加 8 个自由度，包含前后构架浮沉 z_{b1} 和 z_{b2}、前后构架点头 θ_{b1} 和 θ_{b2}、第 j 位轮对浮沉运动 z_{wj}。轨道不平顺为 z_{rj}。车辆系统刚体自由度总数为 12 个，再考虑车体 n 阶弹性模态振动，则系统总自由度数为 $12 + n$。

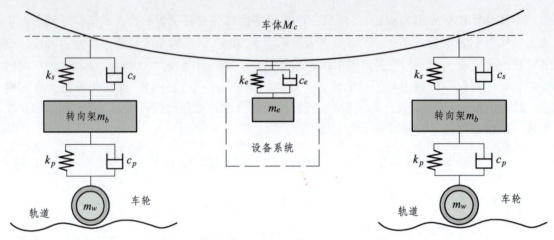

图 6.5　车辆刚柔耦合系统垂向力学模型

转向架构架动力学方程：

$$
\begin{cases}
m_b\ddot{z}_{b1} = -c_p(2\dot{z}_{b1} - \dot{z}_{w1} - \dot{z}_{w2}) - k_p(2z_{b1} - z_{w1} - z_{w2}) - \\
\qquad c_s[\dot{z}_{b1} - \dot{u}_c(x_1,t)] - k_s[z_{b1} - u_c(x_1,t)] \\
J_b\ddot{\theta}_{b1} = -c_p b(2b\dot{\theta}_{b1} - \dot{z}_{w1} + \dot{z}_{w2}) - k_p b(2b\theta_{b1} - z_{w1} + z_{w2}) \\
m_b\ddot{z}_{b2} = -c_p(2\dot{z}_{b2} - \dot{z}_{w3} - \dot{z}_{w4}) - k_p(2z_{b2} - z_{w3} - z_{w4}) - \\
\qquad c_s[\dot{z}_{b2} - \dot{u}_c(x_2,t)] - k_s[z_{b2} - u_c(x_2,t)] \\
J_b\ddot{\theta}_{b2} = -c_p b(2b\dot{\theta}_{b2} - \dot{z}_{w3} + \dot{z}_{w4}) - k_p b(2b\theta_{b2} - z_{w3} + z_{w4})
\end{cases}
\tag{6-35}
$$

转向架轮对动力学方程：

$$
\begin{cases}
m_w\ddot{z}_{w1} = -c_p(\dot{z}_{w1} - \dot{z}_{b1} - b\dot{\theta}_{b1}) - k_p(z_{w1} - z_{b1} - b\theta_{b1}) - 2p_1 \\
m_w\ddot{z}_{w2} = -c_p(\dot{z}_{w2} - \dot{z}_{b1} + b\dot{\theta}_{b1}) - k_p(z_{w2} - z_{b1} + b\theta_{b1}) - 2p_2 \\
m_w\ddot{z}_{w3} = -c_p(\dot{z}_{w3} - \dot{z}_{b2} - b\dot{\theta}_{b2}) - k_p(z_{w3} - z_{b2} - b\theta_{b2}) - 2p_3 \\
m_w\ddot{z}_{w4} = -c_p(\dot{z}_{w4} - \dot{z}_{b2} + b\dot{\theta}_{b2}) - k_p(z_{w4} - z_{b2} + b\theta_{b2}) - 2p_4
\end{cases}
\tag{6-36}
$$

式中，p_j 为第 j 位轮对与钢轨间轮轨接触力之半，参考 Hertz 非线性弹性接触理论计算轮轨法向力。

模型未考虑道床运动，轮轨接触作用力主要受到轮对位移和轨道不平顺影响。轨道不平顺具有与本章弹性车体模型相同的滞后特性。轮对的垂向振动一般考虑随着轨道不平顺一起运动，在构架方程中将 z_{wi} 替换为 z_{ri} 即可。如果要采用 Hertz 弹簧计算轮轨接触力，并考虑轮对的垂向运动，建议考虑轨道集总质量模型，或者采用车辆-轨道耦合动力学模型。

6.2.2　车辆系统垂向随机振动规律

在前面建立的车辆垂向动力学仿真模型基础上进行分析，得到车辆系统垂向随机振动的一些规律。下面仅是对某些典型规律的总结，读者可以建立相应动力学模型，进行更加细致深入的研究。

1. 频响函数和振动传递率

1）频响函数

以图 6.1 的垂向简化模型为例，分析在轨道不平顺激扰下车体的垂向振动响应。车辆以速度 v 运行时，受到 4 条轮对的激励，假设轮对与轨道不平顺一起运动。4 条轮对施加到车辆系统的简谐激励完全一致，只存在一个时间延迟。假设仅在第 i 位轮对激扰下，车体的浮沉频响函数为 $H_{zi}(\omega)$，由车辆系统垂向模型对称可得

$$H_{z1}(\omega) = H_{z2}(\omega) = H_{z3}(\omega) = H_{z4}(\omega) \tag{6-37}$$

设 4 条轮对的简谐激励分别为

$$z_{r1} = \mathrm{e}^{\mathrm{j}\omega t}, \ z_{r2} = \mathrm{e}^{\mathrm{j}\omega(t-\tau_1)}, \ z_{r3} = \mathrm{e}^{\mathrm{j}\omega(t-\tau_2)}, \ z_{r4} = \mathrm{e}^{\mathrm{j}\omega(t-\tau_3)} \tag{6-38}$$

令 b 为转向架轴距之半，L_s 为车辆定距之半，则

$$\begin{cases} \tau_1 = 2 \cdot b / v \\ \tau_2 = 2 \cdot L_s / v \\ \tau_3 = \tau_1 + \tau_2 \end{cases} \tag{6-39}$$

根据线性系统叠加原理，车体的浮沉位移可以由 4 条轮对的简谐激励叠加得到。

$$\begin{aligned} z_c &= \sum_{i=1}^{4} H_{zi}(\omega) z_{ri} \\ &= H_{z1}(\omega)\mathrm{e}^{\mathrm{j}\omega t} + H_{z2}(\omega)\mathrm{e}^{\mathrm{j}\omega(t-\tau_1)} + H_{z3}(\omega)\mathrm{e}^{\mathrm{j}\omega(t-\tau_2)} + H_{z4}(\omega)\mathrm{e}^{\mathrm{j}\omega(t-\tau_3)} \\ &= H_{z1}(\omega)[\mathrm{e}^{\mathrm{j}\omega t} + \mathrm{e}^{\mathrm{j}\omega(t-\tau_1)} + \mathrm{e}^{\mathrm{j}\omega(t-\tau_2)} + \mathrm{e}^{\mathrm{j}\omega(t-\tau_3)}] \\ &= H_{z1}(\omega)(1 + \mathrm{e}^{-\mathrm{j}\omega\tau_1} + \mathrm{e}^{-\mathrm{j}\omega\tau_2} + \mathrm{e}^{-\mathrm{j}\omega\tau_3})\mathrm{e}^{\mathrm{j}\omega t} \\ &= H_{z1}(\omega)H_{zin}(\omega)\mathrm{e}^{\mathrm{j}\omega t} \end{aligned} \tag{6-40}$$

其中，$H_{zin}(\omega)$ 是轮对输入的时间延迟函数。

$$H_{zin}(\omega) = 1 + \mathrm{e}^{-\mathrm{j}\omega\tau_1} + \mathrm{e}^{-\mathrm{j}\omega\tau_2} + \mathrm{e}^{-\mathrm{j}\omega\tau_3} \tag{6-41}$$

车体浮沉振动的频响函数 H_z 为

$$H_z(\omega) = H_{z1}(\omega) \cdot H_{zin}(\omega) \tag{6-42}$$

那么，车体浮沉位移和浮沉加速度传递率可表示如下：

$$\begin{cases} T_{zc}(\omega) = \left\| (1 + \mathrm{e}^{-\mathrm{j}\omega\tau_1} + \mathrm{e}^{-\mathrm{j}\omega\tau_2} + \mathrm{e}^{-\mathrm{j}\omega\tau_3}) H_{z1}(\omega) \right\| \\ T_{\ddot{z}c}(\omega) = \omega^2 T_{zc}(\omega) \end{cases} \tag{6-43}$$

其中，$T_{zc}(\omega)$ 是车体绝对传递率；$T_{\ddot{z}c}(\omega)$ 是加速度绝对传递率。

2）频响函数的求法

对单自由度系统，可以对系统微分方程进行拉普拉斯变换，计算输出与输入之比，然后将 s 替换为 $j\omega$ 就可以得到系统的频响函数了。但对于多自由度系统，其输入与输出的关系比较复杂，必须通过矩阵运算才能得到频响函数。

对图 6.1 所示的垂向模型，可以将系统微分方程组写成矩阵形式：

$$[M]\ddot{x}+[C]\dot{x}+[K]x=[C_r]\dot{z}_r+[K_r]z_r \qquad (6\text{-}44)$$

其中，$x=[z_c \quad \theta_c \quad z_{b1} \quad \theta_{b1} \quad z_{b2} \quad \theta_{b2}]^T$，$z_r=[z_{r1} \quad z_{r2} \quad z_{r3} \quad z_{r4}]^T$，其余矩阵可以根据微分方程得到，不再详细列出。等式左边的三个矩阵都是 6×6 阶矩阵，等式右边的两个矩阵为 6×4 阶矩阵。对微分方程组进行拉氏变换：

$$[M]s^2X(s)+[C]sX(s)+[K]X(s)=[C_r]sZ(s)+[K_r]Z(s) \qquad (6\text{-}45)$$

将输出与输入相比，得到系统的传递函数：

$$H(s)=\frac{X(s)}{Z(s)}=\frac{[C_r]s+[K_r]}{[M]s^2+[C]s+[K]} \qquad (6\text{-}46)$$

将 s 替换为 $j\omega$，就可以得到系统的频响函数：

$$H(j\omega)=\frac{j\omega[C_r]+[K_r]}{-\omega^2[M]+j\omega[C]+[K]} \qquad (6\text{-}47)$$

系统频响函数是一个 6×4 阶矩阵，同一行对应车辆的同一个振动，同一列对应同一条轮对激扰。例如，第一行 $H(1,j)$ 为车体浮沉响应，j 从 1 到 4 分别对应 4 条轮对的激扰，即上一小节中的 H_{zj}。

3）简单系统与 Ruzicka 系统对比

车辆系统的 Ruzicka 模型比弹簧阻尼并联的简化模型复杂很多，随着液压减振器的 Maxwell 模型被广泛采用，现代车辆系统均是典型的 Ruzicka 系统，为此有必要比较两种模型的差异。以第 5 章 5.4.2 节的车辆系统横垂耦合模型为例，比较传统模型与广义 Ruzicka 模型的隔振特性。只要将广义 Ruzicka 模型阻尼器两端节点刚度去掉即转化为传统模型。

图 6.6 反映了两种模型车体位移绝对传递率曲线。广义 Ruzicka 隔振模型同传统隔振模型的位移传递率趋势一致，但也存在明显差别，主要体现在系统共振点和最大绝对传递率上。广义 Ruzicka 隔振模型的绝对传递率大于传统模型，共振频率也大于传统模型，但在高频部分则小于传统模型。保持其他参数不变，增大或减小节点刚度的取值，绝对传递率曲线变化规律与 Ruzicka 单级隔振系统一致。

经分析，可以得到以下规律：

（1）对于单级隔振系统，广义 Ruzicka 隔振模型响应始终大于传统模型。

（2）广义 Ruzicka 隔振模型的共振频率略大于传统模型；共振点附近绝对传递率大于传统模型，绝对传递率随节点刚度增大而减小；高频部分绝对传递率小于传统模型，绝对传递率随节点刚度增大而增大。

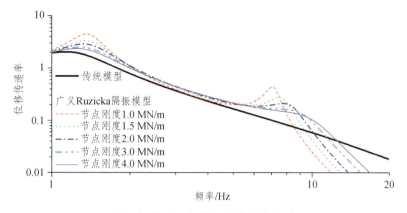

（a）车体垂向位移绝对传递率曲线

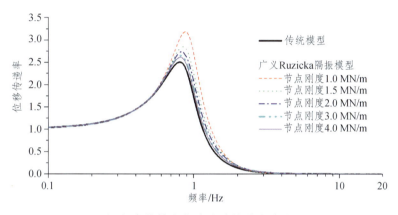

（b）车体横向位移绝对传递率曲线

图 6.6　车体位移绝对传递率曲线图

因此在研究车辆系统动力学性能时，尤其是采用液压减振器的车辆，有必要建立车辆系统的 Ruzicka 隔振模型，考虑液压减振器的串联等效刚度和等效阻尼。

4）固有频率

车辆系统各部件的固有频率对系统动力学性能影响很大，当激励与固有频率一致时，系统容易发生共振。车辆系统固有频率可以通过简单的公式计算、模态计算得到，也可以通过扫频激扰分析计算。以扫频激扰分析为例，对车辆的 4 条轮对同时施加频率相同的简谐激励，从小到大逐渐增大扫频频率，当车辆某模态振动达到峰值时，对应的频率即是该模态固有频率。

以车体浮沉频率求解为例，根据车辆系统垂向动力学方程，设 H_{zi} 为车体浮沉对第 i 位轮对激励的响应函数。从前面的频响函数分析可知，四条轮对激扰相同时的车体浮沉响应为

$$z_c = 4H_{z1} \cdot z_{r1} \tag{6-48}$$

绘制出车体的绝对传递率曲线，找到其峰值点对应的频率，该频率就是车体浮沉频率，如图 6.7 所示。同理，可以得到构架浮沉、车体点头、构架点头等模态的共振频率[37]。

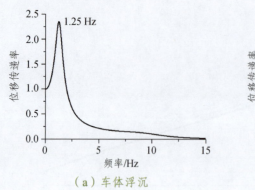
（a）车体浮沉

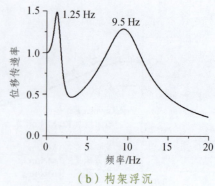
（b）构架浮沉

图 6.7　车体浮沉和构架浮沉传递率

需要注意的是，一个部件的绝对传递率曲线可能不止一个峰值点。如图 6.7（b）中构架浮沉绝对传递率曲线存在两个峰值点，对应两个频率 1.25 Hz 和 9.5 Hz。因此，需要根据部件的固有频率区间来进行判断，其中 1.25 Hz 为车体浮沉频率，9.5 Hz 为构架浮沉频率。

2. 振动响应谱

针对车辆垂向动力学简化模型，假设左右轨道谱密度一致，那么 4 条轮对施加到车辆系统的随机激励一致，只是存在时间延迟。因此，车体的位移谱密度可以由第一个轮对处轨道谱表示如下：

$$S_c(\omega) = \left\| H_c(\omega) \right\|^2 \cdot S_V(\omega) \tag{6-49}$$

式中，$S_c(\omega)$ 是车体位移谱密度；$S_V(\omega)$ 是垂向轨道谱；$H(\omega)$ 是系统频响函数。

$$H_z(\omega) = H_{z1}(\omega) \cdot H_{zin}(\omega) \tag{6-50}$$

$H_{zin}(\omega)$ 是轮对的时间延迟函数，同垂向简谐激励一致。因此，车体的位移谱密度和加速度谱密度可分别表示如下：

$$\begin{cases} S_z(\omega) = \left\| H_{z1}(\omega) \cdot (1 + e^{-j\omega\tau_1} + e^{-j\omega\tau_2} + e^{-j\omega\tau_3}) \right\|^2 S_V(\omega) \\ S_{\ddot{z}}(\omega) = \omega^4 S_z(\omega) \end{cases} \tag{6-51}$$

轮对输入的时间延迟函数 $H_{zin}(\omega)$ 与车辆定距、转向架轴距有关，由线性叠加原理，其图形为幅值 0 到 4 的波形，如图 6.8 所示。轨道不平顺是在某个频率范围内连续的函数，经过与时间延迟函数相乘，就表现为某些频率下振动很小，某些频率下振动较大，这就是由于车辆结构引起的几何滤波效应。

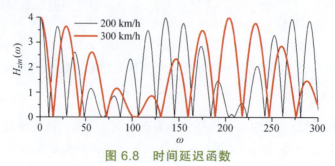

图 6.8　时间延迟函数

根据车辆系统垂向动力学模型，在轨道随机谱激励下，计算得到车辆响应谱，包括位移响应谱、加速度响应谱。轨道谱可以是各种类型，这里以德国高低干扰谱为例，车辆运行速度为 100 km/h，计算得到车体垂向位移、加速度的响应谱，如图 6.9 所示。

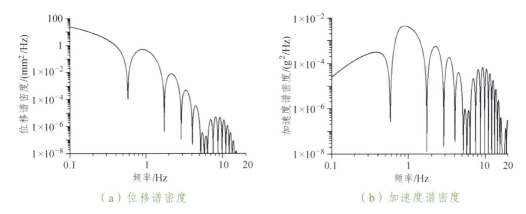

（a）位移谱密度　　　　　　　　　（b）加速度谱密度

图 6.9　德国低干扰谱激扰下的车体响应谱

　　从图 6.9 所示的车体响应谱可见，由于考虑了轮对激励的时间延迟，响应谱受到了车辆几何滤波的影响，构成许多凹凸的形状。但凹下去的频率范围比较窄，在实际车辆系统中，通过几何滤波降低车体的振动效果并不显著。

3. 车体弹性共振速度

　　对于前面所述的弹性车体模型，车体垂向弯曲自振频率 $f_i = \omega_i/2\pi$ 可通过欧拉梁的频率公式计算，其前三阶弯曲自振频率与车体截面等效抗弯刚度 EI 的关系见图 6.10，EI 越大则弯曲自振频率越高。表 6.1 参数下的一、二、三阶弯曲自振频率分别为 9.7 Hz、26.9 Hz、52.8 Hz。因此，常规车辆动力学分析中考虑车体的前三阶模态已能够满足实际要求[43]。

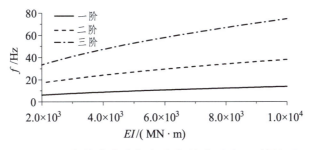

图 6.10　车体弯曲自振频率与抗弯刚度 EI 的关系

　　轨道上总是存在各种各样的不平顺激励，有周期性的和随机性的，周期性不平顺具有特定的波长；而随机不平顺是含有不同频率成分的连续谱，也可看成是由很多不同波长的正弦波组成。当某一波长的激励恰好引起车辆系统某一振型的振动，并与其自振频率相等时，就会引起该振型的共振，这时的车速可定义为共振速度[43]。

　　车体浮沉振动将引发车体一阶弯曲振动模态，该模态出现共振的条件为：车辆定距是轨道激励波长 L_r 的整倍数，这时车辆系统在此波长的激励作用下表现为上下浮沉振动。共振是当车体一阶垂向弯曲自振频率 f_1 等于轨道激励频率（车速与轨道波长之比）时，即

231

$$L_r = \frac{2L_s}{n}, \quad f_1 = \frac{v_n}{L_r} \quad (n = 1, 2, 3, \cdots) \qquad (6\text{-}52)$$

由式（6-52）可得到共振速度：

$$v_n = \frac{2L_s f_1}{n} \qquad (6\text{-}53)$$

车体点头振动将引发车体二阶弯曲振动模态，该模态出现共振的条件为

$$L_r = \frac{4L_s}{2n-1}, \quad f_2 = \frac{v_n}{L_r} \quad (n = 1, 2, 3, \cdots) \qquad (6\text{-}54)$$

于是，可得到车体点头共振速度为

$$v_n = \frac{4L_s f_2}{2n-1} \qquad (6\text{-}55)$$

当 n 较小时，共振速度高，对应于轨道长波长，共振时的轨道波长只与车辆定距有关。由上面计算公式可知，共振速度只与车辆系统本身自振频率和车辆定距有关。改变车体的垂向弯曲自振频率，共振速度将改变，自振频率高则各次共振速度提高。

由计算可得到车体一阶和二阶垂向弯曲振动的各次共振速度和对应的轨道波长，分别见表 6.2 和表 6.3。而对应于轨道长波长（小 n 值）的车体二阶弯曲共振速度太高，无实际意义，在此无须列出。由于车体三阶及以上的高阶弯曲自振频率较高，要使其模态出现共振，则车辆运行速度需要更高，轨道波长更短，这在实际情况下一般是不易出现的，可不必考虑。实际轨道激励是随机的，含有不同波长成分，只是有些波长成分能量强、有些弱。因此，当客车从低速到高速（如 350 km/h）的加速运行过程中，车体一阶和二阶垂向弯曲振动会出现多次不同强弱的共振。由于共振速度是很快越过的，对客车系统的振动影响不会太大。但是，如果客车的正常运行速度处于共振速度附近，如 200 ~ 210 km/h，这势必会引起车体的一阶弯曲共振（见表 6.2 中的 $n = 3$）和二阶弯曲共振（见表 6.3 中的 $n = 9$），解决的办法就只有从轨道上考虑尽量减小对应的轨道波长（6 m，2.12 m）的强度。如要从根本上避免出现车体弯曲共振，客车的运行速度就需避开共振速度。共振速度的概念同样适用于车辆系统的多刚体振动和横向弹性振动。

表 6.2　车体一阶弯曲振动共振速度及对应的轨道波长

n	1	2	3	4	5	6	7	8
共振速度/（km/h）	628.6	314.3	209.5	157.1	125.7	104.7	89.8	78.6
轨道波长/m	18.00	9.00	6.00	4.50	3.60	3.00	2.57	2.25

表 6.3　车体二阶弯曲振动共振速度及对应的轨道波长

n	5	6	7	8	9	10	11
共振速度/（km/h）	387.4	316.9	268.2	232.4	205.1	183.5	166.0
轨道波长/m	4.00	3.27	2.77	2.40	2.12	1.89	1.71

对于计及车体弹性效应时客车系统的幅频特性分析，考虑车体弯曲振动前三阶模态，采用变步长四阶龙格-库塔法在时域内进行客车系统方程的求解。一位轮对处的轨道激励取为 $z_r(t) = a\sin 2\pi f t$，式中激励频率 $f = v/L_r$。于是，可进行客车系统幅频特性曲线的计算，即得到动力放大系数 β（稳态响应幅值与激励幅值之比）与激励频率或车速（固定轨道波长）的关系。

图 6.11 为针对车体一阶弯曲振动，计算得到的动力放大系数与车速的关系曲线，车体一阶弯曲振动输出响应取点为车体中央（$x = 12.25$ m）。图 6.11 中曲线 n 是在不同的轨道波长（见表 6.2）激振下得到的，各曲线的峰点对应于该轨道波长下的共振速度。由计算结果可知，通过数值计算得到的各次共振速度，与根据共振速度公式得到的结果一致，这验证了共振速度定义的正确性。图中各曲线在低速时还存在另一峰值点，对应于车体的浮沉和点头刚体模态自振频率。

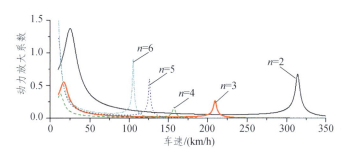

图 6.11 车体一阶弯曲振动动力放大系数

4. 弹性车体与设备耦合振动

仅考虑弹性车体与设备耦合振动模型（简称半车模型），与整车简化模型的区别为：是否考虑一系悬挂系统和轮轨接触，以及激扰施加方式。对两种模型施加同步单位位移扫频激扰，车体和设备的位移响应如图 6.12 所示，半车模型的车体弹性位移和设备运动位移均大于整车模型，但随激扰频率变化规律一致[44]。

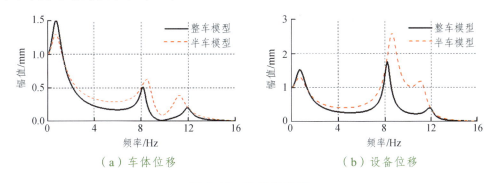

（a）车体位移　　　　　　　　　　（b）设备位移

图 6.12 位移传递率

图 6.13 是设备采用不同悬吊频率（设备的无阻尼单自由度系统固有频率）时的车体中部位移传递率，考察范围 7 ~ 11 Hz，间隔 1 Hz。可见，两种模型位移传递率规律一致，半车模型计算的绝对值略大，主要是由于整车模型中的一系悬挂部分地隔离了轮轨激扰向车体的传递。

233

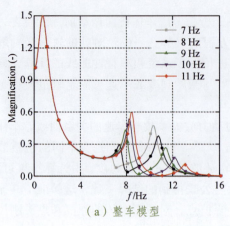
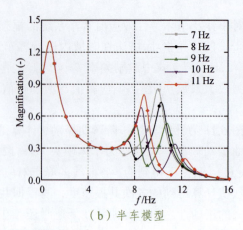

（a）整车模型 （b）半车模型

图 6.13　车体中部位移传递率

　　上述仿真采用了同步激扰方式，即各条轮对的激扰幅值和相位完全一致，而延迟激扰方式会考虑各条轮对受到轨道激扰的时间滞后性，更加符合车辆实际状态。采用整车模型分析同步和延迟激扰方式下，分析车体、设备和构架的位移传递率和加速度响应，车速 100 km/h。图 6.14 为车体中部位移传递率，延迟激扰下系统振动形式与同步激扰有所不同，表现出明显的几何滤波现象，这是车辆几何参数决定的。

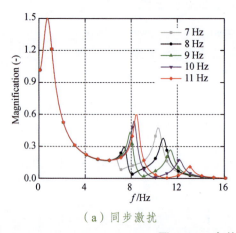
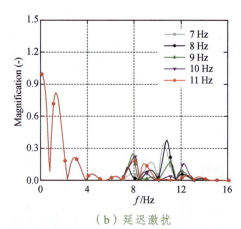

（a）同步激扰 （b）延迟激扰

图 6.14　车体中部的位移传递率

　　综上所述，同步激扰和延迟激扰条件下的系统振动表现出相同规律。其中，同步激扰下设备参数对系统振动的影响规律更加明显。过高或过低的悬吊频率均会导致车体一阶弯曲振动，合理选择设备参数可使车体弹性振动最小，但此时设备本身振动最大，即发生了动力吸振器效应。延迟扫频激扰下，车辆几何滤波影响了振动传递关系，若几何滤波频率正好与车体弹性模态频率接近，则可能削弱这一规律。

6.3　车辆系统横向随机振动

　　轨道不平顺激扰通过轮轨作用力引起车辆系统随机振动，轨道不平顺可以简单地分为横向不平顺和垂向不平顺，车辆系统的横向和垂向振动也可以认为是弱耦合而分开研究。车辆系统垂向动力学研究中，轮轨垂向力可以是约束力，此时不考虑蠕滑力的作用，所以与一般机械系统的不同点仅在于轮对延迟激扰。车辆横向动力学模型中，轮轨横向运动可以认为没有约束，所以必须考虑轮轨之间的横向作用力，包括轮轨接触力和轮轨蠕滑力，故车辆横向振动比垂向振动更加复杂。车辆横向运动是多种因素共同作用下的响应，包括轨道随机激扰下的强迫振动、轨道局部不平顺冲击下的响应、蛇行运动响应等。虽然蛇行运动在一般车辆上不会发生周期性的极限环振动，但其阻尼比一般较小，对车辆横向动力学的影响有时非常严重。

6.3.1　车辆横向动力学模型

1. 横向简化模型

在仅考虑悬挂系统振动传递的情况下，可以不建立轮轨蠕滑模型，车辆系统的横向动力学模型和垂向动力学模型类似，只是采用了横向悬挂参数和对应的质量参数。可以用轮对横向振动为系统的激扰，也可以将轨道不平顺直接作为激扰输入。车辆系统横向模型和垂向模型类似、分析方法相同，在此不再详述。

2. 17 自由度模型

和研究车辆系统蛇行运动稳定性的模型一样，车辆系统横向简化模型自由度主要包括车体横移、侧滚（耦合为上心滚摆和下心滚摆）、摇头；构架的横摆、侧滚、摇头；轮对的横移和摇头。横向简化模型详见第 5 章第 5.4 节，且不考虑轮对的旋转自由度。

横向随机振动模型的输入是轨道随机不平顺，为此需要将轨道不平顺带入动力学方程中。17 自由度模型由于轮对只有横移和摇头自由度，而构架增加了侧滚自由度，所以不用考虑轨道不平顺引起的轮对浮沉振动，但需要考虑轨道不平顺引起的轮对侧滚。设轨道水平不平顺导致的轨道侧滚角和角速度分别为 ϕ_0 和 $\dot{\phi}_0$，则轮对的侧滚角度和角速度根据约束关系，并且考虑到激扰的延迟为

$$\phi_{wi}(t) = \phi_0(t - \tau_i), \quad \dot{\phi}_{wi}(t) = \dot{\phi}_0(t - \tau_i) \tag{6-56}$$

轨道横向不平顺的施加比较复杂，涉及轮轨蠕滑力、轮轨接触几何关系等，在下一小节详细讨论。

3. 完整模型

为了完整地研究车辆系统动力学，需要建立车辆纵向-横向-垂向耦合的动力学仿真模型。考虑到纵向自由度与横向、垂向的耦合更弱，有时也不用考虑纵向自由度，但如果要计算车辆系统在轨道随机激扰下的舒适度指标，就需要考虑纵向自由度。

车辆系统横垂耦合模型如第 5 章第 5.4 节所述。和横向动力学模型相同，如果轮轨采用约束模型，可以将轨道垂向、侧滚不平顺直接等效为轮对的运动。如果轮轨采用 Hertz 弹簧接触模型，则轨道不平顺作为基础激扰，在钢轨基础和车轮之间用 Hertz 弹簧连接，如第 3 章 3.4.4 节所述。左右轨道具有不同的垂向不平顺，这是由高低不平顺和水平不平顺共同决定的。

6.3.2　轮轨蠕滑

在车辆系统随机振动动力学仿真计算时，轨道不平顺会导致轮轨相对蠕滑，影响轮轨蠕

滑率和接触力，且是导致轮对横向运动的重要因素。当考虑轨道振动时，也需要将轨道振动对蠕滑率的贡献考虑进去，本书不考虑轨道振动。

由于轨道随机不平顺主要影响横向蠕滑率，对纵向、自旋蠕滑率的影响较小，本书不考虑。将轨道方向不平顺、轨距不平顺分解到左右钢轨，得到左右钢轨各自的横向不平顺，分别为 y_{rl} 和 y_{rr}，根据车辆的运行速度可得到轨道不平顺的变化速率。将轨道水平不平顺、高低不平顺分解到左右钢轨，得到左右钢轨各自的垂向不平顺，分别为 z_{rl} 和 z_{rr}。根据车辆的运行速度可得到轨道不平顺的变化速率。在某些简化分析中，当采用轮轨接触几何关系数表进行动力学仿真时，往往只考虑轨道方向不平顺，而忽略轨距不平顺。根据第 3 章 3.3.3 节的蠕滑率计算公式，可以得到左右轮轨之间的横向蠕滑率：

$$\begin{cases} \xi_{yl} = [\cos\delta_l(\dot{y} - v_x\psi + r_l\dot{\phi} - \dot{y}_{rl}) + \sin\delta_l(\dot{z} + a\dot{\phi} - \dot{z}_{rl})]/v_x \\ \xi_{yr} = [\cos\delta_r(\dot{y} - v_x\psi + r_r\dot{\phi} - \dot{y}_{rr}) + \sin\delta_r(\dot{z} - a\dot{\phi} - \dot{z}_{rr})]/v_x \end{cases} \quad (6\text{-}57)$$

以上公式在轮轨之间采用 Hertz 弹簧时，由于轮对存在垂向和侧滚自由度，可以直接使用。当轮轨之间采用垂向和侧滚约束模型时，由于轨道垂向不平顺会引起轮对浮沉和侧滚运动，轨道垂向不平顺已经在轮轨垂向约束力中考虑了，而垂向蠕滑率不需要计算。现在只用考虑轨道横向随机不平顺对蠕滑率的贡献，则可以得到以下关系式：

$$\begin{cases} \xi_{yl} = \sec\delta_l(\dot{y} - v_x\psi + r_l\dot{\phi} - \dot{y}_{rl})/v_x \\ \xi_{yr} = \sec\delta_r(\dot{y} - v_x\psi + r_r\dot{\phi} - \dot{y}_{rr})/v_x \end{cases} \quad (6\text{-}58)$$

当轮轨接触几何关系在动力学仿真中采用实时计算方法时，轨道不平顺还会直接影响轮轨接触几何关系，进而将轨道不平顺传递给车辆系统。当轮轨接触几何关系采用数表时，只能将轨道不平顺中的方向不平顺与轮对横向位移之差，作为接触几何关系插值点，从而部分考虑了轨道不平顺对车辆振动的贡献。

6.3.3 车辆横向随机振动规律

根据车辆系统横垂耦合动力学模型，在轨道随机谱激励下，计算得到车辆响应谱，包括位移响应谱、加速度响应谱。轨道谱可以是各种类型，这里以德国高低干扰谱为例，计算得到车体横向位移、加速度的响应谱，车辆运行速度为 100 km/h，如图 6.15 所示。可见，车辆的横向振动响应同样受到轨道不平顺、车辆悬挂、几何滤波的综合作用。

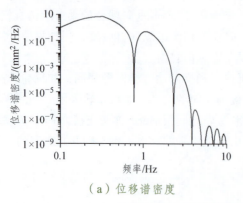
（a）位移谱密度

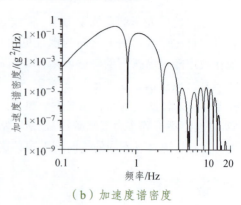
（b）加速度谱密度

图 6.15　车体横向振动位移和加速度响应

图 6.16 是某客车在轨道不平顺激扰下的时域仿真结果。可见，在理想情况下车体横向加速度频谱具有和频域分析类似的结果，在很低频率下的振动非常小（这和轨道长波、线路条件有关），在 1 Hz 附近振动最大，然后随着频率增加而减小。实际车辆上，也可能存在一些高频振动，如动车组车体上悬吊设备高频振动传递给车体。

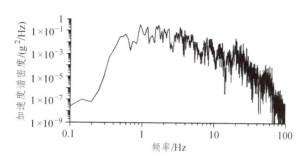

图 6.16　实际轨道激扰下动力学时域仿真车体横向加速度

当车辆系统蛇行运动稳定性裕量不足时，车辆的横向随机振动还会和蛇行运动叠加，严重影响乘坐舒适性。这种蛇行运动的叠加主要有两种情况：

（1）一种情况是车辆系统蛇行频率较低，蛇行运动以一次蛇行为主要表现，车体横向晃动比较明显，这在多刚体系统范畴内会降低乘坐舒适度。在车体横向加速度频谱图中，1～3 Hz 内某个频率下的幅值突出。

（2）一种情况是车辆系统蛇行频率较高，蛇行运动以二次蛇行为主要表现，转向架蛇行频率与车体某弹性模态频率接近，从而引起车体弹性振动，同样降低乘坐性能。在车体横向加速度频谱图中，一般在 7 Hz 以上某个频率下的幅值突出。

图 6.17 是以上两种蛇行运动在车体横向加速度频谱中的体现。图 6.17（a）中当采用 LMA 踏面、悬挂参数与轮轨关系不匹配时，由于等效锥度过低导致车体横向加速度在 1.5 Hz 左右频率突出，一般体现为车体摇头和上心滚摆模态。这种 1～2 Hz 突出频率会严重影响平稳性指标和舒适度指标，严重时乘客站立不稳。当采用 LM 踏面时等效锥度提高到合理范围（车辆悬挂参数适用的正常等效锥度范围），从而横向加速度低频成分明显降低。图 6.17（b）是某动车组车体横向加速度在 7～10 Hz 比较突出，同样严重影响了乘坐性能。二次蛇行一般频率较高，由于现代车辆二系悬挂较软，传递到车体的振动已经显著减弱了，但如果和车体某些弹性振动频率接近，同样会引起车体的弹性抖动。

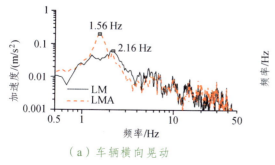

（a）车辆横向晃动

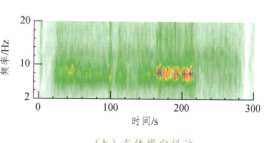

（b）车体横向抖动

图 6.17　车体晃动和抖动

237

由于考虑轮对纯滚运动，所以轮对横向速度为 0；一般滚动圆附近接触角很小，且忽略轮对侧滚对横向蠕滑力的贡献。故横向蠕滑合力为

$$T_y \approx 2f_{22}\psi \propto \psi \tag{7-7}$$

忽略轮对旋转速度波动，得到摇头蠕滑力偶：

$$
\begin{aligned}
M_z &= af_{11}[2a/R-(r_l-r_r)/r_0-2a\dot{\psi}/v_x] \\
&= af_{11}[2a/R-2y\lambda/r_0-2a\dot{\psi}/v_x]
\end{aligned} \tag{7-8}
$$

曲线半径的贡献是常数项，即轮对在曲线轨道上始终受到一个负摇头力矩，驱使轮对处于曲线径向位置（图 7.2 中的曲线在绝对坐标系中为负曲率）。轮对摇头速度一般较小，当轮对其余参数固定后，摇头蠕滑力偶可以近似为

$$M_z \approx -2af_{11}y\lambda/r_0 \propto -y \tag{7-9}$$

作用在轮对上的合成蠕滑力和力偶如图 7.2 所示。从上面的横向蠕滑力、摇头蠕滑力偶简化关系式可见，轮对摇头导致横向蠕滑力，轮对横移导致摇头蠕滑力偶。由于轮对仅考虑横移和摇头两个自由度，蠕滑力使轮对这两个自由度连续交替运动，从而使轮对自导向通过曲线，但也导致了轮对的蛇行运动。

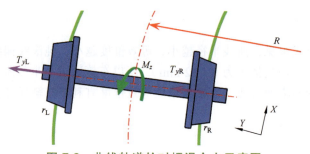

图 7.2　曲线轨道轮对蠕滑合力示意图

7.1.3　蠕滑力导向

自由轮对在曲线轨道上和直线轨道上的导向机理相同，只是曲线轨道上轮对运动方向的改变可以被宏观地观察到。这里统一用曲线轨道为例，说明自由轮对在轨道上运动的导向机理。轮对在曲线轨道上水平面内的主要姿态如图 7.3 所示。

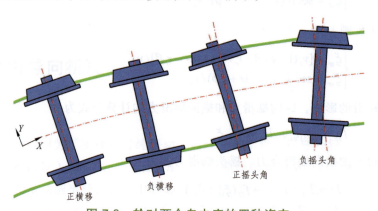

图 7.3　轮对两个自由度的四种姿态

轮对在轨道上有图 7.3 所示的四种简单姿态，每一种姿态中有一个自由度的位移为 0。由于轮对只有横移和摇头两个自由度，每个自由度有正负两种状态，所以共有四种摇头和横移的组合姿态；再加上轮对横移和摇头各自独立的 4 个姿态，总共有 8 种典型姿态：

（1）轮对正、负横移，摇头角为 0，共两种姿态；

（2）轮对正、负摇头，横移为 0，共两种姿态；

（3）轮对正横移 + 正、负摇头，共两种姿态；

（4）轮对负横移 + 正、负摇头，共两种姿态。

轮对在轨道上的理想运动过程就是以上几种姿态之间的相互连续转换，而迫使轮对发生这种连续运动的根本原因是轮轨之间的作用力，简化情况下可以用轮轨蠕滑力近似代替轮轨作用力，故可以通过蠕滑力导向来解释轮对在轨道上自导向运动的过程。

从前面推导的作用在轮对上的简化合成蠕滑力公式可见：横向蠕滑力随轮对摇头角成正比变化；摇头蠕滑力偶随轮对横向位移成正比变化（反号）。下面利用轮对位移与蠕滑力的关系，分析自由轮对在轨道上的导向运动。轮对的运动姿态都是图 7.3 中四种姿态的合成，所以按照四种初始条件分别进行分析。

1）初始负摇头角，0 横移

如图 7.4 所示，轮对的受力和运动过程如下。

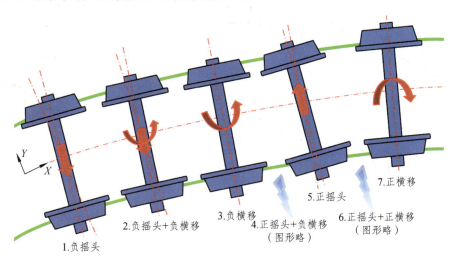

图 7.4　轮对蠕滑力与运动姿态的关系（初始摇头）

（1）轮对初始负摇头，导致负横向力，轮对向负横向位移运动。在这个过程中，轮对由于负横向位移，又会导致正摇头力偶。

（2）轮对同时受到负横向力和正摇头力偶的作用，一面向负横向位移继续运动，一面负摇头角向 0 摇头角运动。

（3）轮对最终到达负横移最大、摇头角为 0 的状态。由于有负横移，此时轮对仍然受到正摇头力偶作用。

（4）轮对在正摇头力偶作用下，摇头角从 0 变化到正摇头角且逐渐增大。在这个过程中，由于存在正摇头角，又导致轮对受到正横向力，所以轮对一面向轨道中心线横向运动，一面增加正摇头角。

（5）然后轮对到达最大正摇头角，横移为 0。此时轮对仍然受到正横向力，但摇头力偶为 0。

（6）轮对逐渐向正横移运动，这个过程中又导致负摇头力偶。轮对同时受到负摇头力偶和正横向力，一面向正横移运动，一面减小正摇头角。

（7）之后，轮对到达正横移最大、摇头角 0 的状态。此时轮对受到负摇头力偶，逐渐产生负摇头角，并导致负横向力。在负横向力和负摇头力矩作用下，轮对一面向轨道中心线横移，一面增大负摇头角度，最终回到状态（1）。

轮对的以上运动过程是微小的、周而复始的，从而使轮对在曲线轨道上稳定地连续运行。

2）初始正摇头角，0 横移

与1）类似，只是初始从（5）开始运动。

3）初始正横移，0 摇头角

如图 7.5 所示，与1）类似，只是初始从（7）开始运动，下面仍然简单说明下这种运动过程。

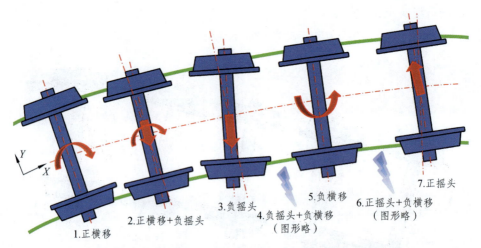

图 7.5　轮对蠕滑力与运动姿态的关系（初始横移）

如果自由轮对初始在正横向位移，就会对应产生负摇头力偶，使轮对逐渐发生负摇头角运动；而负摇头角会导致负横向力。在负横向力和负摇头力矩的作用下，轮对一面向负方向横移，一面发生负摇头，最终回到轨道中心线，轮对有最大负摇头角。之后的运动就和第1）种情况相同了。

4）初始负横移，0 摇头角

与3）类似，只是初始从（3）开始运动。

以上过程是一个连续变化的过程，摇头角度和横移量都是微小变化的，直到力和力矩达到平衡，然后轮对基本维持该姿态以微小的变化稳定地通过圆曲线。以滚动圆半径 0.460 m、等效锥度 0.40 的自由轮对通过半径 180 m 的圆曲线为例。由纯滚线计算公式，轮对纯滚线横向偏移 4.77 mm。轮对由平衡位置开始运动，前进速度为 5 m/s，由于自由轮对蛇行运动临界速度为 0，所以发生蛇行运动，这有利于我们观察曲线的通过机理。

轮对横向位移和摇头角时间历程如图 7.6 所示。仿真中轮对初始状态横移和摇头都是 0，不是在平衡位置，也不是在纯滚位置，所以初始受到冲击。如图 7.6（a）采用线性化踏面时，几个周期之后就达到了相对稳定的周期运动，图中竖线标号 1、3、5、7 分别代表图 7.4 中的四个对应姿态位置。如图 7.6（b）采用实际轮轨接触时，运动过程是类似的，但波形已经发生了变形，不再是正弦波形，轮对在四个极限姿态间的转换时间也不相等。如图 7.6（c）所示，LM 踏面等效锥度在 0.1 左右，自由轮对通过曲线是依靠蠕滑力导向的，虽然轮对横移的最大值已经达到轮缘贴靠。LMA 踏面等效锥度很小，此时自由轮对是依靠轮缘导向通过曲线，轮对在通过曲线过程中一直轮缘贴靠，轮对横移和摇头基本都没有波动。完全依靠轮缘导向对车辆曲线通过非常不利，会引起较大的轮缘磨耗和横向高频振动。曲线半径增大后，轮对曲线通过性能得到提高，一般可以依靠蠕滑力导向，且轮轨作用力和轮缘磨耗大大降低。

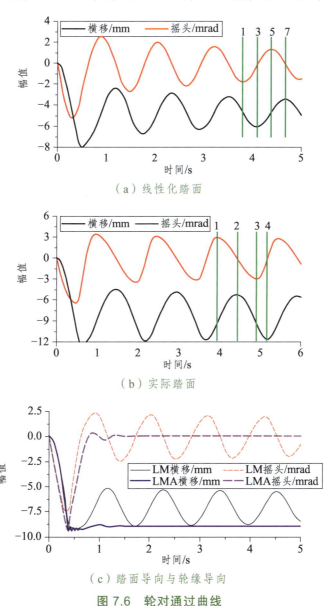

（a）线性化踏面

（b）实际踏面

（c）踏面导向与轮缘导向

图 7.6　轮对通过曲线

7.2　车辆曲线通过模型及分析

7.2.1　车辆曲线通过动力学方程

车辆稳态曲线通过主要关注车辆横向动力学状态，如各部件的横向位移、列车的姿态角度等。车辆动态曲线通过需要考虑轨道不平顺激扰、线路变化、车辆系统振动等，关注的主要问题是车辆横向动力学性能。对于车辆稳态曲线通过和动态曲线通过问题，输入和输出信息不同，但车辆动力学系统是相同的，所以都可以采用车辆横向动力学模型进行研究，如车辆系统 17 自由度的经典模型（其他自由度数也可以，只是力学方程不同）。本节建立的车辆横向动力学模型自由度包括四条轮对的横移、摇头，两个转向架构架的横移、摇头、侧滚，车体的横移、摇头、侧滚。

1. 车辆受力

需要注意的是，由于铁道车辆一般是在轨道坐标系中建模，车辆不同部件在曲线轨道上的轨道坐标系位置和姿态不同，需要将这些因素加入动力学方程中。

首先是曲线轨道坐标系对悬挂力元的影响。如图 7.7 所示，由于各运动部件的曲线轨道坐标系均是建立在轨道中心线的径向位置，这就会引起不同部件之间的相对摇头角度 $\Delta\psi$ 和相对横向位移 Δy。考虑到线路的曲率可能是变化的，设曲线半径为 R，两个部件中心纵向距离为 l，力元横向跨距之半为 b，则可以得到

$$\Delta\psi \approx \frac{l}{R}, \ \Delta\dot{\psi} \approx l\frac{\mathrm{d}}{\mathrm{d}t}\left(\frac{1}{R}\right) \tag{7-10}$$

$$\Delta y \approx \frac{l^2}{2R}, \ \Delta\dot{y} \approx \frac{l^2}{2}\frac{\mathrm{d}}{\mathrm{d}t}\left(\frac{1}{R}\right) \tag{7-11}$$

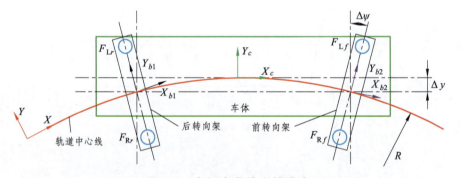

图 7.7　车辆在曲线上的姿态

考虑以上曲线轨道坐标系对悬挂力元的影响，结合各部件运动对悬挂力的作用，17 自由度车辆各悬挂元件受力方程改写为

（1）一系纵向力：

$$\begin{cases} F_{xpli} = K_{px}\left(\psi_{wi} - \psi_{fj} + \dfrac{b}{R_{wi}}\right)\cdot d_1 + C_{px}\left(\dot{\psi}_{wi} - \dot{\psi}_{fj} + \dfrac{b}{\dot{R}_{wi}}\right)\cdot d_1 \\[4mm] F_{xpri} = -K_{px}\left(\psi_{wi} - \psi_{fj} + \dfrac{b}{R_{wi}}\right)\cdot d_1 - C_{px}\left(\dot{\psi}_{wi} - \dot{\psi}_{fj} + \dfrac{b}{\dot{R}_{wi}}\right)\cdot d_1 \end{cases} \tag{7-12}$$

（2）一系悬挂横向力：

$$
\begin{cases}
F_{ypli} = K_{py}\left[y_{fj} + (-1)^{i+1}b\cdot\psi_{fj} + H_3\cdot\phi_{fj} - y_{wi} + H_4\phi_{wi} - \dfrac{b^2}{2R_{fi}} \right] + \\
\qquad\quad C_{py}\left[\dot{y}_{fj} + (-1)^{i+1}b\cdot\dot{\psi}_{fj} + H_3\cdot\dot{\phi}_{fj} - \dot{y}_{wi} + H_4\dot{\phi}_{wi} - \dfrac{b^2}{2\dot{R}_{fi}} \right] \\
F_{ypri} = F_{ypli}
\end{cases}
\tag{7-13}
$$

（3）一系悬挂垂向力（曲线超高因素需要考虑到轮对侧滚运动中）：

$$
\begin{cases}
F_{zpli} = K_{pz}(\phi_{fj} - \phi_{wi})d_1 + C_{pz}(\dot{\phi}_{fj} - \dot{\phi}_{wi}) \\
F_{zpri} = K_{pz}(\phi_{fj} - \phi_{wi})d_1 + C_{pz}(\dot{\phi}_{fj} - \dot{\phi}_{wi})
\end{cases}
\tag{7-14}
$$

（4）二系悬挂纵向力：

$$
\begin{cases}
F_{xslj} = K_{sx}\left(\psi_{fj} - \psi_c + \dfrac{L}{R_c} \right)d_3 + C_{sx}\left(\dot{\psi}_{fj} - \dot{\psi}_c + \dfrac{L}{\dot{R}_c} \right)d_3 \\
F_{xsrj} = -K_{sx}\left(\psi_{fj} - \psi_c + \dfrac{L}{R_c} \right)d_3 - C_{sx}\left(\dot{\psi}_{fj} - \dot{\psi}_c + \dfrac{L}{\dot{R}_c} \right)d_3
\end{cases}
\tag{7-15}
$$

（5）二系悬挂横向力：

$$
\begin{cases}
F_{ysl1} = K_{sy}\left(y_c + L\psi_c + H_1\phi_c - y_{f1} + H_2\phi_{f1} - \dfrac{L^2}{2R_c} \right) + C_{sy}\left(\dot{y}_c + L\dot{\psi}_c + H_1\dot{\phi}_c - \dot{y}_{f1} + H_2\dot{\phi}_{f1} - \dfrac{L^2}{2\dot{R}_c} \right) \\
F_{ysl2} = K_{sy}\left(y_c - L\psi_c + H_1\phi_c - y_{f2} + H_2\phi_{f2} - \dfrac{L^2}{2R_c} \right) + C_{sy}\left(\dot{y}_c - L\dot{\psi}_c + H_1\dot{\phi}_c - \dot{y}_{f2} + H_2\dot{\phi}_{f2} - \dfrac{L^2}{2\dot{R}_c} \right) \\
F_{ysr1} = K_{sy}\left(y_c + L\psi_c + H_1\phi_c - y_{f1} + H_2\phi_{f1} - \dfrac{L^2}{2R_c} \right) + C_{sy}\left(\dot{y}_c + L\dot{\psi}_c + H_1\dot{\phi}_c - \dot{y}_{f1} + H_2\dot{\phi}_{f1} - \dfrac{L^2}{2\dot{R}_c} \right) \\
F_{ysr2} = K_{sy}\left(y_c - L\psi_c + H_1\phi_c - y_{f2} + H_2\phi_{f2} - \dfrac{L^2}{2R_c} \right) + C_{sy}\left(\dot{y}_c - L\dot{\psi}_c + H_1\dot{\phi}_c - \dot{y}_{f2} + H_2\dot{\phi}_{f2} - \dfrac{L^2}{2\dot{R}_c} \right)
\end{cases}
\tag{7-16}
$$

（6）二系悬挂垂向力：

$$
\begin{cases}
F_{zsl1} = K_{sz}(\phi_c - \phi_{f1})d_3 + C_{sz}(\dot{\phi}_c - \dot{\phi}_{f1})d_3 \\
F_{zsr1} = -K_{sz}(\phi_c - \phi_{f1})d_3 - C_{sz}(\dot{\phi}_c - \dot{\phi}_{f1})d_3 \\
F_{zsl2} = K_{sz}(\phi_c - \phi_{f2})d_3 + C_{sz}(\dot{\phi}_c - \dot{\phi}_{f2})d_3 \\
F_{zsr2} = -K_{sz}(\phi_c - \phi_{f2})d_3 - C_{sz}(\dot{\phi}_c - \dot{\phi}_{f2})d_3
\end{cases}
\tag{7-17}
$$

轮轨蠕滑力可以采用线性公式近似计算，也可以采用非线性的轮轨关系和蠕滑力。需要注意曲线线路对蠕滑率的影响，详见第 3 章 3.3.3 节。

2. 动力学方程

车辆在曲线轨道上运动时，会受到离心加速度及轨道超高的作用，由此对动力学方程产生影响。采用牛顿-欧拉方法，将以上车辆系统悬挂元件的作用力带入，可以得到车辆系统横向动力学模型的微分方程组。这里欧拉方程采用公式（2-3）的简化形式，忽略了陀螺效应。注意图 7.7 的曲线曲率为负值。

（1）轮对横移（$i = 1 \sim 4$）：

$$M_w(\ddot{y}_{wi} + v_c^2 / R_{wi} + R_0\ddot{\phi}_{wi}) = F_{cyli} + F_{cyri} + F_{nyli} + F_{nyri} + F_{ypli} + F_{ypri} - M_w g\phi_{wi} \qquad (7\text{-}18)$$

（2）轮对摇头（$i = 1 \sim 4$）：

$$I_{wz}(\ddot{\psi}_{wi} + v_c / \dot{R}_{wi}) = (F_{cxri} - F_{cxli})a + a \cdot \psi_{wi} \cdot (F_{cyri} + F_{nyri} - F_{cyli} - F_{nyli}) +$$
$$M_{czli} + M_{czri} + (F_{xpri} - F_{xpli}) \cdot d_1 \qquad (7\text{-}19)$$

（3）构架横移：

$$\begin{cases} M_f(\ddot{y}_{f1} + v_c^2 / R_{f1} + H_{COGf}\ddot{\phi}_{f1}) = -(F_{ypl1} + F_{ypl2} + F_{ypr1} + F_{ypr2}) + \\ \qquad\qquad\qquad\qquad F_{ysl1} + F_{ysr1} - M_f \cdot g \cdot \phi_{f1} \\ M_f(\ddot{y}_{f2} + v_c^2 / R_{f2} + H_{COGf}\ddot{\phi}_{f2}) = -(F_{ypl3} + F_{ypl4} + F_{ypr3} + F_{ypr4}) + \\ \qquad\qquad\qquad\qquad F_{ysl2} + F_{ysr2} - M_f \cdot g \cdot \phi_{f2} \end{cases} \qquad (7\text{-}20)$$

（4）构架摇头：

$$\begin{cases} I_{fz}(\ddot{\psi}_{f1} + v_c / \dot{R}_{f1}) = (F_{xpl1} + F_{xpl2} - F_{xpr1} - F_{xpr2}) \cdot d_1 + (F_{xsr1} - F_{xsl1}) \cdot d_3 + \\ \qquad\qquad (F_{ypl2} + F_{ypr2} - F_{ypl1} - F_{ypr1}) \cdot b + d_3(F_{ysr1} - F_{ysl1}) \cdot \psi_{f1} \\ I_{fz}(\ddot{\psi}_{f2} + v_c / \dot{R}_{f2}) = (F_{xpl3} + F_{xpl4} - F_{xpr3} - F_{xpr4}) \cdot d_1 + (F_{xsr2} - F_{xsl2}) \cdot d_3 + \\ \qquad\qquad (F_{ypl4} + F_{ypr4} - F_{ypl3} - F_{ypr3}) \cdot b + d_3(F_{ysr2} - F_{ysl2}) \cdot \psi_{f2} \end{cases} \qquad (7\text{-}21)$$

（5）构架侧滚：

$$\begin{cases} I_{fx}\ddot{\phi}_{f1} = (F_{zpr1} + F_{zpr2} - F_{zpl1} - F_{zpl2}) \cdot d_1 + (F_{zsl1} - F_{zsr1}) \cdot d_3 + M_{s\phi1} - \\ \qquad\qquad (F_{ypl1} + F_{ypl2} + F_{ypr1} + F_{ypr2}) \cdot H_3 - (F_{ysl1} + F_{ysr1}) \cdot H_2 \\ I_{fx}\ddot{\phi}_{f2} = (F_{zpr3} + F_{zpr4} - F_{zpl3} - F_{zpl4}) \cdot d_1 + (F_{zsl2} - F_{zsr2}) \cdot d_3 + M_{s\phi2} - \\ \qquad\qquad (F_{ypl3} + F_{ypl4} + F_{ypr3} + F_{ypr4}) \cdot H_3 - (F_{ysl2} + F_{ysr2}) \cdot H_2 \end{cases} \qquad (7\text{-}22)$$

（6）车体横移：

$$M_c(\ddot{y}_c + v_c^2 / R_c + H_{COGc}\ddot{\phi}_c) = -(F_{ysl1} + F_{ysr1} + F_{ysl2} + F_{ysr2}) - M_c g \cdot \phi_c \qquad (7\text{-}23)$$

（7）车体摇头：

$$I_{cz}(\ddot{\psi}_c + v_c / \dot{R}_c) = (F_{xsl1} + F_{xsl2} - F_{xsr1} - F_{xsr2}) \cdot d_3 +$$
$$(F_{ysl2} + F_{ysr2} - F_{ysl1} - F_{ysr1}) \cdot L \qquad (7\text{-}24)$$

（8）车体侧滚：

$$I_{cx}\ddot{\phi}_c = (F_{zsr1} + F_{zsr2} - F_{zsl1} - F_{zsl2}) \cdot d_3 -$$
$$(F_{ysl1} + F_{ysr1} + F_{ysl2} + F_{ysr2}) \cdot H_1 - M_{s\phi1} - M_{s\phi2} \qquad (7\text{-}25)$$

7.2.2 车辆稳态曲线通过

车辆稳态曲线通过是模拟车辆在圆曲线上的准静态运动，不考虑轨道不平顺激扰、线路曲率和超高变化，以及车辆系统自身振动等非稳态因素，车辆系统处于力平衡状态。车辆所受到的力主要包括轮轨蠕滑力、未平衡超高导致的力、弹性复原力。由于动态曲线通过分析能够更加直观地得到车辆动力学性能，且已经成为常规的动力学分析内容，现在的车辆设计中已经很少进行稳态曲线通过分析了。

1. 超高及超高不足

一般在水平曲线外轨设置超高，以减小离心加速度对车辆的不利影响。如图 4.2 所示，设外轨超高 h，轮对滚动圆横向跨距 $2a$，则超高引起的轨道侧滚角度近似为

$$\theta_0 = \arcsin \frac{h}{2a} \approx \frac{h}{2a} \tag{7-26}$$

车辆以速度 v 通过半径为 R 的水平曲线，车体未平衡横向力 H 为

$$H = \frac{mv^2}{R} - mg\theta_0 \tag{7-27}$$

这种不平衡力可以认为是由于超高不足引起的，定义超高不足角为

$$\theta_d = \frac{v^2}{gR} - \theta_0 \tag{7-28}$$

车辆通过曲线的理想状态是超高不足为 0，此时对应的车速为均衡速度（注意单位，曲线半径单位符号为 m，超高单位符号为 mm，车速单位符号为 km/h）：

$$v_p = \sqrt{\frac{Rh}{11.8}} \ (\text{km/h}) \tag{7-29}$$

2. 欠超高

线路上设置好曲线半径、超高后，车辆只能以一定的速度范围通过，不同的通过速度必然会导致超高的不平衡，即欠超高或过超高。为了行车安全，在确定的线路条件下，车辆允许的超高不足都有相应限制。国内一般规定未平衡离心加速度约小于 0.08 g，客运专线欠超高一般小于 90 mm，或者更加复杂的规定，详见相关标准。

对于客货混跑的线路，既要考虑快速客车的欠超高不能太大，也要考虑慢速货车的过超高不能太大，这也限制了车辆提速。

在动力学分析时，常根据曲线线路条件、车速计算超高不足（v 单位符号为 km/h，R 单位符号为 m，h 单位符号为 mm）：

$$h_d = \sqrt{\frac{11.8v^2}{R}} - h \tag{7-30}$$

当车速高于均衡速度时，h_d 为正值，称为欠超高；当车速低于均衡速度时，h_d 的绝对值称为过超高，最大过超高为实际超高。

3. 稳态曲线通过分析方法和基本结论

车辆稳态曲线通过时，不考虑轨道状态的变化，即曲线半径和超高始终不变，所以仅需要将车辆曲线通过动力学方程中线路曲率变化的项忽略即可。车辆虽然沿圆弧轨道前进，但各体之间的作用可以出现力学平衡状态，即车辆悬挂力、轮轨力、离心力和重力平衡，出现一种准静态运动状态。

稳态曲线通过包括线性和非线性两种，一般可以写成线性和非线性方程组。线性稳态曲线通过，所有力均为线性关系。非线性稳态曲线通过：轮轨蠕滑力、轮轨接触力、悬挂力考虑非线性。稳态曲线通过求解方法过程一般如下：

（1）列写主要力的表达式；

（2）各部件的力平衡方程；

（3）求解得到各自由度的表达式；

（4）通过时域积分或者迭代计算，分析稳态曲线通过性能。

针对车辆系统每个自由度，可以直接根据力平衡写出代数方程组，也可以采用动力学方程组，将其中与振动有关的加速度和速度项去掉，即得到代数方程组。对代数方程组的求解，可以采用多种常用的数值计算方法。

另一种方法是，可以借助动力学仿真软件建立车辆系统非线性动力学模型，然后让车辆系统在圆曲线轨道上运动，通过数值计算得到系统的稳定解，近似作为系统的稳态解。这种方法可以考虑复杂的非线性关系，且与车辆动力学分析采用相同的模型。图 7.8 是某车辆以速度 100 km/h 通过半径 800 m、超高 100 mm 的圆曲线的时域积分结果。可见，经过一段时间后，车辆在圆曲线上达到平衡状态，此时一位轮对横向位移最大，四位轮对轮轴横向力最大。一般来说，车辆通过小半径曲线时一位轮对外侧车轮的轮轨横向力最大，但轮轴横向力并不一定是一位轮对最大，而且轮轴横向力可能远小于轮轨横向力。

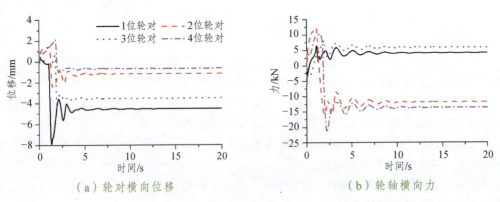

（a）轮对横向位移   （b）轮轴横向力

图 7.8　通过时域积分求解稳态曲线通过

通过分析，在车辆悬挂和线路取一定参数条件下，轮对在曲线上利用蠕滑力导向是可能的，超过这一范围，即有可能出现车轮滑行和轮缘接触钢轨的现象。一般曲线半径越小，车轮滑行和轮缘接触钢轨的可能性越大。图 7.9 是某车辆以欠超高 70 mm 通过不同半径的水平曲线，曲线超高均为 100 mm。车轮踏面分别采用等效锥度约 0.10 的新踏面、等效锥度约 0.45

的磨耗后踏面。可见，等效锥度越小，曲线半径越小，轮对越容易贴靠轮缘。轮轴横向力的变化不是特别大，在半径 200 m 的曲线上，一位轮对外侧车轮轮轨横向力已经达到 34.0 kN，而一位轮对轮轴横向力仅 17.8 kN。

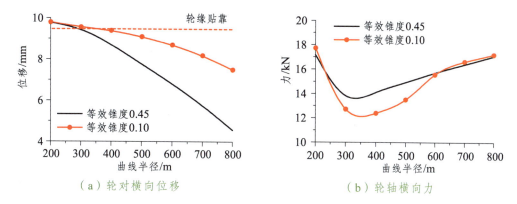

（a）轮对横向位移　　　　　　　　　（b）轮轴横向力

图 7.9　车辆曲线通过稳态解

7.2.3　车辆动态曲线通过

　　车辆动态曲线通过是车辆动力学的重要研究内容，涉及车辆行车安全性、轮轨磨耗和疲劳、振动冲击、噪声等许多方面的问题，其中运行安全性是最重要的常规动力学问题，其他方面的问题也不可忽视，有时甚至产生非常严重的后果。

　　实际车辆通过曲线时，都要经过曲率变化、超高变化的线路，一般包括直线、缓和曲线和圆曲线。车辆在通过曲线过程中，受到轨道随机不平顺激扰，姿态不停地变化，并产生振动。在通过两段曲线的连接位置时，还可能受到冲击，即使现在的曲线过渡已经很光滑。为此，需要研究车辆动态曲线通过，并且考虑以下因素的作用：

　　（1）线路的曲率、超高变化，包括直线、缓和曲线和圆曲线的连接；

　　（2）轮轨接触几何关系非线性和轮轨蠕滑非线性；

　　（3）车辆悬挂力元非线性；

　　（4）线路不平顺激扰（有时不考虑，规律性更强）；

　　（5）有时还要考虑轮轨两点或者多点接触，以及钢轨的弹性和阻尼等更加复杂的因素。

　　完整的曲线至少是由直线、圆曲线、直线组成，多数情况还有缓和曲线。因此，车辆通过曲线时的各项动力学指标也有相应的变化过程，即从直线状态到圆曲线状态再到直线状态。由于车辆在直线轨道上的平衡状态和在圆曲线上的平衡状态不同，圆曲线上的动力学状态不对称且指标更大，车辆动态曲线通过主要有以下变化关系：

　　（1）车体各部件的位移、轮轨力等指标先增大后减小，并回到初始直线轨道状态；

　　（2）一般圆曲线上的指标数值较大，但由于轮对纯滚线的偏移，轮对振动位移受到限制，这对曲线轨道上的蛇行运动分岔会产生影响；

　　（3）在直缓点、圆缓点容易受到冲击，圆缓点的冲击振动容易达到峰值。

　　考虑轨道不平顺激扰后，相当于对车辆叠加了一个随机振动，车辆动力学指标变化基本趋势是相同的。所以在进行车辆动态曲线通过规律研究时，往往不考虑轨道不平顺，这样得到的变化规律更强。然而，在车辆动力学参数优化、性能预测研究中，由于车辆系统参数对随机振动响应也有影响，所以仿真分析时也一般要施加轨道不平顺激扰。

图7.10是某车辆动态通过曲线时一位轮对横向位移和轮轴横向力的变化规律。其中上面两幅图没有施加轨道不平顺激扰，下面两幅图施加了胶济线轨道谱激扰。可见，不施加轨道谱时的指标比较平滑，施加轨道不平顺后车辆振动虽然加剧，但变化基本趋势与不施加轨道激扰时接近。

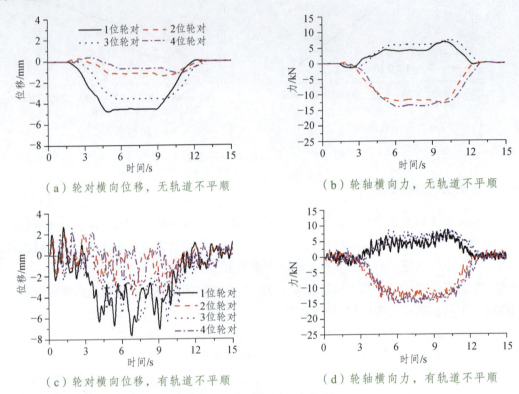

（a）轮对横向位移，无轨道不平顺　　　　（b）轮轴横向力，无轨道不平顺

（c）轮对横向位移，有轨道不平顺　　　　（d）轮轴横向力，有轨道不平顺

图 7.10　车辆动态曲线通过

国内外众多学者的研究表明，为了提高车辆的曲线通过性能，可以采用以下措施：

（1）设置较小的一系、二系摇头角刚度，较小的一系横向刚度。

这种一系参数的设置与蛇行运动稳定性的要求相矛盾，可通过径向转向架方案来解决；现代车辆的二系一般设置较软的刚度，或者通过旁承可以相对滑动。

（2）短轴距、短的车辆定距。

（3）大的踏面斜率。

以上两条均与蛇行运动稳定性的要求相矛盾。

（4）大轴重。

货车在朝大轴重发展，但大轴重客车与轻量化发展方向相矛盾；大轴重会带来其他一些动力学问题，如轮轨动力作用加剧、磨耗加剧等。

（5）低的车辆重心高度。

一般来说，低的车辆重心高度有利于提高车辆动力学性能。

7.3　车轮磨耗和损伤

由于车轮磨耗和损伤在曲线轨道上比较显著，将这两部分基本内容放在本节。车轮磨耗及损伤与车辆动力学密切相关，其发展源于车辆动力学，并进一步影响车辆动力学。车轮磨耗改变轮轨接触关系，对车辆系统蛇行运动稳定性、随机振动、运行安全性都产生影响。车轮踏面磨耗已经可以通过动力学仿真再现，其与动力学性能的关系也得到广泛关注和大量研究。从动力学角度对车轮损伤的研究还不够系统和完善，本书仅给出几个常用指标。车轮损伤和磨耗存在内在联系，有着此消彼长的关系。

7.3.1　车轮磨耗

车辆在通过曲线轨道时，由于运行状态比直线轨道差，尤其是轮缘贴靠状态，导致车轮和钢轨磨耗、损伤比较严重。对车辆动力学性能有明显影响的车轮表面磨损，主要包括踏面区域磨耗、轮缘区域磨耗。车轮磨耗可以分为轴向磨耗和径向磨耗，轴向磨耗改变车轮踏面廓形，从而从轮轨接触关系的角度影响动力学性能；径向磨耗主要引起车轮圆周不平顺，即车轮不圆，同时对轮轨关系也有一定的影响，主要从轮轨法向接触力的角度影响动力学性能。本节主要关注引起车轮踏面廓形变化的轴向磨耗。

车轮磨耗主要由两种因素引起：一个是材料的塑性变形；另一个是轮轨材料脱离。其中，轮轨材料脱离由多种原因造成，如磨耗表面形成材料薄层并剥离，接触面与周围环境的氧化或腐蚀化学反应，硬颗粒沿着接触表面移动导致磨料磨损，接触表面之间的局部黏结导致材料转移或损失。

国内外学者大多根据台架试验，提出了多种磨损预测模型，本书仅给出两种典型的模型：Archard 模型[45, 46]和 Zobory 模型[47]，它们在轮轨磨耗分析中经常被采用。需要注意的是，线路实际运营状态和台架试验存在很大的差异，尤其是高速运行情况，所以很多学者在仿真时都要对磨耗模型的系数进行修正。

1. Archard 磨耗模型

Jendel 在 Archard 磨耗理论基础上，总结了部分摩擦试验结果，建立了车轮踏面磨耗模型[46]，模型假定黏着区内无磨耗存在。材料磨损体积定义为

$$V_{\text{wear}} = k_w \frac{Nd}{H} \tag{7-31}$$

式中，V_{wear} 为材料磨耗体积；d 为滑动距离；N 为法向力；H 为两相接触物体中较软的材料硬度（N/m^2）；k_w 为无量纲的磨耗系数。可以采用多种蠕滑理论结合该磨耗模型分析车轮踏面的磨耗，下面以 FASTSIM 为例。

FASTSIM 将接触椭圆分割成小单元，单元的长度为 Δx 和 Δy。设坐标 (x, y) 为接触斑内单元格的中点。Hertz 法向压力分布为（也可以采用 FASTSIM 的法向力分布规律）

$$p_z(x, y) = \frac{3N}{2\pi ab} \sqrt{1 - \left(\frac{x}{a}\right)^2 - \left(\frac{y}{b}\right)^2} \tag{7-32}$$

对接触斑内的任一单元，其磨耗深度 Δz 为

$$\Delta z = k_w \frac{p_z \Delta d}{H} \tag{7-33}$$

式中，Δd 为一个时间增量 Δt 内（也就是在此时间范围内，车轮接触斑内的任一质点仍处于接触斑内的同一个单元中）的滑动距离，$\Delta d = |s| \Delta t = \sqrt{s_x^2 + s_y^2}\,\dfrac{\Delta x}{v_c}$；$(s_x, s_y)$ 为总滑动速度（包括蠕滑率引起的刚体滑动、接触界面弹性变形引起的滑动速度），可由 FASTSIM 计算得到；v_c 表示质点通过接触斑的速度。

把上面的公式整合在一起，就可以得到磨耗深度 Δz 的最终表达式：

$$\Delta z(x, y) = \frac{3Nk_w}{2\pi abH} \sqrt{1 - \left(\frac{x}{a}\right)^2 - \left(\frac{y}{b}\right)^2} \sqrt{s_x^2 + s_y^2}\,\frac{\Delta x}{v_c} \tag{7-34}$$

从 Archard 磨耗模型的表达式可知，它仅适用于滑动区域，因为它需要计算滑动量。黏着区域和滑动区域可在 FASTSIM 进行蠕滑力计算时得到确定。

磨耗系数 k_w 的值取决于法向接触压应力和滑动速度，图 7.11（a）是实验获得的磨耗系数，但这些系数仅给出了一个取值范围，且在每种条件下的取值范围很大，不便于磨耗计算。根据该系数范围，给定表 7.1 所示的边界条件，对磨耗系数二维线性插值得到系数表，用于计算接触斑中每个单元格的磨耗，如图 7.11（b）所示。

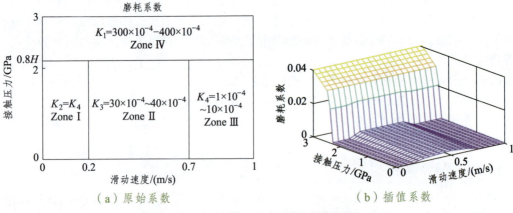

（a）原始系数 （b）插值系数

图 7.11 Archard 模型磨耗系数

表 7.1 磨耗系数 k_w（$\times 10^{-4}$）

滑动速度 m/s	接触压力/GPa				
	0.0	1.0	2.3	2.4	3.0
0.00	1	5	10	300	400
0.15	5	10	10	300	400
0.25	20	30	40	300	400
0.50	30	35	40	300	400
0.65	20	30	40	300	400
0.75	5	10	10	300	400
1.00	1	5	10	300	400

2. Zobory 磨耗模型

Zobory 给出了三种基于摩擦功假设的磨耗模型[47]：耗散能量磨耗假设、法向力磨耗假设和混合磨耗假设。通过耗散能量磨耗假设和混合磨耗假设，计算得到的是接触面内某一点的磨耗量，此点位置可用接触坐标系内位置矢量 r_p 表示。常用的 Zobory 磨耗模型如下：

$$\Delta m = kW_r \tag{7-35}$$

其中，k 是磨耗系数，如图 7.12 所示；m 是车轮质量磨耗量；W_r 是轮轨磨耗功。

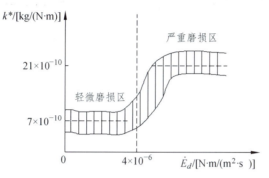

图 7.12　Zobory 磨耗系数

根据材料的物理特性，同时有

$$\Delta m = \rho \Delta V = \rho A \Delta r \tag{7-36}$$

其中，ρ 为车轮材料的密度；V 为磨耗的体积；A 为接触斑面积；Δr 为车轮踏面径向磨耗量。结合式（7-35）、式（7-36），径向磨耗量 Δr 可以表示为

$$\Delta r = \frac{\Delta m}{\rho A} = \frac{kW_r}{\rho A} = \frac{kP_r}{\rho b v_0} \tag{7-37}$$

其中，P_r 是轮轨磨耗功率；b 是接触斑在踏面 Y 方向的半径；v_0 是车速。采用 FASTSIM 计算磨耗量时，P_r 是接触斑内每个单元的磨耗功率，b 换成每个单元宽度即可。

3. 车轮磨耗计算方法

由于采用不同的轮轨蠕滑力模型、轮轨磨损模型，车轮型面磨耗的计算方法较多，可以按照蠕滑力计算方法分为 CONTACT 方法、FASTSIM 方法、半 Hertz 轮轨接触方法、有限元方法、接触斑整体磨耗近似计算（不考虑接触斑内部网格划分）等。考虑到计算的准确性和计算时间因素，在计算轮缘磨耗时可采用 CONTACT 计算磨耗；在分析踏面区域磨耗或者计算量比较大时，可采用 FASTSIM 计算磨耗。

由于所有方法都是基于相同的动力学计算结果，只是在后处理中接触斑的局部计算方法不同。如果采用相同的磨耗模型，那么计算出来的磨耗区域基本接近，在比较分析时，分析对象对磨耗影响的趋势也是一致的。

由于动力学仿真结果是离散量，不可能仿真车轮连续滚过一个接触斑的过程。计算磨耗时首先选定一个车轮断面，当该断面从进入接触斑到离开接触斑，滚过一个接触斑长度［见图 7.13（a），接触斑线条颜色逐渐加深表示这是滚动方向］，该断面在车轮这一圈滚动中的磨耗过程就完成了。这和计算一个接触斑上各单元的磨耗，然后沿车轮滚动方向叠加到一起，并以该叠加磨耗量作为车轮滚过一圈的磨耗深度，是可以近似等效的。因为在一个接触斑这么小的距离内，一般可以认为轮对和轨道的状态基本没有变化，前后多个接触斑和中间这个接触斑近似相同。

图 7.13　一个接触斑内磨耗计算的等效

1）CONTACT 计算磨耗

首先利用动力学仿真软件建立车辆动力学模型，并进行时域积分得到车辆系统动态响应，输出轮轨磨耗有关的变量，主要包括接触斑位置和大小、接触压力、蠕滑系数和蠕滑率等。然后利用改进的 Kalker 非 Hertz 滚动接触理论及其数值程序 CONTACT 和轮轨磨耗模型进行车轮磨耗预测。计算得到每个接触斑的磨耗深度后，将这些磨耗量投影到车轮踏面坐标系中，并累加得到踏面上的总磨耗量。

2）FASTSIM 计算磨耗

采用 FASTSIM 计算车轮磨耗和上一种方法类似，仅仅是计算程序和输入参数不同。动力学仿真计算部分完全相同。在计算轮轨接触斑磨耗量时，根据动力学输出的轮轨蠕滑率和接触几何关系，将轮轨接触斑分成 $n \times n$ 个单元，采用 FASTSIM 计算出接触斑上每个单元的力和滑移量分布，根据磨耗模型计算接触斑内每个单元的垂直磨耗量，并投影叠加得到整个车轮型面上的磨耗深度。车轮踏面磨耗计算流程如图 7.14 所示。

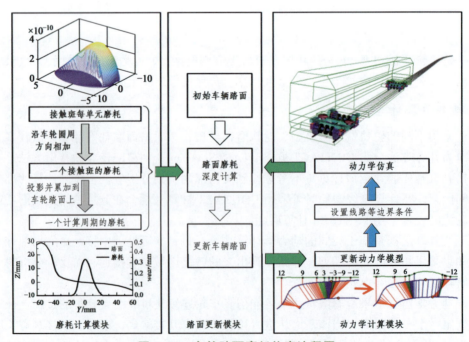

图 7.14　车轮踏面磨耗仿真流程图

260

由于实际磨耗过程中，一是伴随有塑性流动，二是磨耗过程是连续的、长时间的，踏面外形一般会磨耗得比较光滑。计算机仿真分析中人为地将磨耗过程离散化，且计算时间和距离有限，一般不考虑塑性流动，所以仿真中需要对踏面磨耗量进行平滑处理。

7.3.2 车轮损伤

轮轨的磨耗与损伤是轮轨滚动接触研究的重点内容，两者之间存在一种此消彼长的耦合关系，理论研究中都需要借助车辆动力学仿真得到轮轨作用的一些边界条件。2000 年，英国发生了严重的列车脱轨事故，调查发现是因为钢轨的损伤（RCF）导致钢轨断裂引起，且还存在大面积的钢轨损伤隐患，由此轮轨研究的热点从轮轨磨耗过渡到轮轨损伤，以及两者的耦合影响。国内外学者开展了大量的理论研究和试验研究，提出了多种损伤模型，这里简单介绍两种损伤分析模型。

1. Ekberg 损伤模型

Ekberg 提出了一种评定铁道车辆车轮踏面损伤的指标[48]，分为表面损伤和内部损伤两种指标，这里只考虑表面损伤指标。后来针对英国具体车辆的踏面损伤进行了跟踪调查，并对 Ekberg 损伤模型进行了修正，指出只有当磨耗指数大于一定的数值才会对车轮产生损伤，并拟合出了损伤指数和损伤发生时间的关系。Ekberg 损伤模型中假设损伤与磨耗数、法向力、接触应力和材料剪切屈服强度有关。研究表明，损伤与蠕滑力的方向有关。

损伤指数定义为

$$FI_{\text{surf}} = \frac{\sqrt{T_x^2 + T_y^2}}{P_r} - \frac{2AK_e}{3P_r} \tag{7-38}$$

其中，T_x、T_y 分别为纵向和横向蠕滑力；P_r 为轮轨法向力；A 为接触斑面积；K_e 为车轮材料的剪切屈服强度。

磨耗数定义为

$$T\xi = T_x\xi_x + T_y\xi_y \tag{7-39}$$

其中，ξ_x、ξ_y 分别为纵向和横向蠕滑率。

研究表明，在磨耗数大于 20 的情况下，损伤指数才对踏面损伤有实际作用，并且发生损伤的时间与损伤指数、磨耗数呈同向增长方式。

通过动力学计算，输出接触斑上的相应数据，然后通过后处理可以得到每个接触斑上的损伤指数，并按接触斑位置投影到踏面上，累积整个计算过程中的损伤指数，可以得到车轮踏面的损伤分布。

2. 安定图

一般情况下，轮轨间的切向力对轮轨损伤的影响较大，应综合利用轮轨接触应力和切向力来评价车轮的承载能力。Johnson 提出了安定图[49]，定性比较分析车轮滚动接触疲劳发生的机理和可能性。其基本原理是利用循环载荷作用下接触体的材料局部特性，包括弹性、弹性安定、塑性安定及棘轮效应四种情况。影响这些特性相互转化的关键因素是接触载荷的大小、材料硬化特性、残余应力状态及由塑性变形引起的接触状况变化等。循环载荷作用下，接触体局部最大应力低于材料屈服极限时，为弹性特性。当局部最大应力在首次循环作用中超过材料的屈服极限时，接触体局部残余应力和塑性硬化使后续循环载荷呈弹性特性，即弹性安定。当局部最大应力继续增加，使循环应力应变曲线呈现稳定的闭合特征，称为塑性安定。对于每一循环载荷的作用，接触体局部材料出现附加的塑性变形，称为棘轮材料特性，也称为循环蠕变。

当塑性应变继续累积，接触体局部部位就出现裂纹。塑性安定和棘轮效应是导致接触体表面疲劳裂纹萌生的主要原因，而这两种特性往往出现在接触区域内，所引起的接触区域损伤占整个接触疲劳损伤的 90% 以上，是疲劳裂纹萌生的主要组成部分。

图 7.15 所示的安定图中，纵坐标轴表示法向载荷（用无量纲化的接触应力 p_0/k 表示），横坐标轴表示切向载荷（用牵引系数 μ 表示）。p_0 为最大接触应力，k 为纯剪切屈服强度，$k = H/3\sqrt{3}$，其中 H 为材料硬度（采用维氏硬度 HV）。牵引系数 $\mu = \sqrt{F_\xi^2 + F_\eta^2}/F_n$，其中 F_ξ，F_η 分别为纵向蠕滑力和横向蠕滑力，F_n 为法向力。安定图根据 p_0/k 和 μ 的取值，将整个区域划分为 4 个子区域，分别是弹性状态、弹性安定、塑性安定和棘轮效应。

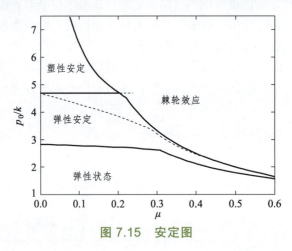

图 7.15　安定图

图 7.16 是针对某轻轨车辆超载工况的计算结果。由于车辆轴重较小，且运行速度很低，所以即使通过小半径曲线，轮轨接触状态仍然处于弹性安定范围。

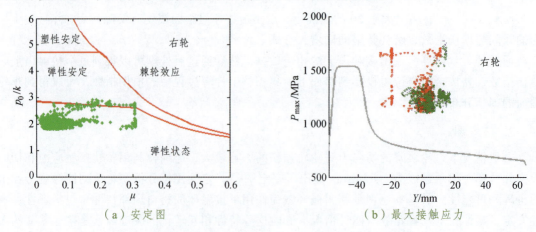

（a）安定图　　　　　　　　　　　（b）最大接触应力

图 7.16　某轻轨车辆通过小半径曲线轨道的接触应力

7.4 车辆曲线通过性能影响因素

车辆曲线通过性能关乎运行安全性、运行平稳性和轮轨磨耗与损伤，研究车辆曲线通过的影响因素和影响规律，并优化悬挂参数提高曲线通过性能，是车辆系统常规动力学的重要研究内容。

7.4.1 动力学指标

为了衡量车辆动力学运行安全性，需要用一些动力学指标来定量评价。这些指标一般适用于车辆在任何状态的运行，不仅仅是曲线轨道。车辆动力学运行安全性指标比较多，主要是从轮轨动力作用角度来评判车辆运行是否安全。狭义来说，运行安全性指标主要包括轮轨横向力、轮轴横向力、脱轨系数、轮重减载率、倾覆系数等。更加广义的安全性指标还包括车辆蛇行运动临界速度、轮轨垂向力、振动加速度等。

从前面的蛇行运动稳定性章节可知，车辆即使发生周期性蛇行运动，其运动幅值也有大有小。如果蛇行运动存在危险，轮轴横向力、脱轨系数等指标都会有体现，且从运行安全性的角度来说比蛇行运动临界速度更加直观。从严格的理论定义来说，蛇行运动稳定性也区别于运行安全性，是车辆系统动力学一个相对独立的研究方向。所以本书不将蛇行运动临界速度归类到运行安全性，而仅考虑狭义的运行安全性指标。运行安全性指标的详细描述见第 9 章第 9.3 节，本节直接采用这些指标用于研究动力学规律。

7.4.2 车辆曲线通过影响因素

在车辆稳定性足够的前提下,影响曲线通过性能的重要因素是转向架一系等效弯曲刚度,以及二系回转刚度和阻尼。具体体现在车辆悬挂参数中，就包括一系定位刚度、二系水平刚度、二系摇头摩擦或者阻尼等。影响规律与曲线半径、车辆参数等都有关。很多车辆参数的影响是相互关联的，如二系横向刚度和二系横向阻尼，在不同的横向刚度下可能存在不同的最优横向阻尼。为此，参数优化常采用交叉优化方法，但这样增加了计算量，且有些参数的匹配并不符合实际情况。

值得注意的是，悬挂参数对曲线通过动力学性能的影响规律，与车辆、线路条件、运行状态均有关，本书的规律仅针对所分析的车辆。

1. 一系定位刚度

一系定位刚度是车辆系统最重要的悬挂参数之一，其对车辆曲线通过性能的影响很大，尤其是对小半径曲线通过能力的影响显著。高速列车运行的线路一般没有小半径曲线，为了改善蛇行运动稳定性，部分高速列车采用了较硬的一系定位刚度。为了具有较好的径向曲线通过能力，部分摆式列车和带有径向机构的车辆采用了较软的一系定位方式。

1）动力学性能

如图 7.17 ~ 7.19 所示，一系定位刚度对车辆通过小半径曲线的动力学性能影响比较明显，而对高速通过大半径曲线的影响相对较小。一系纵向刚度越小，轮轨横向力越小，轮轨磨耗功率越小。一系横向定位刚度越小，轮轨横向力越小，对其余指标影响相对较小。

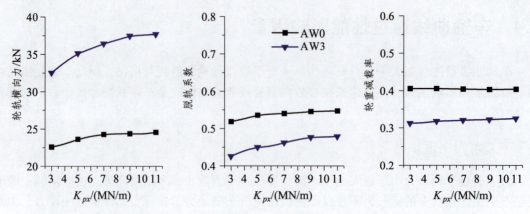

图 7.17　安全性指标随一系纵向刚度 K_{px} 变化规律（$R = 350$ m，$v = 70$ km/h）

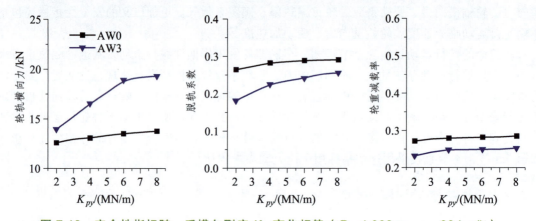

图 7.18　安全性指标随一系横向刚度 K_{py} 变化规律（$R = 1\ 000$ m，$v = 80$ km/h）

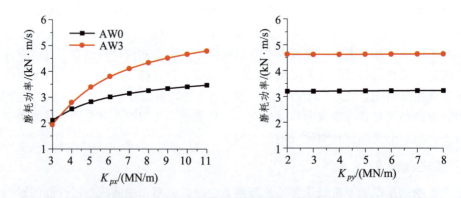

图 7.19　轮轨磨耗功率随一系定位刚度变化（$R = 350$ m，$v = 70$ km/h）

一系纵向定位刚度对轮轨磨耗指标影响显著，这与前面的蛇行运动稳定性对一系定位刚度的要求是矛盾的。为了协调这个矛盾，小半径曲线较多的地铁车辆往往将一系纵向定位刚度设置在 10 MN/m 左右。而高速列车对蛇行运动稳定性要求较高，线路曲线半径一般较大，一系纵向定位刚度相对较大，从十几兆牛每米到一百多兆牛每米均有应用。

2）车轮磨耗

采用本章第 7.3.1 节的车轮踏面磨耗计算方法，分析一系定位刚度对车轮踏面磨耗的影响规律。从图 7.20 和图 7.21 可见，一系纵向定位刚度对直线轨道、曲线轨道上的车轮踏面磨耗影响均比较显著。随着一系纵向刚度的增大，车轮磨耗的范围和磨耗深度均增大。在直线轨道上，纵向刚度达到 60 MN/m 时甚至形成两个磨耗峰值，这和该车的悬挂参数有关，该车辆此时发生了低频横向晃动。随着运行里程的增加，车轮踏面的磨耗趋于光滑凹陷的形状。

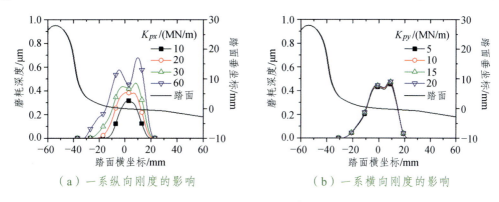

（a）一系纵向刚度的影响　　　　　　　（b）一系横向刚度的影响

图 7.20　直线轨道上的磨耗对比

如图 7.21 所示，一系纵向刚度增大，车辆通过小半径曲线时的磨耗位置向轮缘靠近，且磨耗深度迅速增大。在计算工况下，一系横向定位刚度对磨耗影响不显著。

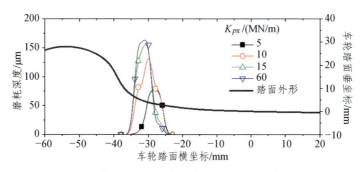

图 7.21　半径 500 m 曲线轨道上的踏面磨耗对比

3）车轮损伤

以下分析均考虑损伤初始条件，即磨耗数小于 20 的接触斑损伤不累积到总损伤。仿真发现，1、3 位导向轮对曲线外侧踏面的损伤较明显，远大于非导向轮对；且损伤范围主要集中在两个区域：该轮轨匹配的轮缘根部接触区域（−30～−20 mm）和踏面接触区域（0～10 mm）。如图 7.22 所示，在直线和大半径曲线轨道上，所有车轮踏面损伤之和随一系纵向刚度的增加而增大，分布范围也主要在以上两个区域附近。通过小半径曲线时，轮缘根部的损伤随着一系纵向刚度的增加而增大，踏面的损伤变化不明显。

2. 二系水平刚度

二系水平刚度提供抑制转向架相对车体摇头的回转刚度，不利于车辆转向架径向通过小半径曲线。如图 7.23 所示，随着空气弹簧水平刚度的增大，轮轨横向力、脱轨系数均稍微增大。现代车辆二系悬挂一般较软，故二系悬挂对运行安全性的影响一般小于一系悬挂。

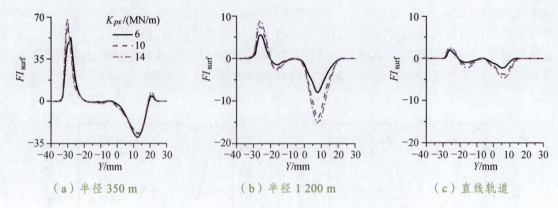

（a）半径 350 m （b）半径 1 200 m （c）直线轨道

图 7.22　一系纵向刚度对车轮踏面损伤的影响

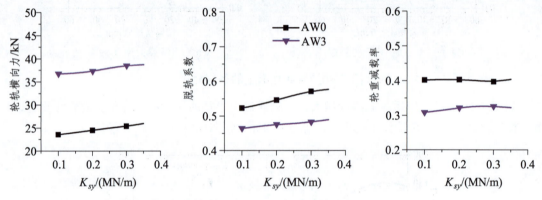

图 7.23　安全性指标随空簧水平刚度 K_{sy} 变化规律（$R = 350$ m，$v = 70$ km/h）

另外，其余影响转向架相对于车体回转的参数也会影响车辆曲线通过性能，尤其是车辆通过小半径水平曲线，如抗蛇行减振器卸荷力、旁承回转摩擦力矩。

3. 二系横向阻尼

二系横向阻尼对运行安全性也有一定的影响，如图 7.24 所示，某地铁车辆在没有二系横向阻尼时，运行安全性指标明显增大。当二系横向阻尼大于一定值之后，其对曲线通过性能的影响变化就不显著了。

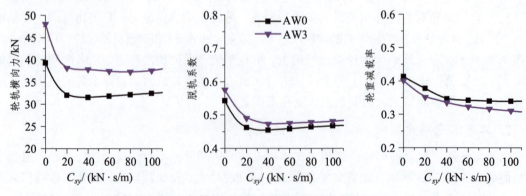

图 7.24　安全性指标随二系横向阻尼 C_{sy} 变化规律（$R = 350$ m，$v = 70$ km/h）

4. 抗侧滚扭杆刚度

由于车辆通过曲线时，往往受到横向加速度作用，而抗侧滚扭杆能抵抗车体相对于转向架的侧滚运动，所以对曲线通过性能有影响。抗侧滚扭杆最显著的影响就是对车体侧滚角度的抑制。如图 7.25 所示，随着抗侧滚扭杆刚度的增大，车体侧滚角度迅速减小，从而导致车体重心横向位移也减小，倾覆系数也因此有所降低。另外，抗侧滚扭杆对车辆限界有非常大的影响，设置适当的扭转刚度，有利于减小车体上部的动态偏移量和限界。

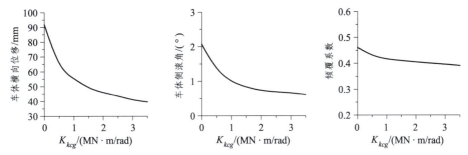

图 7.25　指标随抗侧滚刚度 K_{kcg} 变化规律（$R = 1\,000$ m，$v = 80$ km/h，8 级侧风）

但抗侧滚扭杆增加了车体和转向架之间的约束，当车辆通过扭曲线路时轮重分配会更加不平衡，从而引起轮重减载率增大，如图 7.26 所示。

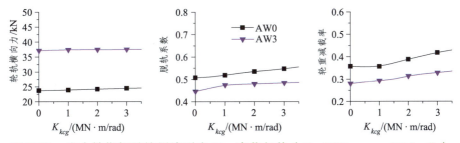

图 7.26　安全性指标随抗侧滚刚度 K_{kcg} 变化规律（$R = 350$ m，$v = 70$ km/h）

5. 车辆结构参数

车辆结构参数包括车辆定距、转向架轴距、悬挂元件安装位置等，这些参数的变化会导致曲线上径向位置变化，或者回转力矩变化，从而影响曲线通过性能。当然某些参数变化也可能导致蛇行运动稳定性裕量变化，从而影响曲线通过动力学性能。

图 7.27 是某车辆以 70 km/h 通过半径 350 m、超高 100 mm 曲线轨道时的动力学性能。可见，增大车辆定距会导致动力学性能变差，但变化的幅度有限，其影响小于悬挂参数。

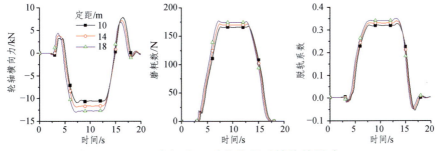

图 7.27　车辆定距对曲线通过性能的影响

8 列车系统动力学

铁道车辆都是以列车编组形式运行，车辆之间在横向、垂向一般采用弱耦合连接（铰接列车例外），所以一般的动力学分析时采用单车模型已经足够。但列车中车辆之间纵向是采用刚度很大、非线性较强的车钩连接，这对列车纵向振动影响显著，同时车钩和风挡对列车横向动力学性能也会产生影响。铰接列车车辆之间的耦合作用比较强，部分高速列车在车辆之间安装有车间减振器，这些情况下需要采用列车动力学分析。列车动力学主要考虑列车纵向动力学问题，且关注车辆之间的相互作用力或者车辆之间的相互影响，所以在车辆动力学中是相对独立的内容。编组较长的货车、采用有间隙车钩的客车，列车间纵向作用力较大，甚至长大货车有断钩事故发生。列车纵向动力学解释了列车纵向冲击和波动。列车编组连挂形式，对列车中不同位置车辆的横向动力学性能会产生一定影响，通过列车横向动力学研究来改善车辆动力学性能是一种有效途径。

现代客车广泛采用密接车钩，货车采用新型车钩和牵引杆，列车制动技术和牵引技术的发展提高了操纵同步性，列车中车辆间的纵向冲击已经得到了显著改善。但随着货物列车载重不断增加、运行速度不断提高，列车纵向动力学的研究仍然很有必要。同时，考虑车辆全自由度的列车动力学研究，在动车组、城轨列车、货物列车中也有广泛应用。

根据列车受力状态不同，列车纵向运动可以分为：

（1）稳态运动：列车中各车辆维持等速或等加速运动，此时更加关注列车的横向动力学问题。

（2）非稳态运动：由于列车操纵或者线路因素，列车受到激扰而产生振动，纵向力有波动性质，这是列车纵向动力学的研究重点。由于车辆之间做相对运动时存在各种阻力，非稳态运动则因阻力作用而逐渐衰减，在没有激扰输入的情况下最后成为稳态运动。

8.1 列车动力学因素

车辆动力学已经在前面章节进行了叙述，本章重点介绍与列车动力学模型有关的主要因素，包括车辆之间连接用的车钩缓冲装置、列车的牵引和制动操纵、线路对纵向动力学的影响因素等。

8.1.1 车钩缓冲装置

1. 缓冲器的基本原理

车钩缓冲装置是机车和车辆、车辆和车辆之间的连挂装置，传递纵向牵引力和冲击力，并使列车中各车辆保持相对位置。缓冲装置能吸收列车纵向冲击和振动能量，从而衰减纵向振动。列车在运行中的纵向振动因素包括机车牵引力变化、列车起动、列车制动及调车作业时车辆之间相互碰撞。缓冲器吸收列车运动中的纵向冲击力，一般串装于每辆车的底架与车钩之间，传递车钩力。缓冲器在受到冲击作用力时其弹性元件发生变形，并在此过程中利用摩擦和阻尼吸收冲击能量。根据缓冲器的结构特征和工作原理，一般缓冲器可分为弹簧式缓冲器、摩擦式缓冲器、橡胶缓冲器、摩擦橡胶式缓冲器、黏弹性胶泥缓冲器、液压缓冲器及空气缓冲器等，目前应用较广的是摩擦式缓冲器和摩擦橡胶式缓冲器[2]。

缓冲器是一种强非线性力元，有一些专业术语描述其特性，包括缓冲器容量、吸收率、行程、最大作用力等。缓冲器有比较复杂的结构，列车动力学中一般不考虑缓冲器的具体受力过程和吸能原理，而是以等效力学模型来模拟。

1）缓冲器容量

缓冲器在全压缩过程中作用力所做的总功，称为缓冲器容量。缓冲器容量是衡量缓冲器能量大小的主要指标，如果容量较小则容易导致刚性冲击。根据图 8.1（a）的简化力元示意图，缓冲器容量就是三角形 OAC 所围的面积，可以表达为

$$A_0 = \int_0^{x_0} N(x)\mathrm{d}x \tag{8-1}$$

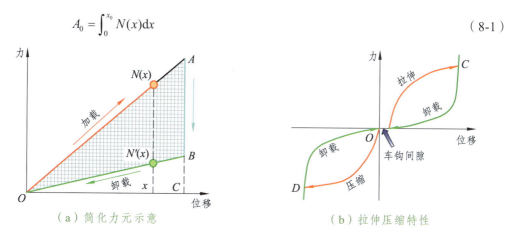

（a）简化力元示意　　　　　　　　　（b）拉伸压缩特性

图 8.1　车钩缓冲器的力-位移特性

2）缓冲器吸收率

缓冲器拉伸和恢复具有不同的力-位移曲线，在一个完整的拉伸压缩过程中，力-位移曲线会包围一定的面积，这个面积代表了此过程的耗散能量，如图 8.1（a）中的阴影区域三角形 OAB。在缓冲器全压缩过程中，耗散能量与缓冲器容量之比称为缓冲器吸收率，用百分比表达，计算公式为

$$\eta = \frac{\Delta A}{A} = \frac{\int_0^{x_0} N(x)\mathrm{d}x - \int_0^{x_0} N'(x)\mathrm{d}x}{\int_0^{x_0} N(x)\mathrm{d}x} = \int_0^{x_0} \frac{N(x)-N'(x)}{N(x)}\mathrm{d}x \tag{8-2}$$

缓冲器受力后产生的最大变形量称为行程，当达到最大行程时缓冲器压死，车钩力直接传给车体，如图 8.1（b）所示的位置 C 和 D。缓冲器力在加载和卸载过程中，由于滞后作用，表现出不同的力学特性。如图 8.1（b）所示，无论在拉伸区还是在压缩区，缓冲器力在加载和减载情况下均不同，图中最外端的斜线表示缓冲器组件吸收能量的能力已经耗尽，同车辆

底架间发生金属对金属的接触。有间隙车钩在力-位移曲线中还表现出间隙特性，此时位移不断增大，但力维持为 0，这种特性很容易导致纵向冲击。即使是密接车钩，也存在 1 mm 以内的间隙，这对某些情况下的列车纵向作用力还是不利的。

2. 缓冲器的力学特性

缓冲器的迟滞特性导致在同一个位移下，可能对应两个力，为此需要区分是加载还是卸载过程，从而确定缓冲器受力。在缓冲器力学模型中，为了描述这种现象且不让力元在仿真中出现错误的冲击，需要让加载力和卸载力平滑过渡。有多种方法实现这种力元的迟滞特性，下面介绍两种常用的方法。

1）线性过渡模型

在车钩力的计算过程中，设某时刻的缓冲器变形量为 x，变形速度为 Δv，变形量 x 对应的加载力为 F_u，减载力为 F_b。设置一个很小的参考速度 v_e，假设缓冲器从加载到卸载的过渡过程中力是线性变化的，且在相对速度 v_e 到 $-v_e$ 区间完成。缓冲器受力为

$$\begin{cases} F = F_u & \Delta v \geqslant v_e \\ F = F_b & \Delta v \leqslant -v_e \\ F = (F_u + F_b)/2 + 0.5\Delta v(F_u - F_b)/v_e & -v_e < \Delta v < v_e \end{cases} \tag{8-3}$$

2）指数过渡模型

假设缓冲器从加载到卸载的过渡过程中力是指数变化的，且在相对速度 v_e 到 $-v_e$ 区间完成。设上一时刻的力为 F_0。缓冲器受力为

$$\begin{cases} F = F_u + (F_0 - F_u)\mathrm{e}^{-|\Delta v|/v_e} & \Delta v \geqslant 0 \\ F = F_b + (F_0 - F_b)\mathrm{e}^{-|\Delta v|/v_e} & \Delta v \leqslant 0 \end{cases} \tag{8-4}$$

图 8.2（a）是某缓冲器的静压试验拟合曲线。根据缓冲器的静压试验，缓冲器的静压减载曲线一般可以用几段直线拟合。缓冲器的落锤试验能测试出缓冲器的动态力-位移关系。根据该缓冲器的落锤试验结果，拟合出其动态力-位移关系，如图 8.2（b）所示，缓冲器能量吸收率为 72.2%，其拉伸和压缩特性不对称。

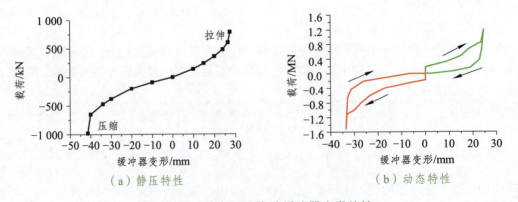

（a）静压特性　　　　　　（b）动态特性

图 8.2　某动车组用橡胶缓冲器力学特性

考虑迟滞效应的车钩缓冲器模型具有强非线性，尤其是加载和卸荷的转变过程往往具有较大的刚性，导致计算效率变低。在研究具有非稳态特性的列车纵向动力学时，一般需要建

立考虑迟滞效应的车钩缓冲器力学模型，这样才能更加准确地模拟列车纵向冲击。而在分析具有纵向稳态特性的列车动力学时，如列车横向动力学问题，可以采用更加简化的车钩缓冲器模型，如采用弹簧-阻尼并联模型，其中弹簧可以用车钩静压模型。

8.1.2 牵引制动

牵引制动是列车纵向操纵的重要内容，也是引起列车纵向冲击的主要原因。在列车纵向动力学研究时，以及研究操纵状态下的列车动力学时，往往需要比较详细的列车牵引制动特性，甚至需要模拟牵引系统和制动系统的动态过程和瞬态特性，可参考相关文献[50, 51]。

1. 列车牵引特性

牵引力由机车或者动车提供，是维持列车前进的动力。电力机车、内燃机车有不同的牵引特性，其稳态特性一般以曲线形式给出，可以作为列车纵向动力学的输入。如图 8.3（a）所示，一般对于牵引曲线来说，牵引最高负荷时是恒功率曲线，即轮周牵引力与运行速度之乘积为常数。恒功率曲线对应低运行速度，受到黏着条件和电机启动电流等条件的限制。不同机车的黏着系数可通过试验得到经验公式，一般是速度的函数。牵引特性曲线也受到机车或者动车的最高允许速度限制。在恒功率区，轮周牵引力随着运行速度的提高而减小，近似呈双曲线关系。在恒功率区之后，随着速度的提高，牵引曲线成电机的自然特性。最终，牵引曲线由图 8.3（a）中的粗实线构成。需要注意的是，电机具有瞬态特性，牵引曲线只是其稳态工作点的连线。大功率电力机车在不同档位，具有不同的牵引特性曲线。机车和动车组的最高速度一般设置在恒功率区。图 8.3（b）是最高试验速度达到 574.8 km/h 的TGV-V150 高速试验列车的牵引曲线和阻力曲线，可见该动车组在车速约 580 km/h 时，牵引力和阻力相当。

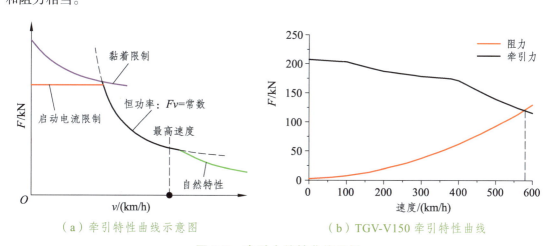

（a）牵引特性曲线示意图　　（b）TGV-V150 牵引特性曲线

图 8.3　牵引力特性曲线示例

列车的牵引受到轮轨黏着限制，牵引力超过黏着力后，车轮空转损伤轮轨。为了尽量利用黏着，机车和动车采用了多种措施提高黏着利用率和防止车轮空转。

2. 列车制动特性

列车制动的方式很多，主要包括空气制动、电制动、磁轨制动等；而空气制动机构也有多种，如闸瓦制动、轴盘/轮盘制动，这些都会影响列车纵向制动特性。现代货车仍然主要采用空气制动，客车和动车组等绝大部分列车都有空气辅助制动，另外电制动在动车组、城轨列车中得到了广泛应用。

传统的空气制动是通过列车管将制动命令从机车依次传递到各车辆，由于空气传播有速度限制，各节车之间的制动存在延迟，这是列车纵向冲动的重要因素，如图8.4（a）所示。现代货车采用的电空制动提高了制动同步性，降低了列车纵向作用力。

电制动进一步降低了纵向冲击，但受到一些条件制约，如运行速度太低时效率不高。电制动特性和牵引特性具有类似分区，现代电制动在低速下的效果也得到提升，如图8.4（b）所示。

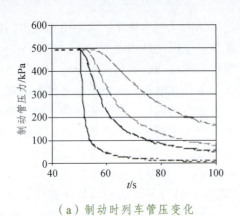

（a）制动时列车管压变化　　　（b）电制动特性曲线

图 8.4　列车制动曲线[8]

一般而言，车速越高，制动力越小，制动距离越长，这在车辆设计、制定运营规范时都需要着重考虑。当制动力较大，超过轮轨黏着极限时，轮对受到的制动力矩大于轮轨摩擦力矩，车轮就会抱死滑行，损伤轨道和车轮，造成车轮擦伤。如果擦伤没有得到及时处理，会影响车辆动力学性能。防滑控制系统是现代轨道列车的重要组成部分，也是列车纵向动力学研究的重要内容之一。

人们经过大量试验得出了一些制动黏着系数的公式，列车制动的减速度模式必须依照这些公式给定，否则过大的制动力矩会使车轮抱死。车辆运行时的黏着系数具有离散性，黏着系数公式都偏于保守。我国铁路使用的干燥轨面和潮湿轨面制动黏着系数公式如下[52]：

干燥轨面：

$$\mu = 0.062\,4 + 45.6/(v+260) \tag{8-5}$$

潮湿轨面：

$$\mu = 0.040\,5 + 13.5/(v+120) \tag{8-6}$$

设列车质量为 m，在干燥轨面上运行时，根据公式（8-6）得到制动力为

$$F_{\mathrm{b}} = [0.040\,5 + 13.5/(v+120)] \times mg \tag{8-7}$$

由黏着公式限制的列车制动减速度为

$$a = [0.040\ 5 + 13.5/(v+120)] \times g \qquad (8\text{-}8)$$

其中，$g = 9.8\ \text{m/s}^2$，v 为运行速度（单位 km/h）。

对于空气制动，无论是调节制动缸气压还是增压缸增压比例，最终均是调节闸瓦和踏面或闸片和制动盘间的制动压力，电制动和摩擦制动也均是将制动力转换为施加在轮对上的扭矩。制动缸压力 p 与制动压力 N 之间有确定的正比例关系。故将制动系统的作用简化到制动力矩的变化上，即制动压力 N 的变化。按盘形制动的摩擦力矩公式计算制动力矩：

$$M_b = \mu N R \qquad (8\text{-}9)$$

其中，R 为闸片在摩擦盘上的半径。式中的摩擦系数 μ 与制动盘和闸片间的相对滑动速度 v 及正压力 N 有关，可由经验公式得到[52]：

$$\mu = 0.41(N+2\times10^5)(v+41.67)/(4N+2\times10^5)(2v+41.67) \qquad (8\text{-}10)$$

列车电控空气制动系统存在较大的时间滞后，可以将开始制动时制动缸压力变化按试验曲线拟合，如图 8.5 是常用制动和缓解的制动缸压力变化曲线[53]，以及阶段制动和缓解的制动缸压力变化曲线。可见全制动时制动缸充气和缓解的延时都较大，为 4~5 s。开始制动时的制动缸压力变化可参考图 8.5 全制动时制动缸压力变化的拟合曲线。阶段制动的制动缸压力升至 95% 的时间为 0.5~2.0 s，如图 8.6 所示。

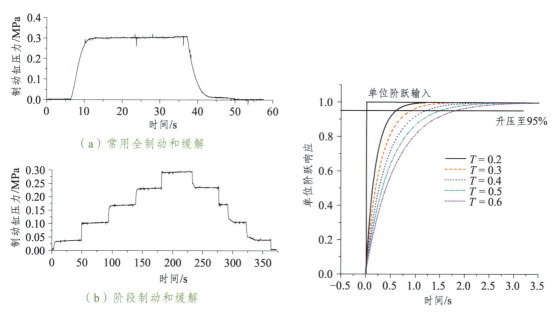

图 8.5　试验得到的制动缸压力变化　　图 8.6　压力滞后模型单位阶跃响应

文献[54]通过试验指出：制动缸升压和缓解时间是电空直通制动装置的重要指标之一，经测定，电磁阀动作迅速，开始制动和缓解动作时间为 0.1 s。如表 8.1 是该文献给出的重车制动缸升压和缓解时间；表 8.2 是不同制动缸容积的制动和缓解时间。该文献同时指出：直通式电空制动装置紧急制动缸升压时间不会短于常用制动缸升压时间。

273

表 8.1　重车常用制动和缓解时间

制动级别	1	2	3	4	5	6	7
制动缸压力/kPa	45	104	165	225	285	345	405
制动时间 （制动缸升压至 95%）/s	0.30	0.35	0.40	0.46	0.50	0.50	0.55
缓解时间 （制动缸压力至 40 kPa）/s	0.20	0.25	0.30	0.40	0.45	0.54	0.60

表 8.2　不同制动缸容积的制动和缓解时间

制动缓解时间/s	制动缸容积/L	制动级别			
		5	6	7	紧急
制动时间 （制动缸升压至 95%）/s	4	0.40	0.45	0.50	0.80
	9	0.55	0.55	0.60	0.85
	15	0.85	0.90	0.96	1.00
缓解时间 （制动缸升压缓解至 40 kPa）/s	4	0.45	0.50	0.60	0.80
	9	0.55	0.60	0.70	0.85
	15	0.75	0.80	0.95	1.00

为了模拟制动缸升、降压时间的滞后，简单的方法是将制动缸压力变化简化为一阶惯性环节：

$$\dot{p} = (p_0 - p)/T \tag{8-11}$$

其中，p_0 是给定的期望压力；p 是实际压力；T 是时间常数。若系统响应较慢则取较大的 T，若系统响应较快则取较小的 T。滞后模型的单位阶跃响应如图 8.6 所示，随着 T 从 0.2 增加到 0.6，单位阶跃响应达到 95% 的时间从 0.6 s 增加到 1.8 s。

为了更加详细地考虑制动压力变化，可以使用基于气体流动理论的空气制动特性仿真和基于刚体动力学的列车纵向动力学联合仿真方法，研究制动波传播的均匀性、制动波速、制动缸升压特性等制动系统特性对纵向冲动的影响[55]，从而更加准确地模拟列车纵向非稳态动力学现象。

8.1.3　线路条件

列车在线路上运行时，线路条件会对列车纵向力产生影响，如坡道引起重力的纵向分力、水平曲线的运行阻力等。列车在长大坡道上运行时，往往需要制动或牵引，这样也会影响列车的纵向冲击。

1. 线路纵断面

线路纵断面一般都存在坡道和竖曲线，铁路纵断面的基本内容包括坡度、坡段长度、坡道的连接等，纵断面由各种坡度的坡道所组成。坡度的坡率以千分率表示，即指 1 000 m 水平距离的线路上升或下降的高度。列车在运行过程中必然施加牵引或者制动，由于列车中各车辆重力的纵向分力与牵引力、制动力的综合作用，列车纵向作用力会产生波动。列车在运行中可以处于牵引或缓冲两种模式，在缓冲模式下列车中各机车车辆之间处于压缩状态；在牵引模式下，列车中各机车车辆之间均受拉力作用。如图8.7所示，以列车通过有上下坡道的线路为例，列车在前进过程中分别表现为列车牵引拉伸状态、部分车辆拉伸部分车辆压缩、列车压缩缓冲状态，列车中车辆之间的纵向力也因此而发生波动。

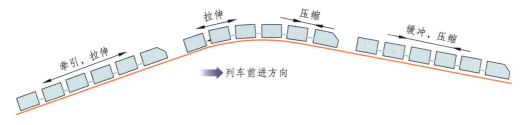

图 8.7　列车在线路纵断面上运行示意图

2. 运行阻力

列车在运行过程中会受到各种阻力作用，包括基本阻力和运行阻力[50]，如图8.8所示。对于一般的机车车辆，按照阻力的分类各有各自的近似计算公式，可以直接用于纵向动力学分析。对于高速列车，其基本阻力公式可以通过试验获得。

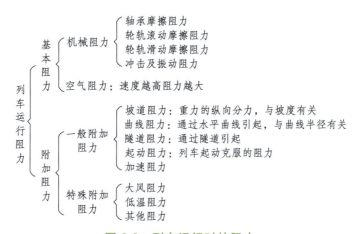

图 8.8　列车运行时的阻力

单位基本阻力是列车在平直轨道上运行时，单位重量（单位为kN或者t）对应的阻力（单位为N），一般由Davis公式给出，写成运行速度v（单位为km/h）的二次多项式。根据基本阻力公式计算的w'_0数值再乘以重量，就得基本运行阻力。例如，SS_8型电力机车的基本阻力公式：

$$w'_0 = 1.02 + 0.003\ 5v + 0.000\ 426v^2 \quad （N/kN） \tag{8-12}$$

单位坡道附加阻力w_i（单位为N/kN），其数值等于坡道坡度的千分数i（单位为‰，上坡道取正值，下坡道取负值）：

$$w_i = i \tag{8-13}$$

275

在半径为 R（单位为 m）的曲线上，单位曲线附加阻力 w_r（单位为 N/kN）为

$$w_r = 600 / R \qquad\qquad (8\text{-}14)$$

根据高速列车试验，CRH3 动车组的运行基本阻力特性曲线表达式为

$$w = 4.120\ 2 + 0.015\ 7v + 0.001\ 295v^2 \quad (\text{N/t}) \qquad (8\text{-}15)$$

CRH2 动车组的运行基本阻力特性曲线表达式为

$$w = 8.63 + 0.072\ 95v + 0.001\ 12v^2 \quad (\text{N/t}) \qquad (8\text{-}16)$$

TGV-V150 的运行基本阻力特性曲线近似表达式为

$$w = 2.584\ 38 + 0.076\ 65v + 0.004\ 11v^2 \quad (\text{N/t}) \qquad (8\text{-}17)$$

8.2 列车动力学模型

为了研究列车中的纵向力传递、列车中车辆的动力学性能等动力学问题，需要建立相应的动力学分析模型。根据研究问题的复杂程度和研究对象，可以采用不同的列车动力学模型。

（1）每辆车只考虑一个纵向自由度的列车模型；

（2）部分车辆增加横向自由度的列车模型；

（3）部分车辆采用完整自由度的复杂列车模型；

（4）所有车辆均采用完整自由度的列车模型。

模型中车钩缓冲器、牵引制动特性也可以采用不同复杂程度的模型。例如，列车纵向动力学分析时，车钩缓冲器的迟滞非线性模型是重点；列车横向动力学问题研究时，车钩缓冲器模型可以简化，但车辆横向模型需要细化；研究列车起动和制动时的相关问题，有时还需要建立牵引传动系统和制动系统的动态模型。

8.2.1 采用单自由度车辆的列车纵向动力学模型

列车纵向动力学模型分析纵向车钩力、运行速度、运行距离等与时间的关系，可用于研究列车编组、列车操纵、制动系统、牵引系统的设计，以及缓冲器装置的特性和设计[56]。

1. 准静态列车纵向动力学模型

准静态列车纵向动力学模型考虑的是列车稳态运动，故不需要建立车钩缓冲装置模型，主要用于列车牵引制动计算。模型中制动力和牵引力都用近似曲线描述，车辆或者列车只有一个纵向自由度，车辆之间一般不考虑纵向冲击，即假设整列车具有相同的纵向加速度。模型中需要考虑每辆车上的纵向作用力，包括各种运行阻力、牵引力、制动力等。

2. 动态列车纵向动力学模型

列车纵向动态模型主要研究列车非稳态运动过程。每辆车一个纵向自由度，对装有活动中梁的车辆再加一个中梁的自由度。一般需要考虑缓冲器非线性迟滞模型，包括车钩间隙和缓冲器非线性。装载在车辆上的货物一般与车辆作为一个整体；假设车辆重心与车钩同高，

这样就不需要考虑车辆点头运动；忽略轨道不平顺、各种悬挂、横向和垂向振动等因素。

在纵向动力学模型中，将车辆作为一个整体，只考虑其整体的纵向自由度，同时可考虑车钩的纵向自由度。假设前后车钩之间没有转动，将前后相连的车钩作为一个整体，其与车辆的差别在于不受牵引制动力、运行阻力等作用。单节车辆的受力模型如图8.9所示。

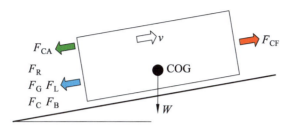

图 8.9　列车运动模型中的理想车辆及作用其上的力

图 8.9 中各力的含义如下：

F_B——由施加制动所产生的力；

F_C——曲线阻力；

F_{CF}、F_{CA}——前、后车钩力；

F_G——坡道阻力；

F_L——牵引力；

F_R——滚动及风阻力。

根据《列车牵引计算规程》（TB/T 1407—1998）规定，在车速低于 10 km/h 时，列车阻力变化比较复杂，规定按 $v = 10$ km/h 计算。我国电力机车和客车的起动阻力可以分别取为 5.0 N/kN 和 3.5 N/kN。这样，列车中第 i 辆车的动力学方程为

$$m_i a_i = F_{CF} + F_L - F_C - F_B - F_R - F_G - F_{CA} \qquad （8-18）$$

式中，m_i 是第 i 辆车的质量；a_i 是其纵向加速度。结合前面的车钩缓冲器非线性力元模型，可以列出列车中每辆车和车钩的动力学方程，运用数值方法就能得到各时刻列车的纵向运动和力。

8.2.2　列车横向动力学模型

列车横向和垂向动力学模型可以采用简化的车辆模型，不考虑轨道激扰和轮轨系统，只考虑关注的自由度；也可以建立比较完善的车辆动力学模型，只是在车辆曲线通过动力学模型基础上，考虑车辆之间的相互作用。不考虑轮轨蠕滑力的横向动力学模型应用范围较窄，所以本书不作介绍；而车辆横向动力学模型已经在第 5 章和第 7 章有详细的描述。本书简介一下列车通过曲线时的车钩缓冲器模型。为了建立车钩缓冲器模型，假设：

（1）两车之间相互连接的车钩像一根刚性直杆一样没有弯曲；

（2）车钩转角没有限制；

（3）车钩长度保持不变，且相对于车体不计车钩惯性；

（4）缓冲器只能沿车体中心线纵向变形。

图 8.10（a）为曲线段车钩缓冲器位置在轨道平面内的投影，其中点画线为轨道中心线。

在轨道固定坐标系中，A'、B'点为某时刻相邻两车体中心的理想位置，在轨道中心线上。由车体的横移 y_{c1} 和 y_{c2} 求出车体重心的实际位置 A 和 B；再由两车体的摇头角 ψ_{c1} 和 ψ_{c2}，求出位于车钩 EF 两端的两缓冲器和前后车体的连接点 C 和 D 的坐标；E 和 F 点为车钩与两缓冲器的连接点。同理在三维空间中可以求出车钩和缓冲器连接点的三维坐标。

图 8.10（b）是与图 8.10（a）对应的车钩缓冲器受力图平面投影，车钩为刚性二力杆，将车钩力 F_{cg} 在 E 和 F 点分别沿前后车体纵向及横向分解为 F_1、F_2 和 F_3、F_4；假设缓冲器只沿车体纵向伸缩，根据缓冲器的迟滞刚度特性、车钩长度不变和 E、F 点的 F_{cg} 相等，用两重迭代求出缓冲器的伸长量 L_{h1}、L_{h2} 和 E、F 点的三维坐标。根据空间几何关系，将车钩力 F_{cg} 分解为对前后车体的横向、纵向和垂向力。

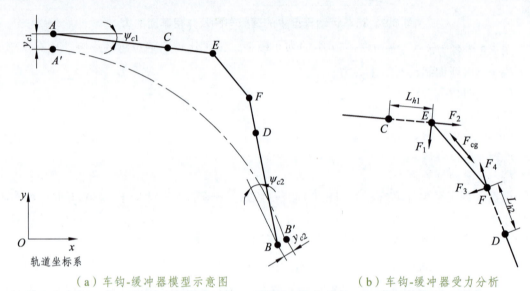

（a）车钩-缓冲器模型示意图　　　　　　（b）车钩-缓冲器受力分析

图 8.10　车钩缓冲器横向力学模型

8.2.3　全自由度列车模型

对车间耦合作用较强的客车，也需要建立列车动力学模型进行分析，这样才能考虑列车中车辆之间的相互影响，尤其是对车辆横向动力学的影响。例如，安装有车间减振器的高速列车、铰接列车、低地板铰接城轨列车等。在这种列车模型中，需要针对所研究的对象建立详细的车辆动力学模型，其余车辆可以建立相对简化的模型。采用全自由度车辆模型的列车动力学分析主要是为了考虑车辆间的相互作用，关注列车横向和垂向动力学问题，而不是列车间的纵向冲击振动等，所以车钩缓冲器模型可以相对简化。

货物列车虽然车间横向耦合较弱，但由于列车编组很长，列车编组对车辆横向动力学性能也会产生影响。如图 8.11 所示，由 61 节货车车辆和机车编组为列车[57]，建立该列车全自由度动力学模型并仿真分析。将空罐车放在列车中的不同位置，其临界速度有约 10% 的差异，即在列车中部时临界速度最高，在列车头、尾（最端部的 3 节车位置）时临界速度明显降低。列车中各节车辆的轮轴横向力也与车辆的位置有关。

278

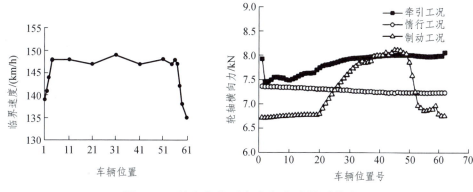

图 8.11　长大货物列车全自由度模型仿真

一般而言，在相同的参数下，当车辆处于列车中头、尾车时，动力学性能较差，与单车的动力学性能接近。建立某动车组的列车模型，为了比较车辆位置的影响，所有车辆参数相同。

从图 8.12（a）可见，在 300 km/h 速度以下，单节车横向平稳性指标大于列车中所有车辆；列车中尾车横向平稳性指标最大，在速度低于 300 km/h 时头车横向平稳性指标第二大；在速度大于 300 km/h 时尾车横向平稳性指标逐渐超过了单节车，中间车辆也逐渐超过了头车。列车中车辆的垂向平稳性指标和相应单节车垂向平稳性指标相近。故在不考虑车间相互作用力时，可以用单节车模型进行动力学分析。

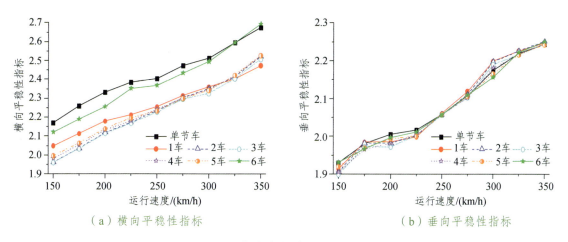

（a）横向平稳性指标　　　　　　　　（b）垂向平稳性指标

图 8.12　列车中车辆的平稳性指标比较

8.3　列车动力学应用

列车动力学在很多方面都得到了广泛应用，尤其是列车纵向动力学的研究为重载和长大编组货物列车的运营提供了基础，可以参考相关专著[58]。本书仅针对动车组给出列车动力学的几个应用示例。

8.3.1 列车连挂模拟

针对某高速动车组，采用落锤试验得到的缓冲器动态特性曲线，建立缓冲器非线性迟滞模型；建立列车调车连挂动力学仿真模型，分析动车组连挂过程中的纵向冲击。

首先建立采用单自由度车辆的列车纵向动力学模型，没有考虑车体的点头以及车体、构架和轮对间的相互作用，但考虑了具有一个纵向自由度的车钩。缓冲器分别采用线性过渡模型和指数过渡模型，缓冲器的动态特性如图 8.2（b）所示。以 8 节车编组的两列车重联工况为计算示例。前面一列车静止，后面一列车以初速度 5.0 km/h 碰撞前一列车。计算得到车钩力的时间历程，如图 8.13 所示，其中正车钩力表示拉伸，负车钩力表示压缩。计算结果显示，同一车钩前后两个缓冲器的受力时间历程是基本相同的，车钩力在经历了几个周期振动后很快衰减，车钩压缩力大于拉伸力。由于车钩数量较多，加上两列车之间的车钩总共有 15 个车钩，所以图中没有标注哪条曲线对应哪个车钩。从计算结果可见，缓冲器指数过渡模型计算结果更加平滑，最大车钩力与线性过渡模型接近。

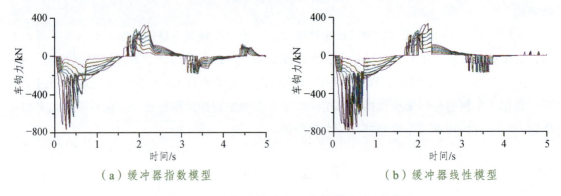

（a）缓冲器指数模型　　　　　　　　（b）缓冲器线性模型

图 8.13　两列车连挂冲击下车钩纵向力时域图

将每个车钩的最大车钩压缩力和拉伸力绘于图 8.14。其中，1 号到 7 号车钩为具有初速度的列车，9 号到 15 号车钩为初始静止列车，8 号车钩为两列车的中间车钩。可见，越是靠近连挂端的车钩受力越大，最大压缩力接近 800 kN，但还没有达到最大车钩力。

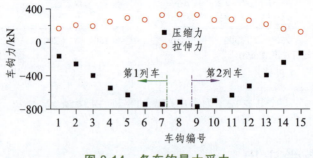

图 8.14　各车钩最大受力

为了比较纵向自由度模型与全自由度列车模型的差异，应用 SIMPACK 软件建立了由 3 辆动车和拖车组成的列车纵-横-垂向耦合动力学模型。列车三维耦合模型中假设没有车钩间隙，自由度总共为 150 个。纵向动力学模型自由度为 5 个，其余条件和耦合模型相同，包括车钩缓冲器的动态特性。用后面的两辆车撞前面的 1 辆车，头车初速度为 0.05 m/s（SIMPACK

中必须设置大于 0 的初速度），后面两车初速度分别为 0.5～5.0 km/h。分别用三维耦合模型和纵向动力学模型程序计算撞击过程中车钩力的最大值。两种模型中的计算条件相同，三维耦合模型中没有考虑轨道激扰，连挂后三车以相同速度前进。三维耦合模型的动车和拖车车辆总质量分别为 46.0 t 和 39.7 t。

从图 8.15 中可见，三维耦合模型和纵向模型计算出的车钩最大冲击力变化趋势一致，且值相差很小，因此，可以用纵向模型近似计算列车连挂时的车钩力变化趋势和大小。由于三维模型的自由度较多，车钩又有强非线性，所以计算速度相对较慢；而纵向模型自由度很少，只要积分步长合适，计算收敛很快，且连挂撞击的仿真精度满足工程要求。

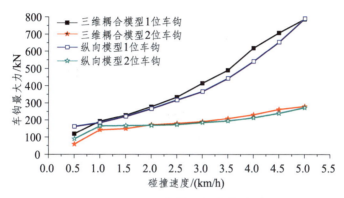

图 8.15　不同列车模型的车钩力对比

8.3.2　司机驾驶模拟

司机模拟驾驶是列车系统动力学的重要应用。开发带有运动、视觉和操纵体验感的列车模拟驾驶系统具有重要意义，且对于优化操纵规范与培训司机是十分必要的。以某高速列车司机驾驶模拟采用的列车动力学模型为例，对驾驶系统、动力学模型、仿真结果进行简介[59]。

1. 模拟系统简介

作为模拟动作的主体，Stewart 六自由度运动平台在各类运动仿真系统中得到了广泛的应用。我国第三代列车模拟系统是近年开发的，采用了先进计算机成像技术，显示方式从单通道发展为多通道，由折叠幕发展为连续无缝弧形幕。六自由度运动平台可以模拟加速、减速、侧滚、冲击、激扰等运动感受。1：1 比例的封闭模拟驾驶操作舱，以及全方位的故障排除系统，无论是视觉、听觉、操作感还是体验感都能仿真不同情况下的列车运行状态。

建立符合实际硬件及求解水平的高速列车系统动力学模型，采用显示积分方法进行求解计算，通过 TCP/IP 协议能与主控系统实现实时交互，主控制命令都会得到动力学系统的响应并计算出合理的结果反馈给主控程序。动力学模型中的车型参数、悬挂参数、线路数据以及轨道激扰都是采用实车参数和真实的线路参数。本系统能够实时仿真出车体的伸缩、横移、沉浮、侧滚、点头、摇头等动作，并且能仿真各种列车操纵工况，如牵引加速、制动、恒速等条件的列车姿态、位移、速度和加速度，这些加速度信息可以驱动运动平台产生相应的动作。

1）系统结构和功能

高速列车模拟驾驶的实时仿真系统可以分为模拟器主控系统、列车动力学仿真系统、六自由度运动平台系统、虚拟驾驶环境系统和列车操控系统。整个系统组成如图 8.16 所示，各系统间通过 TCP/IP 协议、采用自定义的通信格式进行数据通信。列车动力学系统主要根据主控系统发送来的操纵命令，采用列车动力学数值仿真方法计算得到司机室的动态响应，并反馈给主控系统，从而操纵平台实现情景再现。所以列车动力学中需要重点关注的是司机室的动力学响应。

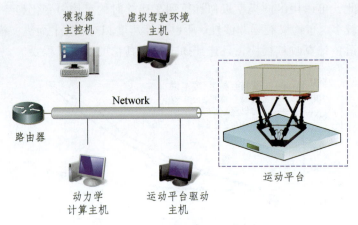

图 8.16　高速列车模拟驾驶系统组成

系统启动后，模拟驾驶舱中车窗前投影仪会投射出指定的虚拟场景画面，各个操作按钮也会被激活。再根据司机对列车操控系统的操作，信号传送至模拟器主控系统，由模拟器主控系统通知列车动力学仿真系统开始计算，并将计算结果传送回模拟器主控系统，再由模拟器主控系统将数据传送至运动平台，来产生列车实际运行过程中所具有的运动或振动，同时计算出的公里标、速度及加速度信号会驱动视觉场景系统，使模拟运动和视景同步运行，这样各个系统联动就达到了逼真效果。

2）列车操控系统

以 CRH2 型车为例，针对实际驾驶舱操纵开关命令及模拟主控系统的需要，开发了与之对应的模拟操纵界面。模拟操作界面分为初始化、控制命令、实时输入及数据接收四部分。初始化和控制命令模块可以模拟主控系统的命令，而实时输入模块则可以模拟驾驶舱中发出的命令。

在操作界面中，可选择列车原地不动、列车向前运动和列车向后运动；牵引手柄可选择切位及 1～10 级牵引命令；制动手柄可选择运行位、1～7 级常规制动及快速和紧急制动命令；牵引、制动完成标志列表可选"完成"或"未完成"，列车动力学计算软件收到完成标志才开始按照牵引和制动手柄位置进行计算；可选列车未恒速运行和恒速运行；可设置列车总风缸压力；可设置列车工作变流器状态；进出隧道、道岔、大风和会车操作可根据需要选定。

2. 车辆模型建立及求解

高速动车组是一个复杂的多体系统，根据研究的主要目的和需求，对一些次要因素进行假定或简化，而对主要因素尽可能做出符合实际情况的模拟。用于司机驾驶模拟的列车动力学模型，要求具有较高的实时性，所以模型不能太复杂。假设车体、构架及轮对均为刚体，每个刚体具有 6 个自由度，则完整的车辆系统共有 42 个自由度。

1）列车模型的简化

模拟驾驶动力学仿真是为了模拟出真实的头车动作，即司机所在位置感受到的车体振动，而对于除头车之外的其他车辆仅关注其对头车的影响。模拟驾驶最关心的是车体姿态及振动加速度，它可以给驾驶员提供真实的驾驶体验。所以计算头车采用完整车辆动力学模型，而为了减少计算时间将其他车考虑成质量块来处理。由于运动平台的刷新频率为 60 Hz，所以根据实际需要，直接将对头车车体振动加速度影响最大的轨道激扰施加在轮对上，略去蠕滑力计算，同样可以达到逼真的效果。

列车动力学方程中的车辆之间受力可以表示如下：

$$
\begin{cases}
F_{xcj} = K_{cx}(X_{ci} - X_{c(i+1)} - L_c) - C_{cx}(\dot{X}_{ci} - \dot{X}_{c(i+1)}) \\
F_{Mci} = \dfrac{F_{\text{total}}}{N} - F_{xcj} - F_{xc(j-1)} \\
F_{Tci} = F_{xcj} - F_{xc(j-1)}
\end{cases}
\tag{8-19}
$$

式中，F_{xcj} 第 i 车与第 $i+1$ 车之间的纵向力，且 $j=0$ 时 $F_{xc0}=0$；F_{total} 为列车总的牵引力；F_{Mci} 为第 i 辆动车所受合力；F_{Tci} 为第 i 辆拖车所受合力；K_{cx} 为车间连接刚度；C_{cx} 为车间连接阻尼；X_{ci} 为第 i 车质心纵向位移；L_c 为车辆定距；N 为动车数量。

2）动力学方程

（1）轮对垂向运动方程。

将轮对垂向位移考虑成钢轨激扰的垂向位移。

$$
\begin{cases}
Z_{\text{mid}} = [Z_r(x_{wi},t) + Z_l(x_{wi},t)]/2 \\
Z_{\text{Corre}} = Z_{\text{Coeff}} Z_{\text{mid}}
\end{cases}
\tag{8-20}
$$

式中，$Z_r(x_{wi},t)$、$Z_l(x_{wi},t)$ 分别表示 t 时刻第 i 位轮对右侧和左侧钢轨的垂向不平顺；Z_{mid} 为轨道水平不平顺；Z_{Coeff} 为修正系数；Z_{Corre} 为修正后的轮对垂向位移。

（2）轮对横向运动方程。

如果考虑求解非线性蠕滑力，则不能保证在运动平台刷新时间内完成计算。将轨道横向不平顺直接施加给轮对作为横向位移，并根据运动平台实际情况加入修正参数。

$$
\begin{cases}
Y_{\text{mid}} = [Y_r(x_{wi},t) + Y_l(x_{wi},t)]/2 \\
Y_{\text{Corre}} = Y_{\text{Coeff}} Y_{\text{mid}} - M_{wi}\dfrac{v^2}{R}
\end{cases}
\tag{8-21}
$$

式中，$Y_r(x_{wi},t)$、$Y_l(x_{wi},t)$ 分别表示 t 时刻第 i 位轮对右侧和左侧钢轨的横向不平顺；Y_{mid} 为轨道方向不平顺；Y_{Coeff} 为修正系数；Y_{Corre} 为修正后的轮对的横向位移。

（3）轮对侧滚运动方程。

轮对侧滚角直接根据轨道高低不平顺计算，其中 L 为轨距。

$$
\phi_{wi} = [Z_r(x_{wi},t) - Z_l(x_{wi},t)]/L
\tag{8-22}
$$

头车的动力学方程，除轮对以外，均与车辆横垂耦合动力学方程相同，同时还需要考虑车辆的纵向振动，这里不再详述。

3. 仿真结果

列车不同运行工况下的计算结果如图 8.17 所示，图中曲线 1 和曲线 2 是方向相反的两段水平曲线。由于头车采用了全自由度模型，所以可以模拟列车在各种线路条件下的运动，如通过水平曲线。从图中可见，该仿真模型能够实时计算出列车中头车的振动加速度和姿态，包括模拟列车起动和加速、制动减速、通过水平曲线等运行工况。将该模型应用到高速列车司机驾驶模拟平台上，能满足系统实时性的要求，模拟出的司机室乘坐感受真实，说明本模型在轮轨蠕滑力简化、车辆模型细化、轨道激扰处理等方面都合理可行。

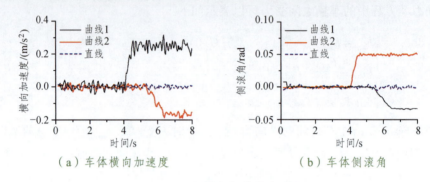

（a）车体横向加速度   （b）车体侧滚角

图 8.17　头车动力学仿真结果

8.3.3　尾车晃动分析

尾车摆动现象在很多列车上都有体现，尤其是编组较长的高速列车，严重时甚至引起乘客晕车。横向晃动都发生在等效锥度较低时，随着镟轮后运行里程的增加，等效锥度增大，这种晃动自然消失。采用单车模型不可能模拟这种尾车晃动现象，因为将列车反向运行时，尾车变为头车，晃动现象也消失了。为此需要考虑全自由度车辆模型，组建列车动力学模型，分析尾车横向晃动的影响因素。

针对某动车组，按照实际列车编组和各车的参数，建立 8 节编组的列车动力学仿真模型，车间考虑车钩连接、风挡简化模型，如图 8.18 所示。风挡简化模型中考虑了风挡 3 个方向的平动刚度和扭转刚度；由于主要分析横向动力学问题，而不是列车纵向瞬态问题，所以车钩简化为刚度和阻尼并联的分段线性力元。

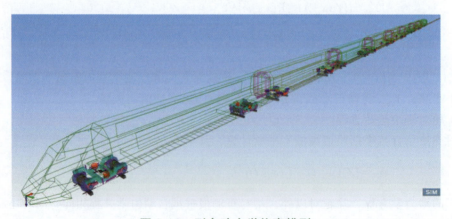

图 8.18　列车动力学仿真模型

1. 车间风挡横向刚度

以下计算中默认参数：轮轨摩擦系数为 0.1，风挡横向刚度为 0.2 MN/m，车速为 200 km/h。以下各图中，横坐标为车辆编号，纵坐标为指标数值。每幅小图为一个计算工况，包含 8 节车的计算结果指标。每 2 s 处理一个平稳性指标，得到平稳性指标散点图。图 8.19 所示的加速度时域图形中，幅值较小的黑色线条为头车，幅值较大的红色线条为尾车。

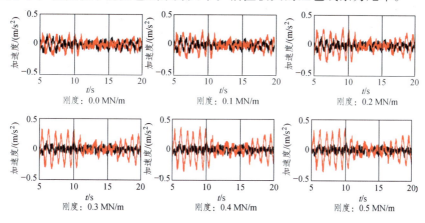

图 8.19 风挡横向刚度对车体横向加速度的影响

考虑风挡横向刚度从 0 MN/m 变化到 0.5 MN/m，间隔为 0.1 MN/m。如图 8.19 和图 8.20 所示，从计算结果可见：在风挡刚度小于 0.1 MN/m 时，尾车的横向晃动现象不明显；随着风挡横向刚度的增加，列车后端车辆的横向晃动越来越显著；垂向平稳性指标受风挡横向刚度的影响不明显，且列车尾部指标也没有明显大于头车；从加速度时域图形来看，头车横向加速度没有明显的谐波，而尾车谐波主频约 1.0 Hz。

2. 轮轨匹配

轮轨等效锥度较低是引起尾车横向晃动的重要原因，而相同的车轮踏面在不同线路上运行时，由于轮轨匹配等效锥度不同，尾车横向晃动情况也可能存在较大差异。选择了几种典型的钢轨型面，车辆踏面为等效锥度约 0.1 的标准踏面，分析不同轮轨匹配下的车辆平稳性指标和横向加速度。这里选取的线路实测钢轨型面仅是该线路上的一个样本，部分样本还是在局部严重晃车路段测量的，所以不能代表该线路的全部情况。

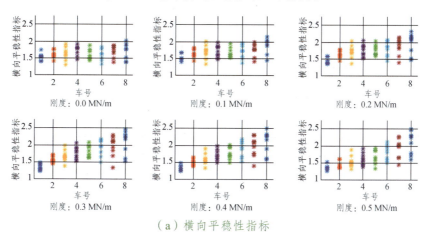

（a）横向平稳性指标

285

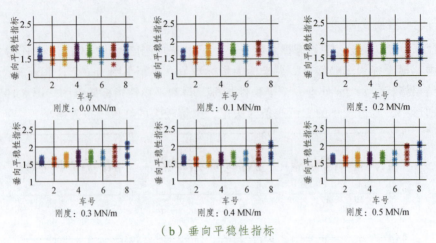

（b）垂向平稳性指标

图 8.20 风挡横向刚度对平稳性指标的影响

如图 8.21 和图 8.22 所示，从计算结果可见：不同钢轨型面下，头车的横向平稳性指标均在 1.5 左右，没有明显差异；尾车的横向平稳性指标差异比较明显，其中 60D 和 60N 标准钢轨型面下，尾车晃动最小；实测钢轨型面下尾车晃动均比较明显，而不同的实测钢轨下的响应也存在明显的差异；钢轨型面对垂向平稳性指标的影响不如横向显著，都在正常范围内。

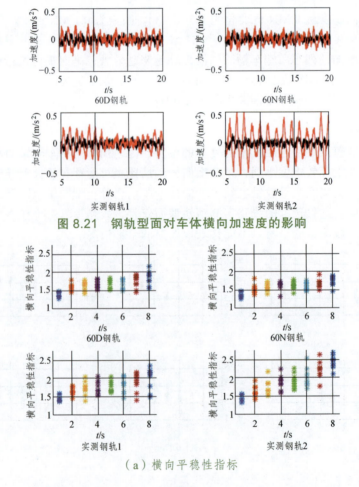

图 8.21 钢轨型面对车体横向加速度的影响

（a）横向平稳性指标

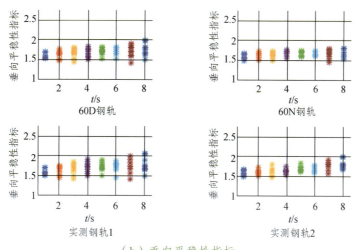

（b）垂向平稳性指标

图 8.22　钢轨型面对平稳性指标的影响

从轮轨匹配的等效锥度来看，标准车轮踏面外形与 60N 钢轨匹配的等效锥度下降到 0.09 左右，与 60D 钢轨匹配的等效锥度下降到 0.07 左右，与线路实测钢轨 1 匹配的等效锥度下降到 0.07 左右，而与线路实测钢轨 2 匹配的等效锥度下降到 0.05 左右。可见，我国部分线路实际打磨钢轨外形与 60N 和 60D 都有差异，轮轨匹配不佳导致的等效锥度过低是引起车辆横向晃动的重要原因。实测钢轨 2 的线路后来经过重新打磨，轮轨匹配状态得到改善，车辆横向晃动问题也得到明显缓解。

应用篇

　　本部分内容是铁道车辆系统动力学在工程中的具体应用，体现了车辆系统动力学的工程研究价值，主要包括车辆系统动力学评价体系、车辆系统动力学建模和仿真、车辆系统动力学台架试验和线路试验、车辆系统动力学控制、摆式列车、径向转向架等内容，以及部分工程应用方向和实例。

　　车辆系统动力学发展了几十年，其研究成果已经在车辆行业得到广泛应用，并形成了诸如摆式列车、径向转向架、半主动控制等创新成果。现代车辆在设计阶段都会进行动力学分析和试验，悬挂参数优化、侧风安全性校核和运营动力学性能预测都已经成为常规分析内容，这也让现代车辆的性能不断提升。尤其是最近十几年我国在高速列车和城市轨道交通的大力发展，使车辆动力学的应用范围、普及面和研究深度都得到了迅速发展。

　　我国铁路车辆行业中还有很多和动力学相关的问题需要解决，包括在设计阶段还不能准确、完整地预测后期的动力学性能，另外在运营中很多动力学问题没有被彻底解决，很多车辆和线路的运营维护还缺乏动力学研究指导。所以我国铁道车辆行业对动力学的普及还有待进一步提高，应用范围和深度还有很大的发展空间。

  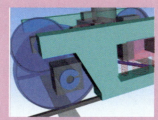

9 车辆系统动力学评价方法和指标

在车辆工程应用中，需要对车辆动力学性能进行定量评价，这就需要通过一些标准和规范来统一评价方法和指标。本书将铁道车辆动力学评价指标分为蛇行运动稳定性、运行平稳性、运行安全性和其他指标，这主要是为了和前面的理论章节对应，符合车辆系统动力学理论框架体系。本书主要参考的标准包括 GB/T 5599、UIC 513、UIC 518、EN 15373 等。

车辆系统动力学评价方法和指标随着车辆动力学的发展在不断变化，但基本的运动稳定性、运行平稳性、运行安全性框架体系和大多数考核指标没有变，变的只是具体计算和测试方法、安全限值和评价等级。在不同的标准中，某些指标的定义、算法、限值存在差异，请以相关标准为准。

9.1 蛇行运动稳定性

蛇行运动稳定性是铁道车辆需要满足的最基本动力学要求之一，但由于线路试验很难获取蛇行运动分岔图或者临界速度，所以很多标准都要求最高试验速度大于运营速度，且给出了考核蛇行运动稳定性的横向加速度、横向力等替代指标。台架试验和动力学仿真可以获得临界速度和分岔图，能更加全面考核运动稳定性，但需要注意和线路运营状态的差异。

9.1.1 渐进稳定性判断方法

利用渐进稳定性计算蛇行运动临界速度和分岔图，也就是通过极限环来判断蛇行运动的收敛情况，这在第 5 章已经详细论述了。由于渐进稳定性是在初始扰动下分析系统的收敛情况，所以除了初始一段时间外，不能有轨道激扰存在，故这种方法只能通过数值仿真、滚动试验台、滚动振动试验台来实现。

1. 动力学仿真

针对蛇行运动稳定性计算，动力学仿真中有多种施加初始激扰的方法，由于车辆系统是高维系统，初始激扰的施加一般不可能考虑所有维度，所以不同激扰下得到的稳定性结果会存在差异。常用的初始激扰包括：

（1）一段确定的轨道不平顺样本；

（2）车辆大部件的初始位移，如轮对或车体横向初始位移；

（3）车辆大部件的初始速度，如轮对横向初始速度；

（4）某种给定的车辆状态，一般是将较高速度下的蛇行运动状态作为初始状态。

动力学仿真计算时，可以在给定车速下，通过施加初始激扰观察车辆运动的收敛情况；

也可以在较高速度下施加初始激扰，让车辆系统发生周期蛇行运动，然后通过降低车速来分析不同车速下的极限环收敛情况，即采用降速法。需要注意的是，初始激扰的大小、施加方法和类型对计算结果都有很大的影响，最好通过试算找到合适的初始激扰。

图 9.1 是某客车的蛇行运动收敛情况。中间一幅图的粗实线是轮对横向位移蛇行运动分岔图的稳定极限环，图中没有给出不稳定极限环，且仅考虑 220～300 km/h 的分岔图；方形点是在轮对初始横向位移激扰下时域计算的极限环幅值；星形是在一段轨道不平顺激扰后，去除轨道激扰计算得到的极限环幅值。可见，采用轮对横向初始位移激扰，激扰位移幅值对蛇行运动收敛影响很大，为了尽可能准确靠近非线性临界速度，需要采用较大的激扰幅值。采用轨道不平顺激扰也存在同样的问题，轨道不平顺幅值、激励时间等对蛇行运动影响很大，即激励终了时刻的车辆状态对蛇行运动影响显著。为了尽可能准确靠近非线性临界速度，同样需要采用较大轨道不平顺。

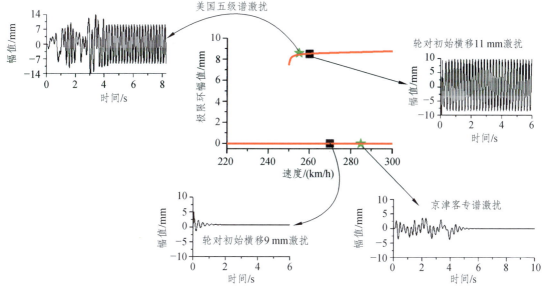

图 9.1　时域仿真计算临界速度

采用降速法计算蛇行运动稳定性时，一般可以通过设定计算速度曲线，或者在车辆纵向施加一定的力来改变车速。需要注意的是，车辆降速快慢可能对某些车辆的计算结果有影响；在施加纵向力制动时，如果纵向力的施加位置不合适或者力比较大，可能引起轴重转移和车辆平衡状态改变，从而影响临界速度。如图 9.2（a）所示，车辆在纵向力制动作用下，车辆的平衡位置发生改变。对工程应用而言，只要不发生大的轴重转移和位置偏差，计算得到的临界速度精度还是可以满足要求的。

图 9.2（b）是采用降速法求解某车辆的非线性临界速度，图中为一位轮对横向位移。可见，在车速高于 390 km/h 时，车辆系统发生大幅值的蛇行运动；之后随着车速降低，轮对横移幅值减小；在车速低于 340 km/h 时，车辆发生小幅值的蛇行运动，轮对横向位移幅值小于 2 mm，且随着车速降低而减小；当车速低于 290 km/h 后，运动收敛到平衡位置。这里由于采用实测的轮轨匹配外形，车辆系统不对称，所以平衡位移偏离 0 点。从图中还可以初步判断蛇行运动分岔属于超临界 Hopf 分岔类型 I 或者 III。

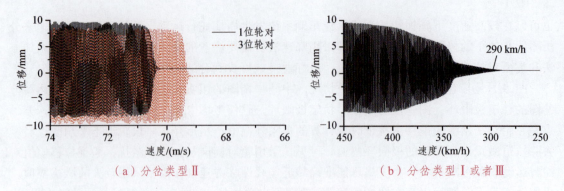

（a）分岔类型Ⅱ   （b）分岔类型Ⅰ或者Ⅲ

图 9.2　降速法计算蛇行临界速度

2. 台架试验

在机车车辆滚动振动试验台上，测试的临界速度包括线性临界速度、实际轨道谱激扰临界速度和非线性稳定速度。为了得到蛇行运动分岔图中的稳定极限环图，一般采用升速降速方法。升速法是让车辆系统纯滚动，不施加轨道不平顺（实际试验台不可避免地存在微小激扰），不断提高运行速度以寻找首次发生周期蛇行运动对应的车速。降速法是在较高的车速下通过施加激扰让车辆系统失稳，然后在不施加激扰的情况下降低车速，观察车辆蛇行运动的收敛情况。实际轨道谱下的稳定性试验，是让车辆在不同的速度级稳定运行，然后施加一段轨道激扰，观测去掉激扰后的收敛情况，一般运行速度逐级不断地升高直至发生周期蛇行运动或者达到最高试验速度。

图 9.3 是台架试验升速降速方法和实际轨道激扰试验示意图。图中下面一条粗线是升速过程，上面一条粗线是降速过程，这种方法容易得到线性临界速度和非线性稳定速度。在实际轨道不平顺激扰下的试验过程如图中实心圆圈所示，速度级一般设置较宽（如 20 km/h），所以只能得到大概的临界速度。将实际轨道激扰方法结合降速法，就可以得到比较准确的非线性稳定速度。

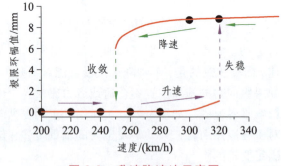

图 9.3　升速降速法示意图

在纯滚动试验台上进行蛇行运动稳定性试验时，一般通过外部作动器对车体或者构架施加横向初始激扰。但由于一系悬挂和二系悬挂的存在，这种初始激扰传递到轮对上往往就比较小了。另外，初始激扰施加位置也比较重要，这对临界速度有一定影响。考虑到车辆容易失稳的蛇行运动模态来施加对应的初始激扰，更容易得到非线性稳定速度。在台架试验中，一旦发生了大幅值周期蛇行运动，采用降速法一般能得到比较准确的非线性稳定速度。

9.1.2　线路评判蛇行稳定性的方法

列车在线路上运行时，轨道激扰是随时存在的，所以很难获取纯粹的蛇行运动特征。如果蛇行运动幅值较小，很可能淹没在轨道激扰引起的振动中。因车辆具有在大空间范围内运行的特征，车辆各部件的绝对位移不能在线路运行中测试，所以不能通过极限环判断蛇行运动。为此，相关动力学标准采用了替代方法来评判蛇行运动稳定性，主要有两种方法：振动加速度和轮轨力。

1. 振动加速度

蛇行运动主要体现在车辆系统横向运动，可以通过横向加速度来判断蛇行运动的稳定性。车辆在线路上运行时，轴箱振动加速度幅值很大，往往能达到数十 g 到数百 g，且频谱成分复杂，这对加速度传感器可靠性、数据处理方法、评判准则都带来很大的挑战。车体悬挂模态频率较低，转向架蛇行运动传递到车体已经被绝大部分衰减了，除非车辆系统发生一次蛇行，或者转向架蛇行引起车体弹性共振，不然车体的蛇行运动特征远不如转向架明显，所以车体振动加速度不一定能准确反映转向架蛇行运行。

构架上的加速度幅值适中，且能够准确地反映蛇行运动。但构架中部横向加速度不一定能准确反映蛇行运动摇头模态，而构架端部横向加速度既能反映摇头模态也能体现横移模态。所以一般测试构架端部的横向加速度，然后在转向架蛇行运动频率范围内带通滤波，得到蛇行运动占主要成分的振动波形。通过计算蛇行谐波的连续次数、加速度幅值来判断蛇行运动的稳定性。

构架横向加速度滤波频率范围一般为 3～9 Hz，近似情况下也采用 0.5～10 Hz 以内的范围，因为车辆蛇行运动的频率一般在 10 Hz 以内。对加速度求滑移均方根值时，一般采用 100 m 长滑移窗口、10 m 一次计算。不同标准对滤波频率范围、判断幅值、谐波次数都有不同的要求，实际分析时需要根据具体要求来评判。

下面以某客车为例，对轴箱上方构架端部的横向加速度进行处理。图 9.4（a）是直接对时域信号进行 3～9 Hz 带通滤波，可见构架发生了明显的主频 8 Hz 的谐波振动，但连续谐波的幅值小于 8 m/s²，根据我国实际的高速列车稳定性判据，仅达到预报警条件。图 9.4（b）是根据 UIC 518 计算构架端部横向加速度的滑移均方根，并取（12 − m_b/5）/2 作为限值，转向架质量 m_b 约 5 t，故加速度限值为 5.5 m/s²。此时构架加速度滑移均方根值也没有达到失稳条件。

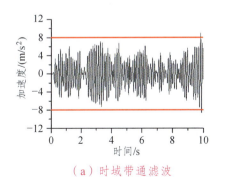

（a）时域带通滤波

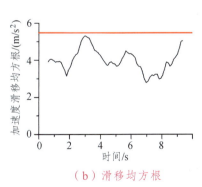

（b）滑移均方根

图 9.4　构架端部横向加速度

293

需要注意的是，图 9.4 虽然没有达到转向架蛇行失稳条件，但也出现了明显的谐波，这对车辆系统振动是不利的。作者认为，现有标准没有考虑蛇行失稳对车辆动力学的影响程度，仅以一个固定值来评判是有瑕疵的。例如，车辆系统一次蛇行，车体发生了严重的横向晃动，由于频率较低，构架横向加速度很小，不能反映这个现象；但乘坐舒适性严重降低，甚至这种情况的运行安全性风险更高。另外，部分车辆会发生比较高频率的蛇行运动，如 10 ~ 12 Hz，滤波截止频率 9 Hz 偏小，不能捕捉到这种高频抖动。再如，某些车辆虽然发生了明显的谐波振动，但只是运营中的极少数时刻，且对运行安全性、乘坐舒适性都没有影响，此时采取降速措施过于严格。当然，结合车体振动加速度、平稳性和舒适度指标对车辆动力学进行评价，可以补充以上不足。

2. 轮轨力

通过测量轮轴横向力，观测轮轴横向力是否超过标准规定的限度，判断转向架是否稳定。这种方法在线路试验中需要安装测力轮对，故试验成本较高，且一般不能对每个转向架每条轮对都进行评判，也不能长期安装设备作为运营中的评价方法。

与图 9.4 相同的工况下计算得到轮轴横向力，并取滑移均方根值，如图 9.5 所示。计算车辆的轮轨静态垂向力 P_0 为 126 kN，故轮轴横向力滑移均方根限值为 $(10 + P_0/3)/2 = 26$ kN。从图中可见，轮轴横向力远小于标准规定的稳定性限值，而前面的构架加速度已经接近限值。这其实是因为轮对仅发生了很小位移的蛇行运动，如图 9.6 所示，但由于转向架蛇行运动频率较高，所以构架端部横向加速度比较大。由于轮对横向位移较小，车轮踏面的主要接触范围仍然在滚动圆附近，轮轨横向力和轮轴横向力均不大。所以这种频率较高的蛇行运动，对车辆运行安全性影响不大。

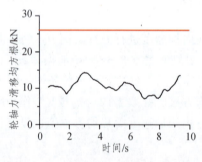

图 9.5　轮轴横向力滑移均方根

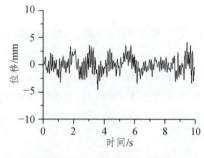

图 9.6　轮对横向位移

9.2　运行平稳性

本节的运行平稳性包括 Sperling 平稳性指标、舒适度指标和振动加速度等指标。很多铁路发达国家都有自己的运行平稳性评价体系，如我国的 GB/T 5599、欧洲的 UIC 513、国际标准 ISO 2613，以及日本和英国等各国的评价标准。各种运行性能评价指标有各自的优缺点，采用单一的指标往往不能全面考核运行性能。我国 GB/T 5599 采用平稳性指标、舒适度指标和运行品质评价指标。

9.2.1 Sperling 平稳性指标

运行平稳性主要是针对客车上旅客的乘坐舒适度、货车上装运货物的完整性而制定的评价车体随机振动的指标，有不同的评价指标和计算方法。主要评价参数是车体上规定位置的各方向振动加速度，将其统计处理后得到评价指标值。

1. 平稳性指标定义

我们常说的平稳性指标是指 Sperling 指标，分为横向平稳性指标和垂向平稳性指标。我国 GB/T 5599 中的平稳性指标频域加权系数，是对原始 Sperling 加权系数修改过的，所以计算的指标值也略有差异。原始的 Sperling 指标分为乘坐质量和乘坐舒适度两种，乘坐质量的衡量是评价车辆本身振动状态，乘坐舒适度是根据机械振动对乘坐者的影响来评价车辆振动。其计算公式也有差异，主要表现在加权系数上。

乘坐质量：

$$W_z = 3.57 \sqrt[10]{A^3 / f} \tag{9-1}$$

乘坐舒适度：

$$W_z = 3.57 \sqrt[10]{\frac{A^3}{f} F(f)} = 3.57 \sqrt[10]{A^3 B^3} \tag{9-2}$$

其中，W_z 为平稳性指标；A 为加速度（m/s^2）；f 为振动频率（Hz）；$F(f)$ 为频率修正系数，表示人对振动的敏感程度；B 为频率加权系数。

在 GB/T 5599 中，统一用乘坐舒适度公式来计算平稳性指标，并用于评价客车和货车的振动。该公式为

$$W_z = 3.57 \sqrt[10]{\frac{A^3}{f} F(f)} \tag{9-3}$$

Sperling 指标中，乘坐质量和舒适度的频率加权系数不同，其中舒适度的垂向加权系数为

$$B_s = 0.588 \left[\frac{1.911 f^2 + (0.25 f^2)^2}{(1 - 0.277 f^2)^2 + (1.563 f - 0.036 \, 8 f^3)^2} \right]^{1/2} \tag{9-4}$$

横向加权系数为 $B_w = 1.25 B_s$。GB/T 5599 中对频率修正系数 $F(f)$ 定义如表 9.1 所示。

表 9.1　平稳性指标的频域修正系数

横向振动		垂向振动	
频率范围/Hz	修正系数 $F(f)$	频率范围/Hz	修正系数 $F(f)$
0.5 ~ 5.4	$0.8 f^2$	0.5 ~ 5.9	$0.325 f^2$
5.4 ~ 26	$650 / f^2$	5.9 ~ 20	$400 / f^2$
>26	1	>20	1

2. 测试计算流程

试验或仿真得到车体上测点位置的横向和垂向加速度时间历程，然后对加速度数据处理计算平稳性指标。不同的采样频率和统计时间下，计算得到的平稳性指标会有差异，需要严格按照标准要求对加速度采样。计算流程如下：

（1）将加速度按照 5 s 一段进行频谱计算，得到单边频谱幅值；

（2）计算在频谱中每个频率 f_i 对应的平稳性指标分量 W_{zi}；

（3）对考察频率范围内所有 W_{zi} 求和，得到平稳性指标 $W_z = \sqrt[10]{\sum_{i=1}^{n} W_{zi}^{10}}$；

（4）在各种线路工况下，分别对不同速度级的样本进行统计处理，求得均值 $\overline{X}$，作为统计评定值。

GB/T 5599 规定了加速度测点。客车和动车组车体垂向、横向振动加速度测点对角布置在 1、2 位转向架中心偏向车体一侧 1 000 mm 的车内地板上，如图 9.7 所示。动车组司机室座椅下方地板上布置垂向、横向加速度测点。货车车体垂向和横向振动加速度测点布置在 1 位或 2 位心盘内侧，距心盘中心线小于 1 000 mm 的车底架中梁下盖板上。由于车体是弹性的，为了评价车体中部的振动，有时也测量车体中部。

图 9.7　客车和动车组车体振动加速度测点布置示意图

3. 评定等级

车体平稳性指标分横向平稳性和垂向平稳性，两方向的平稳性指标评定等级是一样的。平稳性指标等级按客车、货车和机车分别进行评价，表 9.2 为客车和货车的评价等级。一般车辆进行型式试验时，都要求平稳性指标达到优级。

表 9.2　平稳性指标等级表

平稳性等级	平稳性指标 W_z		评定
	客车	货车	
1 级	$W \leqslant 2.50$	$W \leqslant 3.50$	优
2 级	$2.50 < W \leqslant 2.75$	$3.50 < W \leqslant 4.00$	良好
3 级	$2.75 < W \leqslant 3.00$	$4.00 < W \leqslant 4.25$	合格

9.2.2　舒适度指标

舒适度指标是评价车辆乘坐性能的一个综合指标，是对车体测点纵、横、垂三个方向加速度的综合加权，并取 95% 置信度得到的乘坐性能评价指标。舒适度指标作为车辆乘坐性能指标，得到国际上的广泛应用，在 UIC 标准体系中只有舒适度指标而没有平稳性指标。但其实舒适度指标和平稳性指标各有优缺点，具有互补的作用。

1. 定　义

舒适度指标 N_{MV} 是对在铁道机车车辆上乘客平均舒适度的度量方法。舒适度评定是由车辆上相当数量的乘客，在 5 min 期间内给出的舒适性评分平均值作为基础，并与车体上测得的振动加速度对应，从而得到舒适度指标的加权函数。

舒适度指标计算公式如下：

$$N_{\mathrm{MV}} = 6\sqrt{(a_{XP95}^{W_d})^2 + (a_{YP95}^{W_d})^2 + (a_{ZP95}^{W_b})^2} \tag{9-5}$$

式中，a 为振动加速度的均方根值（$\mathrm{m/s^2}$）；W_d 和 W_b 为频率加权滤波器；$P95$ 为各方向振动加速度置信度 95% 的概率统计。

加权滤波器 W_b 的传递函数表达式如下：

$$H_b(s) = \dfrac{(s + 2\pi \cdot f_3)\left(s^2 + \dfrac{2\pi f_5}{Q_3} \cdot s + 4\pi^2 f_5^2\right)}{\left(s^2 + \dfrac{2\pi f_4}{Q_2} \cdot s + 4\pi^2 f_4^2\right)\left(s^2 + \dfrac{2\pi f_6}{Q_4} \cdot s + 4\pi^2 f_6^2\right)} \cdot \dfrac{2\pi K \cdot f_4^2 \cdot f_6^2}{f_3 \cdot f_5^2} \tag{9-6}$$

加权滤波器 W_d 的传递函数表达式如下：

$$H_d(s) = \dfrac{(s + 2\pi \cdot f_3)}{\left(s^2 + \dfrac{2\pi f_4}{Q_2} \cdot s + 4\pi^2 f_4^2\right)} \cdot \dfrac{2\pi K \cdot f_4^2}{f_3} \tag{9-7}$$

加权滤波器传递函数中的系数定义如表 9.3 所示。

表 9.3　加权滤波器传递函数中的系数

加权函数	系　数										
	f_1	f_2	Q_1	f_3	f_4	f_5	f_6	Q_2	Q_3	Q_4	K
W_b	0.4	100	0.71	16	16	2.5	4	0.63	0.8	0.8	0.4
W_d	0.4	100	0.71	2	2	—	—	0.63	—	—	1.0

平稳性指标和舒适度指标频率加权函数如图 9.8 所示。从图 9.8 中可见，平稳性指标加权最大的频率在 5 Hz 左右，一般不考虑低于 0.5 Hz 和高于 30 Hz 的振动。而舒适度指标的横向加权函数最大值在 1 Hz 左右，垂向在 10 Hz 左右且范围较宽。舒适度指标垂向加权考虑了更多的高频成分影响，而平稳性指标高频加权很小。可想而知，在评价车体横向低频晃动时，采用舒适度指标更容易体现 1 Hz 左右低频晃动的影响。但在评价舒适度指标时，由于考虑了较多的垂向高频振动，很容易将地板 20 Hz 以上的弹性振动计入舒适度指标，而人们对这种振动不是那么敏感。

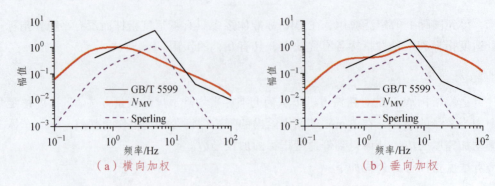

（a）横向加权　　　　　　　　　　（b）垂向加权

图 9.8　GB/T 5599 和 UIC 513 加权函数比较

2. 测量计算流程

GB/T 5599 的舒适度评定以车辆地板面振动加速度测量为基础，UIC 513 的舒适度评定分为在座位或站立位置的完整测量方法以及简化测量方法。由于简化方法测量和计算都相对简单，所以仿真计算一般采用简化方法，本书所说的舒适度指标均是简化方法。

舒适度指标在车体地板面上测点与平稳性指标类似，但在车体中部内侧座椅下方增加了测点，且三个测点均要测量纵向、横向和垂向加速度。GB/T 5599 和 UIC 513 针对舒适度指标的加速度测点也有差异，为了统一和安装方面，GB/T 5599 的测点与平稳性指标相同；而 UIC 513 的舒适度测点在车体纵向中心线上。

舒适度指标的计算方法如下：

（1）首先获取车体上各规定测点的纵向、横向和垂向加速度时间历程；

（2）对加速度时间历程按 5 s 分为一段，采样至少 60 段，即 5 min；

（3）对每数据段进行傅里叶变换和频域加权，再进行傅里叶逆变换；或直接对时域信号进行成形滤波处理，需要注意三个方向的滤波加权传递函数不同；

（4）求每段数据（5 s）各方向的最大加速度；

（5）对 5 min 内各方向各段加速度最大值取 95% 概率，计算得到舒适度指标；

（6）分别对不同速度级的样本进行统计处理，求得均值，作为统计评定值。

3. 评定等级

GB/T 5599 给出了舒适度指标的评定等级，不同动力学标准该评定等级略有差异。一般新车线路型式试验要求舒适度指标达到 2 级以内。

表 9.4　舒适度等级划分表

舒适度等级	舒适度指标	评定
1 级	$N_{MV} < 1.5$	非常舒适
2 级	$1.5 \leqslant N_{MV} < 2.5$	舒适
3 级	$2.5 \leqslant N_{MV} < 3.5$	一般
4 级	$3.5 \leqslant N_{MV} < 4.5$	不舒适
5 级	$N_{MV} \geqslant 4.5$	非常不舒适

平稳性指标和舒适度指标由于测点位置、加权函数、计算方法、评定标准都不同，所以相互之间既具有独立性又有相关性。平稳性指标按横向和垂向分别给出评定指标，在车辆动力学分析中，很容易分析引起振动的原因，但考虑的频率范围相对较窄，且没有考虑纵向振动。舒适度指标考虑了三个方向振动的综合加权，且频率范围较宽，但仅从指标值很难区分各种振动的贡献，且有时过多地考虑了垂向高频振动。

9.2.3 ISO 2631 振动性能

ISO 2631 标准共有 5 个部分，与乘坐舒适度相关的部分定义了人体振动的量化评价方法，包含在轨道上运行的车辆舒适度评价，考虑了以下因素：

（1）人体健康和舒适；

（2）人体振动感知概率；

（3）晕车发生率。

其中，0.1~0.5 Hz 主要是引起晕车，0.5~80 Hz 主要是影响健康、舒适度和感知。

现在 ISO 2631 标准对乘坐舒适度的评价方法与 UIC 513 类似，也是对三个方向的振动加速度进行频率加权计算后，取置信度统计得到加速度综合统计值，并对统计值进行评价。

首先对每个方向时域加速度信号进行相应的加权滤波处理，与 UIC 513 标准类似，横向和纵向采用一个频域加权函数，垂向采用一个频率加权函数。对时域加权加速度 $a_w(t)$ 在整个时间段 T 求取均方根：

$$a_w = \left[\frac{1}{T}\int_0^T a_w^2(t)\mathrm{d}t\right]^{1/2} \tag{9-8}$$

也可以对频域加速度信号 a_i 进行加权（乘以相应频段的加权系数 W_i，具体加权数值见相关标准）和均方根计算：

$$a_w = \left[\sum_i (W_i a_i)^2\right]^{1/2} \tag{9-9}$$

然后将 x、y、z 方向的加权均方根加速度组合，得到综合指标 a_v：

$$a_v = (k_x^2 a_{wx}^2 + k_y^2 a_{wy}^2 + k_z^2 a_{wz}^2)^{1/2} \tag{9-10}$$

其中，k_x、k_y、k_z 是系数，对舒适度而言，各系数取值 1。根据 a_v 的值确定振动程度，包括以下几种：

（1）$a_v < 0.315$ m/s^2，无不舒适感；

（2）0.315 m/s$^2 < a_v < 0.63$ m/s^2，稍微不舒适；

（3）0.5 m/s$^2 < a_v < 1.0$ m/s^2，有点不舒适；

（4）0.8 m/s$^2 < a_v < 1.6$ m/s^2，不舒适；

（5）1.25 m/s$^2 < a_v < 2.5$ m/s^2，非常不舒适；

（6）2.0 m/s$^2 < a_v$，极不舒适。

9.2.4 运行品质

车辆运行品质一般是用车体振动加速度时域统计值来评价的，且主要是对横向和垂向加速度进行评价。运行品质主要是对车体振动情况进行评价，如对货物运输采用运行品质评价更合理，所以不用考虑频域内的振动加权。

1. GB/T 5599

对车辆运行品质的规定，分为垂向加速度和横向加速度。我国 GB/T 5599 针对运行品质的加速度测点和平稳性指标测点相同。评定限值按客车和动车组、货车、机车规定如下：

（1）客车和动车组：$a_{tz} \leqslant 2.5$ m/s^2，$a_{ty} \leqslant 2.5$ m/s^2；

（2）货车：$a_{tz} \leqslant 5.0$ m/s^2，$a_{ty} \leqslant 3.0$ m/s^2；

（3）机车：$a_{tz} \leqslant 3.5$ m/s^2，$a_{ty} \leqslant 2.5$ m/s^2。

运行品质评定值 a_{ty}、a_{tz} 按如下方法计算处理：

（1）对每个采样段的加速度数据，采用 0.5 ~ 40 Hz 进行带通滤波；

（2）求出每个采样段加速度绝对最大值 $x_{i\max}$ 和最小值 $x_{i\min}$；

（3）对各种线路工况各速度级的样本进行统计处理求得均值 a_{mean} 和标准差 σ；

（4）计算统计评定值 $a_{\max} = a_{\mathrm{mean}} + 2.2\sigma$。

2. UIC 518

UIC 518 标准对车体振动最大加速度限值分类比较细，包括加速度最大值、均方根值、准静态值，还按照牵引单元、客车、货车、无转向架车辆等分类。例如，常用的有转向架客车车体加速度规定如下：

（1）最大加速度：

$$(\ddot{y}_q^*)_{\mathrm{lim}} = 2.5 \text{ m/s}^2 , \quad (\ddot{z}_q^*)_{\mathrm{lim}} = 2.5 \text{ m/s}^2 \tag{9-11}$$

（2）加速度均方根：

$$(s\ddot{y}_q^*)_{\mathrm{lim}} = 0.5 \text{ m/s}^2 , \quad (s\ddot{z}_q^*)_{\mathrm{lim}} = 0.75 \text{ m/s}^2 \tag{9-12}$$

对于加速度最大值和均方根值，信号处理方法是经过 0.4 ~ 10 Hz 带通滤波，然后取 99.85% 的置信度。对于准静态加速度，需经过 20 Hz 低通滤波，并取 50% 置信度。详细的评价指标和数据处理方法见相关标准。

3. EN 14363

EN 14363 标准对车体加速度的规定与 UIC 518 类似，包括准静态横向加速度、最大横向和垂向加速度、横向和垂向加速度均方根值。加速度限值如表 9.5 所示，其限值和信号处理方法和 UIC 518 是一样的。

表 9.5　EN 14363 车体加速度限值　　　　　　　　　　　　　　　　m/s^2

车辆类型	横向准静态加速度	横向最大加速度	垂向最大加速度	横向加速度均方根	垂向加速度均方根
机车、动车	1.5	2.5	2.5	0.5	1.0
单元列车、客车	1.5	2.5	2.5	0.5	0.75
货车、有转向架的特种车	1.3	3.0	5.0	1.3	2.0
货车、无转向架的特种车	1.3	4.0	5.0	1.5	2.0

9.3 运行安全性

车辆的安全性内容很广泛，本书仅列出与动力学有关的运行安全性指标。车辆的运行安全性评价指标与车辆对轨道的作用力有关，而通过曲线时这些指标往往比较大。蛇行运动稳定性也属于运行安全性范畴，但由于其具有特殊性而单独列出。

GB/T 5599 中规定的运行安全性指标主要有轮轴横向力、脱轨系数、轮重减载率，以前还有轮轨横向力（现在很少用了）和倾覆系数。UIC、EN 标准规定的评价指标主要包括轮轴横向力、脱轨系数、轮轨垂向力、扭曲线路通过、转向架转动系数等。针对横风下的运行安全性，采用转向架或整车的倾覆系数评价。

9.3.1 常规指标

1. 脱轨系数

1）计算公式和限值

脱轨系数是根据车轮爬轨脱轨条件制定的，考虑轮轨之间爬轨脱轨临界条件并考虑一定的安全裕量制定评价限值，以轮轨横向力和轮轨垂向力之比作为指标值。爬轨脱轨临界条件下，脱轨系数的临界值计算公式如下：

$$\frac{Q}{P} = \frac{\tan\alpha - \mu}{1 + \mu\tan\alpha} \qquad (9\text{-}13)$$

其中，Q、P 分别为轮轨横向力和轮轨垂向力。

实际计算脱轨系数时，只需要知道轮轨横向力和轮轨垂向力，对两者的比值进行后处理并取最大值即可，然后再与限制值比较看是否满足标准要求。GB/T 5599 规定的脱轨系数处理方法如下：

（1）将每个试验段的轮轨横向力和轮轨垂向力相比，得到脱轨系数时间历程。

（2）对于每个试验段的脱轨系数有效采样点数据，轮径小于等于 920 mm 时采用 1.5 m 滑动平均，否则采用 2 m 滑动平均，得到新的平滑后的时间序列。

（3）计算各种线路工况下各速度级的统计评定值。对各种线路工况各速度级的所有采样段的 x_i 样本进行统计处理，取累计频次曲线对应的 99.85% 值为评定值。

GB/T 5599 规定了脱轨系数的限度，如表 9.6 所示。

表 9.6 脱轨系数评定限值表

车种	曲线半径 250 m≤R≤350 m；侧向通过 9#、12#道岔	其他线路
客车、动车组	≤1.0	≤0.8
机车	≤1.0	≤0.9
货车	≤1.2	≤1.0

国外对脱轨系数有各自的标准。例如，日本考虑了脱轨系数的作用时间；UIC 标准考虑了脱轨系数的作用距离，用 2 m 滑动平均的脱轨系数最大值评价，限值为 0.8。

2）Nadal 公式推导

如图 9.9 所示，车轮在轮缘接触钢轨时，对轮对坐标系中的轮轨垂向力 P 和轮轨横向力 Q，在接触坐标系中分解为接触点的切向力 T 和法向力 N。

$$\begin{cases} T = -Q\cos\alpha + P\sin\alpha \\ N = P\cos\alpha + Q\sin\alpha \end{cases} \tag{9-14}$$

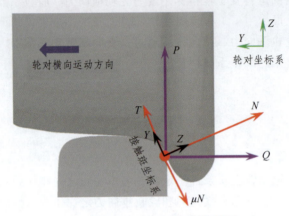

图 9.9　临界脱轨系数计算简图

爬轨脱轨的临界条件是：当轮对向线路外侧爬轨时，作用在车轮上接触点的切向力 T，等于法向压力 N 作用下的切向摩擦力 μN。由 $T = \mu N$ 推出：

$$\begin{aligned} &-Q\cos\alpha + P\sin\alpha = \mu(P\cos\alpha + Q\sin\alpha) \\ &\Rightarrow Q(-\cos\alpha - \mu\sin\alpha) = P(\mu\cos\alpha - \sin\alpha) \\ &\Rightarrow \frac{Q}{P} = \frac{\mu\cos\alpha - \sin\alpha}{-\cos\alpha - \mu\sin\alpha} = \frac{\tan\alpha - \mu}{1 + \mu\tan\alpha} \end{aligned} \tag{9-15}$$

式中，α 为轮缘角；μ 为轮轨摩擦系数。

2. 其余常用指标

常用的运行安全性指标还包括轮轴横向力、轮轨垂向力、轮重减载率和倾覆系数。其中，GB/T 5599 采用的指标包括轮轴横向力和轮重减载率，数据处理方法与脱轨系数相同。

1）轮轴横向力

轮轴横向力 H 为同一轮对左右车轮轮轨横向力的代数和，用于评定车辆在运行过程中，是否会因为过大的横向力而导致轨距扩宽或线路产生严重变形。各种动力学标准对轮轴横向力的评定指标有不同要求。

（1）GB/T 5599。

轮轴横向力评定值按下式计算：

$$H \leqslant 15 + P_0/3 \tag{9-16}$$

式中，P_0 为静轴重，公式中力的单位为千牛（kN）。

（2）UIC 518。

UIC 518 对轮轴横向力采用 2 m 滑动平均处理，评定值按下式计算：

$$\left(\sum Y_{2m}\right)_{lim} = \alpha(10 + P_0/3) \tag{9-17}$$

式中，各力的单位均为千牛（kN）。系数 α 与车辆类型有关，机车、客车、轨道车取 1，货车、特种车辆取 0.85。

2）轮轨垂向力

有些动力学标准对轮轨垂向力也提出了限值要求。例如，UIC 518 标准基于轨道疲劳的考虑，规定轮轨垂向力满足下式：

$$P_{lim} = 90 + P_0 \tag{9-18}$$

式中，力的单位为千牛（kN）。该标准还按照车辆运行速度对轮轨垂向力提出限制值，如运行速度大于 300 km/h 的车辆，其轮轨垂向力需要小于 160 kN。

3）轮重减载率

轮重减载率是评定因轮重减载过大而引起脱轨的另一种脱轨安全指标，为轮重减载量 ΔP 与该轴平均静轮重 $\overline{P}$ 的比值。设轮轨垂向静载荷为 P_{st}，轮重减载率的计算公式如下：

$$\frac{\Delta P}{\overline{P}} = \frac{|P_R - P_L|/2}{P_{st}} \tag{9-19}$$

GB/T 5599 对轮重减载率的限制值如下：

（1）$\dfrac{\Delta P}{\overline{P}} \leqslant 0.65$，当设计最高速度 $v_d \leqslant 160$ km/h 时；

（2）$\dfrac{\Delta P}{\overline{P}} \leqslant 0.80$，当设计最高速度 $v_d > 160$ km/h 时。

4）抗倾覆稳定性

抗倾覆稳定性主要是针对车辆在侧风作用下的运行安全性，用一个转向架或一辆车的倾覆系数来评定。根据 EN 14067-6 等侧风安全性评定标准，以转向架倾覆系数来判定车辆在侧风作用下的运行安全性，倾覆系数的限值为 0.9。倾覆系数计算公式为

$$\frac{\Delta P}{P_{st}} = 1 - \frac{P_{i1} + P_{j1}}{2P_{st}} \tag{9-20}$$

其中，P_{i1} 表示转向架减载侧前轮轮轨垂向力；P_{j1} 表示转向架减载侧后轮轮轨垂向力。

倾覆系数计算时，首先根据轮轨垂向力计算得到倾覆系数时间历程，然后用截止频率 2 Hz 的 4 阶 Butterworth 低通滤波器（或其他类似的滤波器）对时域信号进行低通滤波，最后对整个分析段数据取最大值作为倾覆系数。

9.3.2　扭曲线路通过

车辆在扭曲线路上低速通过时容易发生爬轨脱轨，通过分析其脱轨系数可以判断车辆的运行安全性。EN 14363 标准制定了扭曲线路评价车辆运行安全性，扭曲线路为一段曲线半径

150 m 的圆曲线，线路超高从 45 mm 的正超高，通过 3‰的坡度过渡到 – 45 mm 的负超高，如图 9.10 所示。该标准规定脱轨系数小于 1.2，有多种测试和评价方法，详见相关标准。

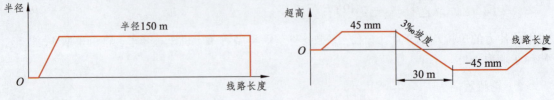

图 9.10　EN 14363 规定的扭曲线路

影响车辆扭曲线路通过能力的主要悬挂参数包括一系和二系垂向刚度、抗侧滚扭杆刚度等。为了提高通过扭曲线路能力，应该选择较小的垂向刚度和扭杆刚度，在空气弹簧无气工况下，需要尽量减小应急弹簧的垂向刚度。

9.3.3　转向架转动系数

转向架相对于车体摇头转动的能力可以通过转动系数表征，EN 14363 标准制定了转向架转动系数测试方法和评定标准。转动系数过大，车辆曲线通过能力降低、轮轨磨耗增大，甚至增加脱轨危险。国内一般没有考核转向架转动系数指标。

设转向架轴距为 $2a^+$，车辆定距为 $2a^*$，车辆通过的最小水平曲线半径为 R_{min}。将转向架相对于车体的摇头角设置为

$$\Delta \psi^* = \frac{a^*}{R_{min}} + \frac{0.020}{2a^+} \tag{9-21}$$

摇头角速度需要在至少 75% 的摇头角幅值内，恒定为 1°/s。测量得到转向架摇头阻力矩 $M_{z, Rmin}$，通过以下公式就可以计算转向架转动系数：

$$X = \frac{M_{z, R min}}{2a^+ \cdot 2P_0} \tag{9-22}$$

转向架转动系数一般要求小于 0.1，其详细的计算和试验方法见相关标准。

影响转向架转动系统的主要参数包括二系摇头角刚度、旁承摩擦系数、抗蛇行减振器卸荷力等，减小这些参数会降低转动系数，有利于车辆通过曲线，但对蛇行运动稳定性有一定的削弱。

9.4　其余动力学指标

9.4.1　柔度系数

现代轨道车辆一般采用较软的一系悬挂和二系悬挂，从而车体容易发生侧滚运动。柔度系数是衡量车体相对于轨面发生侧滚运动难易的指标。根据 UIC 505-5 柔性系数 s 定义如下：当车辆停在超高为 h 的线路上时，在弹簧上的车体要倾斜，并与轨面的垂线间形成角 θ，角 θ

与线路超高角 θ_0 之比为车辆柔性系数。

一般高速车辆和地铁车辆需要满足一定的柔度系数要求，在用 UIC 505 标准计算限界时，需要柔度系数作为输入参数；在我国的车辆限界计算中虽然没有明确使用柔度系数，但柔度系数对车辆限界的影响也很大。同时，如果柔度系数比较大，说明车体容易产生较大角度的侧滚运动，也会降低乘坐舒适性，尤其是有侧风的工况。

柔度系数可通过近似公式计算，得到柔度系数和悬挂参数，尤其是和抗侧滚扭杆刚度间的关系。但近似公式与实际情况可能存在误差，且不能考虑轨道超高、悬挂非线性的影响。柔度系数也可以通过动力学仿真计算，得到车体在有超高轨道上的侧滚角度，然后计算得到柔度系数。在 UIC 505-1 标准和 EN 15273 标准中，采用的轨道超高为 50 mm。

柔度系数的近似计算公式如下：

$$S = \frac{\left(1-\dfrac{h_3}{h_2}\right)\left(1-\dfrac{G_1 h_1 + G_2 h_3 + G_2^2/C_y}{2C_1 b_1^2}\right) + \dfrac{2C_2 b_2^2 + 2K_\varphi}{2C_1 b_1^2}\left(1+\dfrac{G_1 h_1}{G_2 h_2} + \dfrac{G_2}{h_2 C_y}\right)}{\dfrac{2C_2 b_2^2 + 2K_\varphi}{G_2 h_2} - \left[\left(1-\dfrac{h_3}{h_2}\right)\left(1-\dfrac{G_1 h_1 + G_2 h_3 + G_2^2/C_y}{2C_1 b_1^2}\right) + \dfrac{2C_2 b_2^2 + 2K_\varphi}{2C_1 b_1^2}\left(1+\dfrac{G_1 h_1}{G_2 h_2} + \dfrac{G_2}{h_2 C_y}\right)\right]} \quad (9\text{-}23)$$

式中，G_1 是整车簧间部分重量（N）；G_2 是车体重量（N）；h_1 是簧间质量重心距车轴中心线高度（m）；h_2 是车体重心距车轴中心线高度（m）；h_3 是二系弹簧上支承面距车轴中心线高度（m）；C_1 是车辆一侧一系悬挂弹簧垂向刚度之和（N/m）；C_2 是车辆一侧二系悬挂弹簧垂向刚度之和（N/m）；C_y 是车辆二系悬挂弹簧横向刚度之和（N/m）；K_φ 是每转向架抗侧滚扭杆系统的等效侧滚角刚度（N·m/rad）；b_1 是一系悬挂横向距离之半（m）；b_2 是二系悬挂横向距离之半（m）。

图 9.11 是某动车组柔度系数计算值，采用动力学仿真计算得到。图 9.11（a）是抗侧滚扭杆等效刚度为 3.0 MN·m/rad 时，计算得到的柔度系数随超高的变化。可见，随着超高增加柔度系数有减小的趋势。为了和 UIC 505、EN 15273 一致，计算柔度系数时，设置轨道超高为 50 mm，计算柔度系数随着抗侧滚扭杆等效刚度的变化规律，如图 9.11（b）所示。可见，为了让重车工况的柔度系数小于 0.4，抗侧滚扭杆等效刚度需要大于 2.5 MN·m/rad。考虑到抗侧滚扭杆刚度对高频振动传递的贡献，建议抗侧滚扭杆刚度不宜太大。

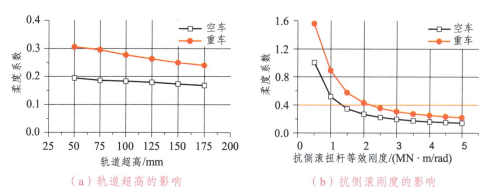

（a）轨道超高的影响　　　　（b）抗侧滚刚度的影响

图 9.11　柔度系数计算值

表 9.7 是某动车组车体动态包络线与站台间隙的计算结果。可见，随着抗侧滚扭杆刚度

305

的增大，车辆柔度系数减小，车体动态包络线的横坐标也迅速减小，从而导致动态包络线与站台的间隙迅速增大。由于车体控制点越高，侧滚对横向偏移的影响越大，所以柔度系数对车体肩部动态包络线的影响最大。地铁车辆、在 UIC 505 标准设计的线路上运行的车辆，其车体肩部限界要求一般比较严格，所以往往需要设置较小的柔度系数。

表 9.7　车体动态包络线与站台间隙最小值　　　　　　　　　　　　　mm

侧风速度 /（m/s）	抗侧滚扭杆刚度/（MN·m/rad）		
	0.0	1.0	1.5
0	85.9	85.9	86.0
15	24.4	49.0	52.8
20	8.8	28.2	34.3
25	−0.2	13.5	17.3
30	−6.8	−1.4	6.0

9.4.2　P_1、P_2 力

轮轨间的垂向冲击对车辆和轨道均有不利影响，是限制车辆轴重和提速的重要因素。局部不平顺产生的脉冲激扰下的轮轨垂向冲击力响应如图 9.12 所示，轮轨接触力会出现两个峰值：P_1 力和 P_2 力，一般被作为轮轨垂向动力作用强弱的衡量指标。限制 P_1 和 P_2 力，使得在设计机车车辆走行部和选择轨道结构参数时增加了一种判据，用以衡量它们对轨道各组成部分影响的程度。

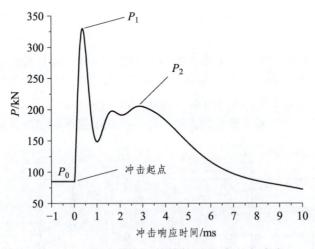

图 9.12　脉冲激扰下的轮轨垂向冲击力响应

P_1 力是高频力，一般大于 500 Hz，是车辆通过轨道接头等局部不平顺时，簧下质量与钢轨质量之间所发生的高频接触振动而引起的冲击。P_1 力由于作用时间很短，对轨道的影响主要集中在钢轨上，尤其是集中在与车轮相接触的轨面，还来不及深入到轨枕、道床和路基。P_1 力主要以接触应力的形式影响轨道，是导致车轮扁疤、轨头破损、螺栓孔裂纹及鱼尾板折断的重要原因。[9]

P_2 力出现在 P_1 力之后，它的频率一般较低（通常在 30～100 Hz）。P_2 力是由 P_1 力引起的簧下重量在轨道弹性振动中产生的响应力，不仅作用于钢轨，还将自上而下深入到轨枕和道床。P_2 力持续时间比 P_1 力长，它能直接向轨下部件传播，因而对轨道变形及轨下基础破坏起主要作用。[9]

在仿真计算分析方面，P_1 力和 P_2 力可以通过 Jenkins 简化公式[60]或车辆-轨道垂向耦合动力学[9]计算得到。Jenkins 公式简单易操作，但不能模拟一系悬挂对轮轨动力作用的影响，很多现代货车都采用了一系悬挂，而且其参数对 P_1 力和 P_2 力有一定的影响，所以 Jenkins 公式不能满足需求。车辆轨道垂向耦合动力学已经比较成熟，是最适合研究轮轨垂向冲击的仿真模型。

下面简单介绍 Jenkins 公式。轨道基本参数：钢轨每米质量为 m_r；钢轨抗弯刚度为 EI；半个轨枕质量为 m_s；轨枕间距为 l_s；轨下垫板刚度为 k_s；轨下垫板阻尼为 c_s；道床刚度为 k_b；道床阻尼为 c_b；路基刚度为 k_f；路基阻尼为 c_f；静轮重为 P_0。以上参数均为国际单位，等效弹性基础梁模型的轨道质量 m 计算如下：

$$m = m_r + m_s / l_s \tag{9-24}$$

近似计算 P_1 力时，需要冲击载荷作用下的轨道有效质量，可以通过近似弹性基础梁对冲击载荷的初始响应来得到：

$$m_e = m \left[\Gamma\left(\frac{3}{4}\right) \Gamma\left(1\frac{1}{4}\right) \sqrt{2} \right]^{4/3} \left(\frac{4EI}{K_H} \right)^{1/3} \tag{9-25}$$

式中，K_H 为 Hertz 接触线刚度，$K_H = (P - P_0) / G_{HZ} (P^{2/3} - P_0^{2/3})$；$P$ 是轮轨垂向力；G_{HZ} 如第 3 章所示。对于典型的 K_H 和 EI 值，近似可得：$m_e \approx 0.4m$，则 P_1 力的近似表达式为

$$P_1 = P_0 + 2\alpha v \sqrt{\frac{K_H m_e}{1 + m_e m_u}} \tag{9-26}$$

式中，m_u 为车辆的簧下质量，2α 为钢轨接头处的总折角。

在 P_2 力的近似计算中，把计算 P_1 力所用的弹性基础梁替换为等效弹簧-质量-阻尼系统，其参数可表示为

$$m_t = 3m/2\lambda, \quad k_t = 3k/2\lambda, \quad c_t = 3c/2\lambda \tag{9-27}$$

式中，$k = k_s k_b k_f / (k_s k_b + k_b k_f + k_s k_f) l_s$；$c = c_s c_b c_f / (c_s c_b + c_b c_f + c_s c_f) l_s$；$\lambda = \left(\dfrac{k}{4EI} \right)^{0.25}$。则 P_2 力近似表达式为

$$P_2 = P_0 + 2\alpha v \left(\frac{m_u}{m_u + m_t} \right)^{1/2} \left(1 - \frac{c_t \pi}{4\sqrt{k_t(m_u + m_t)}} \right) \cdot \sqrt{k_t m_u} \tag{9-28}$$

图 9.13 是某 27 t 轴重货车轮轨垂向冲击力在轨道低接头冲击下的计算结果。可见，Jenkins 公式的计算结果和车辆轨道垂向耦合动力学结果很接近。

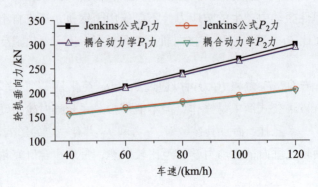

图 9.13　27 t 轴重货车轮轨冲击力的比较

9.4.3　轮轨磨耗指标

轮轨磨耗最终体现均为车轮和钢轨外形的变化，这些变化引起轮轨接触几何关系发生改变，从而影响车辆动力学性能。在进行车辆动力学分析时，由于轮轨磨耗量的计算方法还不成熟且计算速度相对较慢，不可能都去分析计算轮轨磨耗量，所以需要一些指标来定性分析轮轨磨耗程度。评价车轮磨耗的指标有多种，主要与轮轨力、蠕滑率、冲角等有关。

1. 磨耗指数

轮轨磨耗指数有多种形式，均与轮轨摩擦系数、轮缘法向力、冲角有关。

踏面接触时：

$$W_1 = \mu F \psi \tag{9-29}$$

轮缘接触时：

$$W_2 = \mu F \left[\left(\frac{a}{R} \right)^2 - (\psi \tan \alpha)^2 \right]^2 \tag{9-30}$$

式中，μ 为轮轨间摩擦系数；F 为作用于轮缘上的法向力；R 为车轮半径；α 为轮缘角；ψ 为车轮冲角；a 为轮缘与钢轨接触点到车轮踏面的垂直距离。

2. 磨耗数

磨耗数是在一定速度下，单位接触斑面积上的轮轨蠕滑功率，是常用的一个磨耗指标。

$$W = \frac{\mu}{0.6} \cdot \frac{T_x v_x + T_y v_y}{A} \tag{9-31}$$

式中，T_x、T_y 分别为纵向和横向蠕滑力；v_x、v_y 分别为纵向和横向蠕滑率；A 为轮轨接触斑面积。

磨耗数也可以用蠕滑力与相应蠕滑率乘积绝对值之和来表示，单位为 N。

$$W = |T_x \cdot v_x| + |T_y \cdot v_y| + |M_z \cdot \varphi_z| \tag{9-32}$$

式中，M_z 为自旋蠕滑力矩；φ_z 为自旋蠕滑系数。

3. 其他磨耗指标

还有一些其他评价轮轨磨耗的指标，如踏面磨耗指数 W_T 和轮缘磨耗指数 W_F：

$$W_T = N_w v_R , \quad W_F = F_f \psi_w \tag{9-33}$$

式中，N_w 为接触斑法向力；v_R 为纵向和横向合成蠕滑率；F_f 为轮缘力；ψ_w 为轮对冲角。

另外还有用轮对冲角、磨耗功率、磨耗深度估算评价车轮磨耗的。但需要注意，以上磨耗指标均只能定性分析轮轨磨耗程度，其数值与实际的磨耗量没有对应关系，且轮轨磨耗没有评价标准。

10　车辆系统动力学试验

试验是车辆系统动力学研究的重要手段和内容，是车辆系统动力学最真实可靠的表现。由于铁道车辆系统本身规模较大，试验组织复杂、费用昂贵，所以针对很多试验都有多种试验方法。常用的车辆动力学试验主要包括比例模型试验、机理试验、部件台架试验、整车台架试验、线路试验、线路长期跟踪试验、半实物半虚拟试验等。车辆系统动力学试验内容丰富，本书仅简要介绍部分常见的试验，对试验方法等未加详细论述。

10.1　比例模型及部件试验

模型试验主要用于一些基本原理性试验和比例模型试验，包括部件模型和整车模型，一般在试验台上完成，如轮对导向机理模型试验、车体弹性振动控制模型试验、空气动力学比例模型试验等。

部件试验是针对车辆系统的某些部件进行试验，主要在台架上进行，如轮对滚动试验、弓网接触振动试验、悬挂元件动态特性试验等。

10.1.1　轮对试验

轮对试验台主要关注轮轨关系和轮对疲劳可靠性问题。轮轨关系是铁道车辆系统最重要的力学问题，一些复杂的轮轨问题，线路试验还无法完成且存在风险，所以在台架上开展轮轨试验是一种重要手段。

1. 轮轨试验台

轮轨关系试验台大多关注基础理论研究，在一些理想的边界条件下研究轮轨磨损、轮轨动态作用和轮轨滚动接触行为。

1）轮轨摩擦磨损试验台

国内外建立了很多轮轨磨损试验台，模拟轮轨滚动接触过程中的材料磨损、损伤问题，得到了一些基本结论，包括常用的轮轨磨损模型。西南交通大学建立了多个磨损试验台，如JD-1 轮轨模拟试验机，采用 1∶4 比例模型，能够模拟多种边界条件下的轮轨滚动接触；轨道交通实验室建立的轮轨模拟试验台，模拟比为 1∶3，能够开展轮轨黏着、蠕滑、塑性流动、磨损激励、材质匹配、几何形状匹配以及轮轨应力变化规律等轮轨摩擦学特性试验研究。试验台最高模拟速度为 350 km/h，最大载荷和加载频率分别为 15 kN 和 20 Hz，如图 10.1 所示。

2）车线耦合关系试验台

轨道交通实验室建立的车线耦合关系试验台，能够模拟轮轨动作用力（载荷谱），提供轨道结构外部激励；开展轨道部件（扣件、轨枕、轨道板等）的强度、寿命及动力特性研究；开展线路结构的动静态应力、位移、刚度等综合性能研究，以及轨道-路基系统的耐久性研究、轮轨动作用力传递特性研究等，如图 10.2 所示。

图 10.1　轮轨摩擦磨损试验台　　　　　图 10.2　车线耦合关系试验台

3）轮轨滚动行为模拟试验台

轨道交通实验室建立的轮轨滚动行为模拟试验台，再现滚动接触应力和钢轨弯曲应力的合力作用对轮轨材料服役性能的影响；模拟不同轮轨型面、材料和硬度条件下的轮轨接触疲劳问题；模拟不同轮轨型面、材料和硬度条件下的轮轨摩擦磨损问题；模拟的最高速度为 380 km/h，如图 10.3 所示。

图 10.3　轮轨滚动行为模拟试验台

2. 轮对高频激振试验台

由于轮对载荷很大，轮轨激扰频率往往很高，所以轮对高频试验台一般采用凸轮机构施加激扰，研究高频激扰下轮对振动、疲劳可靠性等问题。轨道交通实验室建立了轮对高频激振试验台，用于模拟轨道或车轮缺陷产生的高频激扰，分析在高频激扰条件下的车辆系统振动与结构应力响应。该试验台主要由牵引电机、齿轮变速箱和滚轴/滚轮组成，如图 10.4 所示。其中，电机转速与变速箱变速比、滚轮直径大小共同调节试验台输出速度，用于模拟车辆在线路上的前进速度。试验台配备了二系载荷液压作动器，可模拟车辆在不同动载荷和最高运行速度 400 km/h 条件下的轮轨高频激振特性，试验台主要技术指标见表 10.1。滚轮和车轮均可以采用非圆形状，用于施加高频激励。基于该试验台可开展如下研究：

（1）车轮缺陷如车轮多边形，对车轮、车轴、轴箱等簧下部件的损伤；

（2）车轮缺陷如车轮多边形，对轴箱端盖螺栓、制动盘螺栓等预紧力的影响；

（3）高频激振条件下的减振器动态响应特性，如一系垂向减振器的高频隔振特性；

（4）钢轨缺陷、车轮缺陷的安全限值，如车轮扁疤、多边形的限度值。

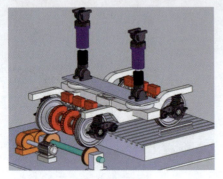 

（a）原理图　　　　　　　　　　　　　　（b）实物图

图 10.4　西南交通大学牵引动力实验室轮对高频激振试验台

表 10.1　轮对高频激振试验台主要技术指标

项　点	指　标
每车轴垂向最大静载荷	20 t
驱动电机功率	110 kW
最高试验速度	4 200 r/min
试验最高速度持续时间	20 min
适用轨距	1 435 mm
轴承特性	每车轮最大垂向静载荷 10 t；承受车轴弯曲引起的侧向力

针对我国高速列车运营中发生的车轮高阶不圆及其引发的轮轨高频振动问题，在轮轨高频激振试验台上开展了大量试验，包括采用线路运营发生严重多边形的转向架实物开展试验、将滚轮加工成典型多边形的试验等。试验过程中，在国内率先开展了轮对高速旋转下的振动和应力无线传输测试，以及无线传输的轮轨力测试。

3. 轮轴疲劳试验台

通常采用旋转弯曲疲劳强度试验对轮轴进行疲劳强度校核，根据载荷施加方式的不同可分为悬臂式和简支梁式车轴旋转弯曲疲劳试验方法。中国、德国和日本等国家的车轴疲劳试验装备均为悬臂梁式车轴疲劳试验台，悬臂梁式车轴疲劳试验方法的主要优点为力臂较长，从而可以施加较小的载荷达到试验目的，使弯曲疲劳试验更好地符合车轴实际受载情况。

图 10.5 为西南交通大学的悬臂梁式车轴疲劳试验台，主要由驱动电机、传动轴、支撑轴

承装置、载荷加载器、试验车轴及其固定装置组成。通过液压作动器在轴颈处施加载荷使车轴产生垂弯曲，另一端则与车轮或者用于模拟车轮的法兰进行装配，并通过螺栓固定在试验台上，然后通过驱动电机施加旋转运动。基本试验过程：首先，利用液压作动器对车轴进行加载，使得车轴在校核区域的应力达到试验要求的应力水平，并保持液压作动器载荷水平；然后，开启旋转弯曲疲劳试验台，对车轴进行疲劳试验。

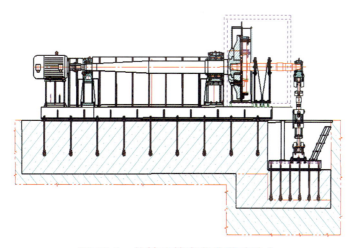

图 10.5　轮轴旋转弯曲疲劳试验台

图 10.6 为轮轴疲劳试验台，除了可以完成轮轴的疲劳试验外，也可以进行单转向架的动力学试验，其最高运行速度超过 300 km/h。该试验台还可以进行制动模拟试验和轮轨黏着试验等。

（a）内部结构

（b）试验状态

图 10.6　轮轴疲劳试验台

10.1.2　悬挂元件试验

转向架悬挂元件试验的主要目的是对悬挂元件进行静态和动态刚度、阻尼测试，即可以验证悬挂元件的实际参数特性，还可以用于修正动力学仿真模型，为车辆的悬挂参数设计提供依据。高速列车的主要悬挂元件包括如下四类：

（1）空气弹簧系统，由空簧本体、应急橡胶簧、附加气室、连接管路等组成。

（2）油压减振器，如抗蛇行减振器、二系横向减振器和一系垂向减振器，减振器两端配装有橡胶节点。

（3）节点/叠层弹簧类弹性橡胶元件，节点如一系转臂定位节点、牵引拉杆节点、减振器节点等；叠层弹簧如一系叠层橡胶弹簧、横向止挡/缓冲挡节点、中心销衬套节点、橡胶垫和防振橡胶等。

（4）钢制螺旋弹簧，如一系轴箱弹簧组等。

为掌握悬挂元件在不同温度下的动态特性，需要开展低温环境条件下的悬挂元件参数测试，可为低温环境下车辆动力学计算提供准确的输入参数，从而为低温环境下的车辆悬挂参数设计提供依据。西南交通大学的环境温度试验箱，模拟温度范围为 −60 ~ 70 ℃。

1. 油压减振器动态试验

减振器是车辆悬挂系统中的重要组成部件，如抗蛇行减振器、一系垂向减振器、二系横向/垂向减振器和电机横向减振器等，其动态特性直接关系到车辆运行安全和运行品质。一般通过单减振器动态特性试验台进行参数测试，试验台原理如图 10.7 所示。试验台通常固定减振器一端，另一端通过作动器施加位移激励，测量减振器受到的载荷-位移曲线，通过数据处理获得载荷-速度特性。

减振器动态参数具有频率和幅值强非线性，并与环境温度相关。因此，应设计

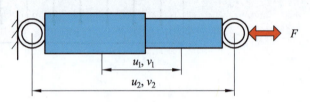

图 10.7　液压减振器动态特性试验方案

多个试验工况，通过测定不同激振幅值、速度（频率）和环境温度条件下的载荷、位移数据，从而获取减振器动态刚度、阻尼和相位参数。减振器动态特性试验可以在环境温度试验箱内进行，温度范围为 −45 ~ 50 ℃。试验方法可参考 TB/T 1491—2015《机车车辆油压减振器》，一般激振频率范围为 0.5 ~ 12 Hz、幅值为 0.25 ~ 25 mm，需要根据减振器技术条件确定。

图 10.8 为减振器以某激扰幅值、不同激扰频率试验的载荷时程曲线和示功图，可见减振器输出载荷和阻尼随运动速度的增加而逐渐增大。目前，减振器试验台普遍采用正弦波加载，测试稳态状态下的减振器输出载荷，而车辆在实际运行时是非稳态过程，因此，应考虑测试随机激扰条件下的减振器输出载荷-速度特性。

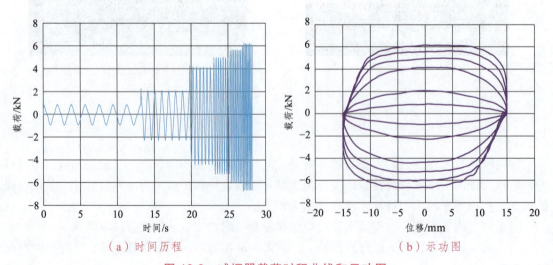

（a）时间历程　　　　　　　　　　　（b）示功图

图 10.8　减振器载荷时程曲线和示功图

2. 弹簧动态试验

轨道车辆常用的弹簧主要有钢弹簧和橡胶弹簧。钢弹簧一般为螺旋弹簧，由圆截面等径钢棒材制成的等节距圆柱形弹簧，其轴向、横向刚度试验参考标准 TB/T 2211—2010《机车车辆悬挂装置钢制螺旋弹簧》执行，试验载荷、位移和频率范围根据运用需求确定。橡胶弹簧的刚度和阻尼具有与幅值、频率和温度相关的动态特性，其轴向和径向刚度试验可参见 TB/T 2843—2015《机车车辆用橡胶弹性元件通用技术条件》。

弹簧在整备状态下通常承受一定的静态载荷 F_A，对应的高度称为基准高度 L_A。以静态载荷为基准沿轴向施加力或位移，测定位移-载荷关系曲线。当负荷逐步从 F_U 增加到 F_V 时，对应的弹簧高度从 L_U 变到 L_V，则弹簧刚度为 $K_s = (F_V - F_U)/(L_V - L_U)$。根据产品技术条件确定被试样件的压并高度 L_B 及对应的轴向载荷 F_B，如图 10.9 所示。弹簧横向或者径向刚度试验时，应在一定的轴向载荷下进行。弹簧上下支承板配有指定直径和高度的定心装置，并允许其中一个支承板在水平面内自由移动，如图 10.10 所示。同轴向刚度测试流程，给定不同的位移偏移量并记录相应的载荷，可计算出弹簧横向或径向刚度值。

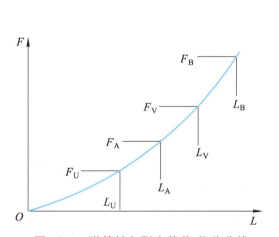

图 10.9　弹簧轴向刚度载荷-位移曲线

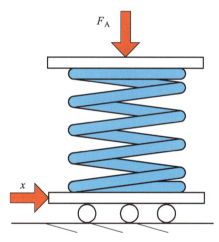

图 10.10　弹簧横向刚度试验原理

3. 空气弹簧试验

图 10.11 为青岛四方车辆研究所有限公司（简称四方所）和西南交通大学的空气弹簧动态特性参数测试试验台。西南交通大学空气弹簧参数测试试验台可以进行空气弹簧静态、动态参数测试，试验台具有全六自由度，可实现垂向、横向以及扭转方向的同时加载。可以考虑附加气室容积、连接管路长度、节流孔直径等影响，开展不同载荷、内压条件下的参数测试。通过配备环境温度试验箱，可开展不同温度环境下的空气弹簧参数测试。试验台可对单个空簧试验，也可对两个空簧同时进行试验。本节介绍与动力学相关的空气弹簧试验内容和特性[61]，为动力学分析提供参考。

1）垂向静态特性试验

（1）载荷内压试验。

使空簧处于标准工作高度，测量空气弹簧在不同气压下的垂向载荷值，并绘制载荷-内压关系曲线，如图 10.12（a）所示，可见空簧载荷和内压基本呈线性关系。

（a）四方所空簧试验台

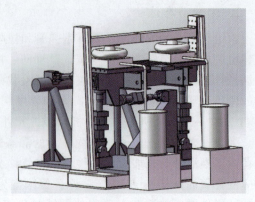
（b）西南交通大学空簧试验台

图 10.11　空气弹簧试验台

（2）有效面积及其变化率试验。

测定空气弹簧在不同气压下的载荷值，得到空气弹簧的有效面积；对空气弹簧由标准高度拉伸和压缩，测量对应的载荷和内压值，得到空气弹簧的有效面积变化率，如图 10.12（b）所示。考虑了空气弹簧内压在 100～600 kPa 和运动幅值在 20 mm 范围内的空簧有效面积。可见，空气弹簧有效面积随激励幅值变化具有一定的非线性特性，载荷越大，有效面积越大；有效面积曲线的斜率为有效面积变化率，也具有非线性特性，与空气弹簧内压和运动幅值相关。

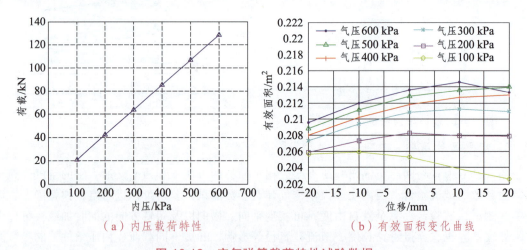

（a）内压载荷特性　　　　　　（b）有效面积变化曲线

图 10.12　空气弹簧载荷特性试验数据

（3）静刚度试验。

使空气弹簧处于标准工作高度，测量空气弹簧在内压 $P = 600$ kPa、500 kPa、400 kPa、300 kPa、200 kPa、100 kPa 时受到不同垂向激振幅值时的载荷变化，计算出准静态刚度，获取初始内压和静刚度关系，如图 10.13（a）所示，可见空簧静态刚度随内压基本呈线性变化。空簧垂向静态刚度和附加气室容积的关系曲线如图 10.13（b）所示，可见随着附加气室容积的增大，空簧静态刚度逐渐减小。

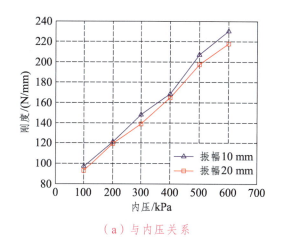

（a）与内压关系

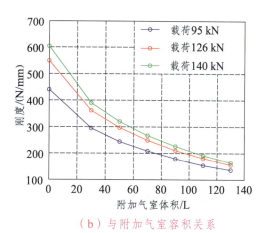

（b）与附加气室容积关系

图 10.13　静态刚度随空簧参数的变化

2）垂向动态特性试验

（1）动态刚度、阻尼随激振频率、幅值的变化。

测量在不同激振幅值和频率工况下空簧垂向动态刚度和阻尼的特性，并测试物理参数如附加气室体积、节流孔大小、连接管路长度和直径等对空簧动态性能的影响，如图 10.14 所示。

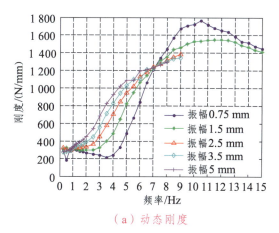

（a）动态刚度

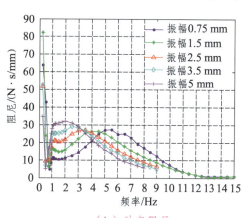

（b）动态阻尼

图 10.14　空簧垂向动刚度和动态阻尼的频变特性

从图 10.14（a）中可以看出，激振幅值对空气弹簧动态刚度频变特性曲线的影响呈非线性：在低频区，随着激振幅值增大刚度减小，随着激振频率增大刚度逐渐增加；超过共振频率后，激振幅值越大刚度越大；随后，在 7 Hz 左右处，变化规律再次变为激振幅值越大刚度越小，当频率增长到 15 Hz 时，各激振幅值的计算刚度都趋近于空气弹簧本体刚度。

从图 10.14（b）中可以看出，由于节流孔和连接管路的共同作用，阻尼随激振频率和幅值呈现非线性特性。随着激振幅值的增大，阻尼最大值略有增加，这是因为流经节流孔的气体流量增加导致阻尼增加。随着激振幅值的增大，阻尼最大值所对应的激振频率随激振幅值的增加而减小，这是因为不同激励幅值下节流孔气体饱和流量所对应的频率不同；大激振幅值时气体流量大，流速达到饱和所对应的频率就低，当激振频率继续增大，由于流速不变，而气体流过节流孔时间减小，单位时间内流经节流孔的流量降低，所以高频激振下阻尼降低。

（2）节流孔直径、连接管路直径对动态刚度的影响。

在没有节流孔、只有连接管路直径变化的情况下，空簧垂向动态刚度频变特性如图10.15（a）所示。不同管路直径对空气弹簧的动态刚度影响很大，主要原因是连接管路中的气体振动导致。可以看到，随着管径增大，管路内气体质量增大，在一定的频率范围内，出现了负刚度。这是因为管路内气体的振动与激励振动不同步，出现了相位角差，气体在惯性作用下引起本体气压的变化幅度高于准静态条件。

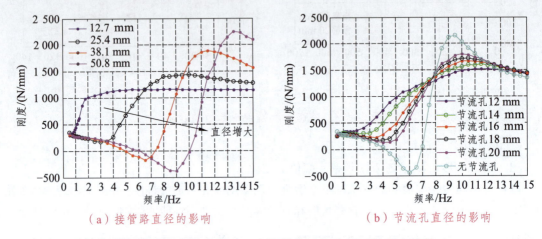

（a）接管路直径的影响   （b）节流孔直径的影响

图10.15　动刚度在不同连接管路、节流孔下的频变特性

（3）节流孔和连接管路共同作用对动态刚度的影响。

考虑空簧同时采用节流孔和连接管路情况，结果如图10.15（b）所示。空簧总体刚度曲线有两个明显的趋势，分别是低频刚度趋近于空气弹簧本体串联橡胶堆和附加空气室合成一个大腔体作用下的静态刚度，而高频刚度趋近于空气弹簧本体单独起作用时的刚度。节流孔直径越大，刚度随频率的变化范围越大，并可出现负刚度情况。出现这种刚度随频率变化的原因是空气弹簧激励位移和连接管路中空气质量位移之间的相位差达到一定条件。

3）横向静/动态特性试验

从图10.16（a）中可以看出，随着频率增加，空气弹簧横向动态刚度增加；随着激扰幅

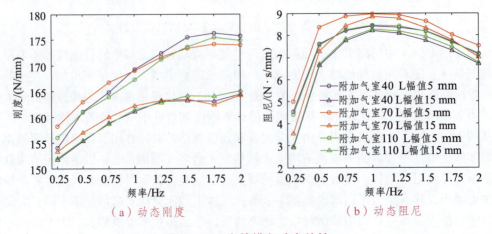

（a）动态刚度   （b）动态阻尼

图10.16　空簧横向动态特性

值增加，横向动态刚度减小。与垂向动态刚度不同，附加气室的体积对横向动态刚度几乎没有影响。图 10.16（b）表明，空簧横向阻尼随激振频率的增加先增大后减小，同时激振幅值、附加气室容积对空簧横向阻尼影响不大。对比发现，空簧横向阻尼显著小于垂向阻尼，因为横向阻尼主要是空簧本体橡胶自身阻尼以及橡胶与金属件之间的摩擦阻尼，相比节流孔和连接管路共同作用提供的垂向阻尼要小得多。

10.1.3　转向架及车体试验

轨道车辆主体结构由走行部和车体组成，转向架是车辆安全、高速运行的关键部件，而车体承载着旅客和货物，并保证乘坐舒适性和运行品质。由于车辆组装后其性能参数可能发生变化，因此有必要针对转向架和车体开展测试，以保证车辆系统参数满足要求。

1.　转向架参数试验台

转向架参数试验台主要进行一系/二系的横向、垂向和纵向刚度测试，以及阻尼比/阻尼系数测试、回转阻力矩/刚度测试、几何干涉性检查、轮重减载试验、车辆柔度系数测试等[62]。可对新研发或现有转向架进行参数测试，用于参数设计、校验等目的，并通过对线路上故障转向架进行参数测试从而开展故障分析等。转向架参数试验台一般具备以下参数试验功能：

（1）一系/二系三向刚度、阻尼比、阻尼系数测试；

（2）转向架回转阻力矩、回转刚度测试；

（3）带心盘旁承结构转向架的回转摩擦力矩测试；

（4）车辆柔度系数测试；

（5）转向架与车体之间的几何干涉性检查；

（6）非标准轨机车车辆称重试验；

（7）轮重减载试验。

1）回转阻力系数测试

转向架回转阻力矩试验台如图 10.17 所示，试验平台可绕结构中心自由转动，通过作动器控制转动平台转动速度和角度。将被试转向架的轮对固定在转台平台上，通过平台转动带动转向架相对车体发生回转运动，从而完成转向架回转阻力矩测试。标准 EN 14363 规定在 0.2°/s 回转速度条件下，车辆在正常整备状态下的回转阻力系数应不大于 0.08，在空簧过充和瘪气

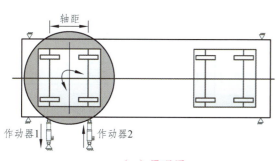

（a）原理图

（b）实物照片

图 10.17　转向架回转阻力矩试验台

状态下的回转阻力系数应不大于 0.1。利用该试验台对城轨车辆转向架进行的回转阻力参数测试，当回转速度为 0.2°/s 时，空簧充气和瘪气状态下的回转阻力矩-偏转角度关系曲线如图 10.18 所示，可见空簧空气状态会显著影响转向架回转阻力矩，从而影响车辆动力学性能[63]。

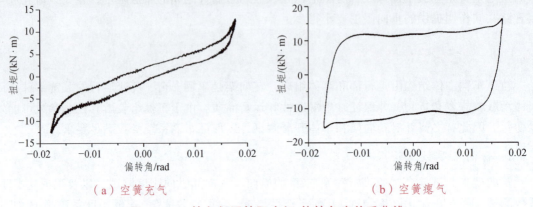

（a）空簧充气　　　　　　　　　　（b）空簧瘪气

图 10.18　转向架回转阻力矩-偏转角度关系曲线

2）悬挂系统刚度测试

基于转向架参数试验台，通过合理配置作动器和固定夹具，即可进行一系、二系悬挂系统的刚度测试。

（1）一系纵向刚度测试。

将被试转向架一条轮对固定在试验平台上，另一条轮对固定在轨道上使其不发生纵向运动，而车体、转向架构架、另一端转向架均处于自由状态；用纵向作动器推动试验平台，记录作动器载荷 F 和位移曲线，并用百分表测量轮对与构架间实际相对位移 Δx，选取连续且波形较好的三个周期的数据拟合成一系纵向等效刚度，试验示意图如图 10.19（a）所示。

（2）一系横向刚度测试。

将被试转向架两条轮对固定在试验平台上，用反力架以四点方式固定构架以限制其横向运动；车体和另一端转向架均处于自由状态；用横向作动器加载推动试验平台，记录作动器载荷 F 和位移曲线，并用百分表测量轮对与构架间实际相对位移 Δx，选取连续且波形较好的三个周期的数据拟合成一系横向等效刚度，试验示意图如图 10.19（b）所示。

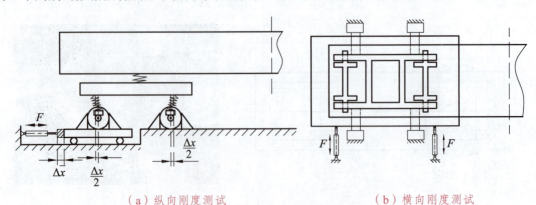

（a）纵向刚度测试　　　　　　　　（b）横向刚度测试

图 10.19　一系刚度试验示意图

（3）一系垂向刚度测试。

采用间接测量方法测试一系垂向刚度，记录不同车辆载重条件下的一系悬挂垂向净高度，从而换算成垂向刚度，也可通过垂向作动器施加垂向载荷，试验示意图如图10.20所示。

（4）二系横向刚度测试。

通过测试车体和转向架之间的横向相对位移和载荷计算出二系横向刚度。可以固定转向架或者车体，如图10.21所示。将被试转向架固定在试验平台上，用反力架以四点方式固定构架以限制其横向运动；通过千斤顶和液压作动器在车体上加载，记录载荷和位移曲线。考虑二系横向止挡引起的刚度非线性特性，需分段拟合载荷-位移曲线以获得非线性刚度。

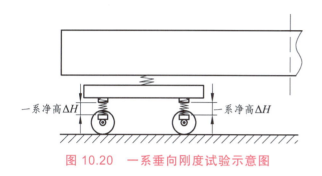

图 10.20　一系垂向刚度试验示意图　　　图 10.21　二系横向刚度试验示意图

3. 转向架脱轨机理试验台

图 10.22 为西南交通大学轨道交通实验室转向架脱轨机理试验台，其主要功能有模拟轮对低速爬轨过程、爬轨脱轨机理试验研究、爬轨过程的轮轨相互作用机制、转向架参数对脱轨的影响、轨道状态对脱轨的影响等，试验最高模拟速度为 30 km/h。图 10.23 为针对某高速转向架进行的脱轨试验，研究车辆脱轨过程中转向架振动响应、结构动应力、防脱轨器设计等。试验表明，防脱轨器可以有效抑制转向架发生侧翻，动车转向架的齿轮箱也发挥防侧翻作用，从而可保证转向架脱轨但不侧翻这一安全导向设计目标。

图 10.22　西南交通大学牵引动力实验室脱轨机理试验台

（a）脱轨器　　　　　　　　　　（b）脱轨试验过程

图 10.23　某高速转向架进行脱轨试验

4. 车辆柔度系数测试

当车辆停放在有超高的线路上时，车辆横断面中心线相对倾斜轨道的倾角为 θ，外轨超高引起的轨道倾角为 θ_0，则定义 θ/θ_0 为车辆悬挂系统的柔度系数，用 s 表示[64]。依据柔度系数定义，只需测出轨道倾角和车体倾角即可。根据不同的试验场合和试验条件，可设计出 3 种试验测试方法：重锤法、角度测量法和加速度测量法，这些方法均可在实验室完成[65]。

1）重锤法

重锤法为直接测量法，测试原理见图 10.24，包括轨道斜倾角测量和车体绝对倾斜角测量。利用重锤的重力效应测量车体倾角，试验前需在车体端墙的竖直方向标记间距 H，在车端底部刻画一条与车体结构平行的横线，作为测试过程中重锤摆动量 L 的参照线，然后用钢卷尺即可完成不同轨道倾角工况测试。当车体发生偏载时记录 L 值，则车体倾角：

$$\theta = \tan^{-1}(L/H) \approx L/H \tag{10-1}$$

轨道倾角为 $\theta_0 = \sin^{-1}(h_0/l_0) = h_0/l_0$，由轨顶横向跨距 l_0 和外轨超高量 h_0 确定。因此，车辆柔度系数为

$$S = (\theta - \theta_0)/\theta_0 \tag{10-2}$$

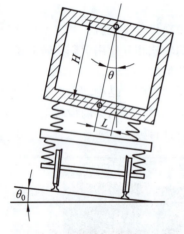

（a）重锤法示意图   （b）试验现场图

图 10.24　车辆柔度系数测试

2）角度、加速度测量法

角度测量法为直接测量法，测试原理见图 10.25（a），需要在轴箱和车体上布置倾角仪，可进行静态和动态测量。由于实际中车辆的倾角较小，因此，需要高分辨率小量程的倾角传感器。加速度测量法为间接测量方法，测试原理见图 10.25（b），需要在轴箱和车体上安装加速度计，测试精度依赖于传感器精度，可进行静态和动态测量。该方法利用车辆倾斜状态下测得的车体和轮对的横向加速度与重力加速度 g 之间的分量 g' 关系间接计算出其倾斜角度，即 $\theta_0 \approx g'/g$。由于轴箱振动加速度量级较高，需要采用大量程的传感器，而大量程传感器的幅值分辨率必定不高，因此，也会引入部分误差。

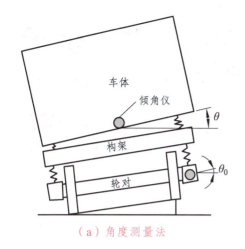
（a）角度测量法

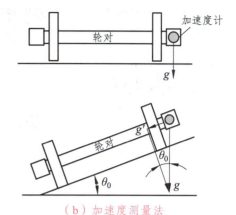
（b）加速度测量法

图 10.25　其他车辆柔度系数测试方法

5. 悬挂系统阻尼测试

在平直轨道上进行车辆悬挂系统阻尼测试，通过将车辆滚下斜楔进行跌落试验完成，如图 10.26 所示。试验需测得轴箱与构架间一系垂向和横向相对位移、轴箱垂向和横向加速度；构架与车体间二系垂向和横向相对位移、构架垂向和横向加速度；转向架正上方车体地板垂向和横向加速度，见图 10.27。通过测得的位移计算一系/二系悬挂的垂向、横向阻尼比和阻尼系数，并可以考虑空簧正常充气、过充和瘪气几种状态，以及其余的悬挂系统故障。

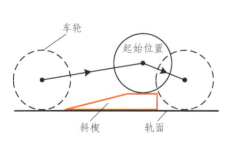

图 10.26　阻尼系数测试-跌落试验

（a）1 位轴箱加速度传感器

（b）车体加速度传感器

（c）3 位轴箱加速度传感器

（d）一系位移传感器　　　　（e）二系位移传感器　　　　（f）一系位移传感器
（1位轴箱：垂向＋横向）　　　（垂向＋横向）　　　（3位轴箱：垂向＋横向）

图 10.27　悬挂系统阻尼系数试验传感器布置图

不同模式下的阻尼测试方案如图 10.28 所示。浮沉工况阻尼测试中在车辆所有车轮下放置斜楔，点头工况仅在一端转向架车轮下放置斜楔，侧滚工况阻尼测试仅在车辆一侧车轮下放置斜楔，缓慢推动车辆使其跌落，采集和记录位移及加速度数据；横向阻尼测试时缓慢推动车体，使其横向移动约 35 mm，然后突然释放作动器，采集和记录位移及加速度数据。

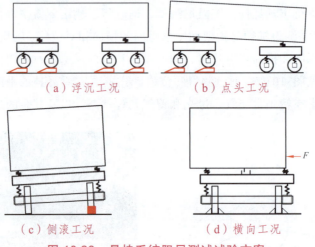

（a）浮沉工况　　　　　　　　（b）点头工况

（c）侧滚工况　　　　　　　　（d）横向工况

图 10.28　悬挂系统阻尼测试试验方案

图 10.29 为浮沉工况下的测试结果，可见空簧瘪气相对于充气状态需要更多周期才能恢复到稳定状态。因此，瘪气时的阻尼系数会非常小，所以空簧能提供一定的二系垂向阻尼。

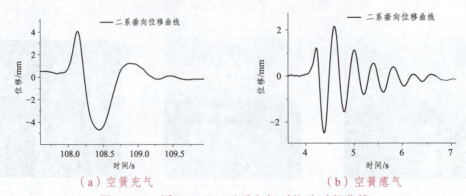

（a）空簧充气　　　　　　　　（b）空簧瘪气

图 10.29　浮沉工况二系垂向相对位移时程曲线

10.1.4　弓网关系试验台

西南交通大学轨道交通实验室建有多种弓网关系试验台,主要有动力学特性模拟试验台、受流电接触特性试验台、载流摩擦磨损机理试验台和电弧机理试验台,如图 10.30 所示。弓网动力学特性模拟试验台可进行弓网动态测试和耐久性测试,为车辆系统动力学提供边界条件。在该试验台上率先开展了弓网虚拟-实物混合模拟,即采用实际受电弓,而接触网通过动力学仿真模拟,并将接触网的振动通过作动器施加到弓头上,这为车辆系统动力学研究提供了崭新的思路和方法[62]。

图 10.30　西南交通大学牵引动力实验室弓网动力学特性模拟试验台

10.2　整车台架试验

整车台架试验台主要包括整车滚动试验台、整车振动试验台、整车滚动振动试验台、整车舒适度试验台和整车参数试验台等。整车台架试验主要用于车辆整备后的参数测试、型式试验等,用于为现车参数测定、校核和新车研发提供参数设计依据。滚动试验台主要用于磨合试验、功率试验、运动稳定性试验和曲线通过模拟等,振动试验台则用来研究悬挂系统的振动特性和传递规律,以及机车车辆和部件的固有频率、疲劳强度和货物装载可靠性等问题。

10.2.1　整车滚动试验台

整车滚动试验台为纯滚动试验台,基本功能是模拟机车车辆在平直轨道上的运动。四方所、四方股份、长客股份、唐山公司、株洲公司等都建有整车滚动试验台。四方所在国内首次设计出车辆滚动试验台,速度达到 333 km/h,可以模拟客、货车辆在理想平直道上的运动状态,研究转向架蛇行运动稳定性及其失稳临界速度,可模拟车辆通过曲线时轮轨间的冲角和轨道超高,测定车辆的脱轨稳定性,进行轮轨蠕滑试验,进行轮轨相互作用的研究。四方股份的高速列车系统集成国家工程实验室,创造了国内实验室的整车最高纯滚试验速度605 km/h,如图 10.31 所示。机车车辆滚动振动试验台可以完成滚动试验台的所有功能。

利用纯滚试验台进行稳定性试验时,可通过横向作动器在转向架构架或者车体侧面施加激扰,可以是瞬态激扰也可以是连续激扰。例如,在一定车速条件下,在车体上施加一定的横向位移后释放激扰,观察车辆能否恢复到平衡位置;也可以在构架或车体上施加随机或正弦激励,一定时间后去掉激励并观察车辆能否恢复到平衡位置。

图 10.31 四方股份整车滚动试验台

10.2.2　整车振动试验台

　　振动试验台用来研究车辆悬挂系统振动特性、振动传递规律、固有频率、疲劳强度和货物装载可靠性等问题。整车振动试验台可与车体疲劳强度试验台集成，如美国铁路运输技术研究中心 TTCI 的车体疲劳强度与振动试验台等。加拿大地面交通技术中心、韩国、日本川崎重工、英国 Derby 铁道研究所等都建有车体振动和疲劳强度试验台。我国多个机构等都建有货车、客车车体振动和疲劳强度试验台，可进行整车振动试验，如图 10.32 所示。西南交通大学整车振动试验台能满足不同车体结构的多方向加载试验，车体底部的激振加载采用六自由度振动加载装置完成，从而模拟机车车辆在线运行时的振动状态；作动器可在纵向任意移动，实现不同定距的机车车辆试验。

（a）四方所试验台　　　　　　　　　（b）西南交通大学试验台

图 10.32　整车振动试验台

　　西南交通大学整车振动和疲劳试验台主要技术指标有：

（1）试验台加载通道数共计 36 个，其中车体下部加载通道 12 个；

（2）考虑周期加载试验、随机加载试验，可模拟线路运行状态；

（3）最大被试车体长度 26 m，宽度 4.2 m；

（4）最大纵向动态作用载荷 200 t，静态载荷 700 t；

（5）适用轨距 1 000 ~ 1 676 mm。

10.2.3　机车车辆滚动振动试验台

　　图 10.33 为西南交通大学牵引动力实验室的机车车辆滚动振动试验台，该实验台主要由

机械系统、驱动控制系统、液压控制系统和测量系统组成[8, 62]。机车车辆整车滚动振动试验台可模拟机车车辆在轨道不平顺激扰下的运行，最高试验速度达 600 km/h，最近通过改造后最高试验速度可以达到 700 km/h。用于模拟轨道的滚轮可同时进行滚动和横向、垂向激振，模拟车辆在实际线路上的运行状态，试验台原理如图 10.33（a）所示。滚轮滚动模拟车辆沿轨道向前运动，由电机驱动；模拟轨道各种不平顺输入的激振力则由液压作动器产生。通常只对单个车辆进行整车试验，需要约束车体的纵向运动，保证轮轨始终接触。试验台滚轮设计成钢轨轨头形状，模拟实际的轮轨接触几何关系。试验台滚轮具有独立自由度且不同滚轮之间相互对立，因此，试验台可依据试验需求施加冲击激扰、扫频激扰和随机激扰。试验台测试系统可测量被试车辆各悬挂部件的运动位移、加速度，以及试验系统的输入和振动等。

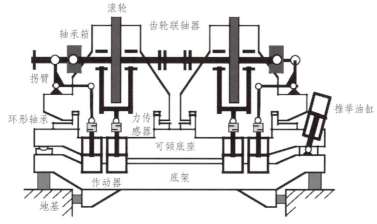

（a）试验台原理图

（b）试验台照片

（c）CRH380BL 动车组在试验台上

图 10.33　机车车辆滚动振动试验台和被试车辆

在进行扫频激振试验时，最高激振频率以满足车辆动力学试验需求即可。激振幅值原则上能够激发出系统固有模态即可，如车体弹性模态，试验和仿真均具有良好效果。在进行轨道谱激振试验时，将轨道谱按照试验激振系统的要求转换到时域并离散，然后按照滚轮的位置延迟施加。横向和垂向作动器均沿垂向安装，横向激扰通过连杆机构转换到滚轮横向。通过改变左右滚轮的连接方式，可以实现左右滚轮不同步旋转，从而模拟曲线通过等工况。

常规试验一般是针对整车开展，整车均为实际整备状态，也可以采用假车体配重模拟真实车体，采用两个真实转向架试验。困难情况下，可以采用一个真实转向架，另一个转向架和车体均用替代品，此时真实转向架施加实际运行速度，替代转向架低速运行。在滚振台上可以开展多种试验，如比线路试验更加广泛的悬挂参数优化试验。文献[62]对试验台开展了系统的理论和试验研究。

1. 稳定性和平稳性试验

测试车辆系统的临界速度是滚振试验台的主要功能之一，由于可以给车辆系统施加初始激扰，然后让车辆纯滚动，所以可以试验出车辆系统的线性临界速度、非线性临界速度和实际轨道激扰下的临界速度，并得到蛇行运动分岔图，如图 10.34 所示。

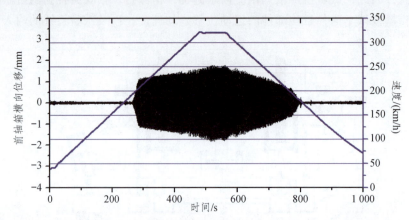

图 10.34　滚振台升速降速法进行稳定性试验（升速未加轨道不平顺）

在整车滚动振动试验台上，车辆蛇行失稳临界速度的测试方法如下：

（1）在纯滚条件下，提高车速，观察车辆发生蛇行运动的初始速度，得到线性临界速度。

（2）在较高的车速下，当车辆系统发生蛇行运动后，通过降低车速，期间可以施加轨道激扰，也可以不施加轨道激扰，观测蛇行失稳收敛的车速，得到非线性稳定速度。

（3）在不同的车速下，施加一段轨道激扰，然后纯滚，观测车辆发生蛇行运动的车速，得到实际临界速度。

利用西南交通大学牵引动力滚振试验台，对高速动车组进行稳定性试验、安全性试验和平稳性试验，参考 UIC 518、GB/T 5599 和《高速动车组整车试验规范》等标准和技术规范执行，如对某动车组拖车进行车辆稳定性、平稳性和悬挂自振频率试验。试验方案、试验内容以及试验结果如表 10.2 所示，包括对原车方案 3 个和故障方案 11 个。

表 10.2　动车组拖车稳定性型式试验结果

方案	试验内容	失稳速度/（km/h）	稳定速度/（km/h）
原车 1	武广谱	>440	—
原车 2	京津谱	>440	—
原车 3	德国低干扰	>440	—
故障 1	前后转向架空簧均无气	>380	—
故障 2	前转向架去掉 1 个抗蛇行减振器	>380	—
故障 3	前转向架单侧去掉两个抗蛇行减振器	280	270

方案	试验内容	失稳速度/（km/h）	稳定速度/（km/h）
故障 4	前后转向架各去掉 1 个抗蛇行减振器	>380	—
故障 5	前后转向架一侧各去掉两个抗蛇行减振器	250	250
故障 6	前后转向架左右侧各去掉 1 个抗蛇行减振器	380	340
故障 7	前后转向架去掉全部抗蛇行减振器	180	120
故障 8	前后转向架去掉全部一系垂向减振器	>380	—
故障 9	前转向架抗侧滚扭杆故障	>380	—
故障 10	前转向架去掉 1 个横向减振器	>380	—
故障 11	每转向架去掉 1 个横向减振器	>380	—

在进行稳定性试验时同步评价车辆的平稳性，记录原车方案和故障方案下的车体平稳性指标变化规律，部分测试结果如图 10.35 所示。

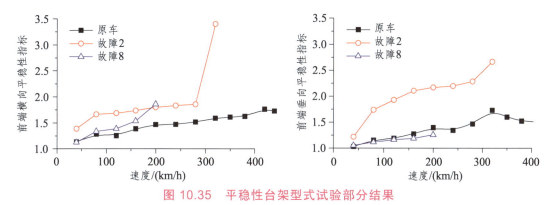

图 10.35　平稳性台架型式试验部分结果

2. 悬挂自振特性试验

在整车滚振试验台对各车轮施加正弦扫频激励，扫频速度不大于 0.05 Hz/s，根据车体或构架的振动响应相位和频率，识别出车辆悬挂自振频率和振型。对某车辆开展悬挂模态试验，采用横向扫频激励方式可测得车体下心滚摆和上心滚摆频率分别为 0.51 Hz 和 1.46 Hz，如图 10.36 所示。车体的点头和摇头模态识别可通过调整前后转向架的激励相位实现，采用垂向扫频激励、侧滚扫频激励、点头扫频激励、摇头扫频激励可测出车体的其余悬挂模态频率。表 10.3 为车辆主要悬挂模态测试结果统计表。

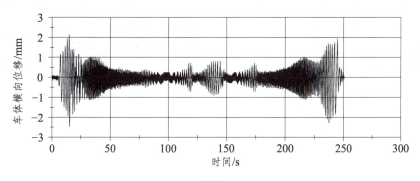

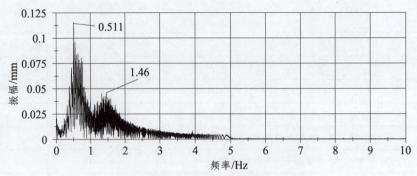

图 10.36　车体滚摆模态试验结果

表 10.3　动车组悬挂自振频率试验结果

序　号	振　型	频率/Hz
1	车体下心滚摆	0.51
2	车体上心滚摆	1.46
3	车体浮沉	1.15
4	车体点头	1.45
5	车体摇头	1.26
6	构架浮沉	6.45

10.2.4　整车参数试验台

1. 悬挂参数试验

图 10.37 为中车长客股份转向架参数试验台结构示意图和实物照片。转向架参数测定试验台能够模拟实际运行工况进行转向架参数测试，包括在真实车体落成状态下测试转向架一系、二系三向刚度，转向架扭转刚度和转向架的回转摩擦力矩等各种参数，可以模拟车体偏载、车体倾斜等状态，还可以模拟曲线半径、超高、坡度、三角坑等线路信息，同时可测量悬挂系统自振频率、开展列车曲线通过干涉检查试验、垂向振动衰减能力测试。

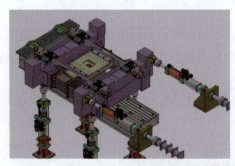

图 10.37　转向架参数测试平台结构

转向架参数测定时将轮对固定在试验平台上，然后对整个转向架进行扫频或随机激励，通过激扰轮对带动转向架运动，振动经转向架悬挂系统传递至车体，激发转向架和车体悬挂模态以及结构弹性模态。

330

图 10.38 为基于该试验台进行的转向架悬挂参数和车体模态参数测试。通过在转向架四个车轮位置施加扫频激扰，可以测得在不同激扰频率下的转向架和车体振动响应，根据模态识别原理和信号处理方法，可以识别出构架和车体的悬挂模态和低阶弹性模态，用于验证车辆整备参数、再现线路故障和理论、仿真研究等。

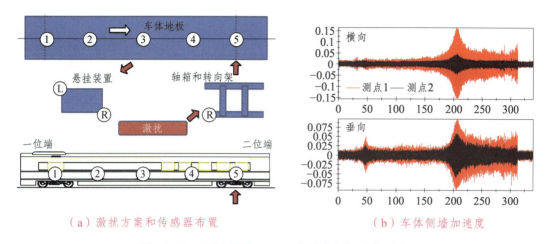

（a）激扰方案和传感器布置　　　　　　　　　　（b）车体侧墙加速度

图 10.38　侧滚激励工况下车体中部振动加速度

2. 车体模态试验

车体结构模态对车体弹性振动影响很大，是车辆刚柔耦合系统动力学研究的基础，也是解决线路上车辆运行时异常振动的重要依据。进行车体结构模态试验时，可采用单点激振多点测量和多点激振多点测量的方法。对于车体结构而言，通常采用多点激振多点测量的方法。采用 2～45 Hz 白噪声随机激励，初步确定车体的模态振型和频率，再采用接近于振动的阶跃激励进行激振，以准确地获取机车车辆的真实模态。

进行车体模态测定时，车体采用较软材料（如空气弹簧等）在二系悬挂点处进行支撑，采用多个电磁激振器进行激振，如图 10.39 所示。通常根据车体多个横断面的多个加速度测点进行振型识别，同步记录所有测点的加速度信号，然后根据测点的相位或借助商业软件等进行模态识别，识别结果示例如图 10.40 所示。

图 10.39　车体模态识别的电磁激振法

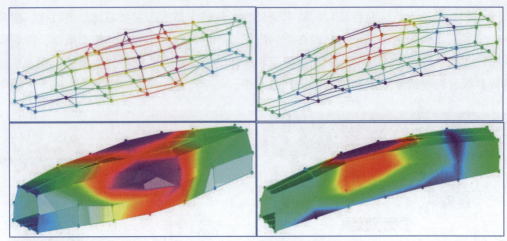

图 10.40　车体模态振型识别

10.3　线路试验

车辆线路试验主要包括型式试验、线路跟踪试验和线路研究性试验等，是车辆安全运行、动力学指标评价和开展线路动力学性能研究的重要手段。线路试验是针对轨道车辆开展的所有试验中等级最高的试验，试验结果与线路条件、自然环境、车辆状态、运用条件等直接相关，这给试验数据分析带来一定难度，但能够最真实地反映出车辆的动力学性能。

线路试验虽然是最真实的状态，但也只是实际运营集合的个别或者少数样本，不能完整掌握线路运营的动力学特征。例如，与车辆振动位移有关的动态包络线试验，很难通过试验确定侧风等外载荷影响，而侧风的影响恰恰最大。为此针对高速列车开展了大量运营考核试验和线路长期跟踪试验，意在全面掌握高速列车动力学性能演变规律、动力学性能变化范围。

10.3.1　线路常规试验

1. 型式试验

线路型式试验同台架型式试验类似，主要测试内容包括运动稳定性、运行安全性和运行平稳性。线路型式试验受线路条件和运用条件限制，仅在车辆某些特定状态下进行，一般较少考虑故障试验或者研究性试验，仅考虑车辆在正常运行状态的各项动力学指标是否满足相关标准或技术规范的要求。

1）运动稳定性试验

转向架稳定性试验有多种测试方法，如通过轮对横移量、轮轨作用力、构架横向加速度幅值及其均方根等指标评判，可参考 EN 14363、UIC 518、UIC 515 和《高速动车组整车试验规范》执行。在进行线路稳定性型式试验时，根据用户需求或者标准适用区域范围，选择相应的标准进行评定。西南交通大学牵引动力实验室对我国出口的某城轨车辆进行了线路运行稳定性型式试验，采用 UIC 515 标准对转向架稳定性评定。试验现场传感器布置如图 10.41所示，通过对构架横向加速度信号进行处理，得到的构架横向加速度时程曲线满足标准要求，如图 10.42 所示。

图 10.41　试验现场传感器布置图

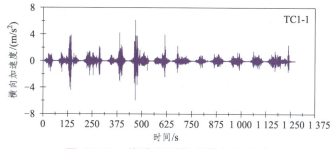

图 10.42　线路实测构架横向加速度

2）运行安全性试验

运行安全性试验主要测试车辆的脱轨系数、轮重减载率、轮轴横向力以及车轮垂向力等指标，一般通过测力轮对在线测量，也可以采用间接方法测量轮轴横向力、轮轨垂向力、轮重减载率和轮轴脱轨系数，但需要修改评定标准。间接测试方法简单可靠，成本相对便宜，且可以长期跟踪测试，也可以测试弹性车轮等特殊轮对[66]。针对列车中不同车辆进行考核，指定考核线路、试验速度等级，如对 CRH380B 系列动车组进行线路型式试验时，选定长吉线、郑西线和哈大线进行试验，评价速度等级为 200 km/h、240 km/h、280 km/h、300 km/h、350 km/h 和 385 km/h 等速度。试验主要在正线路段进行，在道岔、曲线等需要限速的区段，以最高运行速度通过。

3）运行平稳性试验

车辆平稳性、舒适度试验主要通过车内地板、座椅的加速度信号进行评判，主要考核指标有 Sperling 平稳性指标、舒适度指标和加速度幅值等，参考标准有 GB/T 5599、UIC 513、ISO 2631 等。对某出口城轨车辆进行平稳性和舒适度型式试验，在车内地板和座椅上布置了加速度计，地板布置如图 10.43 所示。典型车体加速度和平稳性指标如图 10.44 所示。

2. 专项试验

线路上开展的专项试验为研究性试验，具有很强的针对性，根据试验目的确定试验条件、试验方案等。专项试验根据具体问题进行，如车辆的异常振动、动力学指标超标等问题。例如，车体地板异常振动专项试验、车体抖动专项试验、轴箱安全吊断裂专项试验、空压机异常振动专项试验、螺栓预紧力松动专项试验和构架支撑座裂纹专项试验等。线路专项动力学试验有多种试验方法，通常测试车辆系统振动传递路径，分析一系、二系悬挂系统的振动衰减特性，从而评价车辆各结构部件的振动水平。专项试验常采用对比试验原则，通过设定试验条件分析单变量变化对整车动力学性能的影响，从而突出分析问题的来源。

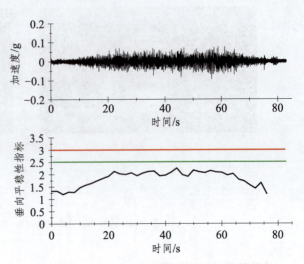

图 10.43　平稳性测点加速度计　　　　　图 10.44　加速度测试值和平稳性指标

1）车体地板异常振动试验

某车辆转向架上方车体地板发生异常振动，影响乘坐舒适性。为便于对比分析，测试一列编组中表现异常和正常的两节车辆的车体地板加速度。采用短时傅里叶变换 STFT 方法分析数据，获得随时间变化的振动时频谱图，如图 10.45 所示。通过对比异常和正常车辆的车体地板垂向加速度时频谱图，发现异常车辆存在和车速相关的频率成分，且速度越高振动能量越大，车体振动越显著，表明是该频率造成地板异常振动。

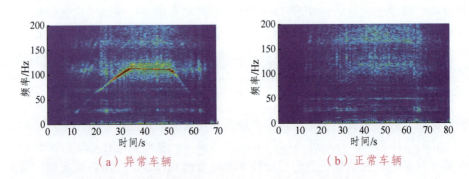

（a）异常车辆　　　　　　　　　　　（b）正常车辆

图 10.45　车体地板垂向振动加速度 STFT 时频谱图

2）局部结构异常振动试验

某地铁车辆转向架的轴箱安全吊曾发生断裂，该安全吊在车辆正常运行中不发挥任何功能，仅在整车起吊时起到限位作用。开展安全吊振动环境和动应力测试专项试验，如图 10.46 所示，并进行结构有限元模态分析。动应力试验时在安全吊断裂处布置 4 个应变计，测试整个线路区间的动应力水平，进行疲劳寿命评估。试验数据表明不同路段出现钢轨波浪形磨耗，波磨频率在安全吊固有模态共振区内，钢轨波磨导致结构共振从而引发疲劳破坏。在钢轨进行打磨后再次进行试验，发现轴箱、安全吊振动水平和动应力水平显著降低。

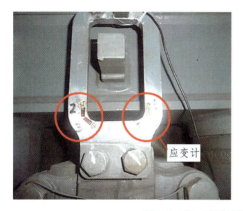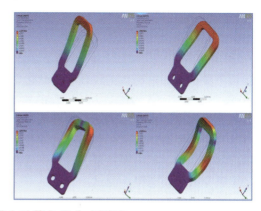

图 10.46　安全吊模态计算与动应力测试

3）车体抖动试验

某高速动车组在一定运营里程下出现车体抖动问题，表现为车内座椅、行李架显著振动以及噪声。针对这一问题开展线路专项试验，测试悬挂系统振动传递特性，排查振动激扰源并提出解决方案和试验验证。车体发生抖动时的信号特征如图 10.47 所示，通过经纬度坐标可以直接找到对应线路区间的 GPS 地理位置。

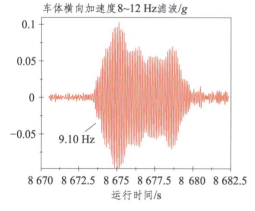

（a）车体横向加速度　　　　　　　（b）车体抖动对应的 GPS 地标

图 10.47　车体抖动专项试验

从地图可见，车辆此时正沿正线以 300 km/h 的速度通过车站。车站两端设置有道岔，已知车站长度约 1 km，而车体抖动时间内运行距离刚好对应车站长度，表明是经过车站导致车体发生抖动。统计所有车体抖动时刻对应的地理位置，可根据线路公里标对线路进行排查。

分析抖动时刻的加速度数据可知，抖动时刻的幅值较正常区段显著增大。因此，对转向架进行动力学专项测试，同时分析不同路段下的轮轨接触匹配关系。通过对车轮型面、钢轨型面和轨道参数进行测试和分析，发现局部路段的线路条件会导致异常轮轨匹配关系，如等效锥度显著增大，从而引起转向架的蛇行运动，进而激发车体的结构模态而引发车体结构共振。通过车轮镟修、线路整治和车体结构模态优化等可以解决车体抖动问题。在不影响车辆乘坐舒适性和安全性的前提下，可持续监测转向架的蛇行运动安全性。

10.3.2 线路跟踪试验

1. 运营考核试验

运营考核试验即车辆在正式载客运营之前开展的长期型式试验,试验里程通常为 30 万 ~ 60 万千米。动车组运营考核动力学试验的核心任务是,获取车辆动力学性能在一到两个镟轮周期内的演变规律,校核车辆动力学性能是否满足要求。运营考核试验可包含以下方面:

(1)车轮磨耗跟踪测试。定期测试车轮型面,获取车轮磨耗量、磨耗速度、磨耗外形、等效锥度演变规律,提出磨耗量、等效锥度限值。

(2)整车线路模态跟踪测试。

(3)关键部件振动特性演变规律测试。对轴箱、构架、车体、牵引电机、齿轮箱等关键零部件跟踪测试,分析振动加速度幅值、频率、传递比等特性的演变规律。

(4)车下设备振动演变规律测试。

(5)运行安全性跟踪测试。采用测力轮对或者轮轨力间接测量方法,评价考核周期内的运行安全性演变规律。

(6)运行平稳性跟踪测试。

(7)运动稳定性跟踪测试。对构架端部横向加速度跟踪检测,分析加速度幅值和蛇行运动频率随运营里程的变化规律。

1)运营考核试验数据采集

运营考核试验需要定期采集数据,主要包括车轮型面定期测量和车载振动数据远程控制测量。车轮踏面每 1 万 ~ 3 万千米进行间隔测量,一般测试整列车所有车轮型面。车辆振动则通过车载数据采集系统远程控制采集,每运行交路的车辆数据均全程记录并存储。运营考核试验不能影响车辆正常运营,采用密封的高防水防尘等级数据采集系统,满足长期可靠性要求。数据采集系统安装于设备舱内,远程控制系统启停及关键数据下载存储操作,试验人员定期取出存储在硬盘上的原始数据。

2)运营考核试验数据处理

根据被测物理量特征,以满足数据分析需求为原则,确定各测点处的传感器固有特性和数据采样频率。对原始数据进行预处理,如剔除异常点和去除零漂等。确定数据滤波范围,如车体、构架和轴箱上的数据滤波范围根据响应频率范围确定。经上述处理后,分别在时域和频域计算各项指标,如时域的幅值最大值、幅值平均最大值、均值、分位数、均方根和方差等,频域指标有主频及其幅值、传递率等。根据线路条件如直线、曲线、道岔、桥梁或者隧道内分别给出各项指标的统计值,按照车速、运行方向、编组形式、车轮磨耗状态、钢轨磨耗状态、天气条件等参数分类统计。

3)运营考核试验数据分析

某高速动车组开展 60 万千米运营考核试验,典型数据如图 10.48 和图 10.49 所示,分别为车轮踏面磨耗量随运营里程变化曲线和轴箱、构架横向加速度均方根值随运营里程的变化曲线。数据显示踏面磨耗量与车辆运营里程基本呈线性关系,均值、分位数统计指标等均存在这样的规律。不同车轮镟修周期内的磨耗数据规律也基本一致,25 万千米内最大磨耗量小于 1 mm。多个直线路段的振动数据分析结果表明,轴箱横加速度均方根值比构架高一个数量级,幅值随车轮磨耗增加而变大,车轮镟修后振动加速度幅值一般会降低至新轮状态。

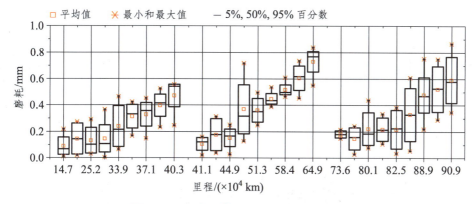

图 10.48　踏面磨耗量随运营里程的变化规律

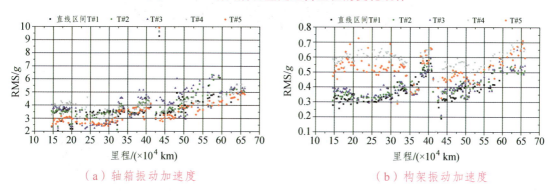

（a）轴箱振动加速度　　　　　　　（b）构架振动加速度

图 10.49　轴箱和构架横向加速度随运营里程变化规律

2. 长期服役性能跟踪试验

为掌握车辆在整个服役寿命周期的性能，开展线路长期服役性能跟踪试验，动力学部分主要内容为稳定性、安全性和平稳性，评估车辆动力学性能随时间、空间的演变规律。例如，京沪线、京广线和哈大线上开展的速度 300 km/h 动车组线路跟踪测试，持续测量列车的结构部件振动响应、位移响应，以及同步测量车轮型面、钢轨型面变化情况，并结合车辆运行速度、线路公里标和天气状态等，为车辆动力学性能评估和预测提供重要试验数据支撑。

西南交通大学牵引动力实验室联合车辆主机厂家，依托纵向、横向课题，拥有先进的线路跟踪测试系统和专业测试团队。结合高速列车编组特点，传感器布置在被试车辆关键部位，用信号线连接至数据采集终端。数据采集终端安置于被试车辆的设备舱中，利用多台数据采集终端实现分布式测试，并保证各终端之间控制同步。数据采集终端接入车辆电源，并配备远程控制器以及在线浏览和数据传输设备等，从而实现无人值守和不间断工作，同时配备高精度 GPS 传感器记录车辆速度、位置等信息。根据研究需要，部分环境条件也需测量，如温度、湿度、空气压力等，因此还配备有温度、压力等传感器。

西南交通大学牵引动力实验室动力学团队开展的部分线路长期服役性能跟踪试验如图 10.50 所示，图（a）~（c）为京沪线、哈大线的被试车辆，图（d）~（g）分别为轴箱、构架空簧座、齿轮箱底部和车下设备的振动测量，图（h）、（i）分别为数据采集终端和车轮磨耗测试现场图。长期跟踪试验与运营考核试验采用相同的数据处理方式，如某动车组多个镟修周期内四条轮对的等效锥度变化情况如图 10.51 所示。

（a）CRH380BL-京沪线 　　　（b）CRH380BL-哈大线 　　　（c）CRH5-哈大线

（d）轴箱测点 　　　（e）构架测点 　　　（f）齿轮箱测点

（g）车下悬挂系统 　　　（h）数据采集终端 　　　（i）车轮磨耗测量系统

图 10.50 线路长期服役性能跟踪试验

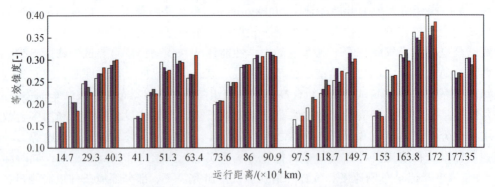

图 10.51 不同镟修周期内的轮对等效锥度

由于高速线路的激扰频率范围宽、振动环境和电磁干扰环境恶劣，并且车辆单次运行时间长、工作环境差（如油渍、沙尘和雨雪等），需要保证传感器、数据采集和存储系统的工作可靠性和稳定性。由于车辆服役周期长，需要跟踪测试几个月甚至几年，因此跟踪测试系统还应具有耐久性特点。从海量测试数据中提取出有价值的信息是核心，需要采用一系列的数据处理方法，如滤波、重采样、相干性分析和平滑处理等。

10.3.3　线路研究性试验

线路研究性试验通常是为了提升车辆动力学性能，研究车轮型面、悬挂参数、悬挂元件对车辆线路动力学性能的影响，结合理论分析、台架试验确定最优参数和方案。例如，针对我国某高速动车组等效锥度适应范围较小，从而线路适应能力不强的问题，在线路上开展车轮型面研究性试验，采用新设计 LMB 踏面替代现有的 S1002CN 踏面，通过线路长期服役跟踪试验研究新设计车轮型面的线路适应性、磨耗情况以及车辆动力学表现等。再如，针对某动车组一次蛇行和二次蛇行问题，对转臂节点刚度、抗蛇行减振器参数开展仿真研究，确定优化方案；然后在机车车辆滚动振动试验台上通过试验，确定了少量几组优化方案；最终在线路上开展优化方案的对比研究试验，通过跟踪车辆在多个镟修周期内的动力学性能确定最优参数。

11 车辆系统动力学仿真

采用计算机数值仿真分析是车辆系统动力学最重要的研究手段之一，也是最常用的动力学分析方法。随着计算技术的不断发展，数值仿真的准确性也不断提高，所以动力学仿真的应用越来越广泛。但相对试验来说，数值仿真对分析人员的依赖性更高，其准确程度也很难仅通过仿真来把握。相对试验结果的复杂性、随机性来说，仿真结果比较单一，所以两者对分析问题有互相补充的作用。

动力学数值仿真的核心问题是，根据分析问题的需求，从实际物理模型抽象出有针对性的、可靠的数学模型和多体动力学模型，然后采用合理的数值方法对所分析的问题进行研究。归根到底就是仿真模型要有针对性、要准确可靠，数值方法要尽量减小误差，仿真数据处理也应慎重。动力学仿真是一门大学问，涉及机车车辆结构、多体系统动力学、数值计算方法、数据处理方法等多个方面，本章仅对其基本方法进行简单介绍，然后给出几个仿真分析的应用实例，以求抛砖引玉。

11.1 动力学仿真基本方法

动力学仿真模型是从实际物理系统抽象出来的，可以用数学模型描述。仿真模型不可能面面俱到，所以抽象过程非常重要，一定要针对所分析的问题进行简化处理。

11.1.1 车辆动力学建模的基本方法

1. 动力学建模的基本要素

1）建模的基本过程

动力学建模的过程，就是将实际的车辆物理实体抽象为力学和数学模型，忽略实际物体的外观等特征，并简化影响甚微的因素，仅提取物体的力学相关参数。建立仿真模型时需要对车辆结构进行仔细研究，分析出合理的运动学和动力学关系，并注意车辆的悬挂特征、质量特性、部件之间的运动关系等。

在建立动力学模型时，需要考虑很多因素，一般机械系统包括惯性体的质量特性、连接刚度和阻尼、约束、激扰源等。针对铁道车辆系统，动力学建模的基本要素如下：

（1）车辆各主要部件（惯性体）的质量特性；

（2）车辆各主要部件之间的运动学关系；

（3）悬挂和约束的几何参数（位置、姿态、方向等）；

（4）悬挂的力学参数（主要是刚度和阻尼）；

（5）轮轨匹配关系；

（6）线路几何条件、线路不平顺；

（7）车辆运行条件；

（8）其他边界条件和激扰。

自己编写程序建立动力学仿真模型时，需要校核每个部分的正确性，考虑的因素一般也不会太全面，往往都是有特殊针对性的模型。对程序正确性的校验需要花费大量时间。动力学仿真商业软件一般都提供了详细的力元、体、铰接和约束库，并容易生成典型的轨道线路，可以导入各种轮轨型面、轨道不平顺样本，方便用户操作。商业软件建模时省去了程序校核这一步，但模型校核还是必不可少的。

车辆动力学建模过程如图 11.1 所示，可以简单归纳如下：

（1）对具体的车辆结构进行拆解，建立简化的拓扑结构；

（2）根据需要选择合适的力元、约束、铰接、体等单元；

（3）搭建车辆动力学仿真模型；

（4）建立车辆动力学仿真边界条件；

（5）数值计算及结果处理。

图 11.1　车辆动力学仿真基本流程

2）模型验证与改进

车辆动力学模型的准确性是决定仿真结果是否可靠的重要因素。由于建立模型过程中忽略了很多次要因素，在某些地方还进行了等效处理，模型不一定能反映实际车辆的动力学问题。为此，需要针对某些特殊指标，将模型计算结果与实际车辆的响应进行对比，从而验证模型与实际系统的接近程度。如果模型计算误差比较大，还需要修改模型，直到满足仿真分析需求。

模型验证有多种方法，最简单的就是将仿真结果和试验结果的动力学指标进行对比，包括模态频率对比、时域信号对比、频率特征对比、动力学指标数值对比、概率统计特征对比等。由于所建立的模型都是有针对性的，所以每个模型只能某些指标上满足精度要求。经常用于车辆动力学模型验证的试验包括整车的一些台架试验、转向架台架试验和线路试验，其中分析的动力学边界条件一致是模型验证的基础。

动力学仿真模型验证不一定都要开展相应试验，可以采用经典文献结果、台架试验结果、线路测试结果进行对比验证，也可以针对类似车辆的试验结果进行验证。由于仿真分析的边界条件相对固定，而试验本身具有随机性，每次试验结果都是随机过程的一个样本，每次仿真也仅代表一个样本，所以模型和试验肯定存在误差。

图 11.2 是针对我国某高速动车组的两种典型工况，在机车车辆滚动振动试验台上进行的蛇行运动稳定性试验，并建立相应的动力学仿真模型。试验和仿真都采用升速降速的渐进稳定性方法，得到轮对横向位移极限环幅值。图 11.2（b）中实心点表示增加速度过程，在每一

级速度下的轮对蛇行运动极限环幅值；空心表示降速过程。通过仿真结果和试验结果的对比，可见仿真结果和试验结果还是比较接近的。仿真分析中采用了三种蠕滑力模型，当采用不同的蠕滑模型时，对仿真结果有一定影响。

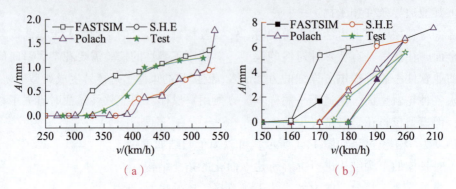

图 11.2　动力学仿真模型台架试验验证

2. 常见基本力元模型

除了轮轨力元之外，车辆系统力元主要集中在一系和二系悬挂。由于车辆系统结构形式多种多样，采用的悬挂元件也有很多种，所以车辆模型的悬挂力元也比较多。常见的一系悬挂力元主要包括一系纵向和横向定位、一系垂向弹簧、一系垂向减振器等。二系悬挂力元主要包括二系悬挂弹簧、二系横向和垂向减振器、抗蛇行减振器、心盘、旁承、斜楔、牵引拉杆、二系横向止挡、抗侧滚扭杆等。另外，还有诸如电机吊挂、齿轮箱吊挂、牵引传动系统、导向机构、车间连接、直线电机等，需要时请参考相关文献。下面介绍常用的车辆悬挂力元模型。

1）一系定位和悬挂

一系定位方式很多，如轴箱转臂定位、橡胶堆定位、拉杆定位、导柱导框定位等。各种定位方式可以建立对应的详细数学模型，在简化模型中都可以用具有三向定位刚度的弹簧来模拟一系定位。一系定位刚度对车辆动力学性能影响巨大，采用实测定位刚度比理论刚度更加准确。

一系悬挂大多采用钢弹簧、橡胶垫或者橡胶弹簧，采用钢弹簧时还经常并联垂向油压减振器。为了改善钢弹簧受力、提高隔振效果，钢弹簧下还加上一个厚的橡胶垫。为了减轻簧下质量，现代货车也多采用一系悬挂。

简化模型中不用建立轴箱模型时，一系悬挂和一系定位可简化为一个力元，纵向和横向刚度为一系定位刚度，垂向刚度和阻尼为一系悬挂刚度和阻尼，直接采用具有三向刚度的弹簧在轮对轴心和构架之间建立。由于商业软件建模比较方便，建议建立轴箱模型，然后根据一系定位和悬挂的实际位置来建立模型。

图 11.3 是两个典型的一系定位和悬挂模型。图 11.3（a）为转臂节点定位，建立的力元包括转臂节点（提供定位刚度）、一系垂向刚弹簧、一系垂向液压减振器；轴箱转臂绕车轴只有一个点头自由度，也可以用等效刚度代替这种轴箱转臂的约束。图 11.3（b）为 CRH5 动车组的拉杆定位模型，建立的力元包括上下拉杆、前后两组垂向弹簧、一系垂向减振器，轴箱绕车轴只有一个点头自由度。

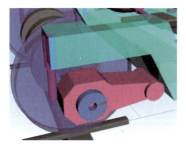
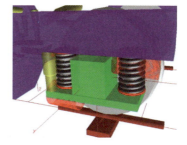

（a）一系转臂定位　　　　　　　　（b）一系拉杆定位

图 11.3　一系定位和悬挂动力学模型示意图

2）空气弹簧

空气弹簧具有诸多优点，如刚度随着载荷而变化、车体高度可控、水平方向可以实现大位移等，采用空气弹簧的转向架具有结构简单、减振性能优良的特点。空气弹簧水平方向的刚度一般非线性度不强，可以用弹簧阻尼并联模型模拟；空气弹簧垂向刚度会随着负载变化，具有频域非线性和幅值非线性。空气弹簧垂向有多种模型描述，包括各种线性和非线性模型、等效力元模型和物理模型，在动力学仿真软件中一般有多种模型可供选择。如果考虑到空气弹簧高度控制、压力控制，空气弹簧的垂向模型将更加复杂，所以空气弹簧垂向可以采用空气热力学物理模型来准确模拟。

空气弹簧非线性物理模型建立方法基本相同，只是考虑的细节有差异，但这些细节和参数往往决定了空气弹簧模拟的精度。建立空气弹簧数学模型时，首先基于流体力学、热力学及空气动力学等理论，建立包括节流孔、连接管路、空气弹簧本体、附加空气室、辅助空间、高度控制阀、差压阀的非线性数学模型。空气弹簧模型各环节的子模型建好后，利用节流孔进出气体质量流量相等的原则，将节流孔与空气弹簧本体和辅助空间进行衔接；利用连接管路进出气体质量流量相等原则，将连接管路与辅助空间和附加空气室进行衔接；同理，差压阀和高度控制阀也可进行类似衔接，并考虑不同的连接方式和不同加载方式最终构成完整的空气弹簧系统计算模型[67]。空气弹簧的常用结构如图 11.4（a）所示，其中连接管路、节流孔和辅助空间都是可选的。对空气弹簧高度两点控制系统，附加空气室之间不设差压阀。空气弹簧力元的输入参数如图 11.4（b）所示，可见输入参数比较多，但大部分都是结构和尺寸参数，容易获取。空气弹簧数学模型是用微分方程组描述的，有许多状态变量，需要通过数值积分计算。通过仿真计算，可以得到空气弹簧各种状态变量，如气体体积、压力、温度、各孔和阀的空气流量等，输出量还包括空气弹簧高度、垂向力。

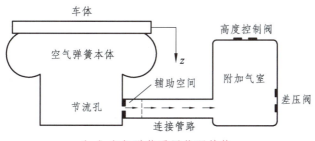

（a）空气弹簧通用物理结构

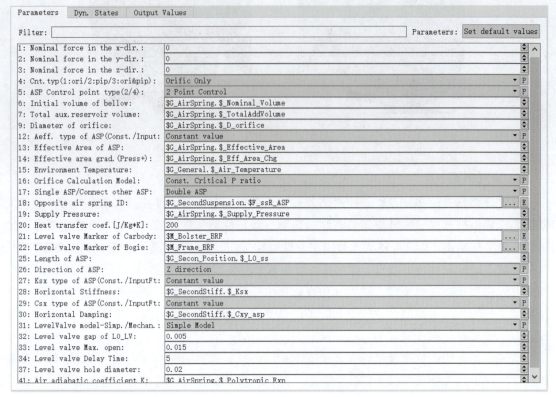

（b）空气弹簧模型输入参数

图 11.4　空气弹簧物理模型

空气弹簧失气是经常需要考虑的一种故障工况，此时空气弹簧上下摩擦板接触变为一个摩擦副，下方的应急弹簧提供垂向支撑，并在横向与摩擦副串联。这样，空气弹簧无气状态的动力学模型在垂向可以用弹簧阻尼并联元模拟，在横向用弹簧-摩擦副串联模型模拟，这样在横向会增加一个中间变量（微分方程组中增加一个一阶微分方程）。

3）液压减振器

液压减振器是现代车辆常用的减振元件，具有稳定的、方便调整的阻尼特性。液压减振器一般具有卸荷特性。减振器具有强非线性，包括频率非线性和阻尼非线性，如图 2.23 所示。在一般的动力学仿真分析中，这种非线性因素很难准确模拟，所以往往仅考虑卸荷非线性，其余仍然为线性。

液压减振器常用 Maxwell 模型，即弹簧阻尼串联模型来描述，如图 11.5（a）所示。该模型针对某种特定频率或者幅值，具有较高的仿真精度，但很难准确模拟频率非线性和幅值非线性。根据液压减振器动态特性试验结果，可以拟合反推得到非线性阻尼曲线和非线性刚度曲线，带入 Maxwell 模型中，就能比较准确地模拟特定幅值下的减振器非线性，如图 11.5 所示。

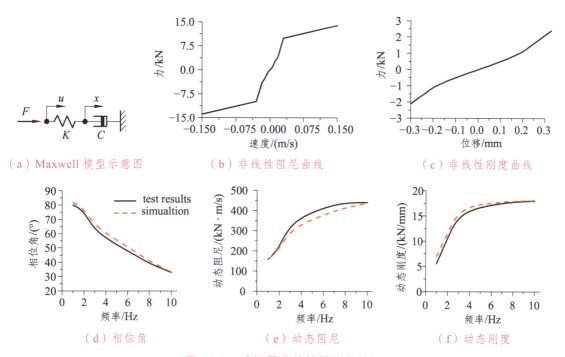

（a）Maxwell模型示意图　　　（b）非线性阻尼曲线　　　（c）非线性刚度曲线

（d）相位角　　　（e）动态阻尼　　　（f）动态刚度

图 11.5　减振器非线性模型及验证

4）变摩擦楔块式减振器

变摩擦楔块式减振器是货车转向架常用的一种减振装置，依靠斜楔与侧架之间的主摩擦面、摇枕与斜楔之间的副摩擦面相对滑动摩擦起减振作用，主要是衰减横向和垂向振动。斜楔下方由减振弹簧支撑在侧架上，由减振弹簧压力提供两个摩擦面的正压力。斜楔具有复杂的受力关系，且具有强非线性，可以采用简化的等效摩擦系数来模拟该力元，文献[2]对等效摩擦系数进行了详细推导。

详细的变摩擦楔块式减振器模型中，需要建立斜楔惯性体、侧架和摇枕。斜楔相对于侧架具有三个方向平动自由度，与侧架之间的主摩擦面施加纵向约束，与摇枕之间的副摩擦面施加纵向和横向约束，这样斜楔就没有独立自由度了。斜楔与侧架之间还要施加三个力元：斜楔下方与侧架的减振弹簧、主摩擦面在横向和垂向的面摩擦力、副摩擦面的单方向摩擦力，摩擦力的法向力由约束力提供。另外，斜楔还能提供一定的抗菱刚度。Nucars软件提供了斜楔摩擦力元，通过简单的几个参数模拟斜楔摩擦非线性力，这种模型比相对摩擦系数更加准确，但仍然忽略了很多因素。

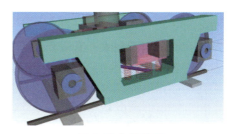

（a）物理模型　　　　　　　　　（b）动力学模型

图 11.6　斜楔模型及示意图

345

5）心盘旁承

心盘和旁承结构是货车转向架常用的二系结构，在承受垂向载荷的同时，可以实现车体相对于转向架摇头，同时提供合适的摇头摩擦力矩，利于提高蛇行运动的稳定性，从而改善动力学性能。心盘和旁承主要在货车中应用广泛，传统客车、一些特种车辆中也有采用。

不同转向架的心盘和旁承承载比例不同，配合摩擦系数和空重车载荷，摇头摩擦力矩有一个最优范围。太小的摩擦力矩不足以抑制蛇行运动，太大的摩擦力矩降低了车辆的曲线通过能力。货车转向架常规模型中，可以设置摇枕相对于车体具有浮沉、侧滚和摇头自由度，心盘和旁承在垂向支撑的同时提供一定的抗侧滚刚度，另外还要提供回转摩擦力矩。

常接触双作用式弹性滚子旁承是现在货车转向架常用的结构，如图 11.7（a）所示。心盘除起连接和传递垂直载荷外，还要传递纵向力和横向力，并提供车体和转向架之间的部分回转摩擦力矩。旁承为双作用弹性旁承，上下旁承始终接触，承担部分车体载荷，并提供一部分回转摩擦力矩。旁承的摩擦力矩可通过弹簧刚度和预压缩量，以及磨耗板的摩擦系数来进行调整。在建模时，常接触双作用弹性滚子旁承垂直方向的数学模型可以用图 11.7（b）来描述。

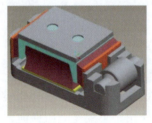
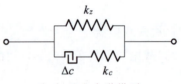

（a）外形　　　　（b）垂向力学模型

图 11.7　常接触双作用式弹性滚子旁承模型

图 11.7（b）中：k_z 是弹性旁承垂直弹簧刚度；Δc 是旁承垂向滚子间隙；k_c 是上下旁承面垂直刚性接触刚度，一般刚度比 k_z 大很多。

对于常接触双作用弹性旁承，当滚子没有接触时，仅旁承弹簧提供垂向力；当滚子接触后，旁承弹簧的载荷变化微小，滚子提供较大的垂向刚度。仅旁承弹簧载荷对摩擦力有贡献，滚子不提供摩擦力。设旁承摩擦系数为 μ_s，旁承预压缩力为 P_s，旁承动态压缩量为 Δz，旁承横向跨距之半为 d_s，则回转摩擦力矩表达式为

$$T_s = \begin{cases} (P_s + k_z \Delta z)\mu_s d_s & (\Delta z \leqslant \Delta c) \\ (P_s + k_z \Delta c)\mu_s d_s & (\Delta z > \Delta c) \end{cases} \tag{11-1}$$

由式（11-1）可见，采用双作用弹性旁承，当与滚子之间的间隙压死后，摩擦力矩不会因接触刚度的增大而进一步加大，有效限制了摩擦力矩的过度增大，以保证曲线通过能力。

对于心盘的回转摩擦力矩的计算，由于心盘销的直径与心盘的直径相比要小得多，可忽略其影响。因此，心盘的回转摩擦力矩的计算公式为

$$T_c = \int_0^R 2\pi r^2 \mu_c \frac{P_c}{A} \mathrm{d}r = \frac{2}{3}\mu_c P_c R \tag{11-2}$$

其中，P_c 为心盘的承载；A 为心盘面积；R 为心盘半径；μ_c 为心盘面摩擦系数。

6）其 余

（1）止挡。

车辆中很多悬挂都设置有止挡，包括一系垂向止挡、空气弹簧垂向止挡（应急簧）、斜楔位置横向止挡、二系横向止挡等。很多止挡在常规车辆动力学仿真中不会发生接触，只是在特殊工况下才起作用，这种止挡在常规动力学模型中可以不考虑。客车中二系横向止挡是一种经常接触的止挡，主要是车辆受到较大横向作用力时限制车体位移，如在车辆以非均衡速度通过曲线、车辆受到横风作用等工况，在建模中必须考虑这个力元。

二系横向止挡可以在实际位置建立模型，但需要注意两侧止挡均只是单方向作用；也可以等效建立在转向架中心位置，这时两个方向均起止挡作用。二系横向止挡有自由间隙和弹性间隙，在弹性间隙内提供一定的横向刚度，一般是硬弹簧特性。二系横向止挡对车辆动态包络线影响显著，对车辆动力学性能有一定的影响。

（2）抗侧滚扭杆。

抗侧滚扭杆是欧系车辆的常用二系悬挂装置。适当的抗侧滚扭杆刚度是为了降低柔度系数，从而减小车体的侧滚角度和动态包络线。但过大的刚度，容易导致车辆通过扭曲线路和缓和曲线时轮重减载，并可能传递更多的高频振动。抗侧滚扭杆的动力学模型有详细模型、等效扭转刚度模型，前者比较复杂，需要建立抗侧滚扭杆的杆件系统和扭杆刚度；后者简单可靠。

（3）牵引拉杆。

牵引拉杆有多种形式，如单拉杆、双拉杆、两侧拉杆，传递转向架和车体间的纵向载荷。可以建立简化等效模型和复杂模型。等效模型根据测试的三个方向等效刚度，直接建立三向弹簧力元，或者点到点的弹簧力元。复杂模型需要考虑牵引拉杆的几何结构、节点、销套、各杆的自由度。

（4）导向机构。

自导向和迫导向转向架的导向机构是一套复杂的杆系，动力学仿真中可以建立导向杆的惯性体，并在节点建立力元，但结构比较复杂，对数值稳定性不利；也可以将弹性等效到二力杆上，从而建立尽量少的惯性体，其余都以力元实现。导向机构详细结构可见第 12 章。

3. 耦合仿真模型

耦合模型有多个方面，包括车辆轨道耦合、弓网耦合、车辆与空气动力学耦合、车辆与牵引供电系统耦合，以及车辆内部的机电耦合。高速列车大系统耦合动力学[10]对这些耦合关系和仿真分析方法进行了系统研究。对车辆系统动力学而言，机电耦合仿真分析是常用的分析手段。无论是用户自编程序还是采用商业软件，机械系统和电气系统的动力学模型一般都相对独立，之间的耦合关系主要在于输入和输出变量上。商业软件一般采用弱耦合方式，机械系统和电气系统分别积分，在一定的时间步长下对两者耦合变量交换，从而在一定精度下实现机械和电气系统的动力学同步。

下面以直线电机（LIM）地铁车辆的示例[68]来说明机电耦合仿真的应用。

一般直线电机有轴悬、副构架悬挂和构架悬挂等几种悬挂方式。前两种方式均为簧下悬挂，构架悬挂方式为了保证较小的磁场间隙，都选取较大的一系垂向刚度。为了考虑直线电机与反应板之间的作用力，从而准确模拟车辆系统振动和直线电机状态，需要建立详细的直线电机电磁力模型、车辆系统多体动力学模型。采用商业软件仿真时，车辆动力学模型可以在 SIMPACK 软件中建立，直线电机电磁力模型需要在 Matlab 软件中建立，然后采用两种软件提供的接口耦合仿真。

地铁车辆模型由一个车体、两个构架、四条轮对、两个直线电机组成。车体、构架各 6 个独立自由度，每条轮对有纵向、横移、摇头和旋转 4 个独立自由度，每个直线电机有 6 个独立自由度。车辆动力学模型前面有类似的，不再详述。

地铁中的直线电机常采用单边铁铝复合次级直线感应电机。此种电机性能计算的难点主要有初级有限长造成的纵向边端效应；次级媒质的非线性及由于涡流场分布而导致的次级钢沿深度方向饱和程度不同等。由于地铁直线电机的长度比宽度大，而且反应板的宽度也大于电机宽度，电机的侧滚角度不大，所以可以采用二维（纵向和垂向）电磁场分析建立直线电机模型。该模型的电磁力计算结果与直线电机电磁场有限元模型计算结果进行了对比，两者基本相符。直线电机模型中考虑了磁场气隙的修正、横向边端效应、纵向边端效应，并采用相应的修正系数进行修正，同时考虑了复合反应板的导磁性能非线性，采用迭代计算的方法来确定渗透深度和磁导率。

直线电机的牵引力由两部分组成，一个是以速度 v_s 运行的等效行波磁场 B_{mz} 和线电流密度 A_{my} 相互动力作用产生电磁推力，另一个是纵向边端效应引起的纵向制动力：

$$F_{x1} = 0.5 w_{pe} \int_{-L/2}^{L/2} \mathrm{Re}[A_{my} B_{mz}^*] \mathrm{d}x \tag{11-3}$$

$$F_{x2} = 0.5 w_{pe} \int_{-L/2}^{L/2} \mathrm{Re}\{A_{my} \mathrm{e}^{\mathrm{j}(\varpi\tau - \pi x/t)} \times B_{mz} \mathrm{e}^{-\pi x/a_1} \mathrm{e}^{\mathrm{j}(\varpi\tau - \pi x/t + \Theta^+)}\} \mathrm{d}x \tag{11-4}$$

其中，$\Theta^+ = \Theta + \delta$ 是以速度 v_{end} 运行的行波磁场与初级电流间的角度；$\mathrm{j} = \sqrt{-1}$；τ 和 a_1 是系数。

直线电机的法向力由两部分叠加而成：法向吸引力和法向排斥力。法向吸引力由气隙磁场储能形成，法向排斥力由初级电流和次级电流的相互作用产生，如式（11-5）和（11-6）。

$$F_{an} = \frac{\mu_0 w_{pe}}{2} \int_{-\infty}^{\infty} |H_a(x)|^2 \mathrm{d}x \tag{11-5}$$

$$F_{rn} = \mu_0 w_{pe} d \int_0^L [\mathrm{Re}(J_{2e}) J_m] \mathrm{d}x \tag{11-6}$$

由于有纵向边端效应，电机入端和出端的磁场强度不同，法向力分布不均匀，即电机存在点头方向的力矩 M_y：

$$M_y = \mu_0 w_{pe} \int_{-L/2}^{L/2} |H_a(x)|^2 x \mathrm{d}x \tag{11-7}$$

当有点头运动时，磁场强度沿纵向的分布会变化，从而计算的 M_y 和 F_n 都会相应变化。

通过以上经典电磁场理论计算直线电机和反应板间的作用力以及等效电路的参数；通过直线电机的等效电路得到电磁场计算需要的电流值。由于在一定车速下运行时电流变化不大，而且积分步长较短，所以根据 t_i 时刻直线电机的等效电路参数计算得到 t_{i+1} 时刻电流，进而得到 t_{i+1} 时刻电磁场特性和等效电路参数，依此递推，避免了电流计算的迭代。

仿真计算时将车辆多刚体系统动力学计算、直线电机电磁力计算和作动器计算分开进行，动力学计算得到的位置、速度等数据传递给直线电机和作动器计算程序作为相应模块的输入，算出电磁力后再传递给动力学仿真程序。计算框图如图 11.8 所示，其中两个竖向粗实线之间为 Simulink 建模部分，主要框图是在 Simulink 中搭建的，多体动力学仿真模块仅是输入和输出的对象，在框图中为最左边的一个模块。

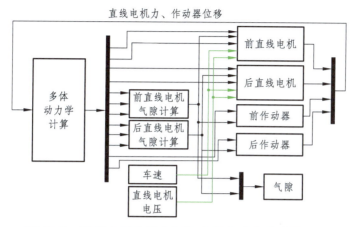

图 11.8　直线电机地铁车辆机电耦合动力学计算框图

如图 11.9 所示，考虑边端效应后，直线电机在入端（车辆前进方向的电机端）的电磁场强度较小，所以其牵引力和法向力均较小；电机的中、后部电磁力较大。这样电机的法向力会产生点头力矩，使同一转向架前后轮对的垂向载荷分配不均。

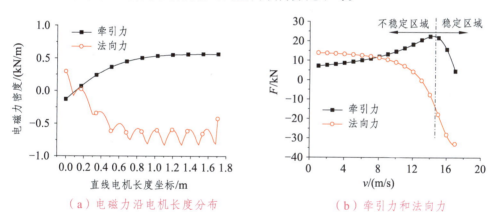

（a）电磁力沿电机长度分布　　　（b）牵引力和法向力

图 11.9　直线电机电磁力仿真结果

11.1.2　动力学仿真常用软件

动力学仿真软件拥有直观的可视化建模、自动组建动力学方程、稳定的求解器和方便的后处理功能等，是车辆动力学研究的重要手段。目前，国内外所采用的车辆系统动力学分析软件包括 ADAMS/rail，SIMPACK，VAMPIRE，NUCARS，GENSYS，UM 等，这些软件的基本功能相同，但各有特色，适用对象也有一定差异。1997 年，在英国曼彻斯特召开的国际车辆动力学计算仿真会议上，提出了可以用于测试车辆动力学软件的两个考题（Manchester Benchmarks），动力学软件 ADAMS/rail，SIMPACK，VAMPIRE，NUCARS，GENSYS 都参与了考题的测试。UM软件后来独自采用考题进行了测试，并与其他软件进行了对比。

在这几大动力学仿真软件中，ADAMS和SIMPACK使用最广、影响力最大。其中，ADAMS在汽车领域占有较大份额，SIMPACK在铁路方面近几年一直处在领先地位。从铁路模块功能上来说，SIMPACK要强于ADAMS，SIMPACK还可以方便地使用FORTAN和C语言进行二次开发。NUCARS是货车动力学仿真应用最广泛、认可度最高的软件。近年来，UM软件的功能完善非常迅速。

1. SIMPACK仿真软件

SIMPACK软件是德国INTEC Gmbh公司开发的针对机械/机电系统运动学/动力学仿真分析的多体动力学分析软件包。它最初是继基于频域求解技术的MEDYNA软件后，德国航空航天局于1985年开发的基于时域数值积分技术和相对坐标系递归算法的、以多体系统计算动力学为基础、包含多个专业模块和专业领域的虚拟样机开发系统软件。该软件首次将多刚体动力学和有限元技术结合起来，开创了多体系统动力学由多刚体向刚柔多体耦合系统的发展，并成功地将控制系统和多体计算技术结合，发展了实时仿真技术。

SIMPACK是机械/机电系统运动学/动力学仿真分析的多体动力学软件。利用该软件，工程师可以快速预测复杂机械系统整机的运动学/动力学性能和系统中各零部件所受的载荷。快速建立机械系统和机电系统的动力学模型，包含关节、约束、各种外力或相互作用力，并自动形成其动力学方程，然后利用各种求解方式，如时域积分，得到系统的动态特性，或频域分析，得到系统的固有模态及频率。

SIMPACK采用了性能优异的解算器和先进的相对坐标系建模，形成的动力学方程组数目最小，因而求解非常快。尤其对链式系统，如果采用绝对坐标系建模方法，所建立的方程组是自由度的幂次方，其求解速度将急剧降低。同时，核心的递归算法保证了求解的稳定性和可靠性，这些性能已经得到涵盖欧洲航天、汽车、军工在内的项目的测试与验证。一旦建模完成，工程师可以利用SIMPACK强大的求解器进行各种分析，包括静力学分析、运动学分析、动力学分析、逆动力学分析、频域分析、模态分析、谱分析等，同时仿真结果可以用动画或绘图的形式输出。

2. ADAMS仿真软件

MSC.ADAMS软件是由美国MDI（Mechanical Dynamics，Inc.）公司开发的，其领先的"虚拟样机"技术，使ADAMS软件发展成为CAE领域中使用范围最广、应用行业最多的机械系统动力学仿真工具。2002年，ADAMS纳入MSC公司。

MSC.ADAMS可以建立复杂机械系统的"虚拟样机"，模拟其在给定工作条件下的所有运动，快速分析比较多种设计思想，直至获得最优设计方案，从而减少昂贵的物理样机，提高产品设计水平，大幅度缩短产品开发周期和开发成本。

MSC.ADAMS产品线分为三类：核心产品、扩展产品和专业应用产品。核心产品是其他产品的基础，包括通用建模环境ADAMS/View、解算器ADAMS/Solver、后处理环境ADAMS/PostProcessor。扩展产品提供了与CAD软件间几何模型传递的标准接口，增加了模型中柔性体部件、控制系统、液压系统等的建模能力，增加了振动、耐久性分析和多目标、多参数实验设计功能。专业应用产品如ADAMS/Rail即铁道模块，广泛应用于车辆系统动力学仿真。

该模块具有一般的动力学分析功能,可以进行常规动力学计算和一些特殊工况的动力学计算,如车轮磨耗、牵引制动等。

ADAMS/Rail 提供了三种不同的轮轨接触模型。线性接触模型可以进行稳定性分析,以确定线性临界速度,以及线性响应分析等。接触数表模型可以进行一般的非线性动力学分析,包含非线性的单点接触。一般的接触模型允许进行多点接触的仿真。

ADAMS/Rail 的用户可以将分析功能集成到其已进行的工作流程中,与 CAD、FEA 和控制软件包之间双向的接口可以进行软件间的数据交换,从而提供一个完整的进行铁道机车车辆分析的虚拟试验环境。

3. VAMPIRE 动力学仿真软件

VAMPIRE 是英国 AEA 铁道技术公司开发的动力学仿真软件。1989 年,由英国铁路道比研究所推出的 VAMPIRE 软件,是专门针对铁路机车车辆系统开发的,软件具有自动建模功能,能完成包括轮对模拟、蠕滑力计算、轨道曲线、轨道不平顺输入以及动力学特性预测,程序也可以考虑车体的模态。

VAMPIRE 软件采用相对坐标系,通过人机对话的方式来定义机车车辆结构的几何尺寸和参数,也可按规定格式输入数据文件,利用建模子程序,自动生成用矩阵形式表示的系统运动方程,给分析计算提供统一的模型。VAMPIRE 建模比较方便,计算效率高,但仅能用于不带刚性约束车辆系统分析计算。VAMPIRE 侧重客车系统建模,计算功能全面,同样可以实现包括动力学、特征值、频域、随机振动、时域积分等计算分析及数据和图形、动画的后处理功能。

4. NUCARS 动力学仿真软件

NUCARS（New and Untried Car Analytic Regime Simulation）是对铁道车辆模型的瞬态或稳态响应进行模拟的多体动力学仿真计算程序。NUCARS 是为北美铁路协会（AAR）开发的主要用于铁路货车的多体系统动力学分析软件,在铁路货车的分析方面具有自己的特色。1984 年,北美铁道学会（AAR）下属的研究试验部为了加强对新造货车的动力学性能验证技术,专门成立了一个技术委员会,利用计算机仿真技术对各种新设计货车的动力学特性进行研究,由此产生的车辆动力学仿真计算程序即被命名为 NUCARS。

早期版本的 NUCARS 主要运行在带有 DOS 操作系统的个人微机上。1995 年,推出了适用于 Windows 操作系统的 NUCARS 2.1,功能更趋完善,计算精度和计算速度提高,其应用范围也由早期的仅用于铁路货车扩展到可适用于各种客、货车辆以及机车的动力学仿真计算。NUCARS 经过 TTCI 大量线路试验验证,并对模型进行不断修正,是货车动力学最可靠的仿真软件。由于采用了定步长数值积分方法,虽然有大量的干摩擦力元,仿真速度仍然很快。

5. GENSYS 动力学仿真软件

在瑞典,从 1970 年代开始研发,在 1993 年推出的铁路车辆动力学分析工具,称为 GENSYS。该软件没有大规模的商业应用,但在欧洲的大学或轨道车辆制造商中有一定应用,主要作为基础理论研究的工具,一般车辆动力学涉及的仿真分析均能完成。

6. UM 动力学仿真软件

Universal Mechanism（简称 UM）软件是俄罗斯布良斯克国立理工大学 Dmitry Pogorelov

教授所研发的。UM 是俄罗斯通用的机械动力学/运动学仿真分析软件之一，在轨道车辆行业拥有大量用户，并已经在很多国家和地区得到推广。UM 具有高效易用的前后处理功能，并支持并行计算技术。UM 模块众多，如汽车模块、铁道车辆（包括机车、客车和货车）模块、列车模块、疲劳分析模块及优化模块，还设有 CAD 软件、有限元软件及控制软件的接口。

UM 可以模拟任意复杂的平面和空间系统，广泛应用于航空航天、轨道车辆、轮式车辆、履带车辆、铁路桥梁和工程机械等行业。UM 软件最大的特色是在动力学仿真计算的同时可以显示动画和绘制曲线，可同时打开任意多个动画窗口和绘图窗口，因此用户可以实时观测系统中每个物体的位移、速度、加速度、作用力与反作用力等动力学性能参数。UM 提供诸多高级后处理工具，如线性分析、统计分析、滤波、曲线运算和多变量计算与优化，以及多种格式的结果输出。UM 程序采用模块化架构，即由基本内核和附加模块组成，用户可以根据实际需要选择不同的模块配置。车辆系统动力学一些最新研究成果和前沿研究方法被该软件快速集成，给用户提供了方便的建模平台。

7. 国内软件

国内动力学仿真软件主要是研究者自用的程序库，没有形成商业化软件，很多软件没有进行持续开发和进入商业运作模式。西南交通大学开发了多款动力学仿真软件，包括车辆动力学、列车动力学、车辆轨道耦合动力学、高速列车大系统动力学等。其中，高速列车大系统耦合动力学仿真平台[10]集合了车辆（列车）动力学、轨道动力学、弓网动力学、空气动力学和电气系统动力学仿真软件，以车辆系统动力学为核心实现了各子系统之间的接口，开发了仿真界面，如图 11.10 所示。

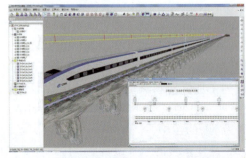 

图 11.10　高速列车大系统动力学仿真界面

高速列车大系统耦合动力学仿真平台中的车辆系统动力学部分，可以单独作为仿真软件使用，本书作者及团队还在不断研究完善其功能。该软件针对我国铁道车辆遇到的实际问题，编写了相应的力元模块、轮轨模块和轨道模块，可以在仿真中实时计算轮轨接触几何关系，从而考虑轨道状态变化对动力学性能的影响；可以考虑典型的轨道结构振动，将车辆轨道耦合振动作为车辆系统动力学的边界条件；考虑 Hertz 接触、半 Hertz 接触和非 Hertz 接触，将车轮磨耗整合到动力学仿真中，实现车轮型面的实时快速连续更新。软件能够考虑主要部件弹性振动、轮轨弹性耦合振动、复杂的非线性力元、实时轮轨匹配关系，从而更加准确地模拟车辆系统振动状态，包括车轮多边形和钢轨波磨等特殊状态。另外，该软件针对我国铁路新发现的具体问题和研究进展，还在不断发展中，下一步还将开发磁浮列车动力学相关模块、真空管道列车动力学相关模块，完善悬挂元件的动态非线性力学模型，开发控制系统模块等。

11.2 动力学现象分析

车辆运行中必然伴随着动力学表现，有些动力学现象是铁道车辆的固有特性，是维持铁道车辆正常运行的必要因素，这些问题已经有了比较成熟的理论解释；有些动力学现象只是在个别车辆或者某类车辆上发生，一般对运营不利，需要根据具体情况来研究。本节仅列出部分常见的动力学现象。

11.2.1 常规动力学现象

常规动力学现象包括蛇行运动、车辆系统随机振动、车辆导向和曲线通过等，这些现象已经有了比较成熟的解释，主要理论基础是轮轨蠕滑理论和振动力学。

1. 蛇行运动

本书第 5 章已经对蛇行运动进行了详细描述。

蛇行运动是铁道车辆特有的现象，也是铁道车辆永恒的话题，轮轨蠕滑理论较好地解释了轮对蛇行运动。常规动力学分析中，主要针对蛇行运动临界速度，现代车辆设计时均已经详细考虑，留有足够的临界速度裕量。但在实际运营的车辆中，可能出现比较特殊的轮轨匹配关系，或者车辆悬挂参数不理想，这些问题在设计阶段往往很难考虑周全，所以还会发生蛇行运动稳定性裕量不足的现象。

2. 车辆随机振动

车辆系统随机振动在本书第 6 章进行了详细描述。

车辆系统垂向振动一般可以通过振动力学分析，横向随机振动一般需要结合轮轨蠕滑理论和振动力学。常规动力学分析中，随机振动主要针对车辆乘坐性能和运行品质，涉及轨道不平顺、车辆悬挂参数、运行状态、轮轨匹配等多个因素。

3. 曲线通过性能

本书第 7 章对铁道车辆曲线通过理论进行了介绍。

车辆动力学的轮轨蠕滑理论解释了车辆自动导向和曲线通过。轨道车辆通过曲线时涉及的动力学问题较多，主要是运行安全性、轮轨磨耗、乘坐性能等。这些问题虽然都已经得到了较好的解释，但实际列车运营中与曲线有关的动力学问题仍然层出不穷，甚至很多安全事故都发生在曲线轨道上。

11.2.2 车辆异常振动问题

由于乘客乘坐在车厢内部，货物也存放在车体上，所以车体的振动直接关系到运输品质。车体的正常随机振动是不可避免的，主要包括车体整体的刚性振动、整体弹性振动和局部弹性振动。车体异常振动也时有发生，一般是比较显著的局部弹性振动，或整个车体的刚性和弹性振动。蛇行运动也会引起车体异常振动，下一节进行详细介绍。

1. 由轮轨系统引起的振动

轮轨系统激扰源比较多，正常的轨道随机不平顺、钢轨波磨、车轮多边形、车轮或者钢轨的局部缺陷都会导致车体振动。为了判断轮轨系统异常激扰源，可以分别从时域和频域来分析车辆系统的振动加速度。

时域分析方法主要针对一些不连续的周期激扰，如轨缝冲击，或者钢轨局部缺陷。图 11.11 是某高速列车受到轨缝冲击的轴箱振动加速度，从时域可以明显看到周期性的冲击。列车运行速度为 195 km/h，轨缝冲击的空间跨度为 100 m，这正是高速铁路钢轨长度（焊接轨缝）。

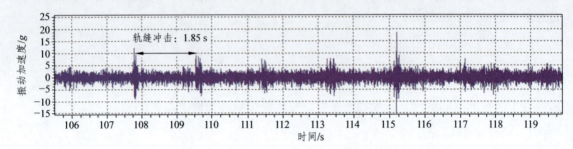

图 11.11　轨缝冲击引起的轴箱垂向振动

根据车辆运行速度 v、车轮滚动圆半径 R，可以得到车轮转动频率：

$$f_r = v/(2\pi R) \tag{11-8}$$

车轮 N 阶多边形引起的振动加速度频率：

$$f_N = Nf_r = Nv/(2\pi R) \tag{11-9}$$

如果钢轨波磨波长为 L，那么钢轨波磨引起的车辆振动频率为

$$f_c = v/L \tag{11-10}$$

另外，轨跨冲击在某些线路上也比较明显，设轨跨长度为 L_s，则其冲击频率为

$$f_s = v/L_s \tag{11-11}$$

根据以上这些振动频率范围，与车辆系统异常振动频谱对比，就可以分析与轮轨系统相关的异常振动原因。在处理数据时，如果对全部数据进行 FFT 变换，需要注意采样长度过长可能淹没局部异常振动。

图 11.12 是某列车以速度 195 km/h 运行时，轴箱垂向加速度短时 FFT 频谱图。可见，异常振动有两个频率，都随着车速而变化，所以与轮轨或者传动系统有关。此时车轮转动频率为 19.3 Hz，第一个异常振动频率 58 Hz 正好是其三倍，所以可以初步判断为车轮 3 阶不圆。而第二个异常振动频率为 86 Hz，对应轨枕间距（0.63 m）引起的振动频率。

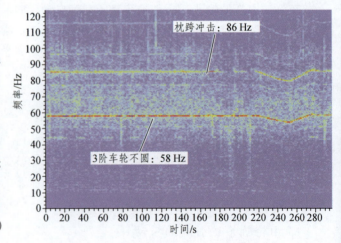

图 11.12　轮轨系统引起的轴箱频谱

354

2. 传动系统引起的异常振动

机车和动车有牵引电机、齿轮箱等传动系统，传动系统如果存在故障会引起特殊频率的振动，可以参考相关专业文献。本节针对动车组简单分析传动系统异常振动。

设齿轮箱传动比为 n，则电机转动频率（也是小齿轮转动频率）为

$$f_m = nf_r = nv/(2\pi R) \tag{11-12}$$

齿轮啮合频率等于齿轮转动频率乘以齿数，齿轮箱中大小齿轮的啮合频率是相同的。

铁道车辆在轮对上需要安装轴承，以将轮对的旋转运动转换为车辆的平面运动，现代车辆一般采用滚动轴承。由于轴承内安装有滚珠或者滚柱，轴承也存在固有频率和故障频率。对于轮对轴承，设滚珠个数为 n，滚动体直径为 d，轴承节圆直径（轴承滚珠或滚锥中心所构成圆的直径）为 D，滚动体接触角（滚动体和滚道接触的假想连线与旋转轴垂直线的夹角）为 α，轴承一些特殊故障频率如下。

外圈故障频率：

$$\frac{1}{2}f_r n\left(1 - \frac{d}{D}\cos\alpha\right) \tag{11-13}$$

内圈故障频率：

$$\frac{1}{2}f_r n\left(1 + \frac{d}{D}\cos\alpha\right) \tag{11-14}$$

滚动体单故障频率：

$$\frac{1}{2}f_r \frac{D}{d}\left[1 - \left(\frac{d}{D}\cos\alpha\right)^2\right] \tag{11-15}$$

保持架外圈故障频率：

$$\frac{1}{2}f_r\left(1 - \frac{d}{D}\cos\alpha\right) \tag{11-16}$$

3. 车体弹性振动

车体是一个大型中腔结构，由于安装了比较多的设备和内装，在我们关注的频率范围内存在大量的整体结构弹性模态和局部结构弹性模态。由于车体结构庞大，很难通过试验将这些模态都激发出来；由于整备状态车体结构复杂，通过仿真计算，只能满足少量低阶模态下的工程精度要求。车体的弹性模态，尤其是局部模态难以控制，所以车体弹性异常振动也时有发生，主要有两种形式：一种是车体整体结构的弹性振动，如车体菱形模态振动；另一种是车体局部结构弹性振动，如局部地板面异常振动、座椅异常振动等。

对车体整体结构弹性振动研究，主要是从改变模态频率避开共振着手。激发车体整体弹性振动的能量需求较大，一般是转向架发生某一频率的剧烈振动引起。如图 11.13 所示，转向架发生 9 Hz 左右的蛇行运动，而该车辆的车体菱形固有频率恰好在 9 Hz 附近，从而引起了车体的弹性共振，乘客在车内能明显感受到车体的抖动。

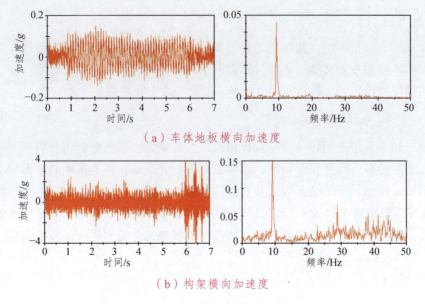

（a）车体地板横向加速度

（b）构架横向加速度

图 11.13　车体横向异常振动

车体地板局部抖动是另一类常见的异常振动，由多种原因引起，包括车下设备振动、转向架振动和传动系统振动等。车体地板一般采用木地板或者铝蜂窝地板，通过弹性或者刚性支撑，与车体铝结构或钢结构底板相连，所以地板是一块一块的薄板结构，具有局部弹性模态。当地板支撑刚度不合理时，车下传递来的振动可能导致地板局部结构共振，降低乘坐舒适度，甚至引起舒适度指标超标。由于地板振动频率一般较高，大于平稳性指标敏感频率，所以对垂向平稳性指标影响不显著。

对这些异常振动的分析，首先需要寻找振动源，尽量减少振源异常振动；然后分析振动传递路径，采用振动理论优化支撑刚度；对振动结构模态进行分析，改变约束结构或者支撑刚度，从而改变地板薄板结构的模态频率，避免共振。一般通过增大地板支撑刚度，或者增加地板结构模态频率，使地板振动频率高于舒适度敏感频率范围（60 Hz 以内），就可以降低乘坐舒适度指标。

4. 车下设备异常振动

车下设备一般以刚性或者弹性吊挂在车体下方，有三种典型形式：一种是设备吊挂在车体底架边梁上，为边梁承载；一种是在车体底架左右边梁之间增加连接横梁，设备吊挂在横梁上，为横梁承载；另一种是在车体底架下方设置纵向滑槽，设备与车体通过滑槽连接。车下设备多为有源设备，自身存在的振动类型比较多，如通风机、空调、压缩机均有旋转电机，存在固定的或者变化的旋转频率；变流器、变压器等电器元件存在工频和其倍频的磁致振动；废排装置存在开关冲击。

为了降低车下设备振动引起车体振动过大，可以从几个途径考虑：第一个途径是减小振动传递，在设备与车体之间安装合适的减振元件，即设备弹性吊挂在车体上；第二个途径是减小设备自身振动，从而减小振源输入。车体弹性吊挂时，合适的吊挂刚度可以明显减小车体振动。另外，吊挂位置、吊挂螺栓数目等参数都对振动传递有影响。

车下设备振动的隔离可以采用隔振技术和质量减振技术，归纳如下。

（1）车下设备垂向吊挂刚度设计原则。

① 有源设备的吊挂刚度基于隔振理论设计，要求吊挂刚度足够软，以避免设备振动向车体的传递，如牵引电机通风机、空压机等。

② 无源大质量设备吊挂刚度基于质量减振理论设计，有助于抑制车体的弹性振动。设备垂向悬吊频率首先基于理论计算，然后再基于动力学仿真和有限元模态匹配等进行优化，以考虑悬挂参数和随机激扰等非线性因素的影响。

③ 小质量无源设备可以采用较大的刚度吊挂，因为不需要考虑设备激扰的传递，并且由于其质量较小，对车体振动的抑制作用非常小，而采用较大的刚度吊挂或者刚性吊挂，可以保证连接的可靠性。

（2）车下设备横向/纵向吊挂刚度设计原则。

车下设备的横向刚度选取基于避免共振设计。实际运营中发现车体受到转向架 7～9 Hz 的横向激扰，设备横向自振频率应该避开这个激扰。一种方法是提高设备横向悬挂频率，即横向采用大刚度连接，但现有橡胶产品的三向刚度设计不能满足；另一种方法是降低悬吊频率，现有橡胶件和车辆应用采用了这样的设计。

从大量试验数据和跟踪测试发现，车下设备横向质量减振也有一定的效果。车体菱形弹性振动频率一般最低，很容易被转向架蛇行运动激发出来，将车下设备横向悬挂频率设置为菱形频率附近，可以在一定程度上减轻车体的弹性抖动。

隔振理论在第 2 章已经简单介绍，车体与车下设备耦合振动规律在第 6 章也有阐述。以车下大质量设备的弹性吊挂为例，采用质量减振技术可以降低车体弹性振动，但可能增加了设备的振动。图 11.14 是某车辆车下大质量设备（4 000 kg）采用弹性吊挂时，吊挂参数对车体中部垂向加速度的影响，可见吊挂位置、吊挂刚度和阻尼对质量减振效果均有明显的影响。

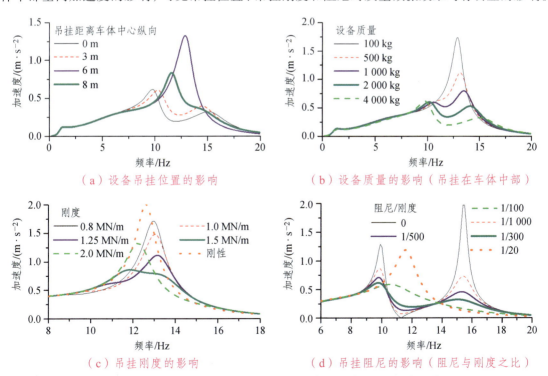

图 11.14　车下设备质量减振参数对车体中部加速度的影响

实际上，车下大质量设备如牵引变压器、牵引变流器等，也存在一定的磁致振动，在选择吊挂刚度时需适当取小值以隔离这些高频振动。

11.2.3 车辆晃动

本节所说的车辆晃动均是指 10 Hz 以下的车体晃动，主要是由于蛇行运动引起，在线路运营中有两种典型体现：一种是车体低频晃动，频率为 0.5 ~ 3 Hz，主要发生在 1.5 Hz 左右；另一种是车辆 5 ~ 10 Hz 振动，主要以转向架振动为主，偶有传递到车体的情况。其实，这两种蛇行运动就是车辆系统的一次蛇行和二次蛇行运动。

1. 车辆低频晃动

车辆低频横向晃动往往在车体上比较明显，所以会影响乘坐性能，严重时会导致晕车、站立不稳等。在某些情况下，由于频率较低，轮对横向位移可能到达轮缘接触，有运行安全性的潜在风险。低频晃动的原因很多，如悬挂参数不合理、轮轨匹配不佳、轮轨摩擦系数过低等。针对某动车组在轮轨匹配不佳和摩擦系数过低综合情况下发生横向晃动的现象，本书以此为例进行分析，从轮轨蠕滑力和车辆悬挂模态的角度，解释动车组发生 1 Hz 左右横向晃动的原因。图 11.15 是车辆发生低频晃动时的车体横向加速度，横向平稳性指标超过 2.5。

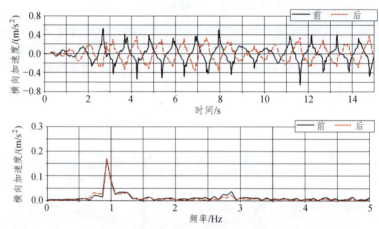

图 11.15 车体 1 Hz 附近的低频横向晃动

1）轮轨蠕滑关系

根据动力学仿真，在较低的轮轨摩擦系数下，模拟车辆晃动和非晃动状态下的轮轨蠕滑率和蠕滑饱和系数。从图 11.16 的轮轨蠕滑率可见，在 4 s 之后，纵向蠕滑率明显增大，而车辆也是在 4 s 之后加剧晃动。从图 11.17 对应的轮轨黏着饱和系数可见，当车辆发生横向晃动时，由于纵向蠕滑率的增大，轮轨黏着系数接近轮轨摩擦系数，轮对容易发生滑动。

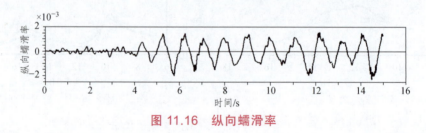

图 11.16 纵向蠕滑率

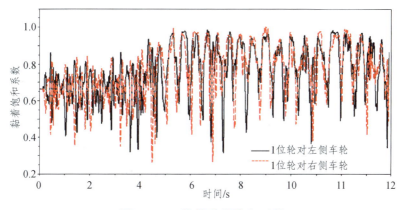

图 11.17　轮轨黏着饱和系数

分析轮轨摩擦系数 M_u 对轮轨蠕滑力的影响。初始条件：纵向蠕滑率 0.000 1，横向蠕滑率 0.000 1，自旋蠕滑率 0.12；轮轨垂向力 65 kN，车速 200 km/h，车轮半径 460 mm，车轮截面半径 500 mm，钢轨截面半径 300 mm。采用 FASTSIM 算法计算轮轨蠕滑率和蠕滑力的关系。在不同的轮轨摩擦系数下，分别变化纵向蠕滑率，如图 11.18 所示。

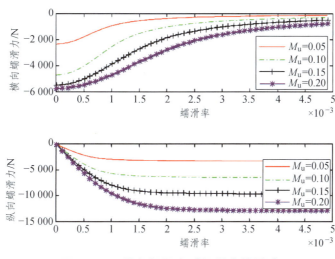

图 11.18　纵向蠕滑率对蠕滑力的影响

由于存在较大的自旋蠕滑率，改变某个方向的蠕滑率不仅影响本方向的蠕滑力，也会影响另一个方向的蠕滑力。随着轮轨摩擦系数的增加，蠕滑饱和对应的蠕滑率显著增大，而且在线性段蠕滑力的斜率增大。这就说明在轮轨摩擦系数较低的情况下，轮轨间不能提供足够的蠕滑力来约束轮对的运动行为，从而在激扰条件下轮对容易发生蛇行运动。当摩擦系数增大后，由于运行速度远低于临界速度，所以蠕滑力增加起到保持动车组稳定运行的作用，车辆晃动现象也就减弱了。

2）模态频率及阻尼比

（1）轮轨摩擦系数的影响。

采用新镟车轮踏面与 60 N 钢轨匹配，线性化轮轨接触几何关系，改变运行速度和轮轨摩擦系数，计算车辆系统悬挂模态和蛇行运动模态。从图 11.19 中可见，车辆系统在 200 km/h

左右的蛇行运动阻尼比最小，随着摩擦系数的增加，阻尼比增大。这也说明，当摩擦系数较低时，车辆在 200 km/h 左右蛇行运动阻尼比不足，容易发生横向晃动。

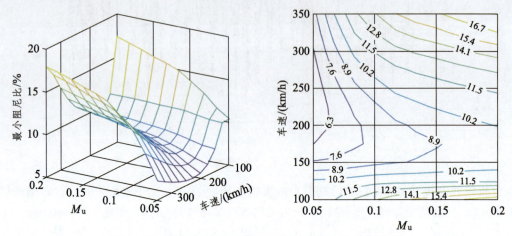

图 11.19　蛇行运动阻尼比随摩擦系数和车速的变化

从图 11.20（a）中可见（图中每条线的每个点对应车速，从 100 km/h 增大到 350 km/h，间隔 25 km/h，速度从左向右增加），随着运行速度增加，蛇行运动频率增大。车辆的摇头蛇行频率在 1 Hz 附近变化，滚摆蛇行频率在 1.4 Hz 附近变化。当车速为 200 km/h 左右时，蛇行运动阻尼比很小，摇头蛇行频率正好在 1 Hz 附近。

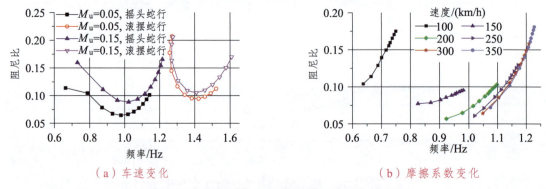

（a）车速变化　　　　　　　　　　　　（b）摩擦系数变化

图 11.20　典型工况下的蛇行运动频率和阻尼比

从图 11.20（b）中可见（图中每条线的每个点对应摩擦系数，从 0.05 增加到 0.2，间隔 0.017，从下向上增加），车速较低和较高时蛇行运动阻尼比均比 200 km/h 左右时增大。且随着轮轨摩擦系数的增加，蛇行阻尼比增大、频率增加。恰好在 1 Hz 附近、车速 200 km/h 左右、轮轨摩擦系数接近 0.05 时，蛇行运动阻尼比最小。所以，车速在 200 km/h 左右时、摩擦系数较低情况下车辆晃动风险较高。

（2）轮轨匹配等效锥度的影响。

车速为 200 km/h，轮轨摩擦系数为 0.06，分别考虑轮轨接触等效锥度从 0.04 变化到 0.1，间隔 0.01。等效锥度变化的同时，轮轨接触角差也按照 85 倍关系变化。从图 11.21（a）中可见，等效锥度增大能明显提高摇头蛇行运动阻尼比，即降低 1 Hz 附近蛇行运动的风险。当等效锥度大于 0.08 之后，摇头蛇行运动阻尼比大于 0.1。

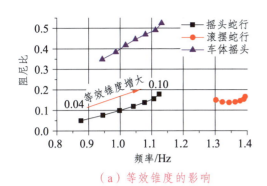

（a）等效锥度的影响

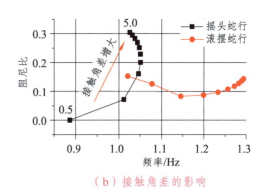

（b）接触角差的影响

图 11.21　等效锥度对蛇行运动的影响

（3）轮轨匹配接触角差的影响。

轮轨等效锥度约 0.08（LMB 踏面与 60 N 钢轨匹配），车速为 200 km/h，轮轨摩擦系数为 0.06。分析轮轨接触角差对车辆运行模态的影响，接触角差从 0.5 变化到 5.0。从图 11.21（b）中可见，在轮轨低摩擦系数下，轮轨接触角差对蛇行运动阻尼比的影响显著，甚至大于等效锥度的影响。这主要是因为此时重力刚度对轮对复原起重要贡献，而重力刚度与接触角差成正比。根据前期的分析，我国多种钢轨打磨外形均会导致轮轨接触点集中在钢轨顶部，从而使接触角差很小，这对车辆横向晃动是极其不利的。

2. 二次蛇行晃动

无论是高速列车、地铁车辆、货车，还是干线铁路车辆，运营过程中都偶有转向架周期蛇行运动发生。由于现代铁道车辆设计、制造和维护水平的提高，转向架蛇行运动一般发生在车轮磨耗后轮轨匹配不佳状态下。部分车辆是由于轮轨等效锥度超过了可行范围，部分车辆的等效锥度还在可行范围内，但悬挂参数设计不合理。图 11.22 是某高速列车以 250 km/h 速度运行时，构架端部横向加速度 3～9 Hz 滤波后的图形。可见，在局部路段的构架加速度幅值较大，放大后发现该路段构架横向加速度出现明显的谐波，频率为 9 Hz 左右。

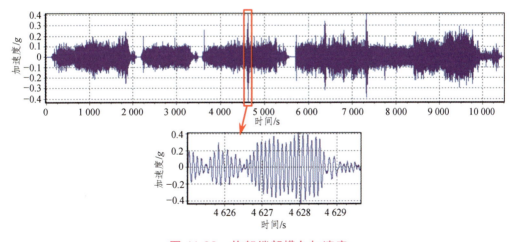

图 11.22　构架端部横向加速度

二次蛇行运动一般以转向架表示，如果二系悬挂柔软且车体弹性模态频率足够高，车体上的振动响应较小；如果二系悬挂较硬，会影响乘坐性能；如果车体弹性模态频率落在蛇行频率范围内，很容易发生车体异常抖动，严重影响乘坐舒适度。

实际线路上运营的高速车辆发生的二次蛇行的频率一般都高于 5～7 Hz，轮对横向位移幅值较小，车辆运行安全性指标仍然满足要求。但如果车辆运行速度较低时发生二次蛇行，蛇行频率可能较低，轮对横向位移过大时会存在脱轨风险，如以前的转 8A 转向架货车。

3. 满足蛇行运动的等效锥度范围

1）等效锥度范围

轮轨匹配等效锥度太大会导致转向架蛇行失稳，太小则不能提供足够的导向能力，且容易发生车辆一次蛇行运动。所以对车辆系统而言，等效锥度有一个适用范围，包括最小限值和最大限值。如本节开头的低摩擦系数晃动的例子，在一些极端条件下，如冰雪高寒环境，小等效锥度更容易导致车辆晃动；而在轮轨摩擦系数较大时，二次蛇行比较容易发生。下面以某高寒动车组为例，考虑两种极端的模拟运行条件，分别确定最小等效锥度和最大等效锥度范围：

（1）冰雪极端条件确定最小等效锥度：摩擦系数 0.1，蠕滑 60%；

（2）正常运行条件确定最大等效锥度：摩擦系数 0.5，蠕滑 100%。

图 11.23 是两种典型工况下的计算结果，从图 11.23（a）和（b）可见，为了使蛇行运动阻尼比大于 5%，等效锥度必须大于 0.05、小于 0.38。该车体的一阶菱形模态频率接近 8 Hz，为了避免转向架蛇行引起车体弹性共振，通过试验发现激扰频率必须小于 7 Hz。图 11.23（c）是转向架蛇行频率随着等效锥度的变化关系，为了使蛇行运动频率低于 7 Hz，等效锥度需要小于 0.36。综合图 11.23（a）和（b）的结论，该车辆的等效锥度适用范围为 0.05～0.35。

通过调整车辆悬挂参数，可以改变等效锥度适用范围，理想状态是降低等效锥度下限的同时，增大等效锥度的上限。

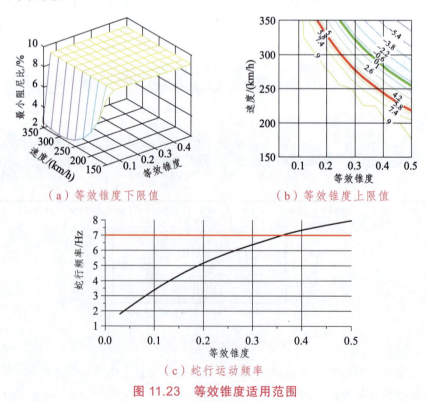

（a）等效锥度下限值　　　　　　（b）等效锥度上限值

（c）蛇行运动频率

图 11.23　等效锥度适用范围

2）适应极小和极大等效锥度的悬挂参数矛盾

车辆系统蛇行运动会导致低锥度晃动和大锥度抖动，解决这两种横向稳定性问题的最优车辆悬挂参数存在矛盾。为了解决车辆系统低锥度晃动，需要选取较软的一系、二系定位刚度，以及较小的液压减振器动态刚度。为了解决车辆系统大锥度抖动，需要选取较硬的一系、二系定位刚度，以及较大的液压减振器动态刚度。

同样以某动车组为例，低等效锥度工况：轮轨摩擦系数 0.1，蠕滑 60%，等效锥度约 0.05；大等效锥度工况：轮轨摩擦系数 0.35，蠕滑 100%，等效锥度约 0.4。从图 11.24 的计算结果可见，增大抗蛇行减振器阻尼可以提高低等效锥度和大等效锥度下的横向稳定性。但抗蛇行减振器刚度对这两种状态的横向稳定性影响相反，低等效锥度时需要选择较小的抗蛇行减振器刚度，而高等效锥度时需要较大的刚度。

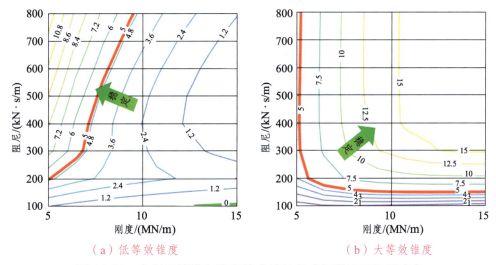

（a）低等效锥度　　　　　　　　　　　（b）大等效锥度

图 11.24　车辆系统横向稳定性（抗蛇行减振器阻尼和刚度）

从图 11.25 计算结果可见，增大一系纵向和横向定位刚度，有利于大等效锥度工况下的横向稳定性，而不利于小等效锥度下的稳定性。

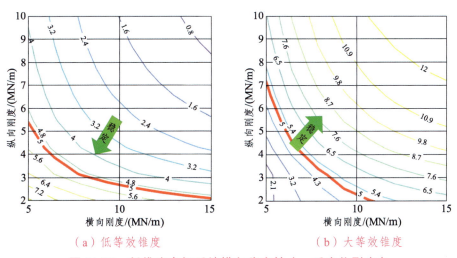

（a）低等效锥度　　　　　　　　　　　（b）大等效锥度

图 11.25　低锥度车辆系统横向稳定性（一系定位刚度）

11.3　动力学性能预测和参数优化

车辆系统动力学理论的重要工程应用,就是对车辆系统进行动力学性能预测和参数优化,这在车辆设计优化阶段非常重要。采用的手段一般是经过大量仿真计算选取几种优化方案,条件允许时,再进行台架或线路试验确定最终方案,在第 1 章第 1.3 节已有简单描述,这里给出部分示例。

11.3.1　车辆动力学性能预测

车辆动力学性能预测一般是指针对某种特定的边界条件,计算得到车辆动力学性能指标,包括常规指标和一些特定指标。考虑轮轨磨耗变化,对车辆系统的动力学性能演变进行预测,能更加准确地分析车辆性能。

1. 常规动力学性能预测

常规车辆动力学性能预测采用的轮轨边界条件一般是新踏面、磨耗后踏面两种状态,钢轨为理想钢轨或者某一种确定钢轨外形。由于空车的动力学性能一般比重车差,简单分析时可以仅考虑空车。轨道不平顺一般为某种特定轨道谱的一个样本,如货车过去常用美国五级谱,高速列车常用武广谱和京津谱。线路包括直线轨道和典型曲线轨道,车辆运行速度涵盖主要运行速度范围和试验速度。

1)常规动力学性能

车辆动力学性能预测包括常规内容:蛇行运动临界速度、运行平稳性、运行安全性。以上一节的动车组为例,计算得到蛇行运动临界速度在新踏面下大于 450 km/h,磨耗后踏面下为 320 km/h。图 11.26 是该车在典型工况下的横向平稳性指标预测。可见,磨耗后踏面等效锥度增大,导致横向平稳性指标显著增加。直线轨道和半径 7 000 m 曲线轨道上,横向平稳性指标随着车速的变化规律类似。

常规动力学性能预测一般不能考虑比较特殊的边界条件,所以动力学性能指标只能代表运行性能的平均状态。

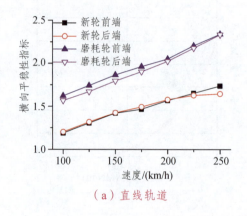
（a）直线轨道

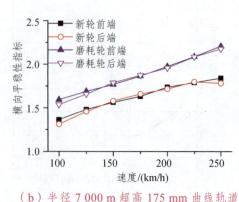
（b）半径 7 000 m 超高 175 mm 曲线轨道

图 11.26　运行平稳性指标预测

364

2）侧风安全性

侧风安全性计算有多种方法，现在一般按照 EN 14067-6 提供的方法，包括准静态的三自由度简化模型、五自由度简化模型和动力学仿真，前两种简化模型详见相关标准。根据侧风气动系数表，采用中国帽模型以集中载荷将横风气动力加载到车体上。实际侧风比较复杂，包含各种脉动成分、方向变化等。

以某 250 km/h 动车组为例，建立五自由度准静态模型，以倾覆系数等于 0.9 为指标，采用二分法计算得到允许侧风速度 CWC 表格。一般得到两种表格：一个表格是给定侧风角度 90°，车速与横向加速度同时变化；一个表格是给定车速，侧风角度与横向加速度同时变化。表 11.1 左侧变化车速的三列对应 90°侧风夹角，右侧四列对应车速 250 km/h。

表 11.1　允许侧风速度 CWC 表格　　　　　　　　　　　m/s

横向加速度/g	车速/（km/h）			侧风角度/（°）			
	160	200	250	90	85	80	75
0.0	35.1	33.4	31.6	31.6	31.5	31.5	31.8
0.2	34.0	32.4	30.7	30.7	30.4	30.5	30.9
0.4	32.7	31.3	29.6	29.6	29.5	29.6	29.9
0.6	31.5	30.2	28.5	28.5	28.4	28.5	28.8
0.8	30.4	29.0	27.4	27.4	27.3	27.4	27.7
1.0	29.3	27.9	26.3	26.3	26.3	26.3	26.6

从表 11.1 中可见，随着横向加速度增大，允许最大侧风速度减小；随着车速提高，最大侧风速度减小；侧风角度为 80°～85°时，允许侧风速度最小。综合各种工况，该车辆最大允许侧风速度为 26.3 m/s。

当然，也可以通过动力学仿真计算 CWC 表格，只是所耗时间更多。一般情况下，采用五自由度简化模型计算的 CWC 表格风速要比动力学仿真更低。动力学仿真分析可以用于验证车辆在侧风作用下的动力学性能，为此建立该动车组 8 车连挂的动力学仿真模型，分析列车在不同侧风作用下的动力学性能。

图 11.27～11.29 为车速 250 km/h、风速 15 m/s 工况下的动力学性能预测。图中 R 表示水平曲线半径，单位 m；h 表示超高，单位 mm。从图 11.27 中可见，由于头车受到较大的侧风作用力，所以在低等效锥度下存在轻微的横向晃动，导致横向平稳性指标比其他车略大；高等效锥度下，动车（2、4、5、7 车）的横向平稳性比拖车差。从图 11.28 中可见，在低等效锥度下头车由于横向晃动，导致轮轴横向力比较大，但仍然在允许限值范围内；高等效锥度下各车的轮轴横向力比较接近。从图 11.29 中可见，车辆的倾覆系数远小于 0.9，这主要是因为风速远低于最大允许风速 26.3 m/s。

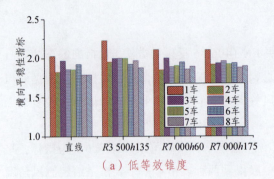 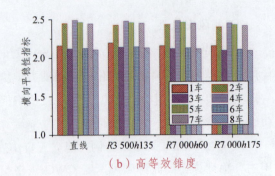

（a）低等效锥度　　　　　　　　　　　（b）高等效锥度

图 11.27　车体前端横向平稳性指标

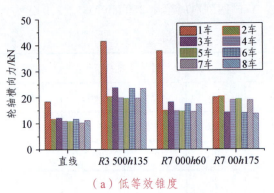 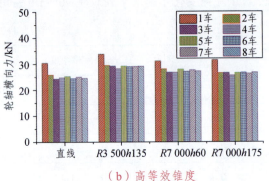

（a）低等效锥度　　　　　　　　　　　（b）高等效锥度

图 11.28　轮轴横向力最大值

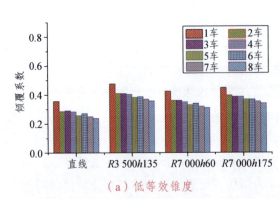 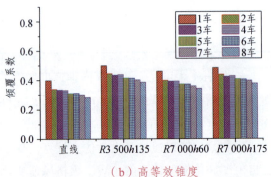

（a）低等效锥度　　　　　　　　　　　（b）高等效锥度

图 11.29　倾覆系数最大值

3）地震环境运行安全性

我国是一个地震多发国家，很多高速铁路穿越地震带，在地震条件下车辆运行安全性会受到严重威胁，研究地震条件下的车辆动力学性能并采取预防措施很有必要。美国"太平洋地震工程研究中心"（PEER）免费提供了大量的地震实测数据。针对某动车组招标技术条件中规定的地震烈度最高动峰值加速度 0.3g，对动车组动力学性能进行分析，如图 11.30 所示。首先采用最大加速度 0.3g 左右的地震实测波形典型样本，作为地面环境激扰输入到动力学仿真模型中，然后再考虑轨道不平顺、线路条件、轮轨匹配等因素，仿真分析动车组动力学性能。

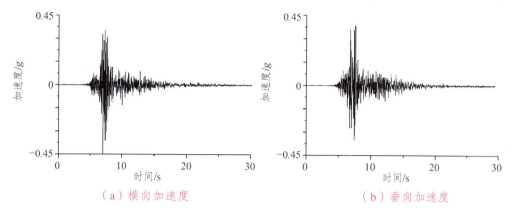

（a）横向加速度　　　　　　　（b）垂向加速度

图 11.30　地震波加速度

实测地震波分为水平方向两个波形、垂直方向一个波形。考虑到动车组横向稳定性受横向激扰的影响较大，所以将水平方向较大的地震波施加到垂直于轨道中心线的水平方向（Y 方向），将水平方向较小的地震波施加到轨道纵向（X 方向），垂直地震波施加到轨面垂向（Z 方向）。地震波在车辆运行一段时间后施加，主要峰值施加在车辆通过圆曲线路段。对地震加速度波进行积分得到地震位移激扰，这样更方便动力学仿真加载。

动力学仿真结果如图 11.31 所示，直线轨道上运行时，在地震波激扰下，车辆的运行安全性指标比无地震波时增大。如果以运行安全性指标限值为判据，可以计算得到最大允许的地震等级。

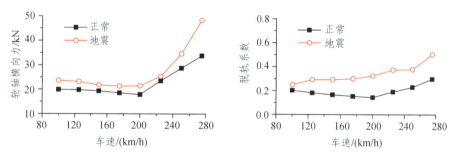

图 11.31　地震条件下的运行安全性

2. 考虑随机因素的车辆动力学性能预测[69, 70]

传统的动力学分析建立确定的动力学仿真模型，设置固定的参数，通过时域积分得到车辆系统的动态响应。在参数优化时，也仅改变待优化的个别参数，分析其对动力学性能的影响规律。这种分析往往得到一条规律确定的曲线或者曲面。

考虑机械系统参数不确定性，研究可靠性和动力学性能，才能全面掌握系统的特征。在高速列车运营中，悬挂参数、轮轨型面、动力学测试结果等，往往都具有离散性。某些动车组大部分情况下表现出优良的动力学性能，但个别情况下却具有较差的动力学性能，影响乘坐舒适性，甚至发生蛇行失稳。

车辆系统动力学仿真分析需要设定很多边界条件，每个动力学仿真结果都对应一个特定边界条件。这些决定车辆动力学性能的边界条件非常多，主要包括轮轨界面条件、轮轨匹配条件、车辆动力学参数变化（包括制造误差、橡胶老化、温度影响）、载重变化等。如果要组合这些工况进行分析，计算量惊人。例如，一个参数有 5 个变化量，考虑很简单的 10 个参数，组合的计算工况接近 1×10^7 个，根本无法用计算机仿真完成。而实际的可改变的边界条件参数多达几十个，无法通过仿真分析所有的工况，当然也很难获得动力学性能的分布情况。考虑各变化参数的所有组合也并不是必需的，动力学性能变化有一定的范围，只要找到这个范围，并确定动力学性能的概率分布，就能达到动力学分析的目标。

考虑参数随机分布的动力学仿真分析方法应运而生，并在铁道车辆动力学分析领域得到了应用。一种方法是将某些参数看作随机变量，并采用随机振动分析方法进行公式推导和研究。这种方法只能研究低维系统，且需要线性化处理，不适合具有强非线性、高维的高速列车的系统。另一种方法是将典型关注的参数按照概率分布取值，随机组合得到计算工况，进行成百上千组工况的计算，获取动力学指标的分布。通过随机组合，在较少的计算工况下，可以得到动力学指标的概率分布基本规律，以及动力学性能随各种参数的基本变化规律，并且获得较恶劣的动力学性能和对应的参数工况。最常用的是用蒙特卡罗法得到参数的随机组合。由于大部分参数变化的关联性不是很强，本书采用蒙特卡罗法得到随机参数的组合工况，对于部分关联性很强的参数，在参数设置时考虑其相互影响。部分文献对动力学方程进行了变换处理，考虑参数的关联性，从而提高了计算效率，但主要适用于变化参数较少、维数较低的情况。

有些动力学性能指标在多种因素的综合影响下变化显著，但随一个参数的变化规律不明显。这种情况在常规动力学分析中仅变化个别参数时很难发现，用随机动力学分析就容易得到动力学性能的分布域。对于很多参数而言，其对动力学性能的影响规律是确定的，所以采用一次变化一个或两个参数的常规动力学分析也能得出动力学性能的变化规律，此时，常规动力学分析方法行之有效。

虽然随机动力学仿真中考虑了参数的统计规律，并且按照参数的随机分布特性取值，但针对每一个仿真工况，动力学模型仍然是确定的。对于高速列车而言，动力学指标的统计时间一般不是很长，对同一辆车在某个路段的动力学仿真，其悬挂参数和轮轨参数可以认为是确定的。这里的参数随机分布是针对大空间尺度、大时间尺度和不同车辆而言的。所以动力学建模方法和传统分析相同，只是参数和边界条件按照一定的规律取值，动力学计算结果按照统计方法处理。

当车辆模型确定后，在动力学仿真中，输入条件是决定动力学性能的关键因素。输入条件可以分为轮轨界面条件、轮轨匹配条件、车辆动力学参数、运营条件等。随机动力学方法就是改变以上输入条件，从而得到同一个车的不同仿真模型，实现步骤主要如下：

（1）建立确定的车辆系统动力学仿真模型，并制定仿真条件和动力学性能评价指标；

（2）将典型关注的边界条件和参数按照概率分布或者有限的样本取值；

（3）对所考虑的所有输入条件，随机组合得到计算工况，根据分析需求确定工况的数量；

（4）对成百上千组工况进行动力学仿真计算，输出各工况的动力学指标；

（5）计算结果后处理，得到所有工况下动力学指标的统计规律。

1）随机因素

（1）悬挂参数。

高速列车悬挂参数主要包括各悬挂元件的刚度和阻尼，数量众多。对动力学性能有明显影响的参数主要包括一系纵向和横向定位刚度、一系垂向刚度和减振器阻尼、二系横向和垂向刚度、二系横向和垂向减振器阻尼、抗蛇行减振器等效刚度和阻尼、抗侧滚扭杆刚度、牵引拉杆刚度、二系横向止挡特性。

引起悬挂参数变化的因素非常多，主要包括制造误差、橡胶老化、温度变化等。实际运营中，部分参数的变化甚至达到 1 倍。由于大量橡胶件和液压减振器的采用，温度对参数的影响也很重要，大部分悬挂参数需要考虑 − 15% 的误差到 + 50% ~ +100% 的参数变化范围。

图 11.32 是在动车组新车和三级修时某橡胶节点七十个样本的实测刚度结果，测试在室温下进行。如果考虑温度变化，刚度的变化范围更大。对于没有实测数据的参数，参考相同类型元件的参数变化范围，按照正态分布取值。

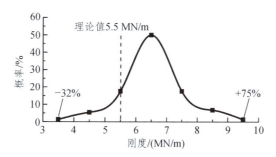

图 11.32　某橡胶节点刚度测试结果

（2）轮轨参数分布。

轮轨接触状态是车辆动力学的重要影响因素，包括轮轨几何参数和轮轨界面参数：轨距、轨底坡、轮对内侧距、车轮踏面外形、钢轨外形、轮轨摩擦因数、轮轨蠕滑系数。车轮踏面由长期跟踪测试得到不同里程下的典型外形组成数据库。钢轨选择理想钢轨、打磨后钢轨和新钢轨的典型外形。其余参数是根据试验文献和标准规范确定的取值范围。如图 11.33 所示，轮轨摩擦因数均值为 0.4，变化范围为 0.1 ~ 0.7，按照正态分布取值；轨距理论值为 1 435 mm，按照标准规定的误差范围，正态分布取值。

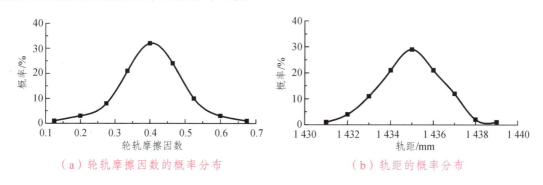

（a）轮轨摩擦因数的概率分布　　　　　　　（b）轨距的概率分布

图 11.33　轮轨参数分布

（3）轨道不平顺分布。

一般将轨道不平顺看成平稳随机过程，但一条线路上不同路段的轨道不平顺差异也很显著。动力学仿真只能在有限长轨道上进行，一般长度为几千米。为了更加准确地预测动力学性能，按照客运专线上轨道不平顺的分布特征，生成典型的轨道不平顺样本库。传统动力学分析对某一等级的线路一般只用其中一个不平顺样本。

部分动车组在轮轨低等效锥度时，容易发生横向晃动；在高等效锥度时，可能发生小幅值的蛇行运动。当轨道激扰较大时，这些振动可能淹没于轨道不平顺引起的振动中；而在较好的平直轨道上，这两种振动比较明显。在动力学分析时，有必要考虑幅值较小的不平顺样本，同时也需要兼顾大幅值不平顺激扰下的振动性能。

2）仿真分析方法

由于仿真工况的组合非常多，需要确定合理的仿真工况数量，并与试验结果对比，研究方法的准确性。

（1）参数随机组合。

动力学输入参数满足一定的分布特性，在动力学性能预测时按照参数分布特性选取计算参数。但参数的变化个数并不是越多越好。例如，当仿真时间受到限制从而只能仿真少量工况，重点关注车辆的动力学性能变化范围而不是分布特性时，应该选取少量典型参数，涵盖参数变化范围即可。

在每次仅考虑个别参数变化的常规动力学分析中，部分参数独自的变化可能对某些动力学指标影响甚微。但是随机动力学分析中，由于考虑的参数非常多，多参数的综合影响可能引起动力学指标明显变化。所以，仿真分析时应尽量将能考虑变化的参数都包含进来。

（2）动力学仿真工况数量。

各种参数和变量不是服从相同的统计规律，某些参数可能正态分布，某些参数可能平均分布，需通过数值仿真来确定合理的工况数量 N。

图 11.34 和图 11.35 是仿真工况数量对临界速度、平稳性指标和舒适度指标的影响。其中二维图是各指标的概率分布等高线图，图中线条上的数值为百分比概率。可见，当仿真工况较少时，各动力学指标的分布不规则，而且不能包含较大和较小的值。高速列车的动力学性能在绝大多数情况下都是优良的，仅在极少数工况下动力学性能较差，而我们最关注的就是这极少数较差工况，如何预测和改善这些工况下的动力学性能是重要的课题。传统动力学分析往往捕捉不到这些工况，导致动力学优化的参数不是最佳，动力学分析没有发挥出应有的价值。

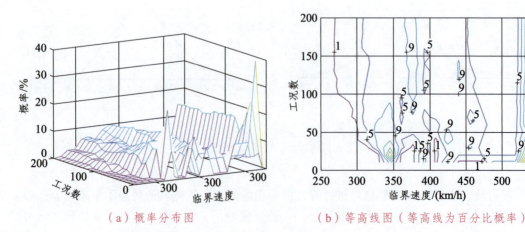

（a）概率分布图　　　　　　　（b）等高线图（等高线为百分比概率）

图 11.34　仿真工况数量对临界速度的影响

370

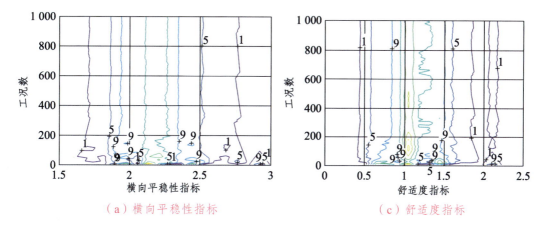

（a）横向平稳性指标　　　　　（c）舒适度指标

图 11.35　仿真工况数量对乘坐性能的影响

对临界速度，当工况数 N 大于 100 时，其分布规律已经基本稳定，而且已经找到了临界速度特别低的工况。对平稳性指标和舒适度指标，当仿真工况数大于 200 之后，其分布规律已经比较稳定。为此，随机动力学分析时，计算工况选择 200 个左右是比较经济和可靠的。

对计算结果的统计处理，可以得到车辆动力学指标的变化范围、统计规律。通过绘制动力学指标随参数变化的二维或三维图形，或者指标随单参数变化的概率图，可以分析单参数或双参数对动力学指标的影响规律。由于变化参数非常多，分析多参数影响规律还没有行之有效的简便方法。

（3）模型验证。

对某高速列车，开展了线路动力学长期跟踪测试，在机车车辆滚动振动试验台上开展了动力学试验，获得了大量的测试数据。图 11.36 是采用随机动力学仿真得到的横向平稳性指标、垂向平稳性指标与线路测试、台架试验结果的对比图。由于台架试验采用的轨道不平顺样本、轮轨接触关系工况较少，所以平稳性指标变化范围最小。随机动力学仿真得到的平稳性指标变化范围、平均值与线路长期测试结果基本吻合，平均值与台架试验结果接近。这证明了随机动力学方法对高速列车动力学性能预测是比较可靠的。

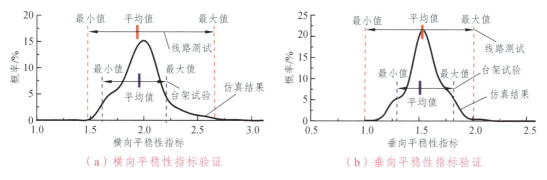

（a）横向平稳性指标验证　　　　　（b）垂向平稳性指标验证

图 11.36　动力学性能验证

3）动力学性能分析

以某高速动车组动车为例，采用考虑随机因素的动力学仿真方法，研究车辆动力学性能，与传统动力学仿真结果进行比较，并分析引起动力学性能异常的原因。

（1）与传统方法的对比。

在选取 200 个随机组合工况进行动力学仿真的基础上，分析镟轮后运营里程对动力学性能的影响，并与传统定参数下的计算结果对比。

从图 11.37 中可见，两种方法下临界速度、横向平稳性指标变化趋势相同，即随着磨耗里程增加，临界速度降低，横向平稳性指标增大。传统方法往往计算不到最小的临界速度和最恶劣的平稳性指标，而且某些参数的变化容易引起计算结果较大的变化。对本书算例，传统方法计算的临界速度已经处于较低水平，略低于统计概率最大值对应的临界速度；但随着里程的增加，传统方法临界速度最多下降 70 km/h，随机方法最小临界速度下降达 100 km/h。

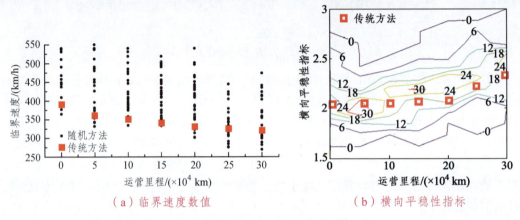

（a）临界速度数值　　　　　　　　（b）横向平稳性指标

图 11.37　与传统方法动力学性能预测对比

随机动力学计算得到的横向平稳性指标分布范围较宽，在磨耗后运营里程小于 20 万千米时，95% 以上小于 2.5；30 万千米内，95% 以上小于 2.7。传统方法计算的横向平稳性指标均小于 2.5，且比统计概率最大值对应的横向平稳性指标略小，不能完全反映线路运营情况。

（2）动力学指标分布特性。

考虑高速列车在整个服役周期内的悬挂参数变化范围、车轮踏面外形变化，以及运营线路的钢轨外形、轨道几何参数和轨道不平顺随机分布，可以计算得到高速列车动力学指标的分布特性。

图 11.38 是某 200 km/h 等级高速列车的临界速度和横向平稳性计算结果。可见，有 4% 的临界速度在 265～290 km/h，有 8% 左右的临界速度高于 450 km/h。临界速度分布概率最大

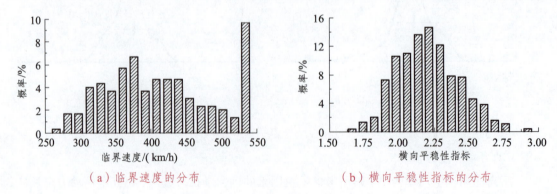

（a）临界速度的分布　　　　　　　　（b）横向平稳性指标的分布

图 11.38　动力学指标的分布

的速度区间在 335 ~ 350 km/h，概率达到 21%。从运动稳定性的角度来说，该动车组具有足够的可靠性。以速度 200 km/h 运行时，横向平稳性指标的均值为 2.2，有 10%的概率大于 2.5，有 1%概率大于 2.75。

（3）动力学异常分析。

根据上一节的计算结果，分析引起横向平稳性指标大于 2.75 的原因。主要方法是对每个变化的参数，绘图分析横向平稳性指标随参数的变化规律。结果表明车轮踏面磨耗外形、钢轨外形和轨道激扰谱对横向平稳性指标影响最显著。如图 11.39 所示，横向平稳性指标大于 2.75 的情况均发生在镟轮后运营 20 万千米之后。而磨耗 30 万千米的车轮踏面与标准钢轨匹配时，有一个工况下的横向平稳性指标甚至达到 2.92。

图 11.39（b）中含有舒适度指标离散点及其分位数统计值、平均值和最小/最大值，其中，每个空心圆点对应一个仿真工况的舒适度指标；矩形框上下限为 25%和 75%分布范围；其他短粗实线为 5%、50%和 95%范围；小实心矩形为最大值；实心五角星为最小值；空心矩形为平均值。从图 11.39（b）中可以看出，在新镟踏面下，某些工况下的横向平稳性指标和舒适度指标较大，尤其是舒适度指标已经在 2.0 ~ 3.0。分析表明，这是车体发生 1 ~ 3 Hz 的低频横向晃动引起的。这种新镟踏面下低频晃动现象在多种动车组上均有发现。采用图 11.39（b）的盒须图可以更加直观地展现这种现象。

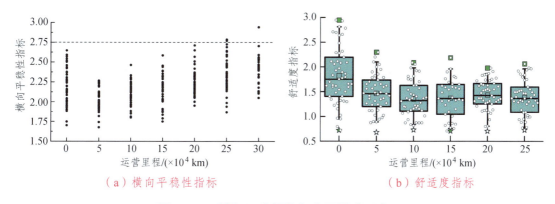

（a）横向平稳性指标　　　　　　　　　　（b）舒适度指标

图 11.39　横向平稳性指标主要影响因素

3. 动力学性能演化预测

动力学性能演化规律预测，需要结合车轮踏面磨耗预测和动力学性能仿真，分析车辆在一定运营里程下的动力学性能变化规律。针对某高速动车组，根据实际线路条件和实测钢轨型面，通过动力学仿真计算轮轨接触相关参数。并用 Archard 磨耗模型和 FASTSIM 计算接触斑内的磨耗，累加得到车轮踏面的磨耗量，更新踏面外形，预测线路运营 30 万千米内的踏面磨耗情况和动力学性能演变。

1）仿真分析方法

将整个线路按照不同半径的曲线和直线分为多段进行仿真计算。在每一个仿真段，假设轮轨匹配关系是恒定的，即除线路不平顺外的参数均取固定值。不同的仿真分析段之间，考虑轮轨匹配的随机性。同时，由于大半径曲线的缓和曲线比较长，将每个仿真分析段的长度设置为 2 000 m，这样既能模拟完整的曲线通过，也能尽可能多地考虑轮轨匹配关系。对于比例较少的曲线，圆曲线和缓和曲线长度较短，后面补充直线，使每段线路长度相同。

考虑的随机变化因素包括线路几何参数和轮轨界面参数。其中，线路几何参数包括轨距、轨底，轮轨界面参数包括摩擦系数、蠕滑权重系数、钢轨廓形。轨道不平顺一方面考虑了方向、轨距、高低和水平随机不平顺，这些是以轨道不平顺激扰施加到动力学仿真中的。由于在仿真过程中，采用事先生成的轮轨匹配数表，所以还需要将轨距、轨底坡、钢轨廓形等变化因素考虑到数表中。如图 11.40 所示，假设这四个随机因素在名义值附近呈正态分布，然后随机组合得到轮轨接触几何关系和轮轨接触边界条件，用于动力学仿真分析。

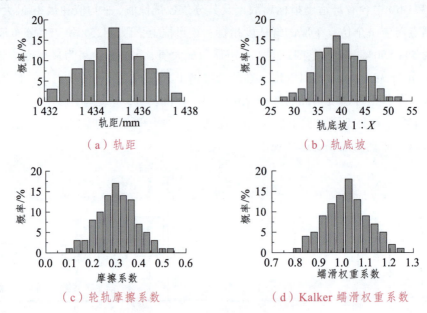

图 11.40　轮轨接触随机因素

文献中一般在运行一定距离或者磨耗一定深度时，对车轮踏面更新。由于高速列车运行线路相对比较固定，而不同半径曲线和直线上的磨耗深度是不同的，所以采用磨耗深度更新策略不合适。中国高速列车车轮踏面的磨耗最严重的也不超过 0.6 mm/10^4 km，所以踏面更新时的磨耗深度一般在 0.005 mm 以内，每个仿真段的运行里程约 1 500 km。

在一个完整的计算线路内，共计算了 16 个直线段。由于每次计算的轮轨匹配关系和边界条件都不同，所以磨耗也不同，这甚至大于大半径曲线线路的影响。随着里程增加，车轮踏面磨耗范围有所增大。每一次踏面更新后，由于部分区域磨耗下去了，其他区域相对凸出，下一个计算段的磨耗位置相应发生变化。图 11.41 是这些直线段的磨耗深度和磨耗形状。可见，在考虑参数随机匹配时，虽然都是直线轨道，但由于轮轨匹配关系、界面条件、轨道不平顺不同，车轮踏面磨耗有很大差异。踏面磨耗范围在 ± 15 mm 左右，不同计算段的磨耗范围略有差异。当采用固定参数计算时，踏面磨耗形状接近，只是磨耗深度随着里程增大，踏面磨耗范围在 − 10 ~ + 15 mm。

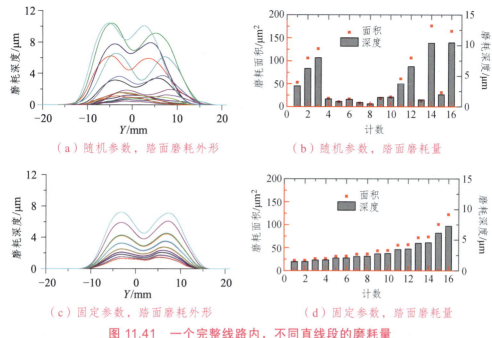

（a）随机参数，踏面磨耗外形

（b）随机参数，踏面磨耗量

（c）固定参数，踏面磨耗外形

（d）固定参数，踏面磨耗量

图 11.41　一个完整线路内，不同直线段的磨耗量

仿真计算对应的动车组在高速客运专线上进行了动力学试验和载客运营，跟踪检测了一个镟轮周期 30 万千米内的车轮踏面磨耗和动力学性能。下面将仿真结果与试验结果进行对比，说明对车辆动力学性能演化规律进行仿真预测是可行的。

2）踏面磨耗预测

仿真和测试的车轮踏面磨耗外形、磨耗深度比较如图 11.42 所示。从踏面磨耗外形来看，仿真和测试结果比较接近。测试的踏面磨耗范围比仿真更宽，主要是因为仿真仅考虑了典型的线路条件。测试数据还有轻微的轮缘磨耗，主要是在调车和前期试验中产生，镟轮时没有去除轮缘磨耗。由于对动车组在客运专线上运行时的动力学性能没有影响，所以不考虑轮缘磨耗。随着运行里程的增加，仿真和测试的踏面磨耗深度都是基本按线性增加，15 万千米之后测试比仿真略大。

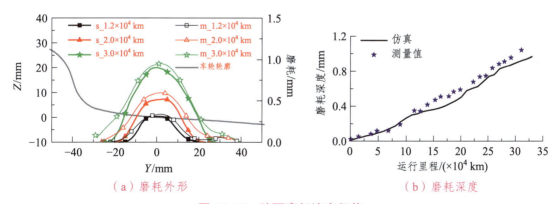

（a）磨耗外形

（b）磨耗深度

图 11.42　踏面磨耗演变规律

注：（a）中"s"表示 simulation，"m"表示 measured mean。
测量值是动车组所有轮对的平均值，动车和拖车轮对的平均值接近。

375

测试的车轮踏面外形具有较大的离散性，例如运行 30 万千米时，踏面磨耗深度从 0.6 mm 到 1.3 mm 不等，平均磨耗深度接近 1.0 mm。等效锥度对踏面磨耗比较敏感，从而这种离散的踏面磨耗对动力学性能肯定也有影响。这种现象有待于进一步深入研究。

为了统一比较，将仿真和测试的车轮踏面各种磨耗外形与 CN60 钢轨匹配，计算等效锥度等参数。同时计算了轮对横移 ±3 mm 时车轮踏面的接触带宽。如图 11.43 所示，仿真和测试的等效锥度变化趋势一致，都是随着运行里程的增大而增大。25 万千米之前测试的等效锥度大于仿真，之后相反。仿真和测试的接触带宽变化趋势也相同，都是从 10 mm 增大到 30 mm 左右。在 22 万千米之前，测试的接触带宽大于仿真。

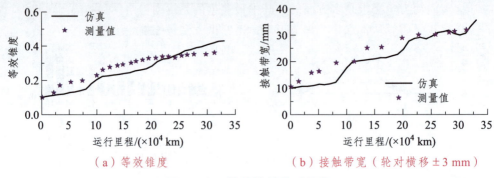

（a）等效锥度　　　　　　　　（b）接触带宽（轮对横移 ±3 mm）

图 11.43　轮轨接触关系演变

3）动力学性能演化

动车组线路运行中最关心的动力学问题之一就是构架是否发生了 10 Hz 以内的谐波振动，这在一定程度上代表了蛇行运动。如图 11.44（a）所示，对构架端部横向加速度进行 3 ~ 9 Hz 带通滤波，并取滤波后加速度幅值。测试结果显示，构架横向加速度时大时小，运行 10 万千米之后在个别地段会出现谐波，取该谐波的幅值。仿真结果表明，运行 10 万千米之后，部分工况构架横向加速度出现谐波，且幅值与测试结果接近。仿真和测试都表明，随着运行里程的增加，构架横向加速度幅值从 0.2g 增大到 0.5g 左右，即转向架发生了短时间的周期蛇行运动。

如图 11.44（b）所示，根据仿真和测试结果，比较转向架上方车体地板面上的横向平稳性指标。跟踪测试表明，随着运行里程的增加，横向平稳性指标均值在 1.7 ~ 1.8 且基本没有变化，个别路段的最大值从 2.0 增大到了 2.35 左右。仿真表明，横向平稳性指标均值在 1.8 左右且不随里程变化。随着里程增加，个别工况平稳性指标从 2.0 增大到 2.3 左右。

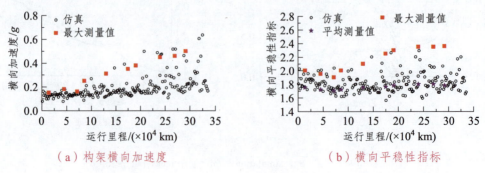

（a）构架横向加速度　　　　　　　（b）横向平稳性指标

图 11.44　动力学性能验证

11.3.2　车辆系统参数优化

采用动力学方法优化的车辆系统参数包括悬挂参数、轮轨匹配参数、质量参数、控制系统参数等，其中悬挂刚度和阻尼、轮轨匹配是最常见的优化对象。

1. 传统动力学参数优化

传动动力学参数优化一般是单参数优化，或者是两个参数的正交优化。由于边界条件确定，所以优化结果具有明显的规律，能够很容易找到单个参数的最优值。这种优化方法其实在第 5~7 章最后已经有大量示例。

但是，车辆动力学需求是多方面的，其中最典型的是运动稳定性和曲线通过能力对悬挂参数的要求相互矛盾，从本章相关小节可知，适应极大和极小等效锥度的悬挂参数也具有矛盾。如图 11.45 是某车辆对二系横向阻尼的动力学优化结果。为了提高临界速度，需要增大阻尼，但带来的问题是横向平稳性指标增大、曲线通过时轮轨磨耗增大。实际参数选取时，只能折中取值。

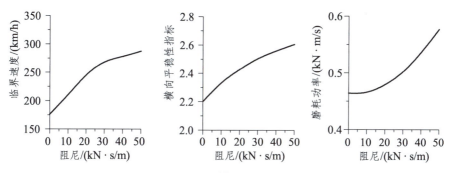

图 11.45　二系横向阻尼优化矛盾

在选取最优参数时，不仅要考虑性能指标满足要求，还要考虑所选取的参数具有稳健性。由于所有参数都存在各种各样的误差，而仿真分析时没有考虑这些误差的影响，所以参数取值时应该考虑参数在误差范围内变化仍然满足动力学指标要求。如图 11.46 所示，假设某参数在运用中的变化范围从 −15% 到 +20%，以临界速度为优化目标，不能将悬挂参数选取在最大临界速度对应的 A 点，因为参数变化 −15% 后已经不能满足临界速度的要求。参数最优取值范围在 B 点附近，此时名义参数下的临界速度比较高，同时参数在变化范围内都满足设计要求。

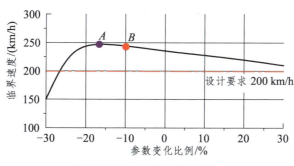

图 11.46　参数取值示意图

传统参数优化也是一个多目标问题，且这些目标之间还存在矛盾，所以优化过程中人为干预较多，很大程度上依赖于分析人员的经验水平。部分车辆参数对动力学性能会相互影响，传统优化方法不可能全面考虑这些影响，所以优化结果只是局部最优解。

2. 多参数多目标优化

多参数多目标优化常采用现代优化算法，是 20 世纪 80 年代后兴起的启发式算法，包含非常多的种类，如遗传算法、神经网络算法、模拟退火算法、差分算法等。这些算法在某些领域已经得到成功应用，最近基于深度神经网络的围棋机器人阿尔法狗及其改进版，又一次掀开了人工智能的大门。随之而来的基于神经网络的其他应用，如法律顾问、语言翻译等也得到了突破发展。

对于车辆系统而言，多目标多参数优化存在如下一些问题：

（1）计算量庞大。现代优化方法的计算量都非常大，而车辆动力学每个工况的计算时间都不短，所以很难实现如此大规模的计算。采用代理模型虽然能提高计算速度，但车辆系统具有强非线性，代理模型只能在局部区域满足精度要求。

（2）多目标的权衡仍然依靠人工设置，这和前面的传统优化类似，优化效果取决于分析人员的经验水平。

（3）最优结果不一定具有工程意义。多参数多目标优化结果一般是一个集合，从中选择最优参数仍然取决于人工。

（4）车辆系统本身和运营环境具有强非线性和随机性，优化过程很难兼顾这些因素，所以优化结果的稳健性和泛化能力不能保证。

针对车辆系统的多目标多参数优化一直是车辆系统动力学研究的重要内容，但在车辆系统参数优化工程应用中还鲜有涉及。

3. 试验与仿真结合

现代车辆设计时，经常将动力学仿真和动力学试验结合，对车辆悬挂参数、轮轨匹配进行优化，第 1 章 1.3.2 节已有所论述。以某高速动车组的设计优化为例，简单介绍仿真与试验结合的方法，如图 11.47 所示。

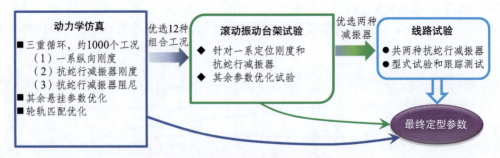

图 11.47　仿真和试验结合优化示意图

在第一步仿真分析中，对一系定位刚度、抗蛇行减振器参数进行优化计算，第一层循环 N_1 为一系纵向定位刚度，第二层循环 N_2 为抗蛇行减振器刚度，最内层循环 N_3 为抗蛇行减振器阻尼，采用正交优化方法。计算工况总共达到 $N_1 \times N_2 \times N_3$，每一层参数取 10 个值，计算量都达到了 1 000 个工况，再加上要计算临界速度、直线和曲线轨道上的动力学性能，计算量更加庞大。这么大范围的参数优化无法通过试验完成，体现了计算机仿真的优点。

第二步进行滚动振动台架试验。在动力学仿真优化基础上，优选了三种一系定位刚度、四种抗蛇行减振器方案进行台架试验，所以台架试验的工况总共 12 个。由于试验速度比较高，优化试验周期大概 1 周。

第三步开展线路试验，包括线路跟踪测试。结合动力学仿真和滚动振动台架试验，固定了一系定位刚度，优选两种抗蛇行减振器，分别安装在同一列动车组的不同车辆上。线路型式试验都针对新车轮踏面，所以动力学试验周期较短。线路跟踪测试里程约 30 万千米，需要运行大约半年时间，线路试验的周期和成本远远高于仿真分析和台架试验。通过线路试验，结合仿真分析，最终确定了动车组悬挂参数。

12 车辆系统动力学控制技术

车辆系统动力学源于工程、服务于工程，具有广泛的工程应用。简单地说，通过车辆动力学研究可以解释铁道车辆运行中的动力学现象，预测和优化一定边界条件下的车辆动力学性能，对新技术和新方法在车辆中的应用提供研究平台和理论支撑。

本章主要简介车辆系统动力学中的主动和半主动控制技术、摆式列车技术，由于径向转向架涉及曲线径向控制，所以也进行简单介绍。车辆系统控制技术已经有大量成功的商业运用，但相对于整个铁道车辆行业，其应用范围仍然十分有限。随着铁道车辆技术的发展，尤其是运行速度的不断提高、运行性能的不断改善，被动悬挂已经没有太多优化空间，主动和半主动控制技术具有巨大的发展潜力。

12.1 铁道车辆半主动和主动控制

通过现代数值仿真和试验，车辆被动悬挂参数已经达到比较优的范围，要想进一步提高动力学性能，依靠悬挂参数优化空间不大。采用现代控制理论，可以按照需求实时控制车辆振动，进一步改善车辆的动力学性能。车辆的控制有多种分类方法：

（1）按照振动控制有无附加能源，可以分为主动控制、半主动控制；

（2）按照控制车辆悬挂的位置，可以分为二系主动控制、一系主动控制、摆式列车倾摆控制、车体弹性振动控制等。

铁道车辆控制示意图如图 12.1 所示，主要测量对象是车体和构架，控制对象是车体，主体是控制器、作动器或半主动元件。主动控制又称为全主动控制，需要额外的作动器，可以直接对悬挂力、位移或者加速度等进行控制，因此结构比较复杂，其悬挂可靠性也是一个重要问题。半主动控制仅改变悬挂系统参数，所需能量较小，故不用额外能源，控制结构相对简单，即使失效也不对车辆系统产生过大危害。

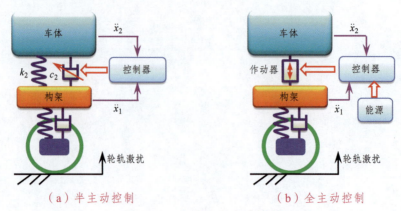

（a）半主动控制　　　　　　　　　（b）全主动控制

图 12.1　主动和半主动控制

主动控制技术在车辆中的应用现在还非常少，主要在二系车体倾摆控制中有应用，半主动控制应用要相对广泛一些。主动和半主动控制在我国已经研究了很长时间，但还没有成功的工程应用。

12.1.1 半主动控制

1974 年，美国加州大学戴维斯分校 Karnopp D. C. 教授提出了半主动减振方法：采用无源但是可控的阻尼器，根据预定的阻尼控制规律实时调节减振器阻尼，使半主动减振器阻尼力始终做负功，即始终耗散被隔振物体的振动能量。半主动控制最著名的算法是天棚阻尼控制。

铁道车辆半主动悬挂系统由传感装置、控制器和半主动减振器三部分组成。传感装置的主要作用是获得半主动控制策略中所需的反馈信号，如车体惯性速度、减振器速度等。但是这样的信号不一定是直接可测的，对于不能直接测得的信号可以根据可测的信号进行计算处理得到。例如，可以通过测量车体的振动加速度然后进行积分得到车体速度。控制器包括半主动控制器和减振器控制器两部分。半主动控制器根据传感装置获得的反馈信号，按照一定的控制方法可以计算得到半主动横向减振器所需的阻尼力。减振器控制器根据所需阻尼力计算得到应该发给减振器的执行指令，最后半主动减振器的电磁阀或者驱动磁场在相应的指令下进行调整。

1. 基本原理

Karnopp 提出了天棚阻尼半主动控制方法，其基本原理如图 12.2 所示。假想在被隔振物体和固定的天棚之间安装一个阻尼器，通过控制半主动减振器的阻尼，使减振器阻尼力尽量接近于天棚阻尼器的阻尼力。天棚阻尼半主动控制方法，是一种与被控系统关系不大的半主动控制方法，具有控制策略简单、鲁棒性好的优点。

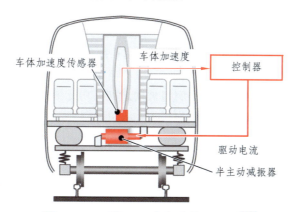

图 12.2　天棚阻尼半主动控制原理[71]

天棚阻尼半主动又可以分为：

（1）开关半主动控制：只有 on-off 两个状态，控制逻辑相对简单。

（2）连续半主动控制：阻尼值可以无级连续变化，它能够最大限度地接近于天棚阻尼器阻尼力。

天棚阻尼控制主要针对车体横向振动，以减小车体振动为目标。目前，铁道车辆用半主动减振器主要分为两种：一种是阀式半主动减振器，另一种是磁流变减振器。阀式半主动减振器是通过调整阻尼阀的开度来调节减振器阻尼力。由于磁流变减振器具有响应速度快、可控性强、耗能少等优点，因此其非常适合应用于高速列车半主动悬挂系统。

（1）半主动控制算法通用表达式为

$$C_{SA} = \begin{cases} C_{on} & [f(x) > 0] \\ C_{off} & [f(x) \leqslant 0] \end{cases}$$

$$C_{on} = K(x)$$

（12-1）

式中，K 为控制函数；f 为阻尼切换函数；x 为状态变量；C_{on} 是控制打开状态的可变阻尼系数；C_{off} 是控制关闭状态的阻尼系数。

（2）开关天棚阻尼半主动控制算法表达式为

$$C_{SA} = \begin{cases} C_{on} & [\dot{x}_c(\dot{x}_c - \dot{x}_f) \geqslant 0] \\ C_{off} & [\dot{x}_c(\dot{x}_c - \dot{x}_f) < 0] \end{cases}$$

（12-2）

式中，$\dot{x}_c$ 为车体运动速度；$\dot{x}_f$ 为构架运动速度；C_{on} 是控制打开状态阻尼系数；C_{off} 是控制关闭状态阻尼系数。

（3）连续天棚阻尼半主动控制算法表达式为

$$C_{SA} = \begin{cases} \dfrac{C_{sky}\dot{x}_c}{\dot{x}_c - \dot{x}_f} & [\dot{x}_c(\dot{x}_c - \dot{x}_f) \geqslant 0] \\ C_{off} & [\dot{x}_c(\dot{x}_c - \dot{x}_f) < 0] \end{cases}$$

（12-3）

式中，C_{sky} 是天棚阻尼系数；C_{off} 是控制关闭状态阻尼系数。

2. 控制效果

半主动控制虽然改善了车体的振动，但一般会加剧构架振动。半主动控制有效的频带范围较窄，有时甚至会增大其余频带下的振动。控制系统的延时、信号误差和干扰、可靠性也是重要的制约因素。

图 12.3 是某高速列车横向半主动控制与被动悬挂的对比效果[71]。可见，半主动将车体横向加速度最大值从 0.5 m/s² 减小到 0.3 m/s² 左右。从频谱图来，半主动悬挂降低了 1.5 ~ 2.5 Hz 内的振动。

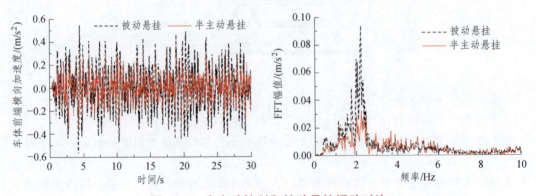

图 12.3 半主动控制和被动悬挂振动对比

另一方面，采用半主动控制后，车辆系统的蛇行运动稳定性有所降低[71]。这主要是半主动控制以减小车体振动为目标，一定程度上牺牲了转向架的动力学性能，其控制的频率范围又在蛇行运动频率范围内，所以转向架蛇行运动恶化。表 12.1 是该高速列车横向半主动控制与被动悬挂下的临界速度对比，A、B、C 分别对应蛇行运动分岔图中的几个临界速度点，可见半主动控制降低了 25% ~ 30% 的临界速度。

表 12.1　半主动控制和被动悬挂临界速度对比

悬挂方式	临界速度/（km/h）		
	v_A	v_C	v_B
被动	200	475	600
开关半主动	150	375	425
天棚阻尼半主动	150	375	425

3. 工程应用

车辆二系横向半主动悬挂系统在日本得到了广泛应用，在既有线和新干线上均有装车（见表 12.2）。最早是 20 世纪 90 年代，为了减小新干线大量隧道导致气流激扰下车体振动加剧，开展了主动和半主动控制试验，使振动减轻 30% ~ 50%。之后半主动悬挂在新干线列车开始大面积装车使用。新干线车辆通常在头尾车和高档车上安装半主动悬挂系统，另外还在摆式列车 800 系和 N700 系上全列安装了横向半主动悬挂系统。安装半主动悬挂系统的车辆的最高运行速度为 300 km/h。

表 12.2　日本系列动车组装用半主动悬挂系统情况

线路	车　型	安装车辆	运行速度	时间
新干线		500 系：头尾车和高档车半主动；W1 编组：头尾车主动，受电弓车和高档车半主动	东海道线：270 km/h 山阳线：285、300 km/h	1997 年
		700 系：头尾车和高档车半主动	东海道线：270 km/h 山阳线：285 km/h 博多南线：120 km/h	1999 年
		300 系：头尾车和高档车半主动	东海道山阳线：270 km/h	2006 年
		E2 系：头尾车和高档车气动主动，其他车辆半主动	东北线/长野线：275 km/h	1997 年

线路	车型	安装车辆	运行速度	时间
新干线		800 系（摆式）：全车半主动	九州线：260 km/h	2004 年
		N700 系（摆式）：全车半主动	东海道：270～285 km/h 山阳：300 km/h 九州：260 km/h	2007 年
既有线		313 系 5000 型：头尾车半主动	东海道线名古屋地区：120 km/h	2010 年
		E259 系：全车半主动	成田机场线：130 km/h	2009 年

12.1.2 主动控制

主动控制在铁道车辆系统中的应用比较少，仅有个别横向主动控制，摆式列车也是一种主动控制（在下一节介绍）。车辆系统主动控制的研究一直被国内外学者重视，也是未来工程重要的发展方向。

1. 控制原理

如图 12.4 所示，主动控制系统的输入一般是位移、加速度这些可观测量，由于车辆在轨道上前进，位移一般是悬挂系统的相对位移。控制系数将输入信号通过控制器处理之后，以液压、机电、气动作动器输出力或者位移等可控制量，驱动车辆某些部件运动，从而实现控制目标。

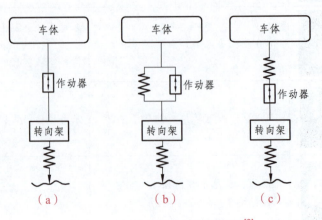

图 12.4 二系主动控制器的方式[8]

车辆主动控制的目标一般也是车辆系统动力学的优化目标，主要包括提高蛇行稳定性、改善乘坐性能和振动、提高运行安全性。

其中改善乘坐性能和车体振动现在用得最多，包括二系横向主动控制、车体倾摆控制等。这类主动控制主要是为了改变车辆系统由于轨道线路、轨道不平顺、载荷变化等引起的车辆响应，包括减小车体加速度、约束悬挂变形、控制运动稳定性、优化曲线通过性能等。

作动器一般有液压、机电、气动等方式。液压作动器系统能源系统庞大且结构复杂；机电作动器结构简单但可靠性略差；气动作动器响应慢，仅在很少地方用于辅助控制。现在又开发了一种电液作动器，将液压系统集成到作动器系统中，大大简化了结构，也提高了机电作动器的可靠性，但实际应用还鲜有报道。

2. 二系主动控制

如图 12.5 所示，二系控制可以有多种形式，包括主动作动器单独悬挂、作动器与弹簧并联悬挂、作动器与弹簧串联悬挂等。对悬挂系统控制而言，在传统悬挂的基础上并联控制器是最可靠的。二系控制主要是为了降低振动，提高乘坐性能，包括横向主动控制和垂向主动控制，横向研究较多。

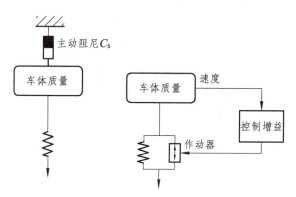

图 12.5　天棚阻尼主动控制[8]

天棚阻尼控制是常见的控制算法，可以用于半主动控制，也可以用于全主动控制。天棚阻尼控制由于是采用阻尼控制原理，需要用到与速度有关的参量，而速度一般是不可测量，所以需要将加速度通过积分、高通滤波等处理计算得到速度。

传统的弹簧阻尼并联悬挂，在共振频率附近的减振效果与在高频下的减振效果是有矛盾的：增大阻尼能降低共振点峰值，但会增大高频传递率。图 12.6 是文献[8]中，主动和被动悬挂振动传递率的对比，主动控制可以在共振频率及更高频率下达到较好的减振效果。

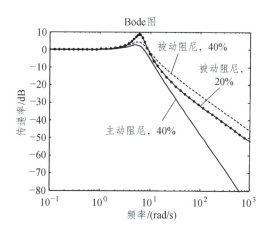

图 12.6　主动控制振动传递率对比[8]

一般传统控制采用每个转向架位置的测试信号，通过主动系统控制该转向架上方车体的振动。现代控制方法将前后转向架的振动信号耦合分析，并分别采用横向控制和摇头控制，作动器仍然在前后转向架上，进一步提高了控制效果。

二系横向主动控制在意大利高速列车转向架 Flexx Speed ITALY 上得到了应用，该转向架设计速度高达 360 km/h。二系横向悬挂采用了集成在转向架上的电控液压主动减振器，称作 ALS 系统。这套系统的目的是提高乘坐舒适度，尤其是可以降低在曲线线路上的横向加速度。同时，通过使车体在轨道上对中，还能降低车轮和钢轨的磨耗。ALS 系统由安装在构架和车体上的加速度传感器测量车辆状态，由安装在车上的中央控制单元进行主动控制。

3. 一系主动控制

一系由于空间结构的限制，且对车体振动的控制效果远不如二系，所以理论研究和工程应用都较少。一系主动控制可以分为纵向控制和横向控制，且主要目的是提高蛇行稳定性和曲线通过能力，如控制轮对的横移和摇头运动。文献[8]给出了示例，如图 12.7 所示，理论研究表明，采用主动控制后的径向效果甚至优于径向转向架。

作动器

转向拉杆

图 12.7　一系主动控制转向架[8]

12.2　摆式列车

曲线线路是限制列车提速的重要因素，部分客货混跑的既有线路，超高设置不能太大，客车提速空间受到制约。部分高速铁路初期设计速度较低，在运营中也有提速需求。摆式列车是一种特殊的车辆主动控制技术，可以在小改造或不改造线路的前提下，提高列车的曲线通过速度，从而提高旅行速度，同时维持较好的乘坐性能。

20 世纪 20 年代就提出了摆式列车的概念，以后有过试制，但由于技术不成熟没有得到推广。20 世纪 80 年代左右，摆式列车得到了迅速发展，日本、瑞典、德国、意大利等都开发了成熟的摆式列车。英国、中国、法国等都进行了开发设计，但没有成熟产品运营。

12.2.1　摆式列车的基本原理

列车以较大欠超高通过曲线时，施加到乘客身上的横向加速度势必增加。由图 9.8 可见，舒适度指标横向加权函数在 1 Hz 附近最大，即低频横向加速度对乘坐舒适度的影响较大；同时在较大未平衡横向加速度作用下，乘客也会感觉站立不稳。摆式列车的基本原理是通过控制车体向曲线内侧的倾摆，用重力的横向分力抵消部分未平衡离心加速度，从而减小由于列车高速运行施加到乘客身上的横向加速度，以改善曲线通过时的乘坐舒适性，实现曲线提速。摆式列车虽然改善了乘坐性能，但列车速度提高会导致轮轨相互作用加剧，需要通过一些措施解决。

如图12.8所示，轨道超高角为θ_0，车辆在曲线上运行时横向主要受到离心力和重力的横向分力作用，车体实际相对于水平面的倾斜角度为θ。图12.8（a）中虚线为车体的理想位置，实线填充体为车体力平衡下的实际位置。由于θ角度较小，乘客承受的横向加速度可以近似为

$$a_y = \frac{v^2}{R} - g\theta \tag{12-4}$$

摆式列车控制车体向曲线内侧倾斜角度θ_t，该角度一般小于8°，从而增大了重力的横向分力，乘客承受的横向加速度可以近似为

$$a_{yt} = \frac{v^2}{R} - g(\theta + \theta_t) \tag{12-5}$$

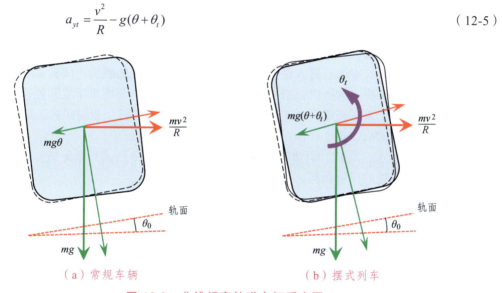

（a）常规车辆　　　　　　　　（b）摆式列车

图12.8　曲线超高轨道车辆受力图

根据第7.2节车辆稳态曲线通过关系，设外轨超高h，水平曲线半径R，最大允许欠超高h_d，则常规车辆在曲线轨道上最大允许速度为

$$v = \sqrt{\frac{(h + h_d)R}{11.8}} \tag{12-6}$$

设轮对滚动圆横向跨距为$2a$，则车体倾摆抵消的欠超高相当于：

$$h_t \approx 2a\theta_t \tag{12-7}$$

则摆式列车车辆在曲线轨道上最大允许速度为

$$v_t = \sqrt{\frac{(h + h_d + h_t)R}{11.8}} \tag{12-8}$$

387

图 12.9 是某车辆以 250 km/h 通过半径 800 m 曲线时的横向加速度，车体倾摆角度为 8°。可见，车体倾摆时，横向加速度降低了约 35%。

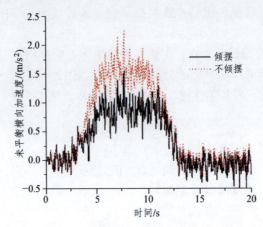

图 12.9　车体倾摆与不倾摆下的横向加速度对比

摆式列车曲线通过时车体倾摆的主要目的是提高乘坐舒适性，而人们对舒适性的感受是因人而异的，欧洲和日本都通过大量试验来确定人们对舒适性的感受。试验表明影响舒适性的主要因素有未平衡横向加速度、未平衡横向加速度的变化、倾摆角速度和倾摆角加速度。如果倾摆能完全抵消未平衡横向加速度，又会引起视觉的不舒适。根据经验，取抵消 70% 未平衡横向加速度时的倾摆角度较合适。

UIC comfort group 根据 2001 年在意大利进行的 Pendolino 摆式列车舒适性试验，确定了一些摆式列车舒适性的评价指标，下面是其中之一：

$$N_{CT} = 0.791\ddot{y} + 0.240\dddot{y} + 0.129\dot{\theta} + 0.479 \tag{12-9}$$

其中，$\ddot{y}$ 是车体横向加速度（m/s^2）；$\dddot{y}$ 是车体横向加速度变化率（m/s^3）；$\dot{\theta}$ 是车体倾摆角速度（°/s）。

欧洲铁路还根据统计，得到站立乘客的不舒适度评价指标和坐着的乘客的不舒适度评价指标式：

$$\begin{cases} P_{CT} = \max(28.54\ddot{y} + 20.69\dddot{y} - 11.1, 0) + 0.185(\dot{\theta})^{2.283} \\ P'_{CT} = \max(8.97\ddot{y} + 9.68\dddot{y} - 5.9, 0) + 0.120(\dot{\theta})^{1.626} \end{cases} \tag{12-10}$$

其中，$\ddot{y}$ 是缓和曲线车体横向加速度绝对最大值（m/s^2）；$\dddot{y}$ 是缓和曲线车体横向加速度变化率绝对最大值（m/s^3）；$\dot{\theta}$ 是车体倾摆角速度绝对最大值（°/s）。

日本铁路对摆式列车旅客的乘坐舒适性也进行了大量研究，提出了乘坐舒适性标准，下面是站立乘客舒适性指标：

$$TC_{TR} = 0.60\ddot{y} + 0.30\dddot{y} + 0.03\dot{\theta} + 0.12\ddot{\theta} + 0.5 \tag{12-11}$$

其中，$\ddot{\theta}$ 是车体倾摆角加速度的绝对最大值（°/s^2）。

12.2.2　摆式列车类型

为了将车体倾摆到指定的角度，需要在车体和转向架之间安装倾摆机构。倾摆机构种类很多，按照作动方式可以分为自然倾摆和强制倾摆，按照倾摆机构位置可以分为簧上摆和簧间摆，按照作动器可以分为液压、机电和气动倾摆，也可以按照倾摆执行机构名称分类。

1. 自然摆与强制摆

自然摆和强制摆的结构示意图如图 12.10 所示。自然摆式又称为无源摆，车体由滚轮装置或高位空气弹簧支承，车体的倾摆中心必须高于重心。当车辆通过曲线时产生离心力，由于重心低于倾摆中心，故车体重心绕其倾摆中心向曲线外侧转动，车体自然地向曲线内侧倾斜，而没有外加动力或外加动力仅起辅助作用。无源摆式车体倾斜角度可达到 3.5°～5.0°，能提高常规列车曲线运行速度 15%左右；采用空气弹簧倾摆的角度一般在 2°左右。

强制摆又称为有源摆，需要在车体和转向架之间安装主动作动器和倾摆控制系统。就是利用曲线检测装置、车载计算机控制装置和倾摆传动装置，使车体按照控制指令发生倾摆，其倾摆角度一般能达到 8°，最高可达到 10°。有源摆式车体能提高常规列车曲线运行速度 30%～35%。强制摆的车体摆心接近乘客重心，可以减小倾摆动作施加到乘客身体上的横向加速度。

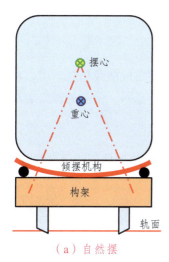 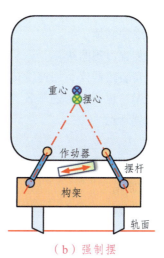

（a）自然摆　　　　　　　　　　　（b）强制摆

图 12.10　摆式列车倾摆结构示意图

1）作动器

主动倾摆摆式列车的倾摆作动器主要有气动作动器、液压作动器、机电作动器和电液作动器。气动作动器在日本自然倾摆摆式列车中作为辅助装置，达到了比自然倾摆更好的效果。但由于其延时较大且空气本身有压缩性，其他国家新开发的摆式列车基本都不采用。下面简单介绍后三种作动器。

（1）液压作动器。液压作动器技术成熟，响应快，一次投入成本高但二次成本低，且不易发生故障。但液压系统庞大，质量大；对液压油质量要求较高，维修不方便，且容易造成污染。虽然现在已有发展无管路的液压系统趋势，但体积和质量仍然较大。

（2）机电作动器。机电作动器体积小，质量轻，响应快，动作准确，一次成本低，维修方便。但机电作动器的滚珠丝杠使用寿命有限，二次投入成本高，有可能出现丝杠锁死现象。应该说，机电作动器是倾摆驱动的发展方向。

（3）为了避免液压作动器和机电作动器各自的缺陷，同时发挥两者的优点，利勃海尔公司开发了电液作动器。即将液压系统集成在一个液压单元中，用伺服电机作为液压马达驱动液压缸。这样就避免了滚珠丝杆的更换和潜在危险，液压系统也不会和外界接触，不会产生液压油的污染。模块化的设计便于更换维修，同时原有的机电作动器倾摆控制系统照样可以使用。但该系统还未正式投入商业运用。

2）曲线信号

自然摆可根据列车的受力自动产生倾摆，是一种被动方式，所以不需要列车检测曲线线路参数。

主动倾摆都需要根据曲线信息和倾摆目标，生成控制信号并驱动作动器，故倾摆控制的关键问题是如何准确获得进入和驶出曲线的时刻，以及在该段曲线上的倾摆指令。曲线信息可以通过在线实时检测和车载曲线信息数据库获取，例如：

（1）线路触发式。

在线路上曲线前安装装置，发送曲线信息给列车；或者在列车上存储线路信息数据库，线路上的装置仅触发车辆已到曲线位置。这种方法最可靠，但列车允许运行的线路相对固定，线路和数据库维护麻烦。

（2）车载装置检测曲线。

在列车上安装陀螺仪、加速度传感器，通过数据处理获取曲线信息。可以在头尾车安装设备控制整列车，也可以每辆车各自控制。这种方法对传感器、信号处理要求高，且滤波会引起较大的信号延迟。

（3）GPS。

对山区 GPS 信号不好的路段，尤其是隧道无用，需要附加其他的信号获取方式。

3）倾摆控制信号

摆式列车的倾摆角加速度不能太大，否则容易晕车。对于已知线路信息的情况，可以根据一定规则生成倾摆控制信号，角加速度一般设置为两个半正弦波形，根据横向加速度限值可以得到倾摆角度控制信号。对于线路情况未知，实时检测曲线信息的倾摆控制方式，倾摆控制信号可以根据检测到的线路信号，结合车速、横向加速度等自动生成。

依据国外摆式列车运行和设计经验，通常摆式列车车体最大倾摆角为 ±8°，最大倾摆角速度为 5°/s，最大倾摆角加速度为 15°/s²；车体的未被平衡横向加速度不大于 1.0 m/s²。据此确定车体倾摆理想规律，车体倾摆角加速度与时间函数关系：

$$\varepsilon = \begin{cases} \varepsilon_{\mathrm{m}} \sin \dfrac{\pi}{T_1} t & (0 \leqslant t < T_1) \\ 0 & (T_1 \leqslant t < T_1 + T_2) \\ -\varepsilon_{\mathrm{m}} \sin \dfrac{\pi}{T_1}(t - T_1 - T_2) & (T_1 + T_2 \leqslant t < 2T_1 + T_2) \end{cases} \qquad (12\text{-}12)$$

式中，ε_{m} 为最大角加速度；T_1 为正弦半波的时间，即车体从零达到最大摆动速度或从最大摆动速度回复到零的时间；T_2 为车体保持最大摆动速度的时间。

对车体倾摆角加速度进行积分运算，可得到倾摆角速度和角度与时间的关系：

$$\omega = \begin{cases} \dfrac{T_1\varepsilon_{\mathrm{m}}}{\pi}\left(1-\cos\dfrac{\pi}{T_1}t\right) & (0 \leqslant t < T_1) \\[3mm] \dfrac{2T_1\varepsilon_{\mathrm{m}}}{\pi} & (T_1 \leqslant t < T_1+T_2) \\[3mm] \dfrac{T_1\varepsilon_{\mathrm{m}}}{\pi}\left(1+\cos\dfrac{\pi}{T_1}t\right)(t-T_1-T_2) & (T_1+T_2 \leqslant t < 2T_1+T_2) \end{cases} \qquad (12\text{-}13)$$

$$\theta = \begin{cases} \dfrac{T_1\varepsilon_{\mathrm{m}}}{\pi}\left(t-\dfrac{T_1}{\pi}\sin\dfrac{\pi}{T_1}t\right) & (0 \leqslant t < T_1) \\[3mm] \dfrac{T_1\varepsilon_{\mathrm{m}}}{\pi}(2t-T_1) & (T_1 \leqslant t < T_1+T_2) \\[3mm] \dfrac{T_1\varepsilon_{\mathrm{m}}}{\pi}\left[t+T_2+\dfrac{T_1}{\pi}\sin\dfrac{\pi}{T_1}(t-T_1-T_2)\right] & (T_1+T_2 \leqslant t < 2T_1+T_2) \end{cases} \qquad (12\text{-}14)$$

依据此规律，得到车体倾摆规律曲线如图 12.11 所示。

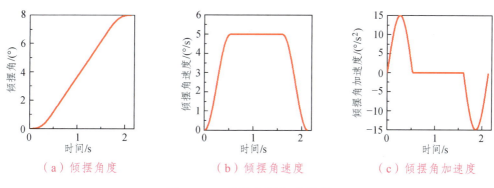

（a）倾摆角度　　　　　　（b）倾摆角速度　　　　　　（c）倾摆角加速度

图 12.11　车体倾摆规律曲线

2. 倾摆机构

车体倾摆机构形式多样，但都是通过构架和车体间的机构，在横向力作用下（主动或者被动）使车体能相对构架倾摆，主要有：

（1）ETR460、X2000、VT611 等采用的四连杆倾摆机构，并采用作动器实现主动倾摆。

（2）日本 381 系摆式电动车组、2000 系内燃动车组采用滚子式倾摆机构，并使用气动作动器辅助倾摆；为了降低滚摆中心和运行阻力，日本开发了导轨式倾摆装置，应用于 283 系动车组、383 系动车组等。

（3）西班牙 Talgo Pendular 采用的吊钟式倾摆机构，将二系空气弹簧布置在高于车体重心的位置，利用曲线通过时的离心加速度使车体倾摆。

（4）利用二系左右侧空气弹簧升降来实现车体倾摆的技术越来越受到重视。日本从 20 世纪 60 年代就开始研究这种技术，直到 2005 年在 2000 系电动车组上实现商业运行。从 2007 年开始，在新干线的 N700 系、E5 系、E6 系上也开始应用此种技术。

（5）还有采用抗侧滚扭杆式倾摆机构的报道。

四连杆机构结构简单可靠，但由于四连杆机构会使倾摆瞬心变化，车体倾摆的同时会造成车体重心较大的横移和垂移，降低了乘坐舒适性。滚子式和导轨式倾摆机构能保证车体倾摆瞬心和重心重合，但结构复杂且维护麻烦。

按照倾摆机构的位置，摆式列车分为簧上摆和簧间摆。簧上摆是指包括作动器在内的倾摆机构都布置在二系悬挂和车体之间；簧间摆是指包括作动器在内的倾摆机构都布置在构架和二系悬挂之间。采用簧上摆结构的摆式列车通过曲线时，离心力使二系横向和垂向变形较大，二系横向止挡和车体会经常碰撞，倾摆作动力直接作用在车体上，旅客乘坐舒适性差，所以，簧上摆一般都有车体横向主动控制装置。簧间摆方式由于车体和倾摆机构之间有二系悬挂，乘坐舒适性较好；但由于二系弹簧变形，车体实际倾摆角度要比预期要小；其簧间质量比簧上摆时大，轮轨作用加强；同时由于倾摆机构占据一定空间，动力转向架的轴距不可能很小。

1）四连杆倾摆机构

四连杆机构是常用的倾摆结构，需要配套安装摆枕。四连杆机构安装在二系弹簧之上时，四连杆机构一端连接摆枕、一端连接车体，摆枕通过二系弹簧与构架连接。四连杆机构安装在二系弹簧之下时，四连杆机构一端连接摆枕、一端连接构架，摆枕通过二系弹簧与车体连接。四连杆机构由作动器驱动，实现车体倾摆。设置合适的机构参数，可以达到较大的倾摆角度和较小的横移，并有合适的摆心。液压作动器可安装两个，作动器的一端在构架上，一端在摆枕上。机电作动器每转向架一般只安装一个，近似水平安装，通过滚珠丝杠副将电机的旋转运动转换为作动器的伸缩，驱动倾摆机构。

由于线路没有特殊改造，受电弓的横向偏移不能太大，需要在车体倾摆的同时，控制受电弓的横向位置。

2）自然摆 + 气动作动器

自然摆的角度有限，且通过曲线时容易发生振荡，更易晕车。气压作动器虽然响应慢、输出力有限，但作为辅助装置，能有效减少振动，且不需要附加的能源。这种方式是日本既有线的特有倾摆控制方式，运行良好。

3）二系高空簧自然摆

二系高空簧自然摆又称为吊钟式倾摆机构，这是西班牙 Talgo 高速列车上独有的自然倾摆模式，而且该列车还采用了单轴独立轮转向架和铰接列车。2013 年 7 月西班牙高铁脱轨事故，就是这种列车在曲线轨道超速行驶引起的。

4）抗侧滚扭杆倾摆方式

通过在抗侧滚扭杆上安装机构，使其成为作动机构，控制车体的倾摆，这是一种主动倾摆方式。这种方式占用空间小，且不需要大改转向架结构，但对抗侧滚扭杆要求很高。该方式还没有得到工程应用。

5）空气弹簧差压式倾摆机构

如图 12.12 所示，对左右侧空气弹簧的高度进行控制，也可以实现车体的倾摆，这是一种主动倾摆控制方式。在车体倾摆情况下，车体倾摆角度能达到 2°左右。

空气弹簧控制要受到空气流量等因素的限值，响应比机电作动器和液压作动器慢，可倾摆角度也更小。这种方式虽然结构简单，但由于要改变左右侧空气弹簧的空气质量、气压、空簧高度，从而改变了二系悬挂参数，会影响二系悬挂的性能。另外，为了达到足够的左右侧空簧压差以使车体倾摆，差压阀的设定压力要远高于一般空簧系统，车体倾摆后要恢复到平衡位置也是一个问题。同时，空气消耗比较大也需要解决，为此有强制空气在左右空簧间流动的研究。采用空气弹簧控制技术来实现车体倾摆在日本得到广泛研究和商业应用[72]。

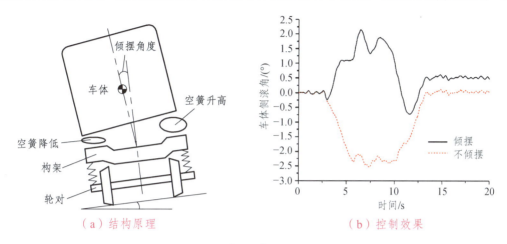

（a）结构原理　　　　　　　　　　（b）控制效果

图 12.12　空气弹簧控制的摆式列车

12.2.3　摆式列车工程应用

如图 12.13 所示，摆式列车在欧洲多个国家、日本、美国等都得到了应用，有的摆式列车取得了良好的社会经济效益，如日本、瑞典、西班牙和意大利的摆式列车。但总的来说，摆式列车是一种主动控制技术，存在一定的技术复杂性，很多摆式列车没有成功运营或者中途退出，摆式列车的应用推广受到了很大的局限，在世界铁道交通中所占比例不大。

（a）西班牙　　　　（b）意大利　　　　（c）日本　　　　（d）瑞典

图 12.13　各国典型摆式列车[1]

1. 意大利摆式列车

意大利在 20 世纪 70 年代中期投入运用了带摆式车体的 ERT401 型客车，后期最高速度达到 200 km/h，这是世界上最先投入运营的摆式列车。20 世纪 80 年代末开始在罗马附近采用 ETR450 型摆式列车，最高速度达到 250 km/h。

393

2. 德国摆式列车

德国摆式列车采用高速内燃动车组，于德国铁路和丹麦国家铁路服役。服役历史相当不幸，自始 ICE-TD 运营便被技术问题所困扰，主要是由于在环保和列车结构方面仍存在不少缺陷。2002 年 12 月 2 日德国发生了车轴断裂事故。德国铁路认定运营此车型过于昂贵。

3. 瑞典 X2000

X2000 是现在运用最成功的摆式列车，最高运营速度 200 ~ 210 km/h，车体最大倾摆 8°。动力集中，只有客车有车体倾摆功能，机车没有。倾摆功能并非每次通过轨道曲线均会产生作用，如果列车运行速度低于 70 km/h，摆式系统将会自动锁定，因低速运行时倾摆反而会对旅客产生倾斜的不适感。X2000 的另一项重要技术是一系柔性定位转向架，具有较好的曲线径向效果。X2000 配备了三套可独立运作的制动系统，分别为盘式制动、再生制动和电磁轨制动。

4. 日本摆式列车

日本摆式列车的类型较多，主要采用了自然摆，有的增加了辅助倾摆机构；采用空气弹簧控制来实现车体倾摆的技术也得到广泛应用。日本摆式列车的车体倾摆角度一般较小，所以提速有限。例如，283 系拥有日本所有营运中摆式列车最大的倾斜角度（6°），能以比一般列车高出 40 km/h 的速度通过曲率半径 600 m 的弯道，加上窄轨（轨距 1 067 mm）柴油动车组最快的运营速度（130 km/h），令其成为日本性能最强的柴油动车组。

12.3　径向转向架

根据前面章节的分析，转向架一些主要悬挂参数对蛇行运动稳定性的影响规律，和对曲线通过能力的影响规律相互矛盾。例如，较柔软的一系和二系纵向定位刚度有利于曲线通过，但不利于稳定性；再如，较大的转向架轴距有利于提高稳定性，但降低了曲线通过性能。解决稳定性与曲线通过性能这对矛盾是车辆动力学长期研究的课题，采用常规转向架无法同时满足二者的要求。径向转向架的出现有效地解决了这一矛盾，即能满足转向架的横向稳定性，又能改善曲线通过性能。

顾名思义，径向转向架就是车辆在通过曲线时，轮对尽量处于曲线径向位置，但同时需要保证足够的蛇行运动稳定性。最先投入运用的径向转向架是南非铁路工程师 Herbert Scheffel 于 20 世纪 70 年代初发明的货车径向转向架，其后多家铁路公司开发了多种径向转向架，都取得了良好的运用效果。径向转向架缓和了车辆曲线通过性能和蛇行运动稳定性的矛盾，但增加了机构复杂性，增加了生产维护的成本，直到今天也没有被普遍应用到铁道机车车辆行业。

12.3.1　径向转向架的机理

Wikens 采用静力学方法，忽略转向架构架的运动，将复杂的转向架结构进行等效简化[73]，从理论上使运动稳定性和曲线通过能力的解耦成为可能。轮对蛇行运动和曲线通过，都可以简化为仅考虑横移和摇头两个自由度。对于任何结构形式的转向架，假设构架固定，只考虑前后两条轮对的横移、摇头自由度，都可以将转向架内部的悬挂等效为前后轮对之间的横向剪切刚度 K_s、弯曲刚度 K_b，二者的定义为

$$K_s = \frac{一条轮对横移作用于另一轮对的横向力}{两条轮对相对横移}$$

$$K_b = \frac{一条轮对摇头作用于另一轮对的摇头力矩}{两条轮对相对摇头角}$$

为了提高转向架曲线通过性能，要求 K_b 尽可能小；为了提高蛇行运动稳定性，需要较大的 K_s。而在非零的剪切刚度作用下，轮对有占据径向位置的能力，因此可以采用降低弯曲刚度的办法来改善曲线通过性能。径向机构一方面使前后轮对摇头耦合起来，更加有利于曲线通过时趋于径向位置；另一方面，部分径向机构还可以提供一定的剪切刚度，并提供前后轮对间的纵向刚度，增加稳定性。

对各种类型的径向转向架，都可以通过推导得到等效弯曲刚度和剪切刚度。一般来说，等效弯曲刚度一般正比于一系纵向定位刚度，等效剪切刚度与一系纵向定位刚度、一系横向定位刚度有关。详细的推导可参考相关文献。

12.3.2　径向转向架的种类

现在运营的径向转向架包括自导向径向转向架和迫导向径向转向架，从更加广泛的角度，将一系柔性定位转向架、主动控制径向转向架也作简单介绍。

1. 柔性定位转向架

柔性定位转向架的一系定位刚度比常规转向架小，以降低转向架等效弯曲刚度，其余结构和传统转向架相同，但需要注意定位刚度的控制范围。由于踏面锥度的存在，轮轨蠕滑力会驱使轮对趋于径向位置，而一系柔性定位减轻了对轮对的摇头约束，轮对就更容易趋于径向位置。但由于一系柔性定位转向架无径向装置，故在通过曲线时不能使前后轮对同时趋于径向位置，因而不是真正意义上的径向转向架。一系采用柔性定位虽然能提高曲线通过能力，但牺牲了蛇行运动稳定性，需要精心选择定位刚度以协调两者关系。

2. 自导向径向转向架

在同一转向架前后轮对间加装导向机构，将前后轮对的摇头运动耦合起来，转向架通过曲线时，导向机构可以将前轮对趋于曲线径向位置的趋势反向传递给后轮对，使前后轮对在通过曲线时均有趋于曲线径向位置的作用。因此，自导向转向架的导向依然是靠轮轨间的蠕滑力导向。自导向机构结构相对简单，在大半径曲线上有较好的径向调节作用，在小半径曲线上径向作用相对较弱。故自导向转向架只能在一定程度内解决曲线通过与横向稳定性之间的矛盾，并不能完全实现径向通过曲线。

自导向径向转向架有多种典型结构，包括采用副构架结构［见图 12.14 中（a）和（b）］和杆系结构［见图 12.14 中（c）、（d）和（e）］[74]。

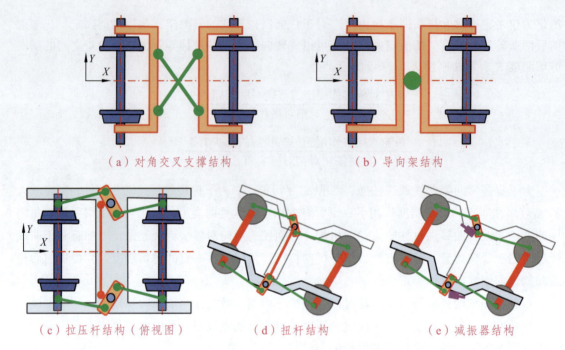

（a）对角交叉支撑结构　　　　　　　　（b）导向架结构

（c）拉压杆结构（俯视图）　　（d）扭杆结构　　（e）减振器结构

图 12.14　自导向径向转向架基本结构

图 12.14（a）为副构架对角交叉支撑式径向转向架。两个 U 形框架和两根刚性杆将两轮对连接起来，组成一个副构架，早期南非 Scheffel 转向架属于此模式。图 12.14（b）为导向架式径向机构。两个导向架分别连接两轮对的两侧，并通过球铰将两个导向架连接在一起。两种径向机构均不与构架相连，而采取将前后轮对直接耦合起来的结构，使横向运动和摇头运动直接相连。两种模式结构简单，但占用空间大。由于径向机构完全属于簧下质量，故对改善车辆运行品质不利。

图 12.14（c）为拉压杆式径向机构。其左右径向机构水平放置，转动杆的中心分别铰接在侧梁的下盖板上，通过中间拉压杆连接起来，构架同一侧的两个轴箱和径向机构的转动杆之间用两根径向杆相连。图 12.14（d）为扭杆式径向机构。左右径向机构垂直放置，通过转动臂的中心分别铰接在侧梁外侧的腹板上，左右侧的转动臂之间有扭杆连接。图 12.14（e）为导向杆加减振器模式。与扭杆式径向机构相比，由于缺少中间扭杆，前后轮对纵向的同相与反相的相对运动不能加以约束，有可能导致径向机构的剧烈振动，因此在径向机构的两根径向杆之间设置了液压减振器以衰减其振动。

3. 迫导向径向转向架

与自导向径向转向架相比，迫导向径向转向架能够通过机械结构控制曲线通过时轮轨间的冲角，从而实现径向通过曲线。如图 12.15 所示，迫导向转向架在转向架部分的导向结构与自导向结构类似，导向臂支撑在构架上，通过上下两个导向杆与轮对轴箱连接。导向臂增加与车体铰接结构，从而利用车辆通过曲线时车体与转向架之间的相对回转，通过导向机构迫使

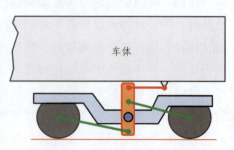

图 12.15　迫导向径向转向架原理

前后轮对反向回转而趋于曲线径向位置。

如图 12.16 所示，假设车体、转向架均处于曲线切向理想位置，其中左边转向架的轮对没有处于径向位置。车体相对构架转动 α 角度，导向机构迫使轮对相对于构架转动 θ 角度，设两者的比值为 g，即 $\theta = g\alpha$。一般来说，车辆的长度远小于曲线半径 R，所以可以线性化近似计算角度。根据曲线的弦切线和角度关系，车辆定距 L 导致的转向架弦切角度 α、转向架轴距 b 导致的弦切角度 β 分别为

$$\alpha \approx \frac{L}{R}, \ \beta \approx \frac{b}{R} \tag{12-15}$$

要使轮对处于曲线径向的位置，即冲角为 0，也就是迫导向机构导致的轮对摇头角度等于转向架轴距导致的弦切角 β：

$$\beta - \theta = 0 \Rightarrow g = b/L \tag{12-16}$$

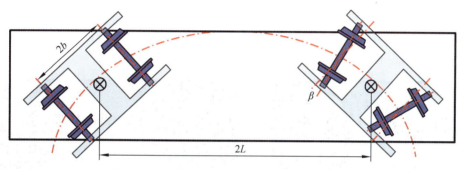

图 12.16　径向位置示意图

比值 g 称为迫导向机构的理论导向增益，考虑到导向机构的间隙和弹性变形，工程中实设导向增益应比理论值稍大。理论上迫导向转向架能使轮对在曲线上处于径向位置，导向机构同时还提供较大的一系纵向定位刚度，故也能满足运动稳定性要求。但迫导向径向转向架的导向机构比自导向径向转向架复杂，制造和维护成本增加，使用过程中的变形和磨损会降低径向效果，所以工程应用不多。

4. 主动控制径向转向架

如图 12.17 所示，可控径向转向架是迫导向径向转向架的一种，是在自导向径向转向架基础上，结合主动控制技术实现的径向控制。它利用安装在转向架构架上的作动器推动导向臂转动，从而带动导向机构运动，达到使轮对处于径向的目的。这和迫导向结构类似，只是迫导向机构用的是车体与转向架之间的机械运动，通过机械结构迫使轮对径向；而主动控制径向转向架采用了主动控制技术，如果控制策略适当，可以实现最佳的径向效果。主动控制径向转向架仅处于理论研究和少量的试验研究，工程应用还没有。

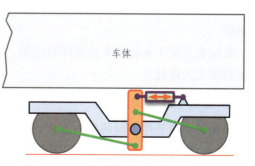

图 12.17　主动控制径向转向架原理

参考文献

[1] KNOTHE K，BOHM F. History of Stability of Railway and Road Vehicles[J]. Vehicle System Dynamics，1999，31（5-6）：283-323.

[2] 严隽耄，傅茂海. 车辆工程[M]. 3 版. 北京：中国铁道出版社，2010.

[3] 沈志云. 高速列车的动态环境及其技术的根本特点[J]. 铁道学报，2006，28（4）：1-5.

[4] 王福天. 车辆系统动力学[M]. 中国铁道出版社，1994.

[5] 金学松，沈志云. 轮轨滚动接触力学的发展[J]. 力学进展，2001，31（1）：33-46.

[6] 陈立群，刘延柱. 振动力学发展历史概述[J]. 上海交通大学学报，1997，31（7）：132-136.

[7] 戎保，芮筱亭，王国平，等. 多体系统动力学研究进展[J]. 振动与冲击，2011，30（7）：178-187.

[8] IWNICKI S O. Handbook of Railway Vehicle Dynamics[M]. CRC/Taylor & Francis Group，2006.

[9] 翟婉明. 车辆-轨道耦合动力学[M]. 4 版. 北京：科学出版社，2014.

[10] 张卫华. 高速列车耦合大系统动力学理论与实践[M]. 北京：科学出版社，2013.

[11] 洪嘉振. 计算多体系统动力学[M]. 北京：高等教育出版社，1999.

[12] 倪振华. 振动力学[M]. 西安：西安交通大学出版社，1989.

[13] 刘延柱，陈立群. 非线性振动[M]. 北京：高等教育出版社，2001.

[14] 舒仲周，张继业，曹登庆. 运动稳定性[M]. 北京：中国铁道出版社，2001.

[15] 张锦炎，冯贝页. 常微分方程几何理论与分支问题[M]. 北京：北京大学出版社，2000.

[16] 丁文镜. 减振理论[M]. 北京：清华大学出版社，1988.

[17] 高浩. 车辆系统刚柔耦合动力学仿真方法及仿真平台研究[D]. 成都：西南交通大学，2013.

[18] 胡寿松. 自动控制原理[M]. 6 版. 北京：科学出版社，2015.

[19] 干锋. 高速列车轮轨接触关系研究[D]. 成都：西南交通大学，2015.

[20] 王开文. 车轮接触点迹线及轮轨接触几何参数的计算[J]. 西南交通大学学报，1984，18（1）：92-102.

[21] ARNOLD M，NETTER H. Approximation of Contact Geometry in the Dynamical Simulation of Wheel/Rail Systems[J]. Mathematical Modeling of Systems，1997，4（2）：162-184.

[22]　THOUVEREZ F. Assessment of a semi-Hertzian method for determination of wheel-rail contact patch[J]. Vehicle System Dynamics，2006，44（10）：789-814.

[23]　金学松，刘启跃. 轮轨摩擦学[M]. 北京：中国铁道出版社，2004.

[24]　KALKER J J. Three-dimensional Elastic Bodies in Rolling Contact[M]. The Netherlands：Nordrecht，Kluwer Academic Publishers，1990.

[25]　SHEN Z Y, HEDRIK J K, ELKINS J A. A comparison of alternative creep force models for rail vehicle dynamic analysis[C]. Proceeding of 8th IAVSD，Dynamics of vehicles on roads and tracks. MIT，Cambridge：Swets and Zeitlinger，1984：591-605.

[26]　KNOTHE K. History of wheel/rail contact mechanics from Redtenbacher to kalker[J]. Vehicle System Dynamics，2008，46（1-2）：9-26.

[27]　ADTRANZ O P. A fast wheel-rail forces calculation computer code[J]. Vehicle System Dynamics，1999，33（suppl.）：728-739.

[28]　ADTRANZ O P. Influence of locomotive tractive effort on force between wheel and rail[J]. Vehicle System Dynamics，2001，35（suppl.）：7-22.

[29]　中华人民共和国铁道部. GB50090—2006 铁路线路设计规范[S]. 北京：中国计划出版社，2006.

[30]　中华人民共和国铁道部. 铁运〔2006〕146 号，铁路线路维修规则[S]. 2006.

[31]　国家铁路局. TB 10621—2014 高速铁路设计规范[S]. 北京：中国铁道出版社，2014.

[32]　任尊松. 轮轨多点接触及车辆-道岔系统动态相互作用[M]. 北京：科学出版社，2014.

[33]　罗林，张格明，吴旺青，等. 轮轨系统轨道平顺状态的控制[M]. 北京：中国铁道出版社，2006.

[34]　陈果，翟婉明. 铁路轨道不平顺随机过程的数值模拟[J]. 西南交通大学学报，1999，34（2）：138-142.

[35]　WICKENS A H. Fundamentals of rail vehicle dynamics：guidance and stability[M]. Swets & Zeitlinger，2005.

[36]　KOYANAGI S. 设计柔性转向架运行特性的方法[J]. 国外铁道车辆，1993，1（6）：40-45.

[37]　郝建华. 铁道客车系统隔振分析及悬挂参数优化[D]. 成都：西南交通大学，2006.

[38]　张波. 非线性轮对陀螺系统的稳定性及分叉研究[J]. 振动、测试与诊断，2015，35（5）：955-960.

[39]　曾京. 车辆系统的蛇行运动分叉及极限环的数值计算[J]. 铁道学报，1996，18（3）：13-19.

[40]　吕可维. 车辆系统非线性动力学问题研究[D]. 成都：西南交通大学，2004.

[41]　黄彩虹. 高速车辆减振理论研究[D]. 成都：西南交通大学，2011.

[42]　欧进萍，王光远. 结构随机振动[M]. 北京：高等教育出版社，1998.

[43] 曾京，罗仁. 考虑车体弹性效应的铁道客车系统振动分析[J]. 铁道学报，2007，29（6）：19-25.

[44] 石怀龙. 铁道车辆车体弹性及其耦合振动特性研究[D]. 成都：西南交通大学，2016.

[45] ARCHARD J F. Contact and rubbing of flat surface[J]. Journal of Applied Physics，1953，24（8）：918-988.

[46] JENDEL T. Prediction of wheel profile wear-comparisons with field measurements[J]. Wear，2002，253（1）：89-99.

[47] ZOBORY I. Prediction of wheel/rail profile wear[J]. Vehichel system dynamics，1997，28（2）：221-259.

[48] EKBERG A，KABO E. Fatigue of railway wheels and rails under rolling contact and thermal loading-an overview[J]. Wear，2005，258：1288-1300.

[49] JOHNSON K L. Contact mechanics[M]. Cambridge University Press，1985.

[50] 饶忠. 列车牵引计算[M]. 北京：中国铁道出版社，2006.

[51] 鲍维千. 机车总体及转向架[M]. 北京：中国铁道出版社，2010.

[52] 饶忠. 列车制动[M]. 北京：中国铁道出版社，2001.

[53] 杨鸿. 新一代机车制动机微机控制单元的研究[D]. 成都：西南交通大学，2004.

[54] 赵忔，韩晓辉. 动车组及轻轨车辆制动技术的开发与应用[J]. 铁道车辆，1999，37（6）：8-22.

[55] 魏伟，武星宇. 制动特性对列车纵向冲动的影响[J]. 大连交通大学学报，2012，33（2）：1-5.

[56] GARG V K，DUKKIPATI R V. 铁道车辆系统动力学[M]. 沈利人，译. 成都：西南交通大学出版社，1998.

[57] 池茂儒，蒋益平，张卫华，等. 长大重载列车系统动力学[J]. 交通运输工程学报，2011（3）：34-40.

[58] 严隽耄. 重载列车系统动力学[M]. 北京：中国铁道出版社，2003.

[59] 孙壮，戴焕云，干锋，高浩. 高速列车模拟驾驶动力学仿真系统开发[J]. 系统仿真学报，2017.

[60] JENKINS H H，STEPHENSON J E，CLAYTON G A，et al. The effect of track and vehicle parameters onf wheel/rail vertical dynamic forces[J]. Railway Engineering Journal，1974，3（1）：2-26.

[61] 刘东辰. 铁道车辆空气弹簧力学特性研究[D]. 成都：西南交通大学，2014.

[62] 张卫华. 机车车辆动态模拟[M]. 北京：中国铁道出版社，2006.

[63] 石怀龙，邬平波，罗仁. 客车转向架回转阻力矩特性[J]. 交通运输工程学报，2013，13（4）：45-50.

[64] BS EN 14363：2016，Railway application. Testing for the acceptance of running characteristics of railway vehicles-Running behaviour and stationary tests [S].

[65] 石怀龙，邬平波，曾京，等. 铁道客车悬挂系统柔度特性[J]. 交通运输工程学报，2014，14（4）：45-52.

[66] 魏来. 高速列车相关运行安全性问题研究[D]. 成都：西南交通大学，2015.

[67] 高红星. 铁道车辆空气弹簧动态特性研究[D]. 成都：西南交通大学，2014.

[68] 罗仁，邬平波，刘彬彬. 地铁车辆直线电机恒隙控制仿真[J]. 交通运输工程学报，2010（4）：50-57.

[69] 罗仁，李然，胡俊波，等. 考虑随机参数的高速列车动力学分析[J]. 机械工程学报，2015，24：90-96.

[70] 罗仁，胡俊波，王一平. 考虑随机因素的高速列车动力学模拟方法及应用[J]. 铁道车辆，2016，10：1-6.

[71] 李忠继. 基于高速列车稳定性和振动特性的半主动悬挂系统研究[D]. 成都：西南交通大学，2013.

[72] 风户昭人，彭惠民. 摆式车辆和车体倾斜车辆[J]. 国外铁道机车与动车，2016，2：17-21.

[73] 孙翔. 机车径向转向架的弯曲、剪切及牵引刚度[J]. 铁道学报，1995，17（1）：21-28.

[74] 李苇，傅茂海，黄运华. 径向转向架机理及其动力学特性研究[J]. 中国铁道科学，2002，23（5）：46-51.

[75] 姚建伟，孙丽霞. 机车车辆动力学[M]. 北京：科学出版社，2014.

[76] 沈钢. 轨道车辆系统动力学[M]. 北京：中国铁道出版社，2014.

[77] 胡用生. 现代轨道车辆动力学[M]. 北京：中国铁道出版社，2009.

[78] 张曙光. 高速列车设计方法研究[M]. 北京：中国铁道出版社，2009.

[79] 董锡明. 现代高速列车技术[M]. 北京：中国铁道出版社，2006.